KB175764

崛起

朴正熙 經濟强國 崛起18年

⑩ 핵개발 프로젝트

심융택

동서문화사

박정희 경제강국 굴기18년

10 핵개발 프로젝트

차례

역사를 위하여

제6장 대통령의 위기

역사를 위하여

심융택

한국근대화의 시대를 이끌어 나간 박정희 대통령이 우리 곁을 떠난지도 어언 40여 년이 지났다. 대통령의 운명이 도무지 믿어지지가 않던 충격과 슬픔의 시간도 흐르는 강물처럼 지나갔고, 무심한 세월만 흐르고 또 흘러 그가 역사에 남긴 지대한 발자취만이 사람들의 입에 회자되면서 때로는 그의 업적이 높이 평가되기도 하고, 때로는 그의 천려일실(千慮一失)이 비판되기도 한다.

박정희 대통령은 20세기 후반의 한국과 한국인에게 어떤 존재였나? 과연 누가 어떤 말과 글로 이 물음에 완전하고 극명하게 해답할 수 있을까? 앞으로 두고 두고 역사가들의 연구가 필요할 것이다. 나는 앞으로 국내외 역사가들의 연구에 필요한 자료를 정리해두어야겠다는 생각으로 대통령의 사상과 정책에 대해 내가 알고 있는 사실들을 기록으로 남겨두는 작업에 착수했다.

우리는 공화국 수립 뒤 이 나라를 통치한 역대 대통령들에 대해서 별로 아는 것이 없다. 대통령 자신들이나 또는 역사가들이 그들의 업적과 실책, 공적과 과오를 모두 담은 전체 모습을 오랜 시간이 지난 먼 뒷날까지 남아 있게 할 수 있는 역사적 자료와 기록을 보존해 놓은 것이 거의 없기 때문이다.

우리는 우리의 후손들이 우리나라 대통령들에 대해서 알기를 원할 때 그들이 읽고 연구할 수 있는 많은 자료와 기록을 남겨두어야 한다. 그런 자료와 기록이 많으면 많을수록 역대 대통령에 대한 부분적 지식도 그만큼 많아질 것이며, 여러 사람이 여러 각도에서 본 부분적 지식이 많으면 많을수록 대통령들의 전체 모습을 알 수 있는 지식도 그만큼 축적될 수 있을 것이다.

1961년부터 1979년까지 18년여 동안 한국인의 생활에는 혁명적 변화가 일어났고, 한국의 민족사에는 획기적 전환점이 마련되었다는 것은 세계적으로 공인된 역사적 사실이다. 그 역사적 시기에 나는 대통령을 보필할 수 있는 영광된 기회를 얻었다. 그리고 그 귀중한 기회에 나는 대통령의 국정운영에 대해 많은 것을 보고 들었으며, 또 많은 것을 기록해 두었다.

박정희 대통령이 어떤 여건과 상황 아래서 이 나라, 이 민족을 이끌어 왔으며, 대통령을 괴롭히고, 고통스럽게 한 것이 무엇이었고, 대통령을 고무하고 용기를 준 것이 누구인지를 지켜 보았다. 대통령이 국가가 직면하였던 문제상황을 어떻게 규정했고, 그 문제상황을 극복하기 위해서 어떤 정책을 결정했는가를 보았다. 또, 정책을 추진하는 과정에서 정치인과 공무원, 기업인과 근로자, 농어민과 교육자, 학생과 언론인, 과학자와 문화인 등 우리 사회 각계각층 국민을 상대로 때로는 설명하고 설득하며, 때로는 교육하고 계몽하며, 때로는 칭찬하고 격려하고, 때로는 따지고 나무라며 그들이 분발하고 피눈물나는 노력을 하는 국가건설의 역군으로 거듭나게 만들 때 대통령이 그들에게 어떤 말을 했고, 어떤 글을 남겼는가를 주의 깊게 지켜보았다.

박정희 대통령이 남긴 이런 말과 글 속에는 한국근대화와 부국강병 등에 대한 대통령의 신념과 소신이 살아 숨쉬고 있다. 대통령의 이런 말과 글은 대통령이 여러 행사장에서 행한 연설문, 여러 공식, 비공식 회의에서 천명한 유시와 지시, 여러 분야 인사들에게 보낸 공한과 사신, 국내외 인사들과 나눈 대화, 외국 국가원수와의 정상회담, 대통령의 저서, 그리고 대통령의 일기 등에 온전히 보존되어 있다.

1972년 2월 22일, 닉슨 대통령이 베이징에서 마오쩌둥 주석과 회담할 때 '마오 주석의 글들은 한 나라를 움직였고, 세계를 바꿔놓았다'고 찬사를 보내자 마오쩌둥은 '나는 그렇게 하지 못했다. 나는 다만 베이징 근처의 몇 군데를 바꿔놓을 수 있었을 뿐이다'라고 대답했다고 한다. 이 말은 중국인 특유의 겸양이었고, 사실은 닉슨의 말 그대로였다. 대통령도 그랬다. 18년 동안의 통치기간 동안 대통령의 말과 글은 서울 근처 몇 군데만을 바꿔놓은 것은 아니다. 대한민국 전체의 모습을 새롭게 창조했고, 우리 민족 역사의 방향을 바꾸어 놓았으며, 세계사 흐름에도 영향을 미쳤다. 그 시대 대통령의 말과 행동은 한국 현대사에서 가장 역동적이고 생산적이었던 시대에 열심히 일한 우리 국민의 말이었고 행동이었다.

박정희 대통령의 말과 글들은 대통령이 추진한 국가정책과 함께 그의 시대에 이 나라의 정치·경제·사회·문화 등 모든 분야에서 이루어진 발전과 변화의 경로를 밝혀 주고 있다. 국가정책은 우리나라가 놓여 있는 특수한 상황에서 우리 국민들이 가장 먼저 풀어야 할 국가적 과제를 위해 대통령에 의해 결정되고 추진되었다. 따라서 국가정책을 올바로 이해하고 평가하기 위해서는 그것이 결정되고 추진된 그 무렵 특수상황을 정확하게 숙지하고 있어야 한다. 그래야만 국민들이 가장 시급히 해결해야 할 국가적 과제가 무엇이었고, 그 과제를 해결하기 위해 어떤 정책이 필요했던 가를 올바로 이해할 수 있다.

정책을 결정할 무렵에 우리가 직면해 있던 국내외 상황을 잘 검토해 보면 대통령이 왜 그 상황에서 그 정책을 결정했는지를 이해할 수 있을 것이다. 예컨대, 대통령은 왜 5·16군사혁명을 일으켰는가? 왜 공업화에 국운을 걸었는가? 왜 대국토종합개발과 경부고속도로 건설을 추진했는가? 왜 향토예비군을 창설했으며 방위산업 육성을 서둘렀는가? 왜 주한미군 철수를 반대했는가? 왜 새마을운동을 전개했는가? 왜 남북한 간의 체제경쟁을 제의했는가? 왜 국가비상사태를 선언했는가? 왜 남북대화를 시작했는가? 왜 중화학공업과 과학기술 혁신, 농촌근대화와 수출증대에 총력을 기울였는가? 왜 10월유신을 단행했는가? 왜 생명의 위험을 무릅쓰고 핵무기개발을 강행했는가? 등의 의문에 대한 올바른 해답을 얻으려면 그런 정책들이 결정된 그 무렵의 국내외 상황을 정확하게 알고 있어야 한다.

이 정책들은 우리 민족사의 진로를 바꾼 발전전략의 핵심사업들이 었으며, 또한 대통령의 통치기간 내내 야당이 반정부 극한투쟁의 쟁점으로 삼았던 정책들이었다. 이런 정책들은 대통령이 그 정책들을 결정할 무렵의 국내외 상황에 정통해야만 올바로 이해될 수 있는 것이다. 정책 결정 때 상황을 정확하게 알고 있지 못한 사람들로서는 왜 그런 정책이 필요했으며, 또 불가피했는지를 이해하기가 어렵다. 시간의 흐름에 따라 어떤 정책이 어떻게 바뀌었으며, 새로운 정책은 어떤 시대적 연관성 속에서 결정되었는가를 올바로 파악하기 위해서는 그 시대 상황의 특수성에 대해 올바로 알고 있어야 한다.

루소는 《에밀》 제2권에서 역사적 사실에 대해 이렇게 말했다. '역사 서술은 결코 우리에게 현실의 여러 가지 사실들을 충실히 모사(模寫)해주지 않는다. 현실의 사실들은 역사를 서술하는 사람의 머리 속에서 그 형태를 바꾸고, 그의 관심에 맞도록 변화하며, 그의 선입견에 의해서 특수한 색채를 띠게 된다. 발생 무렵 사건의 모습을 관찰하기 위해, 그 무대가 되는 장소에 정확히 다시 가 볼 수 있게 하는 기술에 도대체 누가 정통할 수 있겠는가?

박정희 대통령이 추진한 국가정책은 그것이 결정된 무렵의 상황에서 정통하지 못한 사람들에 의해서 올바로 이해되지 못하고, 그들의 선입견에 의해서 또는 그들의 관심과 목적에 맞도록 황당하게 왜곡되었다. 대통령이 정책을 결정할 무렵의 상황에 가장 정통한 사람은 말할 것도 없이 대통령 자신이다. 그러나 통탄스럽게도 80년도 초에 은퇴 예정으로 자서전을 집필하기 위해 기본자료를 수집하고 정리하던 중에 작고했다.

박정희 대통령 말고도 그 무렵 상황에 정통한 사람들은 대통령 비서실과 특별보좌관실, 행정부 장차관, 국책연구기관, 여당간부 등 대통령의 정책결정에 직간접적으로 참여했거나 자문에 응한 사람 등 많이 있다. 그러나 이런 사람들이 그때 상황에 대해 알고 있는 것은 아주 일부분에 지나지 않는다. 왜냐하면 그 무렵 국내외 상황은 복잡하고 많은 요소로 구성되어 있어서 모든 국가정보망을 장악하고 있는 대통령 이외의 사람들은 상황의 모든 요소를 알 수 없었기 때문이다.

1963년 중반부터 1978년 말까지 거의 16년 동안 국가재건최고회의와 대통령 비서실에 근무하면서 대통령의 연설문, 저술, 공한, 각종 회의록 등을 정리하는 실무자의 한 사람으로서 나는 대통령의 정책이 결정되고 추진된 그 무렵 상황에 가장 가까운 위치에서 대통령이 추진한 정책의 전후 인과와 맥락, 그리고 정책성과 등을 기록해 두었다. 물론 대통령의 통치철학과 대통령이 추진한 국가정책과 관련된 역사적 사실들 가운데 내가 기록해 둔 것은 부분적인 것이다. 그러나 부분적인 사실이나마 기록으로 남겨둔다면 후세 역사가들의 연구에 다소나마 보탬이 되지 않을까. 또 내가 알고 있는 부분적인 역사적 사실들이 다른 분들이 알고 있는 부분적인 역사적 사실들과 종합적으로 연구된다면 대통령의 정치사상과 국가정책에 대해 보다 폭넓고 깊이 있게, 그리고 보다 자세하고 정확하게 이해하는 데 하나의 길잡이가 되지 않을까 생각했다.

　　박정희 대통령은 우리나라가 나아가야 할 미래의 방향과 목표에 대해 많은 지침을 남겨 놓았다. 다음 세대들은 그들 세대의 새로운 국가적 목표와 그 목표를 이룰 수 있는 새로운 실험과 창조적인 모험을 하는 과정에서 대통령의 정치사상과 국가정책, 그리고 그 지도력에서 귀중한 교훈을 얻을 수 있으리라고 믿는 마음에서, 비록 부분적이고 불완전한 내용이나마 세상에 내놓기로 했다.

　　사람들은 박정희 대통령 시대를 우리 민족사에서 획기적인 분수령을 이룬 시기라고 말한다. 한 시대를 다른 시대와 구분하는 기준을 '변화'라고 한다면 그의 시대는 분명히 역사적 전환기였다고 할 수 있다. 확실히 대통령의 시대는 비생산적인 정치적 불안과 사회적 혼란에 종언을 고하고, 정치안정과 사회질서 속에 생산과 건설의 기풍이 진작되고, 국가발전의 목표와 방향이 뚜렷하여 국민들이 희망과 자신을 가지고 분발함으로써 조국의 근대화를 이룩한 변화의 시대였다.

박정희 대통령 시대에 우리 국민들이 이 땅에서 목격한 거대한 변화의 충격은 마치 육지와 해양의 모습을 바꿔놓은 대화산의 폭발과 같이 한반도의 남반부를 전혀 '딴 세상', '다른 나라'로 완전하게 탈바꿈시켜 놓았다. 그래서 절대다수의 국민들, 그중에서도 시골 마을의 어르신들과 농민들은 천지가 개벽했다고 놀라워하고 감탄했다.

대통령이 이 나라를 통치한 1960년대와 1970년대에 과거 선진국들이 100년 또는 200년에 걸쳐 이룩한 근대화가 20년도 채 안 되는 짧은 기간에 압축되어 이루어졌다. 그것은 전 세계의 경탄을 자아내게 한 위대한 실험이었고 모험이었다. 정녕 대통령은 세계에서 가장 가난한 약소국가였던 이 나라를 세계의 경제강국 수준으로 끌어올려 놓음으로써 '기적의 나라'로 만들어 놓았다. 그리하여 우리 국민들은 선진국 국민들이 여러 세대에 걸쳐 단계적으로 겪었던 변화들을 한 세대 동안에 한꺼번에 겪었다.

우리 역사상 그토록 많은 국민들이 그토록 짧은 기간 동안에 그토록 다양한 변화를 겪은 시대는 일찍이 없었다. 그러나 대통령이 기적적인 변화를 지속시켜 나간 그 역정은 결코 순탄한 것이 아니었다. 그것은 실로 격동과 시련, 고통이 중첩된 가시밭길이었다. 대통령은 그 형극의 길을 뚫고 나와 국가건설에 몰입하여 심신을 불살랐다. 국가건설의 길은 온 국민이 함께 가는 길이었고, 이 땅에서 근대화를 태동시킨 창조적 시대로 통하는 길이었다.

확실히 대통령은 1961년 5월 16일부터 1979년 10월 26일에 이르는 18여 년 동안 자립경제와 자주국방의 과제를 해결하기 위해 개방과 개혁 등 혁신적인 정책을 추진하여 세계인들이 감탄하는 '한강의 기적'을 이룩하였다. 그러나 대통령은 한강의 기적이란 결코 기적이 아니라고 생각했다. 그것은 대통령 자신과 우리 국민 모두가 한 덩어리가 되어 흘린 피와 땀과 눈물의 결정이라고 생각했다. 대통령과 우리 국민들이 자립경제와 자주국방 건설을 위해 피땀을 흘린 그 끈질기고 지속적인 노력의 과정은 한두 마디의 수사나 한두 줄의 단문으로 설명될 수 있는 것이 아니다. 불신과 체념, 좌절과 절망 속에서 시작되어 각성과 용기, 희망과 자신으로 이어져 마침내 우리 민족의 무한한 저력이 분출되고, 그 저력이 가난하고 힘이 없는 이 나라를 번영되고 힘이 있는 부국강병의 나라로 탈바꿈시킨 18여 년의 전 과정은 실로 끝없이 이어지는 장대한 서사시(敍事詩)라고 해도 과언이 아니다.

나는 1979년 대통령이 서거한 직후부터 박정희 대통령이 국민들과 함께 자립경제와 자주국방건설 완성을 위해 뼈가 가루가 되고 몸이 부서지도록 최선의 노력을 다한 헌신 봉공의 18년 기록을 정리해 둔 사실그대로 30년 세월바쳐 써 나아갔다. 이제 《박정희 경제강국 굴기18년》으로 편찬하여 10권으로 역사에 남기기로 한다.

제1장 한국의 생존을 위한 선택

핵연료 재처리시설 도입 결정

1972년, M-16소총을 생산하여 일선 장병들에게 공급하기 시작하고, 병기생산 4대핵공장 건설을 추진하면서 대통령은 또 하나의 중대한 결단을 했다. 그것은 우리가 건설하고 있는 원자력발전소에서 나오게 될 '사용 후 핵연료'의 재처리시설을 도입한다는 결정이었다.

1971년 3월 19일, 우리나라는 원자력발전소의 기공식을 거행했다. 우리는 아시아에서는 일본에 이어 두 번째로 원자력발전소를 건설하게 된 것이다. 당시 선진국에서는 방사선 물질의 위험성 때문에 주민들의 반대가 심하여 원자력발전소를 건설하는 데 큰 어려움이 있었으며 많은 시간과 예산을 소모하였다.

예컨대 미국에서는 환경보호를 위한 여러 가지 규제와 주민들의 반대에 부딪쳐 원자력발전소 하나를 건설하는 데 16년이 걸렸고 막대한 투자비용이 들어갔다. 그러나 우리는 비슷한 규모의 원자력발전소를 불과 5년 내에 건설하였다. 그 결과 제2차 세계석유파동 이전에 우리나라 원자력발전소의 전기생산비용은 원유발전소의 절반 정도였다.

원자력발전소는 우리의 가정에 빛과 열을 공급해 주고 있을 뿐 아니라 수많은 생산공장에서 일하는 근로자의 직장을 보장해 주고 있다. 그것은 한국의 눈부신 경제발전 수준을 상징하는 것이며 한국인의 향상된 생활수준을 입증하는 것이다. 또한 아무 에너지 자원이

과학기술 인재를 우대한 대통령 박 대통령은 1965년 '과학입국'을 외치면서 한국과학기술연구원(KIST)를 설립, 2년 만에 파격적인 조건으로 전세계에서 분야별 핵심과학자 35명을 모았다. 사진은 연구원들을 소개하고 있는 최형섭 초대 KIST원장과 이들을 접견하는 박 대통령(1967. 11. 28)

없는 한국으로서는 그것이 가장 싸고 가장 풍부하고 가장 깨끗한 에너지원이 될 수 있는 것이다. 특히 원자력발전소는 중화학공업건설과 농어촌 전화(電化)사업, 그리고 도시발전에 따라 급격하게 증가하는 전기의 수요에 대비하기 위해서도 불가결한 에너지원이었다. 그래서 박 대통령은 원자력개발에 각별한 관심과 노력을 기울였고 최형섭 박사를 과학기술처장관으로 기용하여 장기적인 원자력발전계획을 수립하여 추진하도록 했다.

최형섭 과학기술처장관은 취임 직후 '원자력발전 15년계획'을 세워 대통령에게 보고했다. 이 계획의 골자는 우리나라 원자력 기술의 완전 자립을 위해서 우라늄 농축을 통한 핵연료의 제조에서부터 '사용 후 핵연료'의 재처리까지 일련의 핵연료주기기술을 확보하는 것

▶ 대덕연구단지 조성

1973년 11월 30일 ●연구학원 도시로 조성되기 시작하●여 1977년에 한국 핵연료개발공단이 건설되기 시작했다. 건설현장을 설명하는 최형섭 과학기술처장관.

▼ 80년대 대덕연구단지

이었다.

　원자력발전을 하려면 무엇보다도 먼저 핵발전의 모체인 원자로를 가동시키는 데 필요한 핵연료를 확보해야 한다. 당시 핵연료로 사용할 수 있는 핵분열성 물질은 우라늄, 토륨, 플루토늄의 3가지였으며, 이 중 우라늄과 토륨은 천연적으로 산출되었고, 플루토늄은 우라늄을 원자로에서 연소시킴으로써 얻을 수 있었다.

　원자로에 필요한 우라늄은 천연적으로 산출되는 우라늄을 농축시킨 '농축우라늄'이라야 하며 이것이 바로 핵발전에 필요한 핵연료다. 이 농축우라늄으로 원자로를 가동시키면 '사용 후 핵연료'가 나오고 이것을 재처리하면 플루토늄(Pu239)이 생성된다. 이 플루토늄은 핵발전에 필요한 핵연료가 될 뿐 아니라, 원자폭탄을 제조하는 데 필요한 원료가 되고 있었다. 일반적으로 세 개의 원자로에서 나오는 '사용 후 핵연료'를 재처리하면 한 개의 원자로를 가동할 수 있는 양의 핵연료, 즉 플루토늄을 얻을 수 있는 것으로 공인되고 있었다. 당시 농축우라늄은 핵연료로 1회만 사용되었다. 그러나 세계적으로 천연우라늄자원은 한정되어 있었다. 또 우라늄을 농축시키는 데는 고도의 기술과 막대한 비용이 필요했다. 그래서 '사용 후 핵연료'를 재처리하여 얻을 수 있는 플루토늄을 핵연료로 재사용하는 것이 바람직할 뿐 아니라 필요하다는 인식이 원자력발전소를 운영하고 있는 국가들 사이에 널리 확산되었다.

우리나라는 양질의 천연우라늄도 없었고, 그것을 농축시켜 핵연료로 만들 수 있는 농축기술과 시설이 없었다. 따라서 '사용 후 핵연료'를 재처리하여 얻을 수 있는 플루토늄을 핵연료로 사용하는 것이 경제적으로 유리하였다. 당시 우리나라에는 천연우라늄이 정광(精鑛)으로 약 1만 1천 톤 가량 매장되어 있었다. 이것은 2003년까지 핵연료 수요의 약 10퍼센트에 상당하는 것으로 추정되었으나 품질이 낮아 경제성이 없는 것으로 알려져 핵연료인 우라늄의 안전한 공급이 어려운 형편이었다. 그래서 원자력발전에 필요한 농축 우라늄 전량을 미국과 캐나다 등에서 수입하는 바람에 많은 비용이 들었다. 뿐만 아니라 이렇게 수입한 농축우라늄으로 가동시킨 원자력발전소에서 계속 나오게 될 '사용 후 핵연료' 처리도 큰 문제였다.

당시 정부가 추진한 원자력발전소 건설계획에 의하면 1978년 2월에 가동할 예정인 고리1호기에 이어 1983년 4월에는 월성1호기를,

오늘날의 대덕연구단지

같은 해 9월에는 고리2호기를 가동할 계획이었다. 1986년까지는 5개, 2000년까지는 4개의 원자력발전소를 건설하여 전체발전량의 60퍼센트 이상을 충당할 계획이었다. 즉 전체발전량에서 원자력에 의한 전력이 차지하는 비중이 1986년까지는 27퍼센트, 1991년까지는 40퍼센트에 이르고, 2000년까지는 46기(基)의 원자로를 건설하여 5만 824MW의 전력을 생산하게 되어 있었다. 따라서 이들 원자로에서 나오게 될 '사용 후 핵연료'는 매년 늘어나서 쌓일 수밖에 없었다. 이 '사용 후 핵연료'를 밀랍하여 해외로 반출하거나 국내에 매장하는 것은 비용문제 외에도 환경오염과 방사능 위험 안전조치 등 여러 가지 어려운 문제가 있었다. 따라서 이것을 재처리하여 핵연료로 재사용하는 것이 가장 바람직한 일이었다.

만일 우리나라가 재처리시설을 보유하지 못하면 해마다 증가하게 될 '사용 후 핵연료'를 미국, 프랑스 등 재처리시설을 갖고 있는 국가에 의뢰해서 비싼 비용을 지불하고 재처리해 오거나 오염의 위험

고리원자력발전소 준공식에 참석한 박 대통령(1978. 7. 20)

을 무릅쓰고 우리나라의 어딘가에 매장해야 했다. 국내에 매장할 경
우에도 많은 비용이 들어가고, 또 매장 대상지역의 주민들이 반대할
경우 매장지를 물색하기도 어렵게 된다. 뿐만 아니라 미국이나 프랑
스가 재처리로 산출된 플루토늄이 원자폭탄의 원료가 될 수 있다는
것을 알면서 '사용 후 핵연료'를 재처리해 주리라는 보장도 없다.

　그렇게 되면 결국 비싼 값을 주고 미국과 캐나다에서 사 온 '농축
우라늄'을 한 번 쓰고 재활용할 수 없으므로 그만큼 재원과 자원을
낭비하는 결과를 가져오게 되고 원자력발전소가 증가할수록 경제적
손실은 늘어나게 된다. 따라서 원자력발전에 필요한 핵연료를 자주
적으로 확보하기 위해서는 천연우라늄을 농축시켜 '농축우라늄'을

고리원자력발전소 1호기 전경 1971년 3월 19일 기공식을 거행한지 5년 만인 1978년 7월 20일 준공하였다. 이로써 21번째 핵발전국이 되었다(이 1호기는 40년 만인 2017년 6월 18일 폐로하게 된다).

생산할 수 있는 농축기술 및 시설과, '사용 후 핵연료'를 재처리하여 또 다른 핵연료인 플루토늄을 만들 수 있는 재처리시설의 확보가 불가결한 것으로 인식되었다. 특히 재처리시설은 '사용 후 핵연료' 처리와 핵연료 확보라는 두 가지 문제를 동시에 해결할 수 있는 최선의 수단이었다.

원자력발전 15년계획의 핵심사업은 이러한 기술과 시설을 확보하여 우리나라가 필요로 하는 원자력발전용 핵연료를 생산하자는 데에 일차적인 목적이 있었다. 문제는 재처리시설을 어떻게 확보하느냐 하는 데 있었다. 당시 우리나라와 같은 개발도상국가가 핵연료 재처리시설을 보유하는 것은 쉬운 일이 아니었다. 재처리 공정은 방사능을 완전히 차폐시킨 공장에서 원격조작으로 이루어지기 때문에 기술단계에서 재처리시설을 마련하는 데는 약 7억 5천만 달러라는 많은 비용이 들었다.

그래서 당시 재처리시설을 보유하여 운영하는 나라는 미국, 소련, 영국, 프랑스 등 이미 핵무기를 보유한 몇몇 나라에 한정되어 있었다. 그러나 사실 비용은 차관을 들여오면 해결될 수 있었으므로 큰 문제가 되지는 않았다. 가장 큰 문제는 재처리시설을 보유하고 있는 핵보유국가들의 태도에 있었다. 재처리시설에서 생산되는 플루토늄(Pu239)은 핵연료로 재사용될 뿐 아니라 원자폭탄의 원료로 사용될 수 있었다. 핵무기 보유국가들은 핵무기확산을 막아야 한다는 명분을 내세워 군소 국가들이 재처리시설을 보유하거나 이용하는 것을 엄격히 통제하는 조약을 체결했다.

핵확산의 공포와 위험성을 억제하기 위하여 1968년에 조인되고 1970년부터 발효된 핵확산금지조약이 그것이었다. 이 조약에 의하면 핵보유국은 핵무기, 핵폭발장치 등을 다른 나라에 이양하거나 그 제조를 지원하지 않으며, 비핵보유국은 핵무기를 다른 나라로부터 반입 또는 제조를 위한 원조를 받지 않아야 한다. 그리고 비핵보유국은 원자력의 평화적 이용을 통한 부산물을 핵무기 제조목적으로 전환하지 않는다는 것을 국제원자력기구와의 안전조치 협정을 통하여 확인하고 국내의 핵물질과 시설은 사찰을 받아야 하며 조약체결국은 국제원자력기구의 안전조치가 적용되지 않는 한 원자력부품을 다른 나라에 공급하지 않아야 한다.

여기서 원자력의 평화적 이용을 통한 부산물이란 원자로에서 농축우라늄을 연소시킨 후 나온 '사용 후 핵연료'를 뜻한다. 이 '부산물'을 핵무기제조용으로 전환하지 못한다는 것은 '사용 후 핵연료'를 재처리하여 얻은 플루토늄(Pu239)을 핵연료로만 사용해야지, 이것을 핵폭탄의 원료로 전용해서는 안 된다는 것을 뜻했다. 따라서 비핵보유국가가 재처리시설을 보유하고 있는 경우에는 국제원자력기구와 안전조치에 관한 협정을 맺고 그 시설을 어떤 목적을 위해 사

원자력청 원자력연구소에서 열린 원자로 '트리카마크 3호' 준공식(1972. 5. 2)

용하고 있는지를 사찰받아야 하며 조약체결국은 이러한 안전조치가 적용되지 않는 나라에는 원자력부품을 공급하지 못한다. 이러한 원자력 부품에는 재처리시설의 조립에 필요한 부품도 포함되어 있다.

다만 핵확산금지조약 제10조에는 조약가입국들이 자국의 중대한 이익이 침해받을 위험에 직면하게 되었다고 판단되면 3개월 전에 통보한 후 조약에서 탈퇴할 수 있다는 예외규정을 두었다. 이 조항은 비핵보유국이 자국의 중대한 이익을 수호하기 위해서 필요하다면 조약에서 탈퇴하여 원자력의 평화적 이용을 통한 부산물을 핵무기제조 목적에 전환할 수 있는 길을 열어놓은 것이다. 핵확산금지조약은 비핵보유국가들이 재처리시설을 보유하거나 이용하는 것을 엄격하게 통제하고 있었으나 재처리시설의 판매문제에 대해서는 미국과 프랑스가 대조적인 입장 차이를 보였다. 미국은 비핵국가들이 재처리공장 건설을 추구하는 것은 핵무기 제조를 위한 것으로 보고 핵보유국가들의 재처리시설 판매에 무조건 반대하며 이를 강력하게 저지하는 입장을 취했다. 그러나 프랑스는 비핵국가들이 핵확산금지조약에 가입하고 국제원자력기구와 안전조치 협정을 체결하면 재처리시설을 판매할 수 있다는 적극적인 입장을 취했으며 실제로 파키스탄에 재처리시설 수출을 추진하고 있었다.

우리 정부는 우라늄농축시설과 사용 후 핵연료 재처리시설 그리고 그 기술을 도입하기 위해 프랑스와 교섭하기로 했다. 1972년 5월 최형섭 장관은 프랑스를 방문하여 프랑수아 오르톨리 산업기술개방성 장관과 핵연료 및 재처리시설 구매문제에 관해 협의한 결과 시설과 기술제공에 대한 확답을 받았다. 이에 따라 1972년 10월부터 우리나라의 원자력연구소와 프랑스의 원자력위원회(CEA)의 실무자들 간에 활발한 접촉과 협의가 시작되었다.

재처리시설 도입의 숨은 목적

우리나라가 프랑스로부터 '사용 후 핵연료' 재처리시설을 도입키로 한 1차적 목적은 원자력발전에 필요한 핵연료를 우리 스스로 생산하려는 것이었지만 이것 외에 2차적으로 미래를 위한 목적이 있었다. 그것은 '사용 후 핵연료'를 재처리하여 생산되는 '플루토늄(Pu239)'을 이용하여 자주국방을 위해 필요하다고 판단되는 경우에는 언제든지 핵폭탄을 만들 수 있는 능력과 준비를 갖추자는 것이었다.

플루토늄(Pu239)으로 핵폭탄을 제조하기 위해서는 4단계의 과정을 거치게 된다. 첫 단계는 핵연료의 확보이며 다음 단계는 핵연료에 의한 원자로의 가동이다. 그 다음 단계는 원자로에서 나오는 '사용 후 핵연료'의 재처리이며 마지막 단계가 재처리로 얻은 플루토늄(Pu239)으로 핵폭탄을 만드는 것이다. 따라서 플루토늄(Pu239)으로

원전기술 수입국에서 원전기술 수출국으로 변신 2009년 12월 27일 UAE 원전사업을 수주하였다. 이러한 원전수출은 박정희 대통령의 선견지명 덕분이라 할 수 있다. 사진은 최경환 당시 지식경제부장관과 압둘라 UAE 외교장관이 아부다비에서 이명박 대통령과 칼리파 빈 자예드 알 나흐얀 UAE 대통령이 입석한 가운데 경제협력협정에 서명하고 있는 장면이다.

핵폭탄을 만드는 데 있어서는 핵연료(농축우라늄)와 원자로, '사용후 핵연료' 재처리시설과 핵폭탄제조 기술, 이 네 가지가 필수조건이다.

핵무기(원자폭탄)의 원료는 우라늄과 플루토늄이다. 1945년 일본의 히로시마에 투하된 원자폭탄은 우라늄 핵폭탄이었고 나가사키에 투하된 것은 플루토늄 핵폭탄이었다.

따라서 핵폭탄제조방법도 두 가지다. 하나는 천연우라늄(U235)을 90퍼센트 이상의 고농도로 농축시켜 이를 10kg쯤 모으면 자연폭발할 수 있는 임계(臨界)질량에 이르는데 원자탄은 임계질량을 반으로 양분해뒀다가 이를 뇌관으로 쳐 맞닥뜨리게 해 거대한 폭발을 일으키게 하는 것이다. 그러나 우라늄핵폭탄을 만들기는 매우 어렵다. 천연우라늄 농축과정이 원심분리법, 기체확산법 등을 이용한 초정밀시설을 필요로 할 뿐 아니라 농축공장 하나를 운영하려면 100만 킬로와트급 원자력발전소 1개분의 방대한 전력을 필요로 하기 때문이다. 당시 우라늄농축시설을 보유하고 있는 나라는 미국, 소련, 영국, 프랑스, 중국 등 5개국뿐이었다.

또 다른 핵폭탄제조법은 핵연료(농축우라늄)를 원자로에서 태우고 난 후에 나오는 '사용 후 핵연료'를 재처리하여 얻은 플루토늄(Pu239)을 화학처리하여 만드는 것이다. 플루토늄(Pu239)은 천연우라늄을 농축하여 만든 우라늄 핵폭탄과는 달리 임계질량이 7~8kg으로 낮아 핵폭탄을 만들기가 훨씬 간편하다. 뿐만 아니라 플루토늄(Pu239)은 연구용 원자로에서 농축우라늄을 태우고 남은 '사용 후 핵연료'를 재처리하면 쉽고 싸게 얻을 수 있다. 농축우라늄은 원자력발전소의 핵연료로 쓰기 위해 농축시설을 보유한 국가에서 구입해 오면 된다. 재처리과정은 '사용 후 핵연료'를 약 6개월 동안 물에서 냉각시킨 후 방사능 수준을 낮추기 위해 원거리 조정으로 조작하여 일단 부분적으로 절단한 다음, 약물을 이용한 화학처리로 용해시키고 용해된 처리물을 다시 성형화하는 것이다.

재처리시설은 천연우라늄농축시설을 보유하지 못한 군소국가들이 원자력발전에 필요한 핵연료이면서 동시에 원자폭탄의 원료인 플루토늄(Pu239)을 얻을 수 있는 유일한 수단이었다. 당시 재처리시설을 도입하여 핵무기 제조에 성공한 국가는 인도와 이스라엘로 알려져 있었다.

전력생산이라는 평화적인 목적을 위하여 사용되는 핵기술과 시설이 핵폭탄제조 등 군사적인 목적을 위해서 쉽게 전용될 수 있으므로 '사용 후 핵연료' 재처리시설을 보유한 국가는 핵무기를 제조할 수 있는 가능성이 큰 잠재적인 핵보유국가로 간주되었다. '사용 후 핵연료' 재처리시설의 건설을 기준으로 할 때 핵무장을 하기로 결정한 후부터 실제로 핵무기를 보유하기까지의 기간은 '4년 내지 6년 이내'와 '3년 이내'로 분류되고 있었다.

3년 이내에 핵무기를 보유할 수 있는 국가는 우라늄농축시설과 원자력발전기, 그리고 '사용 후 핵연료' 재처리시설로 연결되는 완전한 '핵연료 주기기술'을 독자적으로 확보, 운영하고 있는 나라이며 핵무기 제조능력에 있어서 핵무기보유국가와 사실상 별 차이가 없는 국가다. 일본과 서독이 여기에 속했다. '4년 내지 6년 이내'에 핵무기를 보유할 수 있는 국가는 원자력발전소는 보유하고 있으나 '사용 후 핵연료' 재처리시설을 보유하지 못한 나라로서 핵무장 능력이 상당한 수준에 있는 국가다. 우리나라와 동독이 여기에 속했다. 따라서 우리나라가 프랑스로부터 재처리시설을 도입한 후 핵무장을 하기로 결정한다면 6년 이내에 핵무기를 보유할 수 있게 될 것으로 인식되고 있었다.

그 무렵 우리나라는 핵무기개발에 있어서 북한보다 적어도 7, 8년 정도 앞서 있었다. 일본은 이미 핵무기 생산에 필요한 기본적인 기술개발을 완료한 상태였으므로 만약 동북아시아에 핵확산이 된다면 일본, 한국, 북한의 순서가 될 것으로 관측되었다. 이것은 단(Lewis A. Dunn)과 오버홀트(William H. Overholt)가 연구한 〈동북아의 연쇄적인 핵확산 가능성〉이라는 논문에서 개진한 주장과 일치한다.

우리나라에서 원자력연구가 처음 시작된 것은 1958년 원자력원이 설립되고 원자력법이 공포된 후부터였다. 초기단계로 실험용 원자로를 가동하여 방사능동위원소(放射能同位元素)를 생산하는 데 주력하였다. 1971년에 원자력연구소가 발족된 후 이 연구소는 국방과학연구소와 함께 '특수사업'에 착수했다. 원자력연구소의 초대 소장은 윤용구였고 제1부소장에는 주재양 박사가 취임하여 특수사업부의 책임을 맡았다. 그는 미국 매사추세츠공과대학(MIT)에서 화공학 박사학위를 받은 핵연료 분야의 국제적 권위자였다. 최형섭 과학기술처장관의 권유로 귀국한 그는 취임 후 곧 미국과 캐나다를 방문하여 우리나라 출신 원자력 관련 과학자들을 국내로 유치했다. 이들 해외 과학자들에게는 그들이 마음놓고 연구활동에 전념할 수 있도록, 물심양면으로 최대의 편의와 지원이 제공되었다.

1971년 11월, 박 대통령은 청와대에 경제 제2수석비서관실을 신설하고 과학기술처, 국방과학연구소, 원자력연구소와 긴밀히 협조하여 방위산업육성을 전담하도록 했다. 닉슨 행정부는 미7사단 철수 후 그 보완책으로 한국군 현대화 5개년계획을 지원하기로 했으나 미 의회와의 협의문제 등 자국의 국내 사정을 이유로 약속을 이행하지 않고 시간을 끌었다. 그래서 박 대통령은 국군 현대화 5개년계획과는 별도로 국군 전력증강 5개년계획을 세우고 이 계획의 이름을 임진왜란 전에 10만 양병을 주장하면서 유비무환을 강조한 율곡 선생의 아호를 따서 율곡사업이라고 불렀다. 핵개발계획은 바로 이 율곡사업에 포함되어 있었다.

1973년 말에 국방과학연구소와 원자력연구소의 '특수사업' 연구진은 핵폭탄개발계획서를 작성했다. 이 계획서에는 핵폭탄의 기본개념과 소요예산, 개발완료 소요기간 등이 포함되어 있었다. 소요예산은 15억 내지 20억 달러 정도였고 소요기간은 6년 내지 10년으로 잡혀 있었다. 박 대통령은 1971년 4월 27일 대통령선거 후에 정치제도개혁방안을 구상할 때 프랑스 제5공화국의 정치제도를 연구, 검토하면서 드골 대통령의 자주국방을 위한 핵개발정책을 검토하고 그 핵심내용을 정리해 두고 있었다. 다음과 같은 내용이었다.

"드골 대통령은 1960년 초 핵실험에 성공하여 핵무기를 보유하게 된 후 미·소 핵대결의 위험과 공포에서 벗어나 정치·경제·외교·국방에 있어서 자주적이며 독자적인 정책을 추구함으로써 프랑스의 영광과 국위를 회복하였다."

제2차 세계대전 후 이른바 미·소 냉전의 격동기였던 1950년대와 1960년대에 프랑스를 포함한 서유럽의 여러 나라 국민들은 자기들로서는 관여할 수 없는 미국의 결정, 즉 소련의 도발에 대한 미국의 충동적 대응의 부산물로서 소련의 원자무기 세례를 받게 되는 것은 아닌가 하는 공포에 사로잡혀 있었다. 그들은 국가의 생존이 걸린 국가안보에 관해 무력한 궁지에 놓여 있었던 것이다. 1958년에 집권한 드골 대통령은 이러한 궁지에서 빠져나오기 위해서, 그

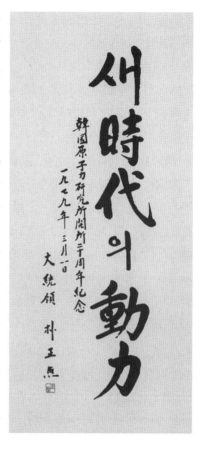

리고 프랑스의 국익을 위해서 군사적으로 어떤 다른 동맹국에서 독립하여 핵무기를 보유하고 사용할 수 있어야 한다면서 이렇게 선언했다.

"우리는 우리를 책임져 주는 미국과 같은 상전을 받아들일 수 없다. 프랑스 방위는 프랑스의 수중에 있어야 한다. 프랑스인 자신의 결정에 따른 것이 아닌 어떤 전쟁 혹은 어떤 전투도 우리는 받아들일 수 없다. 군사력의 기본이 핵무장이라는 것은 말할 필요도 없다.

우리가 그것을 제조하든 혹은 돈으로 구입하든 간에 그것은 우리 지배하에 있어야 한다. 우리는 핵무장을 단행할 수 있는 용기와 의지를 가져야 한다."

1959년 9월 16일, 드골 대통령은 프랑스의 국가 방위정책과 군사정책을 연구하는 국방대학을 찾았다. 시찰을 마친 그는 교수들과 청중들을 모아 '국가방위'라는 주제로 국민의 힘과 군의 지위에 새로운 방향을 제시하는 연설을 통해 핵무장의 필요성을 강조했다.

"프랑스의 방위는 프랑스인의 손으로 이루어져야 한다. 프랑스와 같은 나라가 전쟁을 하게 될 때에는 이 전쟁은 프랑스 자신에 의해 프랑스 자신의 노력으로 수행되어야 한다. 프랑스의 방위는 환경에 따라서는 다른 나라의 방위와 상호 관련되어 있다. 그러나 우리는 자체의 문제에 있어서는 프랑스 자신에 의해서 자신의 힘과 독자적인 방법으로 스스로를 방위하는 것이 절대 필요하다. 군 사령부는 실제 전쟁터에서 스스로 국가의 운명을 책임질 때에만 국가와 군대의 이름으로 그 권위와 위엄과 특전을 향유할 수 있는 것이다.

우리의 전략이 다른 나라의 전략과 결합되어야 한다는 것은 두말할 필요가 없다. 왜냐하면 전쟁이 일어날 경우, 우리는 손을 맞잡고 싸울 가능성이 크기 때문이다. 그러나 각 나라는 각자 자신의 몫을 담당하게 해야 한다. 프랑스는 앞으로 수년 후에 우리들 자신의 이해에 따라 행동할 수 있는 군대, 즉 어느 때 어디에나 배치할 준비가 되어 있는 공격력을 보유해야만 한다. 이 군대는 명백히 핵으로 중무장되어야 한다."

1960년 2월 13일, 프랑스는 드디어 사하라 사막에서의 핵실험에 성공했다. 국민들은 '위대한 프랑스 만세'를 불렀다. 제2차 세계대전 때 독일에 패배한데다가 알제리와 베트남 등 식민지에서도 패퇴함으로써 2류 국가로 전락했던 프랑스, 그 프랑스가 잃었던 국위와 영향력을 회복하여 다시 강대국 대열에 합류할 수 있게 된 결정적 계기가 바로 핵실험의 성공이었다. 결국 국가가 핵무기를 보유한다는 것은 군사적으로는 국가방위 문제를 자주적으로 해결할 수 있게 된다는 것을 뜻하며 정치적으로는 국제사회에서 자주독립국가로서의 위상과 영향력을 가지게 된다는 것을 뜻하는 것임이 명백했다.

박 대통령은 핵개발의 동기와 목적에 있어서 드골 대통령의 생각과 자신의 생각이 같다는 사실을 확인했으며 앞으로 어떠한 어려움이 있더라도 반드시 핵개발을 해야 되겠다는 결심을 더욱 굳혔다.

프랑스와의 원자력협력협정 체결

1974년 10월 19일에는 한·프랑스 원자력협력협정이 체결되었다. 이 협정에 의하면 우리나라와 프랑스는 원자력의 평화적 이용을 위해 상호 협력하고 기술과 정보를 교환하며 훈련생과 전문가를 교환하며 핵물질과 장비를 제공하기로 하였다.

우리나라와 프랑스 간에 원자력협력협정이 체결된 직후인 1974년 11월 9일부터 12월 10일까지 약 한 달 동안 원자력연구소의 주재양 제1부소장과 윤석호 화공개발실장, 박원구 핵연료연구실장 등 원자력 전문가들이 프랑스를 방문하였다. 프랑스는 우리나라와의 원자력발전협력사업을 최우선적인 국책사업으로 선정하고 우리 대표단에게 그들의 '사용 후 핵연료' 재처리공장과 여기에 관련된 시설들을 자세하게 소개했다. 제2차 세계대전 당시 핵개발 연구기지인 '마쿨'을 비롯하여 '라하구'의 재처리공장, '로망'에 있는 핵연료 가공공장, 파리 근교에 있는 원자력연구소 등 핵개발에 관한 모든 것을 보여 주었다.

특히 '생고방(SGN)'사는 그들이 일본에 건설한 도카이무라(東海村)와 오아라이(大洗)센터의 재처리공장과 닌교도게(人形峠)의 우라듐농축시설 등을 시찰할 수 있도록 배려해 주었다. 이처럼 프랑스 정부와 기업들은 우리나라의 프랑스 재처리시설 도입 계약을 성사시키기 위해 최대의 성의를 베풀었다. 이러한 호의로 우리 연구진들은 프랑스의 '발둑'에 있는 핵폭탄제조연구소에서 핵폭탄의 제조기술과 기폭(起爆)기술을 연구하였다.

1975년 1월 15일에는 한국원자력연구소(KAERI)와 프랑스 핵연료시험제조회사(CERCA) 간의 핵연료 제조장비 및 기술도입 계약이 체결되었다. 사업규모는 약 284만 달러였고, 사업내용은 핵연료 제조기구 구매 및 기술도입이었으며 계약은 양국 정부의 승인이 나는 대로 발효되는 것으로 되어 있었다. 그해 2월 20일에는 한국정부와 프랑스 은행 컨소시엄(인도차이나은행, 구주합동은행, 외환은행) 간에 핵연료 화학처리사업 및 연료가공사업 외자소요자금을 위한 차관계약이 체결되었고, 착수금 차관이 2월 28일에 발효했다.

그해 4월 12일에는 한국원자력연구소와 프랑스 셍고방회사(SGN) 간에 '핵연료 재처리공장 설계 및 기술용역 도입에 관한 계약'이 체결되었다. 사업규모는 약 3천 200만 달러였고 소요경비는 80퍼센트를 프랑스계 은행으로부터 차관을 도입하는 것이었다. 사업내용은 공장설계, 공장건립 감독 및 기술지원, 그리고 필요한 기기의 구매였다. 계약발표 조건은 양국 정부의 승인이었는데 우리 정부는 5월 15일에 승인했으며 프랑스정부의 승인을 기다리고 있었다.

5월 26일, 프랑스정부는 우리나라와 프랑스 및 국제원자력기구(IAEA)의 3자 간에 안전조치에 관한 협정을 체결할 것과 프랑스에서 도입하는 재처리시설과 동일 형태의 시설을 추후에 건설하지 아니한다는 취지의 약속을 별도의 외교공한으로 교환할 것을 요구해왔다. 이에 따라 1975년 9월 22일, 한국−프랑스−국제원자력기구(IAEA) 3자 간 안전조치협정이 서명되었다. 이 협정의 목적은 한국

정부가 프랑스로부터 도입하는 협정상의 품목을 핵무기 기타 핵폭발장치 제조 등 군사적 목적에 사용치 않으며 이를 확인하기 위하여 국제원자력기구(IAEA)의 안전조치를 적용하는 것이었다.

정부는 프랑스와 '사용 후 핵연료' 재처리시설 및 기술도입을 교섭하면서 다른 한편으로는 캐나다와 중수로건설문제를 협의하였다. 1973년 4월, 존 그레이 캐나다원자력공사 사장은 우리나라를 방문하여 월성2호기 원자력발전소를 캐나다의 중수로로 건설할 경우 '연구용 원자로'를 제공하겠다고 제의하였다. 우리 정부는 제의를 수락하고 캐나다의 기술협력을 받아 9백 메가와트급 캔두형(型) 중수로 4기를 건설하기로 하였다. 이 계획은 캐나다와의 합작연구로 900메가와트 원자로 4기를 짓는다는 뜻에서 'KC-49사업'으로 불렸다.

중수원자로는 경수원자로와 달리 천연우라늄을 농축시켜 재변환시키는 과정을 거치지 않고도 천연우라늄을 연료로 쓸 수 있다. 따라서 미국 등 핵보유국가들이 독점하고 있는 우라늄농축기술이 없는 국가들도 사용 후 핵연료를 얻을 수 있는 장점을 가지고 있다. 그러므로 재처리시설만 확보되면 중수원자로에서 나오는 '사용 후 핵연료'를 재처리하여 핵폭탄을 만들 수 있는 플루토늄을 얻을 수 있게 된다. 중수로 원자력발전소 건설을 결정하면서 대통령이 큰 관심을 가진 것은 캐나다가 별도로 제공하기로 한 3만 kW짜리 연구용 원자로(NRX)였다.

중수원자로에서는 핵연료를 오래 태우기 때문에 타고 남은 '사용 후 핵연료' 속에 핵폭탄에 쓰이는 플루토늄(Pu239)이 너무 적게 포함돼 있다. 그러나 연구용 원자로는 핵연료를 태우는 속도를 조절함으로써 순도 높은 플루토늄이 포함된 '사용 후 핵연료'를 얻을 수 있었다. 하지만 인도의 핵실험 성공으로 인해 우리나라가 이 연구용 원자로를 구입할 수 있는 길이 막히고 말았다. 1974년 4월, 인도가

지하핵실험에 성공함으로써 세계를 놀라게 했는데 인도는 바로 캐나다에서 구입한 연구용 원자로에서 '사용 후 핵연료'를 확보하고 재처리하여 얻은 플루토늄으로 핵폭탄을 제조한 사실이 밝혀졌던 것이다. 인도의 핵실험 성공은 미국 등 핵기술보유국들의 경계심을 자극했다.

미국은 1975년 초부터 프랑스 재처리시설 도입을 저지하기 위해 우리 정부에 압력을 가하기 시작하면서 캐나다원자력공사가 제공하기로 한 '연구용 원자로' 판매를 철회하도록 하라고 캐나다정부에 압력을 가했다. 이에 따라 캐나다원자력공사 측은 판매계획의 철회를 통보해 왔다. 그러나 우리는 1973년 캐나다와 연구용 원자로 도입을 교섭하고 있을 때 이미 원자로의 설계와 기술관련 자료를 확보해 놓고 있었다. 이 자료들은 1977년 우리나라가 독자적으로 원자로를 제작하는 데 귀중한 자료가 되었다.

제2장 미국의 반대와 협박

주한 미국대사의 압박

우리나라와 프랑스가 원자력협력협정을 체결한 직후인 10월 28일, 한 달 전에 새로 부임한 주한 미국대사 스나이더는 미 국무장관에게 중요한 전문보고를 했다. 그것은 주한 미국대사관이 한국의 핵무기개발문제와 그 운반수단인 미사일개발문제를 처음 제기한 보고였다. 당시 미국의 방위산업체인 록히드사는 우리나라에 미사일 추진 고체연료공장을 판매하기 위해 주한 미국대사의 도움을 요청하고 있었다. 스나이더 대사는 이 전문에서 다음과 같이 핵개발문제와 장거리 미사일 개발문제 분리 대처 등의 건의를 했다.

"우리는 현재 한국의 핵무기개발과 지대지미사일 개발 동향에 대한 분석을 준비하고 있다. 록히드사는 프랑스에 경쟁상대가 있기 때문에 한국과의 고체연료공장도입 문제에 대해 우리가 빨리 움직여주기를 바라고 있다. 록히드사는 캘리포니아에 있는 로켓추진 연료공장을 곧 폐쇄하려던 차에 한국의 국방과학연구소(ADD)가 로켓추진 연료공장건설에 착수했다는 점을 주목하고 있다.

록히드사가 한국의 국방산업에 관계하게 되면 미국정부는 중요한 분야에서 앞으로 계속 관여하며 영향력을 행사하고 지도할 수 있다. 프랑스의 국영기업은 기술적 훈련까지도 제공하겠다는 조건을 내걸고 청와대를 맹렬히 설득 중이다. 한국이 단거리 미사일을 개발할 가능성은 매우 크지만 그것이 반드시 장거리 미사일 개발을 의미하는 것은 아니다. 미사일 고체연료 문제는 한국의 핵개발이나 장거리 미사일 개발문제와 분리시켜 대처하는 것이 바람직하다. 로켓추진 연료공장을 팔 경우 한국이 다음 단계를 추진하기 전에 미국과 협의하기를 희망한다는 점을 한국정부에 명확히 해야 한다."

스나이더 대사는 한국이 단거리 미사일 개발에 만족하지 않고 장거리 미사일을 개발하려 할 경우 사전에 미국정부와 협의해야 한다는 조건을 붙여서 고체연료공장을 판매한다면 장거리 미사일 개발을 저지할 수 있다고 판단하고 있었던 것이다.

1974년 12월 11일, 미 국무장관은 주한 미국대사에게 보낸 전문에서 국무성이 한국의 핵무기 개발능력과 앞으로의 잠재력을 평가해 주도록 미국의 각 정보기관에 요청하였다고 밝혔다. 그러나 한국에 미사일 추진연료와 기술을 판매하는 데 대해서는 반대한다는 입장을 분명히 했다. 1975년 2월 4일, 미 국무성은 대통령안보보좌관에게 한국에 대한 로켓추진 기술판매에 반대한다는 입장을 이렇게 재확인했다.

"국방성은 로켓추진 기술판매를 승인했으나 국무성은 승인 반대라는 종전의 입장을 재확인한다. 박 대통령의 지시에 따라 한국의 국방과학연구소(ADD)는 록히드사 및 맥도널더글러스사와 동시에 접촉했다. 맥도널더글러스사와는 나이키-허큘리스, 샘(SAM)의 사거리를 늘리기 위한 시스템 개선계약을 진행하고 추진연료 부분은 손대지 않기로 했으며 록히드와는 추진연료공장 구매에 관해 계약한 것이다. 이것은 우연이라고 볼 수 없다. 우리가 록히드의 기술을 팔면 한국은 시간과 비용을 덜 들이고 미사일 생산시설을 갖출 수 있다."

록히드사의 미사일추진 고체연료공장 판매에 대한 미 국무성의 반대입장을 통보받은 주한 미국대사는 종전 입장을 거듭 밝히는 전문을 2월 14일 국무장관에게 보냈다.

"국무성 입장은 충분히 알았다. 그러나 미국이 한국의 국방산업에 발을 들여놓고 이를 앞으로의 영향력 행사수단으로 활용하는 것이 가장 좋은 전략이다. 제3국의 한국에 대한 무기판매를 효과적으로 막기 어렵고 프랑스는 한국에 핵개발장비를 팔기 직전에 있다."

여기서 록히드사의 미사일추진 연료공장을 한국에 판매하는 문제를 놓고 미 국방성과 주한 미국대사관이 찬성하고 국무성은 반대한다는 사실이 드러났다. 즉 국무성은 한국이 고체연료공장을 인수하면 빠른 시일 내에 적은 비용으로 단거리 및 장거리 미사일을 생산하게 될 것을 우려하여 반대했다. 이에 대해 주한 미국대사관은 미국이 미사일추진 연료공장을 판매하지 않는다면 한국은 제3국에서 그것을 사다가 미사일을 생산할 것이고 이 경우 미국은 한국에 대해 아무런 영향력을 행사할 수 없게 될 것이므로 국무성이 고집하는 판매금지는 하책이라는 논리였다. 주한 미대사관은 이 전문에서 한국에 대한 프랑스의 핵개발장비판매가 임박했다는 사실을 강조했다. 1975년 3월 4일 키신저 국무장관은 스나이더 주한 미국대사에게 보낸 전문에서 한국의 핵무기 및 미사일 개발계획에 관한 미국 정부의 판단과 정책을 다음과 같이 구체적으로 밝혔다.

"첫째, 한국이 핵무기개발을 위한 계획의 초기단계를 진행시키고 있다는 대사관의 평가에 워싱턴의 정보기관들은 전적으로 동의한다. 한 정보기관은 한국이 앞으로 10년 안에 제한적인 핵무기와 미사일을 개발할 능력이 있다는 결론을 내렸다.

둘째, 한국의 핵무기 보유는 일본·소련·중국·미국에 직접 영향을 미치는 불안요인이며 소련이나 중국이 유사시 북한에 핵무기지원을 약속하도록 만들 수 있다.

셋째, 한국의 핵부기보유는 박 대통령이 미국의 군사력과 안보공약에 대한 의존도를 줄이고 싶어하는 욕구로 발전할 것이다.

넷째, 미국의 정책은 핵무기확산에는 반대하되 핵발전소의 건설이나 연료의 거래는 국제원자력기구(IAEA)의 안전규정에 따라 계속한다는 것이다.

다섯째, 최근 미국은 영국·캐나다·프랑스·독일·일본·소련에 핵물질과 핵시설의 판매제한 기준을 마련하기 위한 비밀회의를 제안하였다. 프랑스만이 아직 동의하지 않고 있다.

여섯째, 미국의 목표는 한국이 핵무기와 그 운반수단의 개발노력을 하지 않도록 설득하고 막는 것이며 이를 위해 현재 다음과 같은 수단을 고려 중이다.

① 핵기술보유국들과의 협정 또는 미국의 일방적 조치에 의해 한국이 민감한 기술과 장비를 살 수 없도록 금지하는 것이며 ② 한국이 핵확산 금지조약을 비준하도록 압력을 행사하는 것이며 ③ 한국의 핵시설에 대한 미국의 감시능력과 한국의 기술개발에 대한 정보력을 향상시키는 것이다."

한국이 재처리시설을 도입하여 플루토늄(Pu239)을 생산하려는 진짜 의도를 지적하면서 한국이 핵무기와 그 운반수단을 개발하는 것을 모든 수단과 방법을 동원해서 막는 것이 미국의 정책목표임을 강조했던 것이다. 그러나 주한 미국대사관은 국무장관이 취하기로 한 정책수단에 대해 이의를 제기하고, 그보다 훨씬 강도 높고 직접적인 압력을 한국정부에 가해야 한다고 주장했다. 그해 3월 12일 스나이더 대사는 국무장관 앞으로 보낸 전문에서 이렇게 강조했다.

"국무부의 생각에 기본적으로 동의하나 더 노골적인 수단이 필요하다. 한국의 핵무기개발 기간은 10년보다 짧을 수 있다. 박 대통령은 핵무기개발에 우선순위를 두고 있으며 1980년대 초반에 성과를 거둘 수 있는 길을 모색하고 있다. 또 한국이 제3국으로부터 장비와 기술을 습득할 수 있는 능력을 과소평가하면 안 된다. 압력을 가능한 한 빨리, 직접적으로, 강하게 행사해야 핵개발 저지의 성공 확률을 높일 수 있다."

그 이튿날 주한 미대사관의 에릭슨 공사는 노신영 외무차관을 면담하는 자리에서 '프랑스의 공업계 소식통에 의하면 한국이 시험용 재처리시설 도입을 추진중이라는 사실을 확인하는 보고를 의회에 제출할 예정'임을 시사했다. 우리나라의 핵무기개발문제를 미의회에 보고하여 공론화시키고, 이를 반대하는 미 의회와 여론을 등에 업고 우

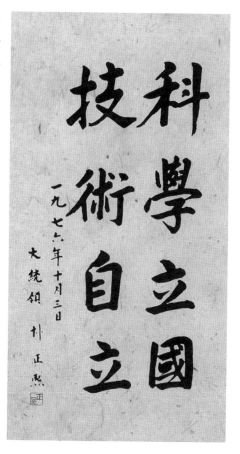

리의 핵개발을 저지하겠다고 으름장을 놓은 것이다. 또한 미 행정부가 의회에 제출한 고리2호기 원자력발전소 건설지원을 위한 미국수출입은행의 차관에 대한 지급보증을 취소할 수 있다는 보다 구체적인 위협도 가했다.

우리나라와 미국은 1972년 11월 24일, 한미 간 원자력의 민간 이용에 관한 협력 협정을 체결하였고 1973년 6월에 한미원자력공동상설위원회를 설치하기로 합의했다. 한미원자력공동상설위원회가 설

치뤄짐에 따라 한미 양국의 원자력 관계 고위 인사들이 매년 모여서 원자력에 관한 현안들을 협의하였다. 한국의 원자력연구소와 핵연료개발공단은 미국의 세계적인 연구기관인 아르곤국립연구소와 자매결연을 맺고 우라늄정련과 가공기술에 관해 협력하여 우리의 원자력기술 향상에 크게 기여하고 있었다. 미국은 이러한 한미원자력 협력협정에 따라 원자력발전소 건설에 필요한 차관과 기술을 제공해 왔는데 앞으로는 이를 제공하지 않겠다는 것이었다.

스나이더 주한미국대사는 1975년 4월 30일, 박 대통령을 예방한 다음, 이튿날 미사일 개발에 대한 대통령의 의지가 확고하다는 내용의 면담결과를 다음과 같이 국무장관에게 보고하였다.

"박 대통령은 한국의 미사일 생산능력에 관해 확고한 입장을 표명했다. 박 대통령은 록히드사의 미사일추진 고체연료공장 도입에 미국정부가 동의하지 않고 있는 점을 지적하면서 주한 미군의 철수에 대비해서 한국은 북한의 공군기지와 주요 군사시설을 공격할 수 있는 미사일을 보유해야 북한의 공군력 우위에 대처할 수 있다고 설명했다. 나는 미국정부와의 협의를 강력하게 요구했으며 박 대통령은 이에 동의하였다. 미국의 한국에 대한 정책을 가능한 한 빨리 전면 재검토해야 한다."

스나이더 대사는 박 대통령의 확고부동한 소신을 직접 듣고 느낀 대로 본국 정부에 전달한 것이다. 그러면서 미국의 대한정책 재검토를 촉구했다. 그것은 한국정부와 대통령에 대해서 좀 더 강력한 '압박'을 가해야 한다는 스나이더의 기존 입장을 거듭 강조한 것이다.

한미 원자력협력협정의 함정

미국은 우리나라가 프랑스로부터 재처리시설을 도입하려는 계획을 취소시키기 위해 외교적으로 압력을 가하면서 다른 한편으로는 한미원자력협력협정의 규정을 들고 나와 막으려 하였다. 1975년 6월 10일 주한 미국대사는 1972년 11월 24일 체결된 〈한미 간 원자력의 민간이용에 관한 협력협정〉 제8조 C항에 대한 미국정부의 해석을 한국정부가 동일하게 양해한다는 확인을 기술적 및 운용상의 이유에서 받고자 한다면서 우리 정부에 비망록을 제시했다. 미국은 이 조항이 별도의 두 가지의 판단에 관련되는 두 단계를 규정하고 있다고 해석한다는 것이었다.

첫째는 특수 핵물질의 재처리 또는 조사(照射)된 핵연료의 내용 또는 형태 변경을 위한 제1단계 선행조건으로서 협정 제11조에 규정된 미국의 안전조치권이 효과적으로 행사될 수 있다는 양국 정부의 공동결정이 있어야 한다는 것이며 둘째는 공동결정이 내려지면 재처리 또는 변경의 제1단계 선행조건으로서 재처리가 이루어질 시설에 관하여 양국 정부가 합의해야 한다는 것이다. 즉 핵연료의 재처리를 위해서는 한국 단독으로 그 시설을 결정할 수 없고 한국과 미국이 수락할 수 있는 시설에서만 재처리를 할 수 있다는 것이었다. 이러한 내용의 비망록을 제시하게 된 배경과 이유에 관해 미국은 이렇게 설명하고 있었다.

안전조치의 강화 필요성에 대한 미국의회와 일반 여론의 압력이 비등함에 따라 미국 행정부는 대외 원자력 협력 사업에 따르는 핵확산의 위험을 방지하기 위하여 제반 원자력 관계 법규의 효율성을 검토하게 되었다. 즉 1975년 5월 5일 제네바에서 열린 핵확산금지조약(NPT) 평가회의를 계기로 안전조치체제를 강화해야 한다는 국제여론이 고조되었고 베트남의 공산화 이후 한국의 핵무기개발 가능성에 대한 국제적인 관심이 증대되었으며, 1975년 6월 30일 미국 수출입은행의 차관승인을 받은 고리원자로 제2호기의 도입에 대해 미국 의회의 압력이 가중되어 왔다는 것이다.

그러나 한미원자력협력협정 제8조 C항에 대한 해석을 우리나라가 수락하도록 요구한 데에는 미국이 노리는 다른 목적이 있었다. 그 하나는, 미국으로부터 구입하는 핵연료에 대해서는 한국이 자주적으로 재처리할 수 없음을 재확인하려 한 것이다. 1975년 9월에는 약 2천만 달러 상당의 고리원자로 제1호기용 핵연료 48톤이 미국으로부터 도착하게 되어 있었다. 1978년부터 고리(古里)원자력발전소가 가동되기 시작하면 그 원자로에서 핵연료인 농축우라늄이 타고 남은 '사용 후 핵연료'가 나오게 되며 이것을 재처리하게 되면 핵분열물질인 양질의 플루토늄(Pu239)을 매년 139kg 내지 167kg 정도 얻을 수 있을 것으로 추정되었다. 20KT급 핵폭탄 한 개를 제조하는데 6kg 내지 8kg의 플루토늄(Pu239)이 필요하므로 고리원자로 제1호기에서 1년간 얻을 수 있는 플루토늄(Pu239)은 23개 내지 28개의 핵폭탄을 만들 수 있는 양이다.

이것은 우리가 생산한 플루토늄을 원자력발전용 핵연료로 재사용하지 않고 전량을 핵무기 제조용으로 전용할 경우에 해당되는 이야기다. 따라서 미국은 특수핵물질의 재처리나 '사용 후 핵연료'를 원자로에서 인출하거나 또 그 형태와 내용을 변경함에 있어서, 그리고 재처리시설을 이용함에 있어서 한미 양국의 합의를 강조함으로써 반드시 미국의 동의를 받아야 된다고 주장했다. 이것은 말할 것도 없이 고리원자력발전소 제1호기와 제2호기 등에서 다량의 '사용 후 핵연료'가 나오게 되는 시기에 한국이 이를 재처리하여 여기서 얻은 플루토늄(Pu239)을 핵무기제조 목적에 전용할 수 있는 길을 원천적으로 봉쇄하겠다는 것을 뜻했다.

미국이 노리는 또 다른 목적은 국제원자력기구(IAEA)에 의한 안전조치보다도 한미원자력협력협정상의 안전조치권(협정 제11조)이 우선적으로 적용된다는 것을 강조하려 한 것이다. 한국이 핵확산금지조약에 가입하여 국제원자력기구와의 포괄적 양자 협정상 안전조치가 적용되면 한미 간 양자 협정상 안전조치권이나 한·미·국제원자력기구 3자 간 협정상 안전조치의 적용은 정지되게 되어 있었다. 그러나 미국은 국제원자력기구 체제의 계속적인 수락 여부는 미국의 일방적 판단에 좌우된다는 점과(협정 제12조), 미국이 협정의 일방적 정지 또는 종료권을 보유하고 있다(협정 제11조 B5항)는 것을 상기시킴으로써 안전조치에 대해서는 미국이 우선권을 갖고 있으며 한국이 이를 거부할 경우에는 한미원자력협력협정을 일방적으로 정지시키거나 종료시킬 수 있음을 강조한 것이다.

미국이 노린 또 하나의 목적은 우리나라가 추구한 핵에너지산업의 다변화정책에 대하여 경제와 압력을 행사하려는 것이었다. 한국은 프랑스로부터 연간 처리용량이 약 4톤인 시험용재처리시설의 도입을 추진하고 있었다. 이것을 도입하여 운영하면 불원간 상업적 규모의 재처리시설을 건립할 수 있게 되며 그렇게 되면 많은 외화를 들여서 미국에서 사오는 핵연료(농축우라늄)의 양을 크게 줄일 수 있게 되어 외화절약이 가능하다.

또한 한국은 캐나다로부터 중수형원자로(CANDU형) 도입을 추진했고, 원자력 협력도 세계적으로 다변화되어가고 있었다. 따라서 핵연료와 원자로를 미국에서만 구입해 올 필요성도 그만큼 줄어들게 되었다. 핵연료와 원자로를 거의 독점적으로 판매하여 경제적 이익을 챙겨온 미국은 더 이상 그러한 이익을 기대할 수 없게 된 것이 분명했다. 미국이 이러한 경제적 이익을 계속 확보할 수 있는 길은 바로 한국의 재처리시설 도입을 저지함으로써 핵연료와 원자로를 계속해서 미국에서만 구매하도록 하려는 데 있었던 것이다.

한미원자력협력협정 제8조 C항에 대한 미국의 해석을 우리가 수락알 경우 이처럼 여러 가지 손실과 불이익을 안게 되는 것이 예견

되었으나 당시로서는 미국의 요구 수락이 불가피한 상황에 있었다. 우선 협정 조항의 문맥과 문면상 미국 측의 해석에 이의를 제기할 근거가 없었다. 또 협정상 미국은 협정의 일방적 정지 또는 종료 통고권을 보유하고 있으므로 우리가 요구를 거절할 경우 미국이 원자력 협력을 종료시킨다면, 초기 발전단계에 있는 원자력사업 추진은 어려운 국면에 처하게 될 수밖에 없었다.

한편, 핵연료인 농축우라늄의 구입가격에 비해서 '사용 후 핵연료'의 재처리비용이 아직 크게 싼 편이 아니었다. 더구나 프랑스에서 도입하려는 재처리시설은 실험용의 작은 규모였으므로 그 시설 용량으로는 발전용 원자로에서 나오는 '사용 후 핵연료'를 재처리하여 다량의 플루토늄(Pu239)을 얻는 데 적합하지 않았다. 게다가 경제적으로나 시설 용량의 측면에서도 미국 이외의 다른 국가의 재처리시설을 이용할 수 있는 가능성이 그 당시에는 없었다.

이러한 여러 가지 사정 때문에 우리 정부는 미국의 요구를 수용하기로 하였다. 그러나 핵확산금지조약에 따라 국제원자력기구 체제의 포괄적인 안전조치를 수락하고 그 조치의 완벽한 적용을 보장할 것이라는 점을 강조함으로써 한미협정상의 안전조치 못지않게 국제원자력기구의 안전조치의 보편성과 중요성을 강조하기로 하였다. 또한 재처리시설에 관한 한미 양국의 합의에는 '사용 후 핵연료'를 저렴한 비용으로 재처리할 수 있는 '지역적 재처리시설'을 지역국가들의 참여로 건설한다는 내용이 포함되는 것이 바람직하다는 제안을 하기로 하였다. 이것은 특정 국가의 재처리시설 독점과 이에 따르는 횡포를 막자는 뜻이었다.

〈워싱턴포스트〉지 보도

1975년 6월 중순에 미국의 〈워싱턴포스트(WP)〉지는 박 대통령이 핵개발 가능성을 천명했다고 보도했다. 즉 박 대통령이 "한국이 미국의 핵우산 보호를 받지 못할 경우 우리의 안전을 위해 핵무기 개발을 포함한 가능한 모든 수단을 동원할 것이다"라고 언명했다는 것이다. 다음 날 〈코리아타임스〉는 최형섭 과기처장관이 "한국은 핵무기를 개발할 수 있는 기술적 잠재력을 갖고 있다"고 밝혔다는 보도를 했다.

그 무렵 국내외의 군사전문가들은 미군 철수로 베트남이 공산화된 후 미국의 안보공약을 불신하게 된 한국이 자주국방을 위해 핵무기를 개발할 가능성이 있다는 주장을 했고 세계의 주요 언론들이 특파원을 한국에 파견하여 한국의 안보문제를 집중 취재하고 있었다. 〈워싱턴포스트〉도 그 하나였는데, 주한미군이 철수할 경우 어떤 대비책을 구상하고 있느냐는 기자의 질문에 박 대통령이 핵무기 개발의 뜻을 표명한 것이다.

당시 미국은 우리가 프랑스로부터 재처리시설을 도입하려는 숨은 목적이 핵무기개발에 있다고 주장하면서 도입계획 취소를 비공개적으로 압박하던 때였다. 박 대통령은 이러한 압력이 부당한 것이라고 생각했다. 이른바 강대국들은 핵무기와 재처리공장을 모두 가지고 있으면서 군소국가들이 재처리시설을 건설하는 것을 강압적으로 저지하려는 것은 대국주의의 횡포가 아니냐 하는 것이었다. 그래서 박 대통령은 주한미군이 철수할 경우 핵무기개발 의지를 공개적으로 천명함으로써 재처리시설 도입을 미국의 압력에도 불구하고 계속 추진할 뜻을 분명히 한 것이다.

재처리시설 도입 취소 강요

1975년 7월 2일 미 국무성은 우리나라의 재처리시설 도입에 대한 관련 부처와 기관의 의견을 모아 종합보고서를 작성하여 백악관 안보담당 특별보좌관에게 제출하였다. 이 보고서에는 다음과 같은 중요한 내용이 포함되어 있었다.

①한국은 프랑스와 실험용 핵연료 재처리시설 도입을 협상 중이다. 한국의 핵무기 보유는 대단히 위험하며, 미국의 국가이익에 직접적인 피해를 줄 것이다. 한국이 플루토늄을 분리 생산한다면 단기간 내에 핵무기를 보유하게 될 것이다. ②한국의 고리2호기 원자력발전소 건설지원을 위한 미국 수출입은행의 1억 3천 200만 달러의 융자와 1억 1천 700만 달러의 지급보증이 현재 의회에 제출돼 있다. 한국이 재처리시설 도입을 포기하지 않는다면 원전건설 융자에 대한 의회 승인에 대해 행정부가 보증을 설 수 없다. ③프랑스도 우리의 우려를 이해하고 해당 회사가 적절히 보상받는다면 한국과의 계약취소 요구에 반대하지 않겠다는 입장을 밝혔다. ④미국은 미국산 핵연료의 재처리를 금지하는 결정을 내릴 수 있다는 사실을 한국정부에 상기시켰으며 한국은 유연한 자세를 보였다. ⑤미국은 향후 조치로 한국정부의 핵연료 재처리시설 도입 의사에 우려를 표명하고, 감행하면 고리2호 핵발전소에 대한 융자 등 미국의 협력이 위태롭게 될 것임을 인식시켜야 한다.

1975년 8월 19일, 스나이더 대사는 최형섭 과학기술처장관을 찾아가서 '사용 후 핵연료'를 재처리하면 플루토늄이 생산되고 그렇게 되면 한국이 원자폭탄을 개발한다는 오해를 불러일으켜 소련이 북한에 원폭을 제공할 수도 있다며 재처리시설 도입 취소를 요구했다. 이에 대해 최 장관은 재처리시설은 우리나라의 원자력발전의 자립을 위해 필요하며 평화적 목적 이외의 다른 목적에 사용할 뜻이 없다고 말했다. 그러자 스나이더는 취소하지 않는다면 한미 간의 원자력협정도 어렵게 될 뿐 아니라 군사원조도 어렵게 된다고 위협했다.

1975년 8월 25~28일, 제8차 한미연례안보협의회에 참석하기 위해 미 국방장관 제임스 슐레진저가 방한했을 때 국내 일간신문들은 슐레진저 장관이 우리 정부로부터 '한국은 핵무기를 개발하지 않는다'는 각서를 받아내고 그 대가로 '북한의 전쟁 도발시 선제 핵사용 가능성'과 '한국의 수도권 방위 9일 속결전' 등 강력한 대한(對韓) 방위공약을 선물로 제공했다고 보도했다. 하지만 우리 정부가 핵무기개발 포기각서를 써주었다는 보도는 전혀 근거 없는 추측보도였다. 1975년 8월 이후 미국은 주한미대사관 및 주미한국대사관을 통하여 다음과 같은 이유를 들어 한국의 핵연료 재처리시설 도입을 보류토록 종용하였다.

(1)한국은 정치적으로 민감한 지역이며 (2)경제적 측면에서도 설명이 어렵고 (3)미 의회의 의혹 해소가 어려우며 (4)핵연료 재처리시설 (Plant)은 미국이 반대하는 핵무기 확산과 밀접한 관계가 있다.

이에 대하여 우리 정부는 프랑스 측과의 계약을 기정사실화하고 취소가 불가능하며 미국이 요구하는 모든 안전규제조치에 응할 용의가 있음을 표명하면서 우리의 재처리시설이 실험용의 작은 규모임에 비추어 미국의 이해를 촉구하였다. 1975년 8월 25일, 노신영 외무차관을 예방한 스나이더 대사는 미국의 입장을 설명했다. 그는 먼저 핵연료 재처리는 핵무기 확산과 관련된 문제여서 개별국가보다는 지역적 협력을 통해서 해결되는 것이 바람직하며, 미국은 한국이 상당한 역할을 할 수 있는 지역적인 재처리시설 계획을 제시할 생각이 있음을 이렇게 밝혔다.

"미국으로서도 원자력의 평화적인 이용을 위한 개발이 현재의 에너지 공급원과 가격면에서 장기적으로는 저렴한 경제성을 가진 것이나 그 개발을 위하여 많은 투자를 요한다는 점과 또한 한국과는 오래 전부터 원자력의 평화적 이용에 관한 협정을 체결하여 이 분야에서의 협력을 많이 해 온 것을 잘 알고 있다. 그러나 핵에너지 문제는 핵무기 확산과 관련된 매우 예민한 문제로서 국제적인 관심사가 되고 있다. 핵에너지 개발과 관련하여 재처리 문제가 중요하나 현 단계로서는 기술면이나 가격구조면으로 보아 '사용 후 핵연료' 재처리가 원시적인 단계를 벗어나지 못하고 있다.

그런데 한국이 프랑스로부터 도입하고자 하는 재처리 플랜트는 실험용이라고 하나 상당한 관심을 끌고 있다. 미국의 견해를 솔직히 말씀드린다면 앞으로 재처리 문제의 해결책은 각국별로 모색되어야 할 것이 아니고 다변적이고 지역적인 접근을 통해서 모색되어야 할 성질의 것이라고 본다. 이것은 최근 제네바에서 열린 핵무기비확산 조약 당사국 평가회의에서도 제기된 바 있으며 한국 스스로 1972년 도에 제의한 바 있었으나 당시에는 아직 그러한 문제를 논의할 단계가 아닌 시기상조로서 별반 호응을 얻지 못한 것이었다. 미국은 재처리 문제에 있어 한국이 상당한 역할을 하게 될 지역적인 계획을 제시할 용의가 있다. 이는 소재지, 소유권, 운영, 기술, 경제성 등 매우 복잡한 문제를 내포하고 있으나 구체적인 사항에 대해서는 한국과 협의코자 하며 또한 일본과의 협의도 특히 요하는 것이다."

이에 대해 노신영 외무차관은 미국의 관심과 계획을 관계기관에 전달하겠다고 말하면서 미국의 관심이 너무 지나친 것 같다고 지적했다. 그러자 스나이더는 계속해서 핵연료 재처리 문제는 미국만의 관심사가 아니라 얼마 전에 있었던 핵무기비확산조약 당사국평가회 에서도 중점적으로 논의되었으며, 한국이 재처리시설을 도입할 경우 소련·중국·북한의 반응을 고려해야 한다면서 이렇게 언급했다.

"여러 가지 안전조치의 강구에도 불구하고 정치적인 현실을 인식해야 하는 바, 소련이나 중국은 북한의 핵개발을 위하여 별반 원조

슐레진저 미 국방장관, 스나이더 주한 미 대사, 브라운 미 합참의장이 박 대통령을 예방(1975. 8. 28)

를 하지 않은 것으로 알고 있는데 한국이 프랑스로부터 핵연료 재처리 플랜트를 도입하는 경우 북한이 어떠한 반응을 보일 것인가 하는 점도 고려해야 할 줄 안다."

스나이더 대사는 자신이 8월 19일 최형섭 과학기술처장관에게도 미국의 관심과 계획에 대하여 설명해 주었고 미국 원자력연구관리청의 도쿄 주재관 핵크너 박사도 한국의 원자력연구소장과 접촉하고 있다는 사실을 알려 주었다. 그러면서 미국이 재처리시설 도입을 취소시키기 위해 한국의 관계부처 및 원자력관련기관과 별도로 접촉하여 '압력'을 가하고 있음을 분명히 했다. 1975년 9월 8일, 외무부 차관실에서는 노신영 외무차관과 과학기술처 원자력국장, 그리고 스나이더 대사가 대화를 나누었다. 이 자리에서 원자력국장은 우리의 핵에너지 개발계획과 프랑스로부터 도입할 핵연료 재처리시설과 국제원자력기구(IAEA)의 안전규제 내용에 관하여 상세히 설명하였다. 설명을 다 듣고 난 후 스나이더가 이렇게 말문을 열었다.

"금년 3월엔가 한국이 프랑스로부터 핵연료 재처리시설 도입을 교섭하고 있다는 것을 프랑스 업계로부터 들었는데 이러한 교섭 내용을 주요한 핵에너지 협력국가인 미국에 사전에 알려주지 않은 것은 유감이다. 미국의 원자력위원회 등 여러 기관에 재처리시설에 관한 한국의 입장과 관심을 표명하고 비공식으로 이를 제기하지 않은 것은 한국 측의 실수이며 이로 인하여 모든 문제가 발생한 것이다.

재처리시설의 경제성이나 또 고도의 기술성으로 보아 미국이 지역적 계획에 의한 어떠한 재처리 방안을 제시할 때까지 이를 일단 보류하고 프랑스와의 계약도 취소하는 것이 좋겠다. 이를 그냥 두고 미 의회의 동의를 받는다는 것은 1퍼센트의 찬스밖에 없다고 본다. 프랑스 측은 한국이 재처리시설 도입계약 취소를 요구할 경우 동의할 용의가 있는 것으로 알고 있다."

스나이더가 프랑스와의 재처리시설 도입교섭 내용을 미국에 미리 알려주지 않은 것이 큰 실수라고 지적한 데 대해 과학기술처 원자력국장은 사실과 다르다고 설명했다. 즉 "한국은 프랑스와 교섭하기 이전에 먼저 미국의 여러 민간기관과 원자력위원회에 재처리시설에 관한 관심과 제안을 표명하였으나 아무런 긍정적 대답을 받지 못했다. 따라서 할 수 없이 프랑스와 교섭을 시작하게 된 것이며 이것이 처음 거론된 것은 1972년 5월 최형섭 과학기술처장관이 프랑스를 방문하였을 때였다. 차관문제가 협의된 것은 1972년 태완선 부총리가 프랑스를 방문하였을 때였다"고 그간의 교섭경위를 사실대로 설명했다.

노신영 차관은 "프랑스 측과의 계약은 이미 기정사실화되었으므로 취소가 불가능하다. 한미 간의 문제는 앞으로 어떻게 안전규제를 강화하는가 하는 방향에서 해결되어야 할 것이다. 필요하면 국제원자력기구(IAEA)가 규정한 모든 안전규제 조치 이외에 미국이 요구하는 모든 안전규제 조치에 응할 용의가 있으며 이 점을 미 본국에 분명히 전하여 주기 바란다"고 잘라 말했다. 이에 스나이더는 미국의 반대입장을 거듭 강조하면서 원자력국장에게 재처리시설이 언제 세워지느냐, 재처리시설에 사용될 연료는 어디서 구하느냐, 프랑스인 기술자는 언제까지 재처리시설 운영을 위해 한국에 머물 것이냐는 등 건설과 운영문제에 대해 물었다. 원자력국장은 분명하고 당당하게 사실대로 설명했다. 즉 재처리시설은 사실상 그 기초작업이 시작되었으며 대전에 세울 계획이다, 연료는 처음에는 프랑스에서 실험용으로 도입할 것이다, 프랑스인 기술자는 재처리시설을 준공하고 재처리과정을 실험한 후 떠난다는 것이었다.

면담을 끝내기 전에 노신영 차관은 재처리시설의 안전조치와 평화적 연구목적을 다시 강조하고 스나이더 대사의 협조를 부탁했다. "미국의 관심은 사람이 가진 작은 칼의 용도에 관한 관심과 같으며, 이 칼이 선용된다는 것을 보장하기 위하여 미국에서 요구하는 모든 보장 조치에 동의할 것이고 시찰단의 내방도 환영할 것이다. 프랑스와의 계약은 이미 실행단계에 있다. 본국 정부에 보고할 때 재처리시설은 오직 평화적 연구 이외에 다른 목적이 없다는 대사의 판단을 첨가해주기 바란다"고 당부했던 것이다.

한국정부에 강력한 압력을 가해야 한다는 것을 본국 정부에 수차례 건의해 온 장본인인 스나이더 대사가 노신영 차관의 부탁에 유의했을 리는 없었다. 그는 우리 정부의 입장과 설명을 본국 정부에 보고하겠다고 답하면서 프랑스와의 계약이행을 모두 재고해 줄 것을 거듭 촉구하였다. 9월 25일, 스나이더 대사가 다시 노신영 차관을 예방했다. 그는 관계부처 간에 신중한 협의와 검토 끝에 결정된 미 정부의 입장과 제안을 한국정부에 통보하라는 훈령을 받았다면서 미국정부의 변함없는 반대 입장을 전달했다. 같은 시각에 미국에서는 국무성의 잉거솔 차관이 함병춘 주미대사를 불러 똑같은 내용의 '미국의 입장과 제안'을 제시하였다. 10월 23일 노신영 차관은 스나이더 대사를 차관실로 초치하여 9월 25일 스나이더 대사가 통보한 미국의 입장과 제안을 우리 정부가 검토한 결과를 다음과 같이 밝혔다.

"우리는 미국의 입장을 주의 깊게 검토하였으며 핵연료 재처리 연구시설 도입계획을 재검토하였다. 하지만 그 시설은 기본적으로 연구 및 훈련용 설비이며 장기적인 에너지 개발계획 및 장기적인 외화 절약을 위하여 필요하므로 계획대로 추진하여야 한다는 결론에 도달하였다. 시설계획 및 시설 전부를 미 측에 공개할 용의가 있음을 거듭 밝히는 바이다."

스나이더 대사는 우리 정부의 그러한 결론에 크게 실망하였다고 말하면서 취소하지 않으면 원자력협력을 중단할지 모른다는 위협에서 한 걸음 더 나아가 경제, 군사, 외교 분야에서의 협력 등 '한미 협력관계 전반'에 걸쳐 큰 타격을 입게 될 것이라고 고강도의 위협을 하고 나섰다. 스나이더 대사의 강도 높은 위협에 대응하여 노신영 차관은 우리 정부의 기존 입장을 거듭 천명하고 "재처리시설을 가진 나라가 많이 있는데 유독 한국만이 문제된다는 것은 납득할 수 없다"고 반박했다. 그러자 스나이더는 "한국은 일본 등 다른 나라와는 달리 분단되어 있으며 미묘한 세력균형상의 문제가 있다. 일본 등 다른 나라는 핵무기 반대의 입장이 확고하다"고 말했다. 노신영 차관은 이에 대해 "기술은 일찍 습득할수록 좋으며 우리의 장기 에너지 대책에 비추어 재처리시설 도입이 지금 필요하다"는 점을 강조했다. 스나이더 대사도 계속 똑같은 위협을 되풀이했다.

"귀하의 입장을 국무성에 보고하겠다. 그러나 미국이 견지하고 있는 강력한 입장에 비추어 계속 같은 입장이 분명히 올 것으로 본다. 한국정부가 앞으로 당면할 제반 손실 위험을 고려하여 재검토하여 주기 바란다."

1975년 10월 31일, 스나이더 대사는 미 국무성에 보낸 보고서에서 한국이 거부한 이유와 이에 대한 강경한 대응책을 촉구하면서 이런 식으로 주장했다.

"박 대통령은 국가적 자존심 차원에서 한국이 일본에 비해 차별대우를 받고 있다는 사실을 유감스럽게 생각한다. 한국의 과학자들은 핵재처리의 경제적·기술적 가치를 과장 보고했으며 이를 번복할 경우에는 체면과 직위에 흠이 갈 것을 우려하는 것 같다. 핵에너지를 확보할 수 있는 시장이 넓어져 미국이 아니라도 핵연료를 충당할 수 있다는 자신감을 가지고 있다. 미국은 결국 한국의 의사를 지지할 것이며 재정융자와 원자력발전소 건설 등에 협력할 것이라고 기대하고 있다.

한국정부는 미국의 대한 안보공약을 불신한다. 박 대통령은 미국의 핵우산이 제거될 경우 핵억지력 차원의 대비책을 마련하는 것이 필요하다고 판단하고 있다. 한국이 미국의 핵우산 철수에 대한 우려를 가질 경우 급변사태에 관해 한국과 긴밀한 협의를 할 것이라는 점을 천명할 필요가 있다. 박 대통령이 협력하지 않는다면 핵에너지뿐만 아니라 여타 양국관계도 타격을 받게 될 것임을 분명히 해야 한다."

11월 6일, 국무성의 존 트래트너(John Trattner) 대변인은 키신저 장관이 그해 9월 22일의 유엔총회 연설에서 미국정부는 개별국가의 관리하에 들어가는 핵연료 재처리시설이 늘어나는 데 대하여 지대한 관심을 표명한 바 있음을 지적하면서 한국과 프랑스정부에 대하여 핵연료 재처리시설과 기술의 판매에 관해 미국정부의 반대 입장을 명백히 표시하였다고 말하였다. 그는 비록 한국이 국제원자력기구와 핵확산금지조약에 서명하였을지라도 프랑스는 조약 당사국이 아님을 지적하였다. 이것은 미 국무성이 한국에 대한 프랑스의 재처리시설 판매를 미국정부가 반대한다는 사실을 공개적으로 발표한 첫 번째 성명이다.

그해 12월 11일, 워싱턴에서는 미 국무성 잉거솔(Ingersoll) 차관의 요청으로 함병춘 주미대사가 임용욱 과학관을 대동하고 국무성을 예방, 우리나라의 재처리시설 도입 문제에 관해 협의하였다. 그 내용은 그동안 서울에서 노신영 외무차관과 스나이더 대사 사이에 논의된 것과 같은 것이었다. 그로부터 며칠 후인 12월 16일, 스나이더 대사는 우리 정부의 과학기술처차관이 면담을 희망해 대화를 나누었다는 사실과, 과학기술처차관이 면담을 요청한 동기와 목적에 관해 국무성에 3개항의 보고를 했다.

①한국의 의도는 프랑스의 재처리시설 도입을 포기할 경우 어떤 이득이 있는가 하는 점을 확인하기 위한 것일 수도 있다. ②재처리시설 도입을 포기할 경우 미국으로부터 상응하는 대가를 확보하기 위한 전술적 행보일 수도 있다. ③미국의 대답이 없으면 프랑스 재처리시설 도입을 반대하는 미국의 주장을 희석시키려는 의도일 수도 있다.

스나이더는 또한 이 보고서에서 김정렴 대통령 비서실장을 접촉한 결과 한국정부는 미국이 입장을 밝힐 때까지 최종결정을 보류할 것임을 확인했다고 덧붙였다.

미국 언론과 프랑스정부의 공방전

1975년 10월, 미국정부가 프랑스정부에 대해 한국에 핵연료 재처리시설을 판매하려는 계획을 보류하도록 압력을 가하고 있는 것과 때를 같이하여 미국 언론계는 프랑스를 비난하며 미국정부의 입장을 지지하고 나섰다. 이에 대해 프랑스정부는 반박성명을 두 차례나 발표하였다. 프랑스를 비난하고 나선 것은 10월 29일자 〈뉴욕타임스〉 사설이었다.

"프랑스는 원자폭탄의 폭발물질인 플루토늄을 생산할 수 있는 기술과 시설을 한국에 판매하기로 결정함으로써 인류를 핵무기의 세계적 확산과 궁극적인 재난으로 향하는 길로 이끌어 갔다. 과거 30년 동안 미국과 다른 선진 핵보유 국가들은 그러한 시설판매를 거절해 왔으나 서독이 지난 6월 브라질에 시험용 핵재처리공장을 판매할 것을 결정함으로써 대오에서 이탈했다. 무력으로 한반도를 통일하려는 북한의 야망은 미국의 베트남 철수를 계기로 다시 살아나고 있으며, 한국의 핵 관계 움직임은 북한에 공격의 구실을 제공하거나 북한으로 하여금 보다 더 위험스러운 핵무장을 하도록 할 것이며, 일본에서도 핵무장 압력을 자극할 것이다."

〈뉴욕타임스〉 사설의 이러한 논평은 미국정부가 우리 정부에 대해 재처리시설 도입을 취소하라고 압력을 가할 때마다 되풀이했던 것과 똑같은 내용이었다. 프랑스정부는 10월 29일 성명을 발표하고 이를 '악의에 찬 사설'이라고 비판했다. 성명은 미국이 자국의 원자력 기술과 시설을 팔아먹기 위해서 프랑스의 핵시설 수출정책을 비난해 온 것은 어제오늘의 일이 아니라는 말과 함께 7개 원자력 국가들의 런던비밀회담에 영향을 끼치려는 의도가 깔려 있다고 지적했다. 성명은 다음과 같다.

"프랑스의 한국에 대한 핵연료 처리시설 판매결정은 전세계 핵무기 확산과 궁극적인 불행에도 향한 진일보라고 표현한 10월 29일자 〈뉴욕타임스〉의 악의에 찬 사설은 프랑스의 원자력 전문가 집단을 경악하게 하였다. 이 전문가들에 의하면 프랑스는 생고뱅 신기술회사의 중개를 통하여 한국에 자외선 처리된 연료를 재처리하기 위한 공장을 건설키로 하였다.

이 공장에서 생산되는 특수 플루토늄과 농축우라늄의 핵분열물질은 군사목적에 전용되지 않는다는 것을 보장하기 위하여 모든 조치가 취하여졌다는 점을 주목하여야 할 것이다. 9월 22일 빈에서 국제원자력기구와 한·프랑스 간에 이 문제에 대한 세 당사자 협정이 서명되었으며 이로써 국제원자력기구는 공장의 가동과 이 공장에서 생산되는 핵분열물질을 감독하게 될 것이다.

외국에 핵시설을 판매하려는 프랑스 정책에 대한 미국의 비난은 전혀 새로운 것이 아니다. 〈뉴욕타임스〉의 사설은 사다트 대통령의 미국 방문과 때를 맞추어 게재되었다는 점이 지적되고 있는데 사다트 대통령의 방문 중 미국 원자로를 이집트에 판매하는 문제가 제기될 것이다. 또한 〈뉴욕타임스〉의 공격이 핵시설의 판매에 관한 보장과 통제 문제를 토의할 미·소·프랑스·서독·영국·캐나다 간의 런던회담 개최 수일 전에 나왔다는 것이 원자력 관계 전문가들 사이에서 주목되고 있다."

프랑스정부는 다음 날인 10월 30일에도 〈뉴욕타임스〉 사설의 주장이 잘못된 것임을 지적하는 이런 내용의 성명을 발표했다.

"〈뉴욕타임스〉의 사설에 의하면 프랑스가 한국에 핵재처리공장을 판매함으로써 핵확산을 조장한다고 비난하고 있으나 다음과 같은 사실에 비추어 그것은 오보이다. 첫째, 이는 요원 양성의 시험용 공장이며 공업용 단위의 공장이 아니다. 둘째, 국제원자력기구와 한·프랑스 3자협정을 체결토록 하여 핵확산을 금지토록 하기 위한 프랑스정부의 의도에 따라 한층 더 통제할 수 있는 제도를 설정하였다. 셋째, 한국이 핵연료 재처리를 희망한 것은 수년 전부터 미국이 수락한 한국 내 원자력발전소 건설계획이 시행되고 있기 때문이며, 그중 2개소는 미국의 웨스팅하우스에서 공급하는 것이며 나머지는 캐나다가 공급하는 것이다."

11월 2일자 〈뉴욕타임스〉는 프랑스 특파원 판스워드(Clyde H. Farnsworth) 기자의 파리발 기사를 인용하여 '유럽은 미국의 원자력 계획에 반대한다'는 제목 아래 이런 기사를 게재하였다.

"1974년도의 인도 핵실험에 충격을 받아 원자핵물질 주요 수출국인 미·소·영·프랑스·서독·일본 등은 런던에서 1974년 봄 1차 회담을 갖고 핵물질의 확산을 보다 강하게 규제하는 문제를 논의했고, 내주에 2차 회의가 런던에서 다시 개최된다고 한다. 이 회의에서는 원자력시설을 사보타주로부터 방어할 수 있는 방법과 핵물질의 운반 등에 관련된 안전문제를 철저히 규제하는 것과 아울러 미국이 최근 제안한 지역별 원자력연료센터의 설치방안도 논의될 것이다.

그러나 프랑스와 서독은 미국의 제안이 가까운 장래에 실현되기 어려우며 만일 센터가 설치될 경우 어디에 설치하여 누가 주관할 것인가 하는 문제에 대한 해답이 어려운 점이라면서 원자력개발 분야에 관한 지식과 기술을 판매하는 데 대한 어떤 반대 조치도 완강히 거절할 것이라고 밝혔다. 또한 프랑스와 독일은 한국이 국제원자력기구 안전규제에도 조인했고 미국으로부터 원자력발전소를 도입하여 건설하고 있는 차제에 프랑스로부터 훈련용 핵연료 재처리시설의 도입을 미국이 반대한다는 것은 있을 수 없는 일이라고 논평했다."

또한 11월 6일자 〈워싱턴포스트〉 사설은 우리나라가 핵연료 재처리시설을 보유하게 되면 핵무기를 개발하려 할 것이라고 단정한 뒤 재처리시설의 수출은 정치적·법적으로 통제되어야 한다면서 이렇게 주장했다.

"프랑스가 한국에 핵연료 재처리공장을 팔려는 결정은 핵무기의 전파를 방지하는 국제적 감시제도가 불충분하다는 사실을 반영하는 것이다. 한국은 가까운 장래에 핵연료 재처리 능력을 가져야만 할 경제적 필요성이 없다. 그러한 능력을 가지게 되었을 경우에는 한국 정부의 본래 의도 여하를 불구하고 핵확산금지조약(NPT)에서 탈퇴하라는 국내의 압력을 받을 것이며 정치적으로 미국으로부터 고립될 것을 염려하여 핵무기를 제조하려 할 것이다. 이러한 재처리시설의 수출은 정치적·법적으로 더욱 통제되어야 한다."

한 마디로 미국의 양대 신문인 〈뉴욕타임스〉와 〈워싱턴포스트〉는 사설을 통해 미국정부의 주장을 그대로 대변하고 있었다.

프랑스정부의 돌변

한국정부는 미국의 집요한 반대에도 불구하고 프랑스와는 꾸준히 재처리시설 도입 교섭을 진전시켜 나갔다. 1975년 10월 23일, 노신영 외무차관은 랑디(Landy) 주한 프랑스 대사를 초치하여 프랑스로부터 핵화학 재처리 연구시설을 도입키로 한 우리 정부의 결정을 재확인하고, 조속한 구매를 위한 프랑스정부의 협력을 요청하였다. 이튿날에는 윤석헌 주프랑스 대사와 데스트레모(Destremau) 정무차관이 그해 11월 3일 이후에 '한·프랑스 간의 원자력협력사업에 대한 양해각서'를 교환하기로 합의하였다.

프랑스 측은 양해각서를 가급적 11월 3일~11월 7일간에 교환하며, 사업의 조속추진 입장에는 변함없다는 점을 확인하였다. 이에 따라 우리 정부와 프랑스정부는 11월 13일 11시 30분 프랑스 외무성에서 양해각서에 서명하고 이를 교환하기로 합의하였다. 그러나 프랑스정부의 태도가 갑자기 변하기 시작했다. 11월 13일, 서명 예정시간 30분 전에 프랑스 측 서명자인 데스트레모(Destremau) 정무차관이 프랑스를 방문 중인 체코 수상과의 수뇌회담에 따른 업무 관계로 대통령으로부터 긴급호출을 받았으며 양해각서 교환을 연기한다고 통보해 왔다. 11월 26일 프랑스정부는 랑디(Landy) 전 주한 프랑스 대사가 이임 전 한국인사와의 접촉에서 두 사람으로부터 "프랑스의 협조 덕분으로 원자탄을 만들 수 있게 되었다"는 말을 들었다는 보고에 따라 재고방침을 정하게 되었다는 뜻을 표명했다.

1975년 가을 유엔총회가 열린 지 얼마 지나지 않아 서울의 한 호텔에서 피에르 랑디 주한 프랑스 대사의 이임 리셉션이 열렸다. 이 자리에서 우리나라의 기업인이 랑디에게 프랑스 덕택에 원자폭탄을 보유할 수 있게 되었다면서 고맙다는 인사를 했고, 깜짝 놀란 랑디가 그게 무슨 소리냐고 물었더니 "핵연료 재처리시설을 판매하기로 하지 않았느냐"고 반문하였다는 것이다. 랑디 대사는 한국의 진짜 목적이 핵무기개발에 있다는 심증을 굳히고 본국 정부에 재고를 건의했다고 한다. 11월 27일 우리 정부는 핵무기개발 의사나 계획이 없음을 주지시키고 랑디 보고의 진원과 배경을 조사하도록 지시하였다.

12월 2일 김정태 외무부 정무차관보는 바티(De la Bathie) 주한 프랑스 대리대사를 초치하여 우리나라는 대통령을 비롯하여 국방장관 등 정부의 책임 있는 당국자들이 공개적인 선언이나 국회에서의 증언을 통해 원자탄을 제조할 의사와 계획이 없음을 수차 명백히 표명한 바 있음을 상기시키고 양해각서의 조속한 교환을 요망하였다. 핵무기개발 운운한 기업인의 무책임한 발언 때문에 한·프랑스 양국 간의 원자력협력사업이 지연되지 않도록 프랑스정부가 협조해 줄 것을 요청했다.

이에 대하여 대사대리는 각서 교환의 지연 사유를 확인하겠으나, 기술적인 이유일 것으로 생각한다는 의견을 피력하였다. 그는 면담 내용을 본국 정부에 보고하겠다고 약속했다. 그 이튿날 윤석헌 대사가 프랑스 외부성으로 데스트레모(Destremau) 정무차관을 방문했다. 윤 대사는 한국은 석유 등 에너지자원이 부족하여 원자력에너지 개발에 역점을 두고 있으며, 따라서 핵연료 재처리 도입문제의 조속한 타결을 필요로 하고 있다고 말했다. 각서교환이 지연되고 있는 문제와 관련하여 원자력 연구는 평화적 목적만을 위한 것이며, 이를 보장할 모든 안전조치에 이미 합의한 바 있음을 강조하고 각서교환이 빨리 이루어지도록 협조해 줄 것을 요망하였다. 데스트레모 차관은 '군사적으로 전용될 가능성', 다시 말해서 핵무기 제조 목적에 전용될 우려가 있기 때문에 추가적인 제한 조치가 필요하게 되었다는 뜻을 다음과 같이 표명했다.

"핵연료 재처리사업이 평화적 목적 이외에 군사적으로 전용될 가능성이 있음에 비추어 프랑스로서는 안전조치에 관하여 최대의 보장책을 강구할 필요가 있으며 핵무기의 확산에 대하여 많은 나라가 지대한 관심과 우려를 가지고 있으므로 프랑스로서도 신중히 다루어야 하는 입장에 있다. 서류는 아직 본인이 가지고 있으나 곧 대통령의 결재를 받게 될 것이다. 아직 긍정적이거나 부정적인 결론을 말할 수 없으나 추가적인 제한조치 또는 보장책이 필요하지 않은가 검토 중에 있다. 현재 대통령이 유럽공동체(EC) 정상회담 등 일정이 매우 분주하나 가급적 조속히 결론을 지어 회답하여 주겠다."

12월 3일 프랑스정부가 재처리시설 판매와 관련하여 추가 제한조치 또는 보장책의 필요성을 검토 중임을 통보해 오자, 우리 정부는 추가 제한조치의 내용을 알기 전에 미리 수락 용의를 표명하기는 어려우나 충분한 검토를 할 용의가 있다는 점을 분명히 하였다. 12월 23일에는 노신영 차관이 신임 뒤크로(Remy Teissier du Cros) 프랑스 대사에게 재처리시설 도입의 조속한 추진을 촉구했는데 이것은 프랑스정부에 대한 우리 정부의 마지막 독촉이 되고 말았다. 일주일 후 우리 정부는 재처리시설 도입계약을 당분간 연기하기로 결정했다. 12월 30일 노신영 외무차관은 주한 프랑스 대사에게 우리 정부의 결정을 다음과 같이 통보했다.

"현안 중인 핵연료 재처리 문제에 관하여 당분간 재처리에 관한 계약만을 보류하고자 함을 통보한다. 계약을 취소하는 것이 아니며 당분간 연기 또는 보류하는 것이다. 재처리시설에 관한 계약만의 시행보류에 따른 전문적·기술적 문제에 관해서는 연구 검토를 위한 시간이 필요하며 적당한 때에 실무 전문가들이 추후 협의하면 될 것이다."

이에 대해 뒤크로 대사는 "파리에 있을 때 직접 본건을 취급한 것은 아니었으나 사업이 연기되어온 것을 유감으로 생각하며 개인적으로는 불안감을 가져왔다"고 말하고, "재처리시설에 관한 계약만의 보류가 가능한지를 전문가가 아니기 때문에 모르겠다. 이를 본국 정부에 보고하겠다"고 응답했다.

재처리시설 도입협정 파기

한국이 프랑스의 재처리시설 도입계약의 시행을 당분간 연기 또는 보류한다는 결정을 하자 미국은 연기나 보류가 아닌 취소나 포기를 요구한다고 못박았다. 1976년 1월 5일 스나이더 주한 미국대사는 국무장관 앞으로 보낸 전문 보고에서 "한국의 핵재처리시설 도입이 한미 간의 마찰이나 한국정부의 체면, 박 대통령 개인의 권위 손상 없이 성취될 수 있다는 확신을 갖게 되었다"고 말하고, 기존의 지시사항을 아래와 같이 수정해 주기 바란다고 건의했다.

①미국정부는 한국정부가 핵재처리시설 도입을 재고하기로 한 결정을 환영한다. ②미국의 우려와 양국 관계에 미칠 심각한 영향을 감안해 준 데 내해 감사한다. ③미국은 한국정부가 핵재처리시설

도입을 최종적으로 포기할 것을 희망한다. ④한국정부가 최종결정을 내리지 못할 경우 미국의회의 의혹이 심화되어 고리2호 원자력발전소 건설을 위한 융자 승인을 미국정부가 보증할 수 없다. ⑤한국이 미국의 입장을 존중해줄 경우 미국은 민감하지 않은 분야에서의 핵 협력에 노력할 것이다. ⑥양국 간 핵협력 방안을 논의하기 위해 가까운 시일 내 미국 전문인력을 파견할 것이다.

1월 12일이 되자 스나이더 대사는 김정렴 대통령 비서실장을 예방하고 재처리시설 도입의 '당분간 연기'가 아니라 '취소'를 요청하고 이와 관련해서 미국의 대한 협조사항 협의를 위한 한미 실무회의 개최를 통보하였다. 1월 22일~23일 주한 미국대사관에서 미국 국무부의 크러처 차관보와 오도너 휴 한국과장, 폴 클리블랜드 미대사관 정치담당참사관은 최형섭 과기처장관, 윤용구 원자력연구소장, 이병휘 과학기술처 원자력국장과 실무자회담을 가졌다. 여기서 미국 측은 우리나라가 재처리시설 도입을 취소하지 않는다면 고리 원자력발전소에서 사용할 핵연료 공급을 중단할 것이며 주한미군이 보유하고 있는 핵우산, 즉 전략핵무기를 철수하겠다고 통고했다.

1974년 10월 19일, 스나이더 대사가 국무성에 한국에서의 핵개발 활동을 분석하고 있다는 보고를 한 이후 1년여 동안 미국정부는 우리 정부의 핵연료 재처리시설 도입계획 포기를 강요하기 위해 사용할 수 있는 모든 압력수단을 동원하여 압박해 왔다. 즉 원자력발전소 연료의 공급을 중단하겠다, 수출입 규제 등 경제제재를 하겠다, 국군현대화계획과 방위산업에 대한 지원을 중단하겠다, 주한미군도 철수시키겠다는 것이었다. 한 마디로 경제·군사·과학기술 분야 등 우리나라의 국운과 직결된 분야에서 그동안 유지되어 온 한미 간 협력관계를 모두 끊어 버리겠다는 것이었다. 이것은 한국이 망하지 않으려면 재처리시설 도입을 포기하라는 최후통첩이나 다름없었다. 미국의 이러한 위협이 현실화된다면 우리나라가 중대한 위기에 직면하게 되리라는 것은 너무나 분명한 일이었다.

핵개발 추진 이후 실제로 핵무기를 보유하기까지는 적어도 5~6년이 걸리게 되므로 그 이전에 주한미군이 철수해 버리면 한반도의 세력균형이 무너지고 힘의 공백이 생겨 우리의 국가안보는 중대한 위험에 직면하게 될 수밖에 없었다. 주한미군만 철수하면 기습공격으로 한국을 무력으로 적화통일 할 수 있다고 망상하는 북한의 전면도발의 가능성이 그만큼 커질 것이기 때문이었다.

또 우리는 수출주도형 공업화를 추진하고 있었고 주요 수출지역이 미국이었기 때문에 수출입 규제 등 경제제재는 우리 경제의 지속적인 성장을 불가능하게 만들 수 있었다. 원자력발전소 연료공급 중단은 전력생산을 감소시켜 에너지 부족을 촉발시킬 수 있었다. 그리고 국군현대화계획과 방위산업에 대한 지원중단은 자주국방력 강화 노력에 타격을 줄 수 있었다. 결국 우리는 군사적으로, 경제적으로 중대한 위기에 빠질 것이 분명했다. 미국은 우리의 이러한 약점을 너무나 잘 알고 있었으며 바로 여기에 압력의 비수를 들이대고 있었던 것이다.

미국정부는 또한 프랑스정부에 대해서도 압력을 가했다. 미국이 프랑스에 대해서 어떠한 압력수단을 사용했는지는 알려지지 않았으나 프랑스정부로서도 더 이상 미국의 요구를 거부하기 어려운 압력을 받았거나, 아니면 한국과의 계약을 파기하는 대가로 상당한 보상을 받은 것이 분명했다. 프랑스는 우리에게 판매하기로 계약한 재처리시설의 개념설계를 이미 끝내고 기본 상세설계에 착수한 시점에서 우리보다 먼저 미국의 요구를 받아들였다. 프랑스정부는 계약 파기를 제의해 오면서 한 가지 이상한 부탁을 했다. 즉 계약파기에 대한 위약금은 받지 않을 터이니 한국정부 측에서 먼저 계약을 파기하는 것으로 해달라는 것이었다.

왜 그랬을까? 자신들이 먼저 계약을 파기하면 위약금을 물어야 할 뿐 아니라 강대국임을 자처하는 프랑스가 미국의 압력에 굴복했다는 인상을 남김으로써 국가적 자존심과 체면이 말이 안 된다고 생각했다. 또 우리 정부가 계약을 파기할 경우 프랑스에 지불해야 할 위약금 이상의 상당한 보상을 미국정부로부터 사전에 보장받았기 때문이라는 관측이 나돌았다. 결국 계약의 일방 당사국인 프랑스 정부가 계약파기를 결정하고 우리 정부에 이를 제의해 온 이상 응하는 도리밖에 없었다. 1976년 1월 26일, 우리 정부는 프랑스정부가 희망한 대로 핵연료 재처리시설 도입계약 파기를 통보했다.

한편 이보다 50여 일 앞선 1975년 12월 6일 일본은 나카무라는 학자가 순일본산 플루토늄을 생산하는 데 성공했다. 이것은 일본정부의 일관된 핵연료개발정책과 미국의 대(對)일본 유화정책이 가져온 결과로서 이른바 강대국들의 대국주의를 드러내는 사건이었다. 이와 관련하여 1976년 1월 30일 프랑스 신문 〈르몽드〉의 보도가 눈길을 끌었다.

"1975년 중반기에는 런던에서 세계 7개 원자력국가인 미국, 소련, 프랑스, 영국, 서독, 캐나다, 일본이 제6차 비밀회담을 갖고 평화적인 목적의 원자력시설이 핵무기 생산으로 대체될 수 있는 시설의 수출 금지에 관하여 토의하였다. 그해 11월 중순의 제7차 비밀회담에서는 주요 원자력 수출국가가 클럽(club)을 조직하여 모든 원자력 수출을 엄격한 국제 통제에 따를 것을 서약하고, 문서교환 형식으로 다음과 같이 합의하였다.

① 핵연료, 농축공장, 원자로, 연료 재처리에 관련된 핵물질 및 기술의 수출정책을 7개국이 조정하고 원칙적으로 모든 핵수출국은

계약체결 전에 타 핵수출국과 사전 협의한다. ② 원자로나 핵공장을 획득한 국가가 그 자신의 사용목적을 위해서나 재수출을 위해서 재생산함을 억제하기 위하여 핵연료의 광범위한 통제를 실시한다."

미국은 이처럼 핵강대국들과 비밀협정을 맺고 비핵국가에 대한 핵연료 수출을 공동으로 통제하기로 하면서 우리나라의 재처리시설 도입을 막기 위해 초강경 압력을 가해 왔던 것이다. 1976년 1월 30일 미 상원 정부운영위원회에서는 원자력시설의 수출허가와 안전규제에 관한 청문회가 있었다. 여기서 미 국무성의 잉거솔 차관은 이렇게 증언했다.

"지난 몇 달 동안 미국은 다른 나라들에 대해서 각 국가별 재처리시설의 확산을 방지하기 위하여 다국가적인 핵연료 재처리시설 센터 설립 개념을 탐구하는 데 함께 참여하여 줄 것을 촉구해 왔다. 이와 관련하여 한국정부는 최근 프랑스로부터 재처리시설의 구매를 취소하기로 결정하였음을 알려왔으며 다국가적 구조에서 한국의 재처리 필요를 충족시키는 데 관심을 보였다."

청문회에 참석했던 〈워싱턴포스트〉의 오버도퍼(Oberdorfer) 기자는 1월 30일자로 한국이 핵연료 재처리시설 구입 계획을 취소했다는 기사를 보도했다.

"한국은 미국의 강력한 압력을 받고 프랑스로부터 원자무기생산에 사용될 수 있는 플루토늄 재처리시설을 구매하려던 계획을 취소하였다. 이 결정은 원자무기의 확산위험을 다룬 상원 정부운영위원회 청문회에서 밝혀졌다. 크레이저(Myron. B. B. Kratzer) 국무성 차관보는 청문회에서 한국의 결정은 수일 전 미국에 전달되었다고 말하고, 한국에 대한 미국의 압력에 관한 질문에 대해서 한국이 스스로 그러한 결정에 도달했다고 대답했다. 정통한 한국 소식통은 미국이 한국과 프랑스와의 계약을 취소시키기 위해 엄청난 압력을 행사했다고 말한 바 있다. 미 국무성은 만일 한국이 플루토늄 재처리시설 도입을 고집한다면 미국은 한국의 제2웨스팅하우스 원자력발전소 건설을 위한 2억 9천200만 달러의 수출입은행 차관을 중단하겠다는 것을 분명히 해온 것으로 보도된 바 있다."

오버도퍼 기자는 또한 상원 전문위원들이 연구한 말을 다음과 같이 인용 보도했다.

"한국이 미국에서 수입하는 고리1호기의 핵연료는 원자로 가동 1년 후에는 300파운드의 플루토늄을 생산할 수 있고 만일 이것을 재처리하여 원자탄을 제조할 경우 30개의 원자탄을 만들 수 있다."

1976년 2월 1일자 〈뉴욕타임스〉는 '한국 관리들은 미국이 한국의 프랑스 핵연료 재처리시설 구매계획 취소를 강요했다고 밝혔다'는 제목으로 다음과 같은 요지의 기사를 실었다.

"한국의 관리들은 협박에 가까운 미국의 압력이 한국으로 하여금 프랑스 핵연료 재처리시설 구매계획을 취소하게 했다고 말했다. 한국의 한 외교관은 미국이 한국과 프랑스정부에 대해 가장 강력한 항의를 했다고 말하고 미국은 그러한 시설을 보유하는 것은 한국이 원자무기를 획득하려 한다는 의혹을 제기한다고 주장했다는 것이다."

이틀 전 상원의 한 위원회에서 국무성의 크레이저 차관보는 "미국과 한국의 관리들 사이에 '협의'가 있었으며 한국정부는 계획 취소가 한국의 최선의 이익이라는 결정에 도달했다"고 말한 바 있다. 1976년 2월 3일, 외무장관실에서는 박동진 장관과 뒤크로(Du Cros) 주한 프랑스 대사가 원자력 문제에 관하여 대화를 나누었다.

뒤크로 대사 : 양국 간의 원자력 협력에 있어서 핵연료의 성형가공(Fabrication)에 관해서는 한국과의 협력을 계속한다는 것이 프랑스정부의 입장이다. 재처리 문제에 관해서는 미국과 세계 여론의 초

점이 시설의 도입에 집중되었으나 이는 완전히 오도된 것이었으며 감정적인 요소가 개재된 것을 프랑스로서는 불쾌하게 생각하고 있다. 안전조치 문제에 관하여 미국이 국제원자력기구(IAEA)의 감시제도가 불충분하다고 생각한다면 무슨 다른 대안이 있다는 것인지 이해하기 곤란하다.

박동진 장관 : 우리는 재처리시설의 도입을 취소하게 된 것을 유감으로 생각하며 이는 순전히 미국으로부터의 압력 때문이었다. 우리는 미국과의 다른 분야에 있어서의 협력을 고려하지 않을 수 없었으며 미국이 원자력 분야의 기술협력을 우리에게 제공한다는 조건하에 프랑스로부터 재처리시설 도입을 그만두게 되었다. 그러나 재처리시설의 도입만을 취소한 것이며 다른 원자력 분야에 있어서의 협력을 계속한다는 것이 우리의 기본 입장이다.

한편 박동진 장관이 "재처리시설 도입 취소 결정을 한국이 내리기 전에 프랑스가 미국과 협의한 일이 있는가?"고 묻자 뒤크로 대사는 그렇다고 대답했다. 이어서 박 장관이 "7개 핵수출국 회담의 결과가 한국에 대하여 어떤 영향을 주었다고 생각하는가?"라고 묻자 뒤크로 대사는 "한국으로서는 안전조치에 관한 모든 보장을 약속했으므로 거기에서 다른 반대가 있었을 것으로 생각하지 않는다. 오히려 심리적 정치적 선입견이 작용한 것으로 생각한다"고 대답했다.

제3장 미국의 핵개발 저지 구실

한국은 핵개발할 필요가 없다

카터 행정부 출범 이후 한미 간의 중대한 현안 중의 하나였던 주한미지상군 철수문제는 미국정부가 1978년에 이를 중단함으로써 완전히 타결되었다. 그러나 1970년대 중반의 포드 행정부 때부터 카터 행정부에 이르기까지 세상에 공개되지 않은 상태에서 한미 양국 정부가 팽팽한 힘겨루기를 해오던 또 다른 중대현안은 해결의 실마리를 찾지 못하고 있었다. 그것은 바로 우리나라의 핵개발 문제였다. 이 문제는 한미 양국이 서로 한 치의 양보도 없이 '핵개발 추진 결의'와 '핵개발 저지 결의'를 관철하려 했기 때문에 심각한 갈등과 대결의 쟁점으로 남아 있었다.

미국이 결사적인 기세로 한국의 핵개발을 저지하려 한 이유는 무엇인가? 미국이 표면상 내세운 이유는 두 가지였다. 그 하나는 한국은 굳이 핵무기를 개발할 필요가 없다는 것이었고 다른 하나는 한국은 핵무기를 개발해서는 안 된다는 것이었다.

먼저, 한국은 핵무기를 개발할 필요가 없다는 이유를 합리화하기 위해 미국은 두 가지 사실을 지적했다. 첫째, 미국은 주한미군의 나머지 1개 사단과 핵무기는 계속 한국에 주둔시킬 것이며 만일 북한이 남한에 기습공격을 감행할 경우에는 주한미군이 보유하고 있는 핵무기를 사용하여 북한의 공격력을 무력화시킨다는 것이다. 미국의 입장에서 볼 때 한국의 전략적 가치는 베트남의 그것과는 다르며 따라서 미국은 한국이 북한의 기습남침으로 공산화되는 것을 방치하기보다는 주한미군의 핵무기를 사용해서라도 북한에 대해 치명적인 보복을 할 것이므로 한국은 미국을 믿고 독자적인 핵무기 개발을 할 필요가 없다는 것이다.

그러나 박 대통령은 미국의 그러한 주장은 믿을 수 없는 것이라고 보고 있었다. 미국은 한국군이 베트남에 주둔하고 있는 동안은 절대로 주한미군을 철수시키지 않겠다던 약속을 지키지 않았고, 미국의 부통령이 공개적으로 5년 이내에 주한미군을 전부 철수시킨다는 계획을 발표했다. 이러한 상황에서 미국이 그들의 필요에 따라 어느 날 갑자기 주한미군 잔류부대를 철수시키지 않으리라는 보장이 없다는 것이다. 설사 미국이 주한미군과 핵무기를 계속 주둔시켜 북한의 공격에 대해 '핵보호'를 해주겠다고 약속한다고 해서 우리가 독자적으로 핵무기를 보유하고 있어야 할 필요성이 없어지는 것은 아니다, 왜냐하면 우리는 미국의 '핵보호'를 신뢰할 수가 없었기 때문이라는 것이다.

당시 주한 미8군이 보유한 핵무기의 사용결정권은 미국 대통령이 가지고 있었다. 따라서 그것은 한국이 북한으로부터 기습공격을 받았을 때 우리의 생존을 위해 우리의 판단과 결정에 따라 사용할 수 있는 것이 아니었다. 게다가 미국은 북한의 침략적인 공격이 어느 수준에 이르렀을 때 언제, 어느 목표물에 대해 핵무기를 사용할 것인가에 관해 우리에게 아무런 언질도 주지 않고 있었다. 제2차 세계대전 후 소련 또는 중국의 지원을 받은 공산진영 국가들이 자유진영 국가들에 대해 침략을 감행했을 때 미국은 이를 저지하기 위해 직접 참전했다. 공산국가들이 미국은 참전하더라도 핵무기에 의한 대량보복은 하지 않을 것이라고 믿고 자유세계 국가들을 하나하나 침식해 늘어가는 이른바 '샐러미 전술(salami tactics)'을 구사할 때 미국은 재래식 무기로 공산침략에 대응하였을 뿐 한 번도 핵무기에 호소한 적이 없었다. 북한의 6·25 남침 때도 그랬고 월맹의 자유베트남 침략 때도 그랬다.

미·소 등 핵보유 강대국들이 그들 상호간에 전쟁억지의 목적을 위해 핵무기를 축적하고 있었지만 그 가공할 파괴력 때문에 사용을 금기로 생각하는 것이 하나의 불문율이 되어 있었다. 결국 강대국의 핵무기는 약소국가들의 재래식 무기에 의한 침략전쟁에 대해 억지수단이 되지 못하고 있다는 것이다. 따라서 북한이 재래식 무기로 기습 공격할 경우 주한미군의 핵무기 사용을 미국 대통령이 승인하리라는 보장이 없었고 설사 그러한 보장을 공약한다고 해도 우리로서는 믿을 수가 없다는 것이다.

우리가 미국의 핵보호를 믿을 수 없는 것도 문제였지만 보다 더 큰 문제는 북한도 남한에 대한 미국의 핵보호를 믿지 않고 있을 것이라는 데 있다. 이러한 상황에서 북한이 또다시 재래식 무기로 기습공격을 감행해 온다면 한국은 6·25전쟁과 같은 국가존망의 위기에 직면할 수밖에 없다. 따라서 북한이 기습공격을 감행하지 못하도록 하기 위해서는 우리나라가 대량 보복수단인 핵무기를 보유하고 유사시 이를 사용하겠다는 의지를 북한에 공개적으로 분명히 밝혀둘 필요가 있다는 것이었다. 다시 말해서 북한이 기습공격을 해올 경우 주한미군은 핵보복을 않겠지만 우리는 주저 없이 핵보복을 한다는 것을 북한이 의심할 여지가 없도록 해두는 것이 필요하다는 것이다.

우리의 핵보복에 의해 '받아들일 수 없을 정도의 손실'을 자초하게 될 것을 알게 된다면 북한은 절대로 기습공격을 자행하지는 못할 것이다. 미국이 주한미군이 보유하고 있는 핵무기를 사용할 가능성이 없는 상황에서 그 공백을 메울 수 있는 것은 우리의 핵무기

밖에 없으며 다른 무기는 결코 그 대안이 될 수 없다는 것이다. 미국은 또한 우리나라의 대미불신과 불안을 해소하기 위해 주한 미지상군과 그 핵무기가 철수된 후에는 주한미군의 공군력을 증강하여 북한의 전쟁도발을 충분히 억지할 수 있다고 주장했다. 미국은 전략공군력을 전쟁억지력과 동일시했다. 즉 전쟁이 기습공격으로 시작될 경우 최대의 공군력 보유가 승리의 관건이 된다고 믿고 있었다.

박 대통령은 이러한 주장도 설득력이 없는 것이라고 보고 있었다. 왜냐하면 미국 전략공군의 공격력은 베트남전쟁을 승리로 이끄는 데 기여하지 못했고, 베트남의 공산화 직전에 있었던 월맹 정규군의 전면적인 기습공격을 억지하는 데도 실패했다. 뿐만 아니라 베트남의 수도 사이공이 월맹군에 함락되자 태국으로 긴급 도피해버림으로써 미국의 전략공군은 전세가 불리해지면 즉각 '날아가 버리는 비행기'임이 드러났다는 것이다.

미국이 표면적으로 내세운 핵무기개발 반대의 두 번째 이유는, 한국의 핵무기 보유가 국방문제의 완벽한 해결을 보장하기보다는 오히려 경제적 부담과 군사력 약화를 가져오게 된다는 것이었다. 즉 우리나라가 핵무기를 보유하는 데는 경제적으로, 기술적으로 그렇게 큰 어려움이 없겠지만 핵탄두의 운반수단을 개발하는 데 드는 비용이 막대하다는 것이다. 실례로 1960년 초 미국의 운반체제에 대한 연간지출액은 핵폭탄 제조를 위한 연간지출액의 약 20배였다는 것이다. 따라서 우리나라는 주한미군의 핵우산 보호 아래서 재래식 무기의 증강에만 노력을 집중하던 때와는 달리 핵무기와 운반수단을 개발하는 데 엄청난 비용을 투입해야 하므로 재정부담이 크게 늘어나 재래식 군사력의 강화가 어려워진다고 했다.

게다가 재래식 무기와 군사력의 증강 없이 소량의 핵무기를 보유하고 있는 것만으로는 방위 문제가 완전히 해결될 수 없다, 따라서 한국으로서는 재래식 무기와 군사력을 증강하고 미국의 핵보호를 받는 것이 더 바람직하다, 그러니 구태여 한국이 핵개발을 할 필요가 없지 않느냐는 것이다.

박 대통령은 미국의 그러한 염려는 설득력이 없는 것이라고 보았다. 핵개발 기술은 계속 발전하고 비용도 점차 저렴해졌다. 그동안 핵무기는 생산과 개발에 막대한 비용의 투입이 필요하여 경제력과 기술에서 뛰어난 소수 강대국들에서만 개발이 가능한 일이었다. 그러나 세월이 지남에 따라 제한된 수량의 핵탄두와 운송수단을 가질 수 있는 경제적, 기술적 능력을 가진 약소국가가 늘어나고 있다는 것이다.

이미 1963년에 스위스 군부의 한 장교는 정상적인 국방예산의 10퍼센트(GNP의 0.3%) 추가로 10년 안에 30개 내지 40개의 핵탄두를 생산할 수 있을 것으로 계산했다. 그러한 생산능력을 인정받고 있는 약소국가는 적지 않았다. 1974년 4월 인도는 핵실험에 성공했으며 이에 자극받은 파키스탄의 부토 대통령은 "풀을 먹고 살더라도 핵폭탄을 만들겠다"고 다짐하였고 남미 등 각국의 통치자들도 핵무기개발 문제에 깊은 관심을 가지고 있었다.

한편 핵무기의 운반수단 개발에서도 이스라엘이나 스웨덴은 상당한 수준에 도달해 있었다. 뿐만 아니라 핵무기를 보유할 경우 병력과 무기의 양적 열세와 새로운 무기를 부단히 개발하고 생산할 수 없는 군사기술의 낙후성 등도 크게 해소될 수 있고 또 전쟁억지의 효과 면에서도 재래식 군사력의 증강보다는 핵무기보유가 훨씬 크다는 사실이 인정되면서 핵무기보유는 국가방위문제를 해결하는 데 가장 효과적이고 또 경제적인 방법이라는 신념이 각국의 통치자들 사이에 확산되어 있었다. 이러한 신념에다 실제로 시간이 흐를수록 핵무기의 생산이 보다 용이해지고 그 비용이 저렴해지는 현실의 상호작용으로 기존의 핵보유 강대국들의 반대에도 불구하고 상당수의 약소국가들이 핵보유국으로 등장하는 것은 시간문제였다.

그래서 박 대통령은 미국이 개발비용 등을 문제삼아 우리의 핵개발을 저지하려 한 것은 설득력이 없다고 보았다. 또 우리가 미국의 핵보호를 신뢰할 수 없고 그 결과 우리의 국가적 생존이 걸린 전쟁위기에 대비하는 데 있어서 설사 '비용'이 많이 든다고 하더라도 그것은 2차적인 문제라는 것이다. 당시 우리나라의 원자력연구소와 국방과학연구소에서는 이미 핵폭탄 설계기술과 미사일 등 운반수단을 개발하고 있었다.

1971년 미국이 주한미군 1개 사단을 일방적으로 철수시킨 후 박 대통령이 미국을 더 이상 믿을 수 없다고 생각하여 자주국방을 강화하자 미국의 정계와 언론계 일각에서는 박 대통령이 북한의 무력남침에 대한 결정적이고 자주적인 억지력을 갖추기 위해 핵개발을 시도할 가능성이 있다고 경고해 왔다. 그래서 미국 행정부는 꾸준히 한국의 안전보장에 대한 미국의 공약을 강조하면서 핵개발의 불필요성을 설득해 왔다.

이러한 설득 노력이 아무런 성과를 거두지 못하자, 말이 안 되는 소리로 불편한 심기를 드러냈다. 만일 북한이 무력남침할 경우 미국으로서는 한국을 방어하는 것 이외에 다른 선택이 있을 수 없다는 것을 누구보다도 잘 알고 있는 박 대통령이 왜 미국의 공약을 불신하느냐? 미국의 군사적 보호로부터 완전히 자립하기 위하여 핵무장을 포함한 자주국방정책을 추진하는 명분으로 미국에 한국 방어 의지가 없다는 핑계를 내세우는 게 아니냐는 것이다. 그러나 당시 미국 의회, 여론, 언론 등 여러 분야에서 미국은 아시아의 전쟁에 개입해서는 안 된다는 의견이 지배적이었고 미국 행정부도 이에 동조하고 있었다. 그리하여 미국의 공약이행 의지는 아시아의 모든 나라들로부터 의문시되었고 동맹국으로서의 미국의 신뢰성은 땅에 떨어져 있었다.

한국은 핵개발해서는 안 된다

미국은 한국의 핵무기개발이 이 지역의 평화를 위협하게 된다는 사실도 지적했다. 우리나라의 핵무기개발은 세계적인 핵확산의 위험을 증대시키고 한반도와 동북아시아의 안정과 평화에 중대한 위협을 가져오게 된다는 것이다. 우리나라가 핵개발을 추진하게 되면 소련과 중국은 북한에 군사지원을 증대할 것이고 소련이 북한에 핵무기를 제공할 가능성을 배제할 수 없으며 그 결과 한반도에 긴장이 고조될 위험성이 있다는 것이다. 특히 한국의 핵무기개발은 일본과 북한의 핵개발을 자극하게 될 것이며, 한반도에서 남북한 간에 핵전쟁이 발생할 위험성도 있다는 것이다.

그러나 박 대통령은 핵무기가 여러 나라에 확산되면 핵전쟁이 유발될 위험성이 증대된다는 주장은 역사적 사실과는 어긋나는 것이며 따라서 설득력이 없는 것이라고 판단했다. 제2차 세계대전 후 냉전시대에 핵무기가 평화유지에 공헌한 역할은 널리 인정되고 있었다. 1945년 이후 유럽에서 미·소 간에 전쟁이 일어나지 않았던 가장 큰 이유로 핵무기의 억제력이 꼽혔다. 만일 미국과 소련이 그들 간의 핵무기 사용이 초래할지도 모를 치명적인 피해를 계산하지 않았다고 한다면 베를린 위기, 쿠바 위기, 중동 위기 등 냉전시대의 중대한 위기 중의 어느 하나가 미·소 간의 핵전쟁으로 확산되었을지도 모른다는 것이다.

핵전쟁이 일어나면 승자나 패자나 모두가 공멸하게 되고 '살아남은 자'가 '죽은 자'를 부러워할 정도로 인간 생존의 환경을 폐허화시키는 가공할 파괴력으로 인해 전쟁이 억지되어 왔다는 것이다. 다시 말해서 이른바 핵무기에 의한 '공포의 균형'이 미국과 소련 간의 전쟁을 불가능하게 만들었고, 그것은 오히려 미·소 긴장완화의 계기를 조성하는 데 기여했다는 것이다.

미국과 소련에 이어 영국, 프랑스, 중국 등 핵무기보유 국가들이 계속 늘어났으나 핵전쟁은 결코 일어나지 않았다. 이들 핵보유 국가들은 새로운 핵무기를 개발하고 축적하는 경쟁을 해왔지만 '전쟁억지'를 목적으로 보유하고 있었을 뿐이며 그것을 사용하는 데 대해서는 서로가 자제하였던 것이다. 그리하여 '핵무기의 불사용'은 핵시대의 불문율로 정착되어 있었다.

그런데 강대국들은 만약 그들 이외에 이른바 약소국들이 핵무기를 보유하게 되면 '자제'의 불문율을 어기고 핵무기를 무책임하게 사용할 위험성이 있다고 주장한다. 박 대통령은 이러한 주장이 핵무기보유 강대국들의 지적, 도덕적 오만에서 나온 독선이며 편견이라고 여겼다. 그들이 서로 핵무기를 사용하지 못하는 것은 강대국들이 약소국보다 '자제력'이 많아서가 아니며, 약소국가들보다 어떤 도덕적 합의에 도달할 수 있는 능력이 많아서도 아니다. 그것은 순전히 핵전쟁으로 인한 '공멸에 대한 공포'와 '살아남으려는 생존욕구' 때문이라는 것이다. 일찍이 독일의 철학자 칸트는 이러한 사실을 예언했다는 것이다.

1795년에 쓴 〈영구 평화〉라는 유명한 논문에서 칸트는 세계평화가 두 가지 중 한 가지 방법으로 성취될 수 있을 것이라고 예측했다. 즉 공화주의 정부 형태와 동일시한 어떤 도덕적 합의나, 아니면 강대국들을 무기력하게 만들 점증하는 폭력적 전쟁들의 순환에 의해서 세계평화가 성취될 수 있을 것이라고 예측했다. 평화와 화해는 인간들이 도덕적이 되려고 노력하기 때문에 가능한 것이 아니라 인류가 살아남으려면 자신들의 경쟁적 관계에 한계를 설정해야만 한다고 점차 깨닫기 때문에 가능해진다는 것이다. 칸트는 죽음의 공포에 의해서만 야기되는 예절과 진정한 도덕적 행동을 명백하게 구별했다. 선의나 가치에 대한 합의가 아니라 생존의 본능이 인간들로 하여금 적들에 대해 협력적인 자세를 취하도록 고무하는 최고의 요인이라는 것이다.

전 영국 수상 윈스턴 처칠도 그랬다고 했다. 1946년 3월 5일 미국의 미주리 주에 있는 웨스트민스터대학에서 행한 '철의 장막' 연설에서 처칠은 미국의 핵무기 독점은 신의 은총이라고 주장한 일이 있었다.

"요즘처럼 온통 동요하고 단결되지 않은 시기에 미국이 원폭을 포기한다는 것은 하나의 범죄이고 미친 짓이다. 이 무기의 지식과 제조 방법, 원료의 대부분은 지금 미국이 손아귀에 틀어쥐고 있기 때문에 어느 나라 사람이나 편안하게 잠을 잘 수 있다. 정반대로 공산국가, 즉 새 파시스트 국가가 잠시라도 가공할 이 수단을 독점하고 있다면 과연 우리 모두가 이렇게 편안한 잠을 잘 수 있으리라고는 믿지 않는다. 그들이 원폭을 소유하고 있다는 공포만으로도 자유로운 민주주의 세계에 전체주의 제도를 강요할 수 있을 것이고 그들은 또한 인간이 상상할 수 없는 극한적인 결과를 가져오는 데 그것을 사용할 것이다. 신은 이러한 사태가 일어나지 못하도록 미리 손을 썼다. 그리고 우리는 이 위험에 봉착하기 전에 우리의 내부질서를 정리하기 위해 한숨 돌릴 수 있는 틈을 얻었다. 시간은 화살처럼 빠르다. 주의하라고 나는 말하고 싶다."

그러나 그 후 얼마 안 되어 소련이 핵무기를 보유함으로써 미국의 핵독점 시대는 끝나고 세계 도처에서 미국과 소련이 대결하였으나 그들 간에 전쟁은 일어나지 않았다. 이러한 사태 진전을 보면서 처칠은 그의 견해를 바꾸었다. 1953년 11월 3일, 하원에서 행한 외교정책에 관한 마지막 연설에서 처칠은 핵무기의 가공할 위력에 대해 우려를 표명하고, 그것이 가져올 결과에 대해 다음과 같은 예언을 남겼다.

"나는 가끔 핵무기의 파괴적인 요소가 인류에 예기치 않게 완벽한 안보를 가져다 줄지도 모른다는 엉뚱한 생각을 해본다. 인류가 핵무기의 대량살상 위험으로부터 해방되고 싶은 간절한 소망을 간직하고 있다는 데에 의심의 여지는 없다. 따라서 인류는 대안을 찾을 수 있을 것이다."

1953년 미국의 아이젠하워 대통령은 "평화에 대한 대안은 없다"고 선언하고 핵무기보유 국가들은 '공멸'을 피하기 위해서 평화를 추구해야 한다는 것을 강조했다. 결국 핵무기시대에 있어서 평화는 '칸트'가 예언한 두 번째 명제, 즉 '생존 본능'에 의해서 유지되고 있다는 것이 입증되었다는 것이다. 이것은 약소국가들이 핵무기를 보유하게 될 경우에도 그대로 적용될 수 있는 논리가 될 수밖에 없다. 약소국이라고 해서 공멸을 자초할 행동을 할 리는 없기 때문이라는 것이다.

박 대통령은 그래서 약소국들이 핵무기를 보유할 경우 핵전쟁의 가능성이 많다는 주장은 근거가 없다고 일축했다. 오히려 핵무기는 전쟁을 억지시킬 수 있다는 점에서는 '군사적 무기'인 동시에 남북한으로 하여금 평화와 공존을 지향하게 만들 수도 있다는 점에서는 '정치적 무기'이기도 하다는 것이다.

과거 100년간 특히 1918년 이래로 영국과 미국 등 영어 사용국 국민들은 세계에서 지배적인 집단의 위치를 차지해 왔다. 그리고 현행 국제도덕이론들은 그들의 패권을 영속화하려는 의도로 고안된 것이었고 또한 그들 특유의 관용어로 표현된 것이었다. 강대국들은 그들의 정책은 도덕적이고 공정하며 따라서 그들의 국가이익과 인류의 이익을 동일시하는 것은 정당하다고 생각한다. 역사적으로 강대국들은 자국 본위의 국가이익을 보편적인 이익이라는 명분으로 감싸는 기술의 달인들이며 이런 종류의 위선은 미국 특유의 전형적인 특성이다.

1917년, 미국의 우드로 윌슨 대통령은 의회에서 "정의는 평화보다 더 소중하다"고 말했다. 10년 뒤에 프랑스의 브리앙(Briand) 수상은 국제연맹총회에서 "평화는 정의보다도 더 우선되어야 한다"고 말했다. 1917년 윌슨은 독일과 전쟁을 벌이기로 결정했으며 정의라는 명분으로 그러한 정책을 정당화시켰다. 1928년, 브리앙은 프랑스에 유리한 안정된 평화를 정의의 이름으로 깨뜨리려는 다른 나라들의 시도들에 대해 두려움을 느꼈으며 자신의 정책을 평화라는 도덕적 문구로 합리화했다. 그들은 자국이 처한 상이한 조건들에 대응하기 위해 짜맞춰진 상이한 국가정책들을 정당화하기 위한 구호로 정의니 평화니 하는 용어를 원용하였을 뿐이다.

정의가 평화보다 더 소중하다고 생각한 미국의 윌슨 대통령과 평화가 정의보다도 우선되어야 한다고 생각한 프랑스의 브리앙 수상의 상호 모순된 발언은 그들이 절대적인 원칙인 것처럼 내세운 정의나 평화가 사실은 특정한 시기에 그들의 국가이익에 대한 해석에 바탕을 둔 자국정책 정당화 명분이었음을 스스로 입증했다는 것이다. 국가들 간의 평화와 정의는 모든 국가들이 추구해야 할 일반적이고 보편적인 목표이며 국제질서 유지는 모든 국가들의 공동관심사가 될 수 있다는 주장은 일리가 있는 것이다. 그러나 국가들이 이러한 추상적 원칙들을 구체적인 정치적 상황에 적용시키려고 할 때 그것들은 사실은 각 국가들의 기득권을 은폐시키는 명분에 불과하다는 것이 분명히 드러났고 허위나 위선으로 귀결되고 말았다는 것이다.

국가들이 서로 우호관계를 맺고 서로 돕고 도와주는 주요 동기는 어떠한 명분으로 미화되었든 간에 그들의 국가이익을 증진하려는 데 있다. 어떤 국가도 자국의 이익이 아닌 다른 이유로써 조약에 임한 적이 없다. 국가의 야심은 언제나 노골적으로 표명되는 것은 아니지만, 강대국들은 자국의 이해가 걸려 있는 세계의 어떤 지역에서나 전쟁을 하는 한이 있더라도 자국의 국가이익을 증진시키는 것을 주저하지 않았다.

제국주의국가치고 제국주의적 동기를 솔직하게 표명한 나라는 없다. 그들은 언제나 세계평화와 피정복 인민의 번영에 관심을 가진다고 주장했다. 1907년 러시아와 영국이 페르시아를 분할하는 조약에서 두 나라는 페르시아의 통일과 독립을 존중할 것을 약속했고, 전국적으로 질서를 유지할 것을 진심으로 원한다고 주장했다. 스페인과 프랑스가 모로코를 분할했을 때 그들은 술탄 왕의 주권 아래 무어제국의 통일을 전적으로 찬성한다는 공동성명을 발표했다. 유럽국가들이 제국의 노획물을 나누어 가진 조약의 대부분은 위선의 교과서와 같다.

자국에 유리한 것은 도덕적이고 불리한 것은 부도덕하다고 생각하는 강대국들의 태도는 군비축소 논의에서도 드러난 바 있다. 해군력의 우월한 위치가 잠수함에 의해 위협당한 경험이 있던 영국과 미국은 여러 번 되풀이하여 이러한 신무기의 부도덕성을 비난하고 나섰다. 문명은 잠수함을 없애 버림으로써 해상 전투가 보다 높은 차원에서 이루어지기를 요구한다는 것이다. 그러나 영·미보다 약한 프랑스, 이탈리아, 일본은 잠수함을 편리한 무기로 생각하고 있었다. 1922년 국제연맹총회에서 행한 연설에서 영국의 세실 경은 해군은 방어적인 것이고 육군은 공격적인 것이라는 논리로 영국의 해군력 축소를 반대한다고 주장했다.

"세계 전체의 실질적인 평화는 단지 해군력의 축소에 의해서만은 이루어지지 않을 것입니다. 설혹 모든 해양 강국들이 무장해제를 단행하고 과감하게 그 군사력을 축소시킨다 해도 나는 그로 인해 전쟁의 위험성이 증가되면 증가되었지 줄어들지는 않으리라고 확신합니다. 왜냐하면 해군력은 대체로 방어적인 성격을 지니고 있는 데 반해 육군력은 대체로 공격적임이 분명하기 때문입니다."

자국의 사활을 쥐고 있는 군비(軍備)는 방어적이고 타국의 그것은 공격적이며 사악하다는 것이다. 그 후 10년이 지난 뒤에 열린 군비축소 회의의 3개 위원회는 '공격적인' 군비와 '방어적인' 군비를 구분하려는 쓸모없는 노력에 많은 시간을 허비했다. 각국 대표들은 자국의 주력을 이루는 군비는 방어적인 반면 잠재적인 적국의 군비는 본질적으로 공격적이라는 것을 입증하기 위해 완전히 객관적인 이론에 입각한 것으로 믿어지는 논리를 꾸며내는 데 놀랄 만한 수완을 발휘했다.

미국은 한국에 대한 영향력을 유지해야 한다

미국이 우리나라의 핵개발을 저지하려는 그들의 노력을 합리화하려 한 주장들은 모두가 설득력이 없거나 근거가 희박한 것이었다. 그렇다면 미국은 왜 '한미관계의 단절'이라는 극약처방을 해가면서까지 우리나라의 핵개발을 저지하려 했는가?

박 대통령은 세 가지 이유가 있다고 판단했다. 첫 번째로 꼽을 수 있는 것은 핵무기의 독점유지라는 것이다. 미국과 소련은 냉전시대의 첨예한 대결에도 불구하고 핵확산을 저지하려는 데 있어서는 이해와 보조를 같이했다. 그들은 군축회담을 열어 핵무기의 제조와 보유와 사용에 관한 모든 방법을 금지하려 하였다. 1950년대 말까지 핵무기를 보유하지 못해 강대국 대열에서 밀려나 있던 프랑스의 드골 대통령은 미·소 군축회담은 미국과 소련이 핵무기를 독점하려는 데 그 목적이 있다고 다음과 같이 비판했다.

"미국은 세계협정이라는 외양 아래 소련과 직접 이 문제에 대해 결론을 지으려 하였다. 이 타협안이란 결국 미·소 두 강국의 핵무기 독점을 영속적으로 확립시키려는 것으로, 그들의 핵무기 제조로 인한 걷잡을 수 없는 비용 지출을 상호 계약하에 제한하고 아직도 핵무기를 갖고 있지 못한 다른 나라들로 하여금 이것을 제조하거나 다른 방법으로 획득하는 것을 금지시키려는 데 미·소 군축회담의 목적이 있었다."

1960년대 초반에 프랑스와 중국이 핵실험에 성공하여 핵무기보유 국가로 등장한 후인 1968년 7월, 미국과 소련은 핵확산금지조약 체결에서도 주도적인 역할을 함으로써 그들의 핵 독점욕을 계속 드러내고 있었다. 그러나 프랑스는 이 조약에 가입하지 않았다는 것이다.

두 번째로 꼽을 수 있는 것은 핵무기 독점에 수반하는 군사적, 정치적 영향력과 지배력의 유지라는 것이다. 미국과 소련은 핵무기 보유국가가 늘어나면 국제사회에서 그들이 누려온 '핵무기 독점의 군사적, 정치적 이점'을 잃게 되고 초강대국으로서의 그들의 위상과 영향력이 크게 약화될 것을 우려했다. 즉 핵무기 확산은 미국과 소련이 비핵무기 보유국가들에 대하여 상대적으로 누리던 군사력의 우위를 실질적으로 무의미하게 만들게 될 것을 우려하고 있다는 것이다. 미국의 군비통제 및 군축담당기구의 책임자였던 포스터(William C. Foster)는 "광범위한 핵의 확산은 미국이 누리는 '힘의 우위'의 상당한 침식을 의미할 수 있다"고 말한 바 있는데, 이것은 핵무기 확산을 막고 그것을 독점하려는 목적이 어디에 있는가를 솔직하게 드러낸 말이다.

실제로 1960년대에 들어서면서 프랑스와 중국이 핵무기를 보유하여 그들의 주변지역과 세계무대에서 군사적, 정치적 영향력을 확대시켜 나감에 따라 미국과 소련의 군사적, 정치적 영향력은 그만큼 약화되기 시작했다. 따라서 당시 미국과 소련의 군사적, 정치적 영향권 안에 있는 군소국가들이 다투어 핵무기를 개발하여 그러한 힘을 바탕으로 자주적인 정착을 추구해 나간다면 미·소의 군사적, 정치적 영향력은 크게 줄어들 것이 분명했다.

그래서 박 대통령은 미국이 우리나라의 핵무기개발을 저지하려 한 것은 핵무기 독점을 배경으로 아시아·태평양지역에서 정치적, 군사적 영향력과 지배력을 계속 유지함으로써 미국의 국가이익을 보호하려는 데 그 목적이 있다고 보았다. 만일 한국과 일본, 북한이 핵보유 국가가 되어서 정치·군사·외교면에서 자주적이며 독자적인 정책을 추진한다면 미국은 지금까지 동북아시아에서 누려온 군사적 우위를 상실하게 된다. 그 결과 정치·외교·군사적인 영향력도 잃게 되어 이 지역에 있어서 미국의 국가이익이 크게 손상될 수밖에 없다. 따라서 이러한 사태를 저지하기 위해서는 북한과 일본의 핵개발을 촉발시킬 위험성이 큰 한국의 핵개발을 저지할 필요가 있다고 판단한다는 것이다.

세 번째로 꼽을 수 있는 것은 미국의 경제적 이권의 확보와 보호라는 것이다. 우리나라는 원자력발전소에서 사용되는 핵연료인 농축우라늄 전량을 주로 미국과 캐나다에서 수입하고 그것을 원자력발전소에서 사용한 후에 나오는 '사용 후 핵연료'의 재처리도 많은 비용을 들여서 미국 등에서 재처리해 와야 하는 처지에 있었다. 우리나라가 앞으로도 우라늄 농축기술 및 시설과 사용 후 핵연료 재처리시설을 도입하지 못하면 국민의 복지 향상을 위해 사용해야 할 귀중한 국가예산의 상당 부분이 미국 등 핵보유 국가들로 유출된다. 우리의 원자력발전소가 계속 늘어나게 되면 늘어날수록 그 액수는 엄청나게 증가한다. 미국은 장기적으로 이러한 경제적 이권을 확보하고 보호하려 한다는 것이다. 박 대통령은 미국의 이러한 계획은 결국 미국에 대한 대한민국의 경제적 종속화를 가져오게 된다고 보았다.

제4장 한국의 핵개발 추진 목적

전쟁억지력이 필요하다

박 대통령은 1972년에 우리 정부가 프랑스에서 '사용 후 핵연료'의 재처리시설의 도입을 추진할 때 이미 미국이 이 사실을 알게 되면 핵개발을 위한 1단계 사업이라고 보고 강력히 반대할 것으로 예상하였다. 그럼에도 불구하고 앞으로 필요할 때에는 언제나 핵개발을 할 수 있는 능력을 갖추어 놓고 있어야 한다고 생각했다. 그 이유는 군사적, 경제적, 정치적인 세 가지가 있었다.

첫째, 군사적인 이유는 주한미군 철수에 대비해서 전쟁억지력을 확보해두고 있자는 데 있었다. 즉 주한미군 철수와 동시에 그동안 전쟁억지력의 기능을 수행해 온 미군의 핵무기가 철수하는 데 대비해서 우리는 핵무기를 보유해야 한다는 것이다. 북한의 6·25 남침 이전이나 휴전이 성립된 후에도 우리나라는 북한의 또 다른 침략에 대항할 수 있는 자체의 전쟁억지 능력이 없었다. 북한의 전쟁도발에 대한 억지력은 주한미군과 주한미군이 보유하고 있는 전략핵무기였다. 미국은 휴전 이후 비무장지대 인근지역에 전술핵무기를 배치해 놓고 있었다. 북한이 또다시 전쟁을 도발할 경우 재래식 무기를 사용할 것이냐, 아니면 전술핵무기를 사용할 것이냐의 선택권을 갖고 있었다.

미국은 조약상 의무나 미국의 사활이 걸린 국가이익을 지키기 위해서는 핵무기를 사용한다는 방침을 정해 놓고 있었고 핵무기의 사용목적은 적을 군사적으로 압도하며 미국이 방어하려는 동맹국가에 대한 손실을 최소화하고 동맹관계를 유지하려는 데 두고 있었다. 미국은 1961년 장면(張勉) 정부가 국군 10만 감축을 고려하자 반대하였는데, 가장 큰 이유는 주한미군의 핵무기 배치문제와 사용문제였다. 만일 국군을 10만 명 감축하게 되면 그로 인해 초래된 군사력 균형의 상실을 회복시키기 위하여 주한미군을 증강하고 한국군의 대규모적인 장비 현대화를 추진해야 할 뿐만 아니라 전술핵무기를 추가로 배치해야 할 문제가 생긴다는 것이다.

뿐만 아니라, 국군의 감축은 적에 대한 재래식 전법의 대응능력을 약화시킴으로써 미국 대통령이 필요할 경우 핵무기 동원 결정을 검토할 수 있는 시간적인 여유를 빼앗아 간다는 것이다. 다시 말하면 한국군이 감축되어 방위력이 약화되면 적의 공격을 오래 버티지 못하고 단기간 내에 무너져 버릴 수 있기 때문에 미국은 핵무기 사용여부를 검토할 시간적인 여유를 가질 수 없게 될 것이다, 따라서 미국 대통령이 유사시 선택적이며 효과적인 대응전략과 핵무기 사용에 관한 검토를 할 수 있는 시간적 여유를 갖기 위해서는 전투경험이 있고 사기충천한 한국군이 적의 공격을 상당 기간 감당해 줘야 한다, 그러므로 한국군을 감축해서는 안 된다는 것이다.

1961년 6월 5일, '한국문제에 관한 대통령 직속 긴급조치반'이 작성한 한국사태 관련 보고서에는 '한국의 군사정세에 관한 미 국방부 평가'라는 부속문서가 붙어 있다. 이 평가서는 이렇게 지적하고 있다.

"한국을 공산세계에 잃으면 일본의 안보는 큰 위협을 받게 된다. 강력한 한국의 존재는 일본을 중국의 위협으로부터 보호할 뿐 아니라 소련의 위협에 대해서도 어느 정도 균형자의 역할을 수행할 수 있다. 한국은 농묵아시아의 강력한 군사적 보루로서 미군이 중국의 영향권 안에 있는 다른 곳, 특히 동남아시아에서 적의 위협에 대응할 수 있는 신축성을 보장한다. 한국의 방위능력이 약화되면 태평양에서 미국의 전반적인 방어태세도 크게 약화될 것이다. 한국군의 가장 큰 자원은 전투경험이 있고 사기충천한 저임금의 풍부한 인력풀(pool)이다. 이 인력풀을 계속 이용할 수 있어야만 케네디 대통령이 발전시키려고 하는 적절하고 선택적이며, 신속하고 효과적인 대응전략과 핵무기 사용에 관한 전략의 결정이 가능해진다.

한국군을 지금 수준 밑으로 줄이는 것은 적에 대한 재래식 전법의 대응능력을 약화시킴으로써 대통령이 필요하다면 핵무기를 동원하는 결정을 검토할 수 있도록 하는 시간적 여유를 빼앗아갈 것이다. 더군다나 한국 육군병력의 상당한 감축에 의하여 초래된 군사적 균형의 상실을 회복시키기 위하여 비무장지대의 인근 지역에 전술핵무기를 추가 배치할 필요성이 제기될 것이다.”

미국의 전술핵무기는 핵폭탄이나 핵지뢰, 그리고 주한 미 공군기에 탑재된 핵폭탄을 의미했다. 이 보고서는 ‘한국에서의 제한전(limited war)’이라는 항목에서 “미국은 재래식 무기에 의한 전쟁이냐 아니면 전술핵을 사용하느냐라는 선택권을 갖게 될 것이다. 미국의 정책은 핵무기를 무책임하게 또는 부주의하게 사용하는 것에 반대하지만 미국의 조약상의 의무나 사활적인 국가이익을 지키기위해서는 핵무기를 사용하는 것이다. 핵무기의 사용목적은 적을 군사적으로 압도하며 우리가 방어하려는 국가에 대한 손실을 최소화하고 동맹관계를 유지하려는 것이다”라고 적고 있다.

그 후 주한미군의 전술핵무기는 북한의 전쟁도발에 대한 억지력의 역할을 수행해 왔다. 군사전략으로서 억지(抑止)의 본질은 침략적인 군사행동을 준비하는 적에 대하여 그들이 침략적인 공격을 감행하면 치명적인 보복을 가하겠다고 위협하여 적으로 하여금 침략

닉슨과 두 차례 정상회담, 방위공약 준수 공동성명 박 대통령과 닉슨 미국 대통령은 샌 프란시스코 세인트프란시스호텔에서 두 차례 정상회담을 열고, 주한미군의 계속유지, 한 미방위조약에 의거한 대한방위공약을 재확인하는 공동성명을 발표했다(1969. 8. 22).

적인 군사행동을 하지 못하도록 하는 데 있다. 즉 침략적인 전쟁도 발이 자초하게 될 대가와 위험부담이 그러한 침략적 공격으로 얻을 수 있는 이득보다 크다는 것을 적에게 인식시킴으로써 침략행위를 포기하도록 하는 것이다.

이러한 전쟁억지력은 사람들의 마음속에서 생기는 심리적인 것이 다. 잠재적인 침략자가 상대방이 침략을 당하면 반드시 핵무기로 보 복할 것이라고 믿고 있다는 사실이 실제적인 핵 보복 자체보다도 침략전쟁 도발행위를 억제하도록 하는 효과가 있다는 것이다. 따라 서 억지전략이 효과를 거둘 수 있으려면 보복능력과 보복의지, 보복 위협의 신뢰성이 있어야 한다. 여기서 보복능력이란 적에게 '막대한 피해를 입히는' 의미가 아니라, 그 수준을 넘어서 적이 '받아들일 수 없을 정도의 손실'을 입히는 것을 뜻한다.

박 대통령은 이러한 보복능력에 있어서 가장 효과적인 것이 핵무기라고 판단했다. 왜냐하면 현대전에 있어서 가공할 파괴력으로 적에게 '받아들일 수 없을 정도의 손실'을 입힐 수 있는 무기는 핵무기뿐이기 때문이라는 것이다. 그래서 서로 적대관계에 있는 나라들은 상대방의 침략적인 무력도발을 막기 위해서 경쟁적으로 핵무기를 개발하려고 하며 또는 이미 핵무기를 보유하고 있다고 공개적으로 선언한다는 것이다. 그들은 핵무기가 최종적이며, 최선의 전쟁억지 수단이 될 수 있다고 확신하고 있다.

핵무기에 의한 보복능력이 없는 경우 적의 기습공격에서 파괴되지 않고 남은 지상군이나 공군력이나 미사일이나 다른 재래식 무기만으로는 적에게 치명적인 피해를 입힐 수 없을 뿐 아니라 군사적 균형이 무너져 국가존망의 위기에 직면하게 된다. 이러한 국가위기를 사전에 예방하려면 적이 육지와 바다와 하늘로 기습공격을 감행하는 데 사용하고 있는 항만과 교량, 철도, 비행장, 미사일기지와 특정한 군사지역 등 전략적 목표를 파괴하여 적의 공격력을 무력화시키고 '그들의 존립 자체'를 위협할 수 있는 대량보복능력을 보유하고 있어야 한다. 그러한 보복수단으로는 핵무기밖에 없으며 다른 무기는 그 대안이 될 수 없다는 것이다.

북한이 기회 있을 때마다 주한미군의 철수를 주장해 온 이유는 주한미군과 그 핵무기가 철수하면 우리의 전쟁억지력이 없어지고, 그렇게 되면 북한은 미군의 핵 보복에 대해 걱정할 필요 없이 마음 놓고 기습공격을 감행하여 단숨에 무력적화통일을 할 수 있다고 생각하고 있었기 때문이다. 박 대통령은 북한의 이러한 속셈을 잘 알고 있었으므로 주한미군의 계속적인 주둔을 요망해 왔다. 미국이 한국군 전투사단의 베트남파병을 요청하면서 이를 거절하면 주한미군을 빼내서 베트남으로 이동시킬 수밖에 없다고 위협했을 때 우리가 전투사단을 파병하여 주한미군을 이 땅에 남아 있게 한 것도 주한

'주한미군 감축 없다' 피침 땐 즉각 지원 약속 박 대통령과 포드 미국 대통령과 정상
회담. 김동조 외무장관(왼쪽)과 키신저 국무장관(오른쪽)이 배석했다(1974. 11. 22).

미군과 핵무기의 전쟁억지력이 필요했기 때문이었다.

　그런데 1971년 미국은 북한이 그토록 원하는 주한미군의 철수를
일방적으로 단행했다. 그것은 비록 2개 사단 중 1개 사단 병력의
철수였지만 나머지 주한미군도 언제 또 철수할지 모른다는 불안을
증대시켰고 미국의 한국 방위의지에 대한 불신을 증폭시킨 중대한
사건이었다. 1969년 8월의 정상회담에서 닉슨 대통령은 박 대통령
에게 이른바 '닉슨 독트린'을 설명하고 일부 미군의 베트남 철수계
획을 알렸다. 그러면서 베트남에 한국군이 계속 남아 있는 동안에는
주한미군을 철수하지 않을 것이라고 밝히고 만약 앞으로 주한미군

을 철수하게 되면 사전에 한국정부와 충분히 협의한 후에 결정하겠다고 다짐했다.

그러나 정상회담 후 1년도 안 되어 미국은 이 약속을 지키지 않았다. 1970년 3월 26일 포터 주한 미국대사는 청와대로 대통령을 예방하고 주한미군 2만 명을 감축하기로 한 미국정부의 결정을 통보했다. 또 8월에 방한한 애그뉴 부통령은 박 대통령에게 철군 배경을 설명하면서 "앞으로 더 이상의 주한미군 철수는 없다"고 강조하였다. 하지만 그는 타이완으로 가는 비행기 속에서 미국 기자들에게 "주한미군은 앞으로 5년 내에 완전히 철수한다"고 공언하였다. 우리에게는 더 이상 주한미군의 철수는 없다고 약속하고 미국 국민에게는 미 언론을 통해 주한미군 완전철수의 일정까지 공언한 이런 발언은 신의를 저버린 충격적인 언동이었다. 이때 박 대통령은 불원간 주한미군이 모두 철수할 것으로 판단했다. 따라서 우리의 국방을 더 이상 미국에 의존할 수 없게 되었고 또 의존해서도 안 되겠다는 결심을 굳혔다.

결국 미국은 1971년에 주한미군 제7사단을 철수시킴으로써 자국의 필요에 따라 언제든지 미군을 철수시킬 것임을 분명하게 드러냈으며 한국의 국방을 주한미군에만 의존할 수 있는 가능성은 희박해졌다. 당시 우리 국민들 사이에는 미국의 일방적인 주한미군 철수로 인해 힘의 공백이 생긴 결과 북한으로부터 6·25남침과 같은 기습공격을 받게 되는 것이 아닌가 하는 불안이 감돌고 있었다. 그동안 우리 국민들은 한미상호방위조약에 따른 미국의 즉각적인 군사 개입을 통해 북한의 침략을 저지할 것이라고 믿고 있었다. 한 마디로 미국이 우리를 위해서 싸워 주리라 믿고 살아왔으나 앞으로는 미국을 더 이상 믿고 의지할 수 없게 되었다. 세상이 많이 변한 것이다.

1970년대에 우리나라와 미국은 동맹관계를 유지하고 있었으나 미국인의 과반수가 한국에 대한 안보지원에 부정적이었다. 워싱턴에 있는 포토맥 어소시에이츠(Potomac Associates)가 조사한 미국 국민의 의식에 관한 집계에 의하면, 한국이 북한의 공격을 받았을 때 미국은 무력으로 한국을 방위해 주어야 할 것인가라는 질문에 대해 미국인의 52퍼센트는 반대, 32퍼센트는 찬성한다는 대답을 했다. 같은 조사에서 일본이 소련이나 중국의 공격을 받았을 때 미국은 일본을 방위해 주어야 될 것인가라는 질문에 대해서는 미국인의 50퍼센트가 찬성, 35퍼센트가 반대했다는 것이다.

한 마디로 미국 국민의 과반수는 미국이 반드시 방위해 주어야 할 국가는 일본이지 한국이 아니라는 것이다. 이것은 심각한 문제였다. 미국의 외교정책은 여론에 따라 결정되기 때문이다. 1975년 베트남에서 미국이 손을 떼고 물러난 것도의 베트남전 반대여론 때문이었다. 미국 행정부가 방위공약 준수를 아무리 강조하더라도 그것이 여론의 지지를 받지 못할 때에는 여론을 그대로 반영하고 추종하는 의회의 반대로 인해 방위공약 이행에 필요한 군사원조공약을 지킬 수 없는 나라가 바로 미국이다.

베트남은 미군을 철수시키면서 미국이 베트남정부에 약속한 군사원조를 의회의 반대로 중단해 버렸기에 공산화되고 말았다. 미국은 주한미군 철수를 일방적으로 결정하고 그로 인해 생길 힘의 공백을 메워 주겠다고 한국군현대화 5개년계획 지원을 굳게 공약했다. 그러나 미 행정부는 의회의 협조지연으로 공약을 이행하지 못하고 있었다.

이처럼 미국국민의 과반수가 한국을 미국의 방위대상으로 생각하고 있지 않다는 사실은 우리나라 국가안보에 있어서 중대한 불안요인이 되었다. 그래서 박 대통령은 국가안보를 미국의 방위공약에만 의탁한다는 것은 치명적인 전략적 과오가 될 수 있고 최악의 경우에는 베트남의 비극적인 전철을 밟게 될 위험성마저 있다고 보고 하루속히 자주국방력 확보의 필요성을 절감했다.

북한은 1970년을 전후한 시기의 수년 동안 임전태세의 군비를 강화해 왔다. 북한은 인구 약 2천만에 88만의 상비병력을 갖추고 있었고 국민총생산의 23퍼센트를 매년 군비증강에 사용했다. 우리나라는 인구 약 4천만에 65만의 상비병력을 갖추었으며 군비증강을 위해서는 국민총생산의 6퍼센트를 사용하고 있었다. 물론 그 당시 남북한의 군사력은 전반적으로는 큰 차이가 없었다. 문제는 북한이 6·25남침 때처럼 기습공격을 한다면 현대무기의 엄청난 파괴력을 고려할 때 우리 국군의 병력과 장비는 전쟁 초기에 상당한 피해를 입게 되어 북한군을 저지하거나 보복할 능력을 상실하게 된다는 데 있었다. 따라서 우리로서는 북한의 기습남침에 대비해서 북한군과 북한의 군비공장과 군사기지에 치명상을 입힐 수 있는 자주국방력을 갖추어 독자적인 전쟁억지력을 보유하는 것이 국가적 생존을 위해서 불가결했다.

따라서 박 대통령은 빠른 시일 내에 자주국방을 실현해야 되겠다고 생각했고 자주국방의 궁극적인 해결책은 핵무기 개발에 있다고 믿었다. 그 파괴력에 있어서 재래식 무기와는 비교할 수 없을 정도로 월등하고 북한이 기습공격을 감행해 올 경우 북한의 존립 자체에 치명적인 손상을 입힐 수 있는 핵무기로 우리 국군을 무장할 때 자주국방건설은 완성된다고 믿었다.

박 대통령은 북한의 또 다른 기습남침을 억지하기 위해서는 우리가 북한보다 먼저 핵개발을 완료해 놓고 있는 것이 중요하다고 판단했다. 미국의 핵 보호를 신뢰할 수 없는 상황에서 그것은 절대로 필요하다는 것이다. 박 대통령은 국내외의 정보망을 통해서 북한의 핵개발 동향을 자세히 파악하고 있었으며 그 진척상황을 예의주시하고 있었다. 만약 북한이 우리나라보다 먼저 핵무기를 보유하게 된다면 그들의 계획과 의지를 우리에게 강요하는 수단으로 핵무기를 활용할 것이라고 내다보았다.

토머스 셸링(Thomas C. Schelling)은 〈무기와 영향력(Arms and Influence)〉이라는 논문에서 우세한 군사력을 확보하고 있는 국가가 군사적으로 약세인 적대국가에 대하여 직접적으로 폭력을 행사하지 않는다 하더라도 우세한 군사력을 배경으로 정치적 양보를 강요하는 이른바 '폭력외교'를 구사하는 경향이 있다고 갈파

했다. 북한은 이러한 '폭력외교'로 우리를 위협하고 협박할 것이 틀림없었다. 이 같은 '폭력외교'를 저지하기 위해서는 우리가 북한보다 먼저 핵무기를 우리 기술과 재원으로 만들어 보유하고 있을 필요가 있다는 것이다. 원자력을 평화적으로 이용하는 기술은 우리가 북한보다는 훨씬 앞서 있지만 낙후된 시설, 공정으로나마 원자탄을 만들어 내는 데 있어서는 북한이 우리보다 유리한 입장에 있었다.

우리는 수출수도형의 경제체제를 유지하고 있었기 때문에 미국

등 서구의 기존 핵보유 국가들이 경제적, 외교적 압력을 가할 때 이를 극복하기 힘든 처지에 있었다. 호주도 그런 이유로 핵보유를 포기했다. 북한은 폐쇄적인 자력갱생의 경제체제를 유지하는 공산독재국가였으므로 자본주의국가들의 압력에 큰 영향을 받지 않고 핵무기개발을 추진할 수 있었다. 게다가 북한은 핵확산금지조약에 가입하지 않아 핵개발에 대한 국제적 감시가 전혀 미치지 않았다. 박대통령이 국내외의 여러 정보망을 통해 파악한 자료에 의하면 1970년대 초반에 북한의 핵개발계획은 상당히 진척되어 있었다.

북한은 휴전 후부터 원자력에 관심을 보이기 시작했다고 한다. 1955년 6월 27일, 북한 과학원 대표들이 원자력의 평화적 이용에 관한 소련과학원회의에 참석한 데 이어 이듬해 2월 28일에는 모스크바에서 소련과 연합 핵연구소 조직에 관한 협정을 체결하였다. 1958년에는 핵개발지식을 습득하기 위하여 북한의 물리학자와 기술자들을 소련에 파견하였다. 또 1959년에는 소련 및 중국과 원자력의 평화적 이용에 관한 협정과 의정서를 교환하는 등 핵에 대해 적극적인 관심을 보였다. 1962년 김일성대학 물리학 교수인 한인석이 최초로 핵개발 연구논문을 발표하였다. 1964년이 되자 함흥 웅기 해금강 일대에서 우라늄광이 발견된 후 김일성은 북한 전역에서 우라늄 채광에 열을 올렸다.

1965년 북한은 소련으로부터 2메가와트급 소형 시험용원자로를 도입하였고 자체 기술개발계획에 따라 이것을 8메가와트급으로 올려놓았다. 1968년 8월 9일에는 소련으로부터 10만kW 핵터빈발전기를 도입하여 북창화력발전소에 설치하였다. 이 핵발전기의 원자로에서 나오는 '사용 후 핵연료'를 재처리하면 연간 10kg 정도의 플루토늄($Pu239$)이 생산될 것으로 추정되었다. 1970년대에도 북한은 핵물리학자들을 소련의 '두보나' 핵연구소에 파견하고 중국에도 핵미사일 전문가를 파견하여 연구하도록 하였다.

1974년 북한은 경원하라는 핵공학자를 유치하였다. 그는 미국의 로스알라모스연구소에서 직접 핵폭탄 제조에 참여했고 캐나다에서 대학교수로 재직하다 많은 기밀자료를 갖고 북한에 들어가 북한의 초대 원자력연구소장 이승기 박사와 함께 핵개발에 큰 기여를 한 것으로 알려져 있었다. 북한은 또한 자체기술로 30만 메가와트급의 제2시험용 원자로를 만든다는 계획을 세우고 있었다. 이 정도 규모의 시험용 원자로는 사용 용도에 따라서는 플루토늄 생산을 가속화할 수 있는 기능을 갖고 있었다. 일반 상업발전용 원자로는 우라늄을 한 번 장착하면 3년 정도를 서서히 태우는데 시험용 원자로는 설계에 따라 이를 급속히 태울 수 있기 때문에 30만 메가와트짜리면 1년에 핵폭탄 1, 2개를 만들 만큼의 플루토늄(Pu239)을 충분히 생산할 수 있다는 것이다.

북한은 영변에 원자력발전소를 건설할 계획이라고 하는데 이것은 발전소가 아니라 '사용 후 핵연료'의 재처리공장일 가능성이 큰 것으로 관측되고 있었다. 북한이 재처리공장을 가동할 수 있게 되면 연간 약 50kg의 '플루토늄239'가 생산되고 이 정도 양이면 원자폭탄 7개 정도를 제조할 수 있었다. 북한의 과학원 산하에 있는 원자력연구소, 핵물리연구소, 핵전자연구소, 방사화학연구소에서는 극비리에 원폭제조기술 개발에 총력을 기울이고 있었으므로 북한은 1990년대 초반에는 핵무기를 생산하여 보유할 수 있는 능력이 있는 것으로 관측되었다.

북한은 개량형 스커드미사일 외에 사정거리 9백km의 전술탄도미사일을 개발하고 있었으며 이것이 1990년대 초반에 완성되면 핵탄두 운반수단까지 보유하게 될 것으로 예상되었다. 그래서 박 대통령은 우리가 1982년에 핵개발을 완성하게 되면 북한과의 핵개발 경쟁에서 10여 년 앞서나갈 수 있다고 전망하였다.

경제적 손실을 막아야 한다

박 대통령이 우리도 필요하면 언제든지 핵개발을 할 수 있는 능력과 준비를 갖추고 있어야 한다고 생각한 또 하나의 이유는 경제적인 것이었다. 미국은 우리나라에 대한 '농축우라늄'의 판매이익과 '사용 후 핵연료'의 재처리 수익을 계속 확보함으로써 경제적 이권을 유지해 나가려 했다. 우리나라의 입장에서 보면 그것은 귀중한 자금이 미국으로 유출된다는 것을 의미한다. 좀 더 구체적으로 말하자면 우리가 제3차, 제4차 5개년계획 기간 중에 사용해야 할 국민복지 향상을 위한 국가예산이 미국으로 빠져나가게 되는 것이다.

우리의 원자력발전소 건설계획에 의하면 고리1호기는 1978년에, 월성1호기가 1983년에 가동될 예정이었다. 따라서 이 무렵에 미국으로 유출되는 복지예산의 액수는 그렇게 큰 것은 아니었다. 그러나 우리는 2000년까지 46기(基)의 원자로를 건설하여 5만여 MW의 전력을 생산, 총 전력수요의 60퍼센트 이상을 충당할 계획이었으므로 유출될 복지예산의 액수가 크게 늘어나고 이로 인한 경제적 손실도 그만큼 증가하게 되어 있었다.

만일 우리가 '사용 후 핵연료'의 재처리시설을 건설할 수 없게 되면 46기 원자로에서 나오게 될 '사용 후 핵연료'는 해마다 늘어나 쌓이게 되어 있었다. 이것을 해외로 반출하거나 국내의 지하나 지상에 저장해야 하는데 그 비용이 만만치 않게 된다. 뿐만 아니라 국내에 매장할 경우 매장 대상지역으로 선정된 지방의 주민들이 반대하면 매장지를 구하기도 어렵게 된다.

물론 매장지를 제공하겠다는 지역도 있을 것이다. 그러나 정부로서는 이러한 지역에 대해서는 환경오염을 방지할 수 있는 시설을 해주어야 하고 또 방사능위험에 대한 안전조치를 해주어야 하며, 지역개발과 발전을 위한 특단의 지원도 해주어야 한다. 여기에 투입되는 정부예산도 결코 적은 것이 아니라고 추산되었다. 박 대통령은 이러한 경제적 손실을 회복할 수 있는 최선의 방책은 '사용 후 핵연료'의 재처리라고 판단했고 그러한 손실 방지로 국고에 남는 정부예산은 국민의 복지향상을 위해 활용해야 한다고 생각했다.

국가주권을 회복해야 한다

박 대통령이 필요하면 언제나 핵무기를 개발할 수 있는 준비를 해놓고 있어야 한다고 생각한 또 하나의 중요한 이유는 정치적인 것이었다. 미국은 박 대통령의 핵무기개발 결심이 확고부동하며 이미 그것을 행동으로 옮기고 있다는 사실을 알고 있었다. 1975년 10월 1일 주한 미국대사 스나이더는 핵개발을 강행할 경우 한국이 치러야 할 정치적, 경제적 대가(미국이 위협하는 한미관계의 전반적 단절)가 과연 한국의 행동을 저지할 수 있을는지 의심스럽다는 보고를 본국에 타전했다.

이보다 앞서 그해 3월 4일, 스나이더는 국무장관 키신저에게 보낸 전문에서 박 대통령의 핵개발을 저지하려면 "빨리, 직접적으로, 강하게 압력을 행사해야 한다"고 촉구한 바 있었다. 그 강력한 압박이 박 대통령의 핵개발 의지가 너무 확고해서 효과가 있을는지 의문이라고 보고한 것이다. 박 대통령의 의지를 요지부동한 것으로 만든 또 하나의 중요한 이유는 미국과의 관계에 있어서 정치적으로 주권과 독립과 자결권을 완전한 형태로 보유하고 행사하자는 데에 있었다.

어떤 사람은 한국의 핵무기개발 계획은 대미협상용 카드라고 했다. 다시 말해서 주한미군과 핵무기 철수를 막기 위해서 미국을 위협하였을 뿐이지 실제로 핵무기개발을 추진하지는 않았다는 것이다. 박 대통령의 생각은 이러한 주장과는 정반대였다. 대통령은 엄포를 놓은 것도 아니고 위협을 한 것도 아니었다. 주한미군 철수를 기정사실로 전제하고 독자적으로 핵개발을 추진한 것이다. 그것은 핵무기로 무장하여 주한미군의 핵보호가 더 이상 필요 없도록 만듦으로써 미국이 더 이상 우리의 내정에 간섭하고 주권과 독립을 침해하는 일이 없도록 해야 한다는 데에 목적이 있었다.

미국은 주한미군을 이 땅에 주둔시킨 이래 정치·경제·외교·군사·문화·과학 등 모든 분야에서 우리의 정책에 대해서 공개적으로 또는 비공개적으로 제동을 걸거나 변경시키려 하였고, 그들의 요구를 거절할 경우에는 주한미군을 철수시키겠다고 위협하는 수법을 사용해 왔다. 즉 주한미군과 핵무기가 우리나라의 국가안보를 보장해 주고 있다는 이른바 '핵우산의 보호'를 지렛대삼아 한국의 국가정책을 미국의 국가이익에 맞게 수정하라고 요구하거나 아예 처음부터 반대 혹은 철회하라는 압력을 가했다. 그 대표적인 실례의 하나가 방위산업 육성정책이었다. 미국은 우리의 방위산업이 예상을 뒤엎고 급속히 성장하자 소총 규격에서부터 미사일 사정거리까지 자신들이 정해준 대로 하라고 강요했다.

박 대통령은 국가안보를 위해 어쩔 수 없이 미국의 요구를 받아들이지 않을 수 없는 약소국의 수모와 비애를 당해 온 사실에 좌절감을 느끼고 분통 터진 일이 한두 번이 아니었다. 그때마다 이 모든 일은 국력이 미약한 데에 근본원인이 있다고 생각했고 하루속히 자립경제와 자주국방을 이룩해야만 되겠다는 결의를 다짐해 왔다.

특히 우리와 체결한 조약이나 협정을 멋대로 해석하고, 공약을 지키지 않는 미국의 변덕에 우리의 생존이 걸린 국방을 맡기고 산다는 것은 참으로 불안하고 위험한 일임을 절감했다. 따라서 우리 국방의 대미의존을 지양하고 자주성과 자결권을 회복하는 것은 모든 분야에서 자주·독립국가로서의 국권을 회복하는 길이라고 여겼던 것이다.

우리도 어깨를 펴고 큰소리치며 살 수 있는 힘을 길러야 한다. 그 힘은 경제력만으로는 충분치 않다. 핵심은 국가적 생존을 우리의 능력으로 수호할 수 있는 자주국방력이다. 자주국방력은 우리가 핵무기를 보유할 때 완성될 수 있다. 전쟁억지라는 군사적 목적을 위해서, 그리고 국가주권의 완전 회복이라는 정치적 목적을 위해서 핵무기개발은 결코 포기해서도 중단해서도 안 된다.

自主總和
國利民福

一九七八年戊午元旦
大統領 朴正熙

어떠한 난관이 있더라도 반드시 성사시켜야 한다.

그러나 우리는 먼 장래를 내다봐야 한다. 오늘 당장은 고통을 겪더라도 국토를 우리 힘으로 수호할 수 있고 강대국의 간섭 없이 자주적으로 국사(國事)를 처리할 수 있는 힘을 확보해야 한다. 그러한 힘을 갖추고 있을 때 적은 우리를 감히 넘보지 못할 것이고 미국도 우리의 국력과 국제적 위상을 받아들이게 된다. 이러한 박 대통령의 신념이 핵개발 의지를 확고부동하게 만들었던 것이다.

한국이 핵개발의 1단계 사업인 핵연료 재처리시설 도입을 포기하도록 강요해 온 미국은 급기야 이를 거부한다면 "모든 분야에서의 관계를 단절하겠다"는 최후 통첩적인 협박을 했다. 박 대통령은 여기서 일단 한 발 물러서기로 했다. '한미관계의 전면적인 단절'을 감당해 내기에는 우리에게 부족한 것이 많았고 또 우리가 필요로 하는 일들이 많이 있었기 때문이었다. 박 대통령은 1976년 1월 26일, 프랑스의 핵연료 재처리시설 도입 계약을 파기했다.

제5장 미군 철수와 인권외교의 폭풍

카터 친서와 박 대통령의 답신

1977년 2월 15일, 카터 대통령은 취임 초에 박 대통령에게 보낸 친서에서 주한미군 철수문제와 이른바 인권문제를 제기했다. 그는 먼저 주한 미 지상전투 병력 철수계획에 대한 내부적인 검토에 착수했다고 말하고 1978 회계연도의 한국에 대한 해외군사판매 보증 차관 공여를 의회에 요청하기로 했음을 덧붙였다.

"본인은 취임 후 조기에 대한민국 안보에 대한 미 정부의 지속적인 공약과 한국 정세에 대한 본인의 개인적인 관심을 각하께 친히 전달하고자 합니다. 미합중국과 대한민국은 오랫동안 긴밀한 관계를 유지하여 왔으며 본인은 이와 같은 관계를 지속시켜 나갈 생각임을 각하께 다짐하는 바입니다.

각하께서도 아시는 바와 같이 본인은 한국으로부터 미 지상 전투 병력을 점차적으로 철수하겠다는 의향을 천명하여 왔습니다. 그와 같은 입장을 취함에 있어서 본인은 어떠한 규모의 지상 전투병력 철수도 오랜 기간에 걸쳐 행하여질 것이며 각하와 충분한 협의를 통하여 이루어질 것임을 강조하였던 것입니다. 나아가 그러한 병력 감축은 결코 방위조약에 의한 공약을 준수할 미국의 결의에 대한 오판을 야기하거나 또는 한반도에 있어서의 전반적인 군사력의 균형을 깨뜨리지 않는 방법으로 다루어질 것임을 강조하여 왔습니다. 우리는 오는 늦은 봄 귀국(貴國)과 조용한 협의를 시작한다는 계획

아래 지상군 병력 수준에 관련된 복잡한 문제들에 대한 내부적인 검토에 착수하였습니다.

또한 본인은 1978년 회계연도 예산안을 재검토한 결과 2억 7천 500만 달러 규모의 대한(對韓) 해외군사판매 보증차관 공여를 의회에 요청하기로 결정하였습니다. 이 액수를 의회에 요청함에 있어 우리는 양국 간의 안보관계를 적극적으로 옹호하며 귀국의 방위 노력을 계속 지원하고 강화해 나갈 결의가 되어 있음을 구체적으로 천명할 작정입니다."

카터 대통령은 이어서 행정부의 차관공여 요청을 승인하게 될 미 의회와 자신은 인권문제에 대해 깊은 관심을 갖고 있다면서 이렇게 말했다.

"한편 상기 행정부의 요청을 승인하게 될 미 의회나 미국 내의 여타 주요 분야에서는 전세계적인 인권문제에 대한 지속적인 관심이 표명되고 있습니다. 본인 또한 이에 깊은 관심을 가지고 있습니다. 우리가 관심을 가지고 있는 인권문제란 개인의 권리 특히 신체의 자유, 적법절차의 보장, 인신구속에 관련되는 것이지 정치체제의 어떤 개편을 지목하는 것은 아닙니다.

본인의 행정부는 타국의 국내 문제에 관여하거나 간섭하는 것을 원하지 않습니다. 다만 우방국들이 이러한 문제에 대해 신경을 쓰고 있다는 것을 대외적으로 표시함으로써 미 행정부가 그들 우방과의 보다 긴밀한 관계를 유지해 나갈 수 있고 또한 이를 의회나 국민에게 능히 정당화시킬 수 있도록 해 줄 것을 바라는 것입니다. 우리가 한국과의 관계, 특히 안보 분야에서의 관계를 옹호하려고 생각하고 있기 때문에 본인은 각하께 한국에서의 인권문제면에서 무엇을 할 수 있는가를 검토하여 주시기를 부탁드리고자 합니다.

개인적으로나 공적으로 중요성을 갖고 있는 이 문제를 다루는 데

카터와의 악연 두 대통령이 여의도 광장에서 열린 시민환영대회에서 환호하는 시민들에게 손을 들어 답례하고 있다(1979. 6. 30).

있어 각하께서 여하히 도와주실 수 있는지 성찰하여 주시기 바라며 각하의 견해를 본인에게 알려주시기를 바라고 있습니다. 본인은 양국 간의 중요한 상호 관심 사항에 관한 협의가 기탄없이, 그리고 미국이 귀국과의 관계에 부여하고 있는 중요성을 충분히 인식한 바탕 위에서 행하여질 것임을 각하께 다짐하고자 하는 바입니다."

박 대통령은 2월 26일자로 카터 대통령에게 답신을 보냈다. 이 답신에서 박 대통령은 미 지상군 철수가 이미 결정된 만큼 보완대책의 마련이 중요하다고 말하고 협의를 위하여 박동진(朴東鎭) 외무부장관을 특사로 파견하겠다는 뜻을 다음과 같이 밝혔다.

"주한미군은 지금까지 한반도에서 전쟁억지력의 핵심부분을 이루어왔고 또 동북아시아의 평화와 안정을 유지하는 데 있어서도 중요한 역할을 해왔습니다. 앞으로 상당 기간 주한미군이 계속 있는 동안 우리나라가 국력을 더 증강하고 자주국방력을 강화해 나간다면 한반도에서 전쟁 재발의 가능성은 더욱 감소할 것이며 이 지역의 평화와 안정도 더욱 확고한 기반 위에 올라서게 되리라고 우리는 믿고 있습니다. 우리 정부는 우리의 경제발전과 국방력강화를 위해 미국정부가 그동안 지원해 준 데 대해 항시 고맙게 생각하고 있습니다.

우리는 결코 미 지상군이 이 땅에 영구히 주둔하기를 원하는 것은 아닙니다. 우리 국군의 전력이 증강되고 북한 공산집단이 또다시 도발하지 못하게 되어 한반도에 평화가 정착될 때까지 미 지상군이 주둔해 주었으면 하는 것이 우리 국민들의 희망입니다. 그러나 주한 미 지상군 철수가 이미 결정된 이상 우리로서는 각하의 결정을 받아들일 것입니다. 다만 한 가지, 지상군 철수에 대한 보완대책은 철수 이전에 마련되는 것이 긴요한 과제라고 우리는 보고 있다는 점을 말씀드리는 바입니다. 본인은 이러한 문제들을 협의하기 위하여 박동진 외무부장관을 미국에 파견할 것입니다."

그해 3월 9일, 카터 대통령은 기자회견을 통해 4, 5년 이내에 주한 미 지상군을 철수하겠다는 선거공약을 확인했다. 카터는 불과 6시간 후에는 백악관에서 대통령특사인 박동진 외무장관과 만나 주한미군 철수 문제에 관해 협의하기로 약속되어 있었으나 스스로 수차 공언한 바 있는 '한미협의' 약속을 어기고 일방적으로 미리 철수 방침을 밝힌 것이다.

6·25전쟁 이후 수십 년 동안 미국의 역대 대통령들은 주한 미 지상군은 북한의 남침을 억제하기 위해 필요하다는 점을 강조해 왔다. 1971년 닉슨 대통령이 이른바 '닉슨독트린'을 선언한 후 주한미군 제7사단을 철수시켰으나, 미 제2보병사단과 공군 병력 등 상당수의 미군이 남아 있었다. 카터는 바로 미 지상전투부대인 제2보병사단

을 철수시키겠다는 것이었다. 카터의 철군 계획은 1982년까지 모든 지상전투부대를 철수시키는 것이었다. 이 중에는 비무장지대와 서울 사이에 위치하고 있는 1만 4천 명의 제2보병사단, 그리고 대공부대 및 미사일부대를 포함한 약 1만 2천 명에 달하는 육군이 포함되어 있었다.

철군은 3단계로 시행하게 되어 있었다. 1단계는 1978년에 6천 명의 1개 여단병력의 철수를 완료한다. 이때 F-4전폭기를 미국 전술공군단에 추가로 배치하고 한미연합사를 새로 창설한다. 2단계는 지원부대를 철수시킨다. 3단계는 나머지 지상군을 철수시키되 사단본부와 마지막 2개 전투여단은 1982년 7월까지 한국에 남아 있다는 것이다.

1982년 7월 이후에는 72대의 F-4전투기로 구성되는 주전부대를 가진 제314 공군사단(9천 명)과 정보, 지휘, 통신, 한국군의 병참 지원에 관계하는 약 7천 명의 지상 지원부대와 해군부대를 잔류시킨다. 그리고 이들 전부가 서울 이남에 주둔하며 남침시 개전 초기 며칠 간은 전투에 참여하지 못하도록 되어 있었다. 한 마디로 일단 유사시 자동적으로 전쟁에 말려들게 되어 많은 미군의 희생이 불가피한 지상군은 모두 철수시키고 그런 위험성이 없는 공군과 해군으로 한국군 지상군의 전투를 돕기만 한다는 것이 카터 철군계획의 핵심 내용이었다.

1977년 3월 9일, 카터 대통령은 백악관으로 그를 예방한 박동진과의 회담에서 인권문제를 공식으로 제기했다. 카터는 미 의회에서 이 문제를 이야기하는 의원들이 있고 미국도 우방으로서의 입장이 있으니 한국정부에서 잘 알아서 선처해 줄 줄 안다는 부탁의 말을 했다. 이에 대해 박동진 외무장관은 일부 인사들이 왈가왈부하는 사실은 알고 있으나 그것은 한국의 헌법질서에 대한 정확한 이해가 없기 때문이며 한국에는 그런 인권문제가 없다고 설명했다. 그러자 카터는 한국은 한국대로의 독자적인 제도를 택할 충분한 자유가 있음을 존중하며 한국의 내정에 간섭할 생각은 없다고 밝히고 아울러 한·미 간의 굳은 우호와 유대에는 균열이 생기지 않도록 항상 유의해야 한다고 강조했다.

박동진 장관은 그것이 바로 북한이 노리고 있는 점이라고 지적하고 미국이 북한과 직접 협상하지 않겠다고 한 것은 매우 중요한 일이라고 말했다. 1977년 5월 13일, 김용식(金溶植) 신임주미대사가 백악관에서 신임장을 제정하는 자리에서도 카터 대통령은 인권문제를 또다시 제기했다. 원래 외국대사의 신임장 제정식은 형식적인 의식에 지나지 않기 때문에 그 자리에서는 양국 간의 친선과 우호, 그리고 유대를 강조하는 것이 관례다. 그러나 카터 대통령은 이 같은 관계를 무시하고 "한미 양국 사이에 해결할 중요한 현안이 있는 이때에 부임한 것을 환영한다"고 전제하고 한국의 인권문제에 관한 자신의 의견을 직선적으로 표명했다.

카터는 선거유세 때 한국정부의 인권침해를 비난했고 박정희 대통령의 불쾌한 행동들이 미국국민들로 하여금 한국에 대한 미국의 방위공약을 유지하는 것이 과연 현명한 일인가에 대해 의문을 가지게 한다고 정면으로 공격한 바 있었다. 이제 그가 미국의 대통령이 되어 그를 예방한 우리나라의 외무장관과 신임 주미대사에게 외교상의 예의와 관례를 무시하고 인권문제를 계속 제기한 것이다.

닉슨 철군정책선상에 있는 카터 철군계획

베트남전 패배의 굴욕과 이른바 워터게이트 사건의 충격을 겪은 미국국민들은 1976년 대통령선거에서 새로운 출발을 열망했다. 그래서 야당인 민주당 대통령후보인 지미 카터가 도덕주의를 표방하면서 등장하자 그를 새로운 통치자로 선택했다. 카터는 대통령 취임 직후 선거공약으로 내세웠던 주한미군 철수와 이른바 인권정책을 새 정부의 중요한 정책으로 공식화하고 이를 추진하기 시작했다.

1975년 1월 16일, 애틀랜타 주지사를 사임한지 두 주일, 대통령 선거 출마를 선언한 지 채 한 달도 안 되어 지미 카터 후보는 일단의 기자들에게 주한미군의 철수를 찬성한다고 주장했다. 이것은 불과 이틀 전인 14일, 박 대통령이 기자회견에서 지난해 11월 22일에 방한했던 포드 전 미 대통령이 한국에 대한 미국의 방위공약은 확고하다는 뜻을 표명했다는 사실을 밝힌 직후라 우리 정부로서는 뜻밖의 일이었다.

1976년 3월 17일, 카터 후보는 〈워싱턴포스트〉와의 인터뷰에서 한국에서 핵무기를 완전 철수시키고 4~5년 내에 주한 미 지상군을 단계적으로 모두 철수시키겠다고 선언했다. 그해 6월 23일 카터는 기자회견에서 한국과 일본과의 협의 후에 결정될 일정한 기간 내에 단계적인 주한 미 지상군 철수가 가능하다고 믿는다고 말했다. 그는 또 한국정부의 국내 억압은 미국국민에게는 불쾌한 일이며 미국의 공약에 대한 지지를 훼손시키는 것이라고 주장했다. 그는 선거 유세 기간 중에 이 주장을 되풀이했다.

1977년 1월, 카터는 대통령 취임 초 구체적인 철군 방안을 행정부가 검토토록 지시했다. 각료들은 기본적으로 카터의 철군정책에 동의했다. 그러나 국무성의 에드워드 허위스 한국 과장은 한국군이 단독으로 방위할 수 있을 때까지 철군을 연기토록 건의했다. 미 CIA도 다소 유보적인 태도를 취했다. 합참 내에서도 비교적 강렬한 반대 의견이 있었다. 합참은 그해 1월 의회에 제출한 연례군사동향 보고에서 다음과 같은 의견을 개진했다.

"주한미군은 미국이 한국의 안보를 약속한다는 분명한 증좌이다.

한국이 군현대화계획 수행을 통해 군사력을 질적으로 개선하는 등 군사적 자립을 향해 노력하는 동안 한반도의 군사적 균형유지를 위해서는 미군의 주둔과 지원이 계속 필요하다."

합동참모본부는 한국이 북한의 공격을 격퇴할 수 있는 능력을 완전히 갖추기 전에 주한 미 지상군을 철수시키는 것은 군사적으로 현명하지 않다고 건의했다. 하지만 카터가 대통령에 취임한 지 일주일도 안 되어 먼데일(Mondale) 부통령은 일본 방문 중 미 지상군 철수를 발표했다. 사실 주한미군 철수계획은 결코 카터 대통령의 독창적인 아이디어가 아니었다. 그것은 1950년대 후반과 1960년대 초에도 계속 논의되어 왔다. 1960년대 중반 한국군의 베트남 파병 이후 한동안 잠복되어 있었을 뿐이다. 1971년 2월 주한 미 제7사단이 철수한 지 2년이 지나 미국에서는 또다시 철수 문제를 거론하기 시작했다.

2월 18일, 미 상원 외교위원회는 한 보고서를 공표했다. 이 보고서는 한국의 유신체제를 독재체제라고 비판하면서 한국의 민주주의에 대한 환상이 종말을 고함에 따라 한국에서의 미국의 잠재적인 이해에 대한 재검토가 가능해졌다고 단정함과 아울러 주한미군 철수 문제를 제기했다.

한국은 경제적으로 번영하고 있는데 왜 미국의 방대한 군사원조를 필요로 하는가? 소련군이나 중공군은 북한에 주둔하고 있지 않는데 어째서 미군은 남한에 주둔하고 있는가? 미국이 한국에 지상군을 주둔시키지 않으면 안 되는 이유는 무엇인가? 만약 새로운 한국전쟁이 발발하는 경우 미국은 자동적으로 개입해야 하는가? 이러한 문제를 검토한다면 현재의 정책을 대신할 수 있는 방안이 제시될 수도 있다는 것이다.

1973년 9월, 키신저 국무장관 임명에 관한 미 상원 외교위원회 청문회에서 처치 의원의 질의에 답변하는 과정에서 키신저는 주한 미군의 실질적인 감축이 가능하다는 의견을 밝혔다. 즉 데탕트가 진전되고 동남아시아에 평화가 회복되며 남북한 관계가 호전되면 앞으로 5년 내지 10년 기간에 상당한 감축이 가능하다고 판단한다는 것이다. 여기서 키신저가 '앞으로 5년 내지 10년 기간에 상당한 감축이 가능하다'고 한 그 시기는 1978년부터 1983년에 해당한다. 이 시기는 카터가 계획하고 있는 주한 미 지상군의 완전 철수시기와 거의 일치하는 것이다.

'닉슨 독트린'의 기조는 미국의 우방국이 게릴라전 또는 재래식 전쟁에 휘말리는 경우, 위협을 받은 국가는 병력을 동원하여 자국을 방위하며 미국은 경제적 군사적 지원을 제공한다는 것이다. '닉슨 독트린'은 중국이 한국이나 기타 동남아 국가에 대해 전쟁을 시도하지 않을 것이며 이 지역에서 공산국가의 전쟁도발을 적극 지원하지 않을 것이라는 상황판단에 근거를 두고 있었다. 닉슨의 말에 의하면 닉슨 독트린의 핵심은 아시아에서 베트남전과 같은 전쟁에 개입하는 것을 피하자는 것이었다.

베트남전 이전에 미국의 많은 자유주의자들은 반공 십자군을 이끄는 것이 미국의 도덕적 의무라고 믿었다. 그러나 베트남전 이후 그들은 미국이 자기 방어를 위한 경우 이외에 군사력을 사용하는 것은 도덕적으로 잘못된 것이라고 생각했다. 베트남사태는 베트남 국민에게는 비할 데 없이 크나큰 비극이었지만 미국에게도 커다란 국가적 비극이었다. 주한 미 제2보병사단을 철수시키겠다는 카터의 결정도 이른바 '베트남 충격' 후 아시아 대륙에서의 또 다른 지상전에 미군이 개입하는 것을 반대하는 미국인들의 고립주의와 도덕주의 여론에 연유하는 것으로 알려져 있었다.

카터는 한국정부의 인권억압정책이 미국의 공약에 대한 미국국민의 지지를 약화시켰다고 말함으로써 그것이 철군을 결심하게 된 이유인 것처럼 공언했다. 그러나 이것은 이른바 도덕주의 기치를 내건 그가 표면상 공표한 이유에 불과했다. 철군의 진짜 이유는 다른 데 있었다. 가장 근본적인 이유는 미국이 아시아의 또 다른 전쟁에 개입되는 것을 막자는 데 있었다. 카터 자신이나 국무성과 국방성의 관리들은 그러한 이유를 공개적으로 말하는 것이 아시아 지역에 있어서 미국의 국가이익에 도움이 되지 않는 것이기 때문에 공개적으로 내세우지는 않았다.

그러나 카터의 철군 결정에 결정적인 영향을 끼친 것으로 공인된 브루킹스연구소(Brooking Institution)는 1975년 1월 카터에게 제시한 주한미군 철수계획 보고서에서 이 점을 분명히 밝히고 있다. 주한 미 지상군 철수를 강력하게 지지한 이 연구소의 연구진은 배리 브레크만(Barry M. Brechman)과 랄프 클로(Ralph Cloe)였으며, 브레크 만은 카터 참모진의 정책회의에 적극 참여한 인물이다. 브레크 만은 주한 미군은 미국을 자동적으로 전쟁에 끌어들이는 인계철선(Trip Wire)이라고 규정했다. 그는 카터에게 미국은 전술핵무기를 즉각 철수시키고 4년 또는 5년 내에 미지상군을 모두 철수시켜야 하며, 지상군을 철수시키는 것이 한반도 지상전에의 자동개입 가능성을 제거시키는 것이라고 건의했다. 브레크만과 클로는 한반도에 전쟁이 났을 때 미 지상군이 자동개입되어 전쟁에 끌려들어가게 될 위험이 제일 큰 걱정거리라고 지적하고, 북한의 오판을 유발하지 않는 방법으로의 철수가 가능하다면서 이렇게 주장했다.

"미국인은 베트남전 이후 동남아시아에 진저리치고 있다. 동북아시아는 다르다. 특히 일본 때문에 더욱 그렇다. 소련과 중국이 이 지역에 방대한 군사력을 보유한 것은 사실이지만 그 대부분은 자기네들끼리 맞서 있었다. 일본의 신뢰를 흔들지 않고 북한의 오산을

중부전선 남방한계선을 시찰하는 박 대통령(1968. 6. 30)

유발하지 않는 방법으로 한국에서의 지상군 철수는 가능하다. 무엇보다 한반도에서 전쟁이 났을 때 그곳에 남아 있는 미 지상군이 자동개입될 위험이 제일 큰 걱정이다. 앞으로 한국군을 강화하고 적절히 무기원조를 한다면 북한은 능히 막을 수 있다. 핵무기는 써먹지도 못하면서 공연히 적의 선제공격 대상이 되거나 기습을 받을 때 빼앗길 염려가 있다. 다만 한국에 대한 공약이 확실하다는 표시로 공군은 거의 무한정으로, 또 주변 해군력의 보호 역할도 장기간 남겨두어야 한다."

이 연구원들은 한국의 군사기지와 군사력의 구조가 만약 한반도에서 전쟁이 발발하는 경우 주한 미 지상군은 자동개입의 위험에서 벗어날 수 없다고 보고 있었다. 즉 비무장지대 바로 밑에 주둔하고 있는 미 제2사단의 위치는 서울로 통하는 주 통로이기 때문에 북한이 한국을 공격할 경우 미국의 개입이 불가피하다는 것이다.

미 제2보병사단은 한국에서의 미군 구성 중 가장 중요한 사단이며, 서울과 비무장지대(DMZ) 중간에 위치한 한·미 합동사 1군단의 일부이다 1군단의 본래 사명은 북한의 공격으로부터 서울을 방어하는 데 있다. 따라서 2사단의 주둔 위치는 만일 북한이 남한을 공격하면 미국이 자동적으로 개입할 것임을 평양에 신호하는 셈이다. 이것이 이른바 인계철선, 즉 '발목에 걸리는 함정'의 상황이다. 또한 2사단은 중국이나 소련이 북한 공격을 권장 또는 지지할 수 없게 한다. 이처럼 미 제2사단은 북한이 전쟁을 도발할 경우 전쟁에 가담하느냐 않느냐 하는 선택에 직면하게 될 여지없이 즉각적으로 자동개입하게 되어 있었으므로 북한의 도발을 성공적으로 억제하고 있는 것으로 인식되었다.

이러한 자동개입의 위험에서 미리 벗어남으로써 한반도에서의 전쟁에 또다시 휩쓸려 들어가지 않기 위해서는 주한 미 지상군을 철수시켜야 한다는 것이 브루킹스 연구진들의 철군 이유였던 것이다. 카터 대통령이 지상군 완전철수를 결정한 진짜 이유도 여기에 있었다. 그러나 철군 결정 이후 국내외에서 전개된 찬반논쟁에 있어서 미 행정부의 누구도 이러한 철군 이유를 공식으로 밝힌 사람은 한 사람도 없었다. 미 행정부 고위관리들이 한목소리로 강조한 공식적인 철군 이유는 한국이 괄목할 만한 경제발전을 이룩하고 국방력도 강화되어 북한의 공격을 충분히 방어할 수 있게 되었다는 것이었다.

브레크먼과 랄프 클로는 철수의 시기와 방법이 매우 중요하다는 점을 강조했다. 당시 주한 미군은 제2전투사단을 중심으로 한 지상군이 3만 1천 700명, 공군이 7천 100명, 해군요원이 200명이었고 공군은 팬텀전폭기를 중심으로 한 60~70대였다. 이 중 제2사단을

평화수호의 보루 이 휘호는 박 대통령이 1970년 국방부를 위해 쓴 것이다. 쌍거북기 마치 평화를 받들며 기원하듯 받치고 서 있다.

점진적으로 철수시키는데 그 시기는 오늘 당장 계획이 확정되었다고 해도 최소 2년은 움직이지 말아야 하지만 늦어도 4년이나 5년 안에 지상군 철수를 완료할 수 있다는 것이다.

이 계산대로라면 1979년까지 지상군은 크게 이동치 않을 것이며 아마도 81년께까지도 동두천이나 의정부에 미군 지상 전투병력이 남아 있는 것을 보게 될 것이다. 이들이 지상군 철수의 시기와 방법을 중요시한 이유, 특히 그중에서도 2년간은 움직이지 말아야 한다고 보는 이유는 두 가지였다. 그 하나는 베트남전의 심리적 부작용을 막아야 한다는 것이다. 즉 미국이 지상군을 빼는 것을 결코 베트남에서 실패한 나머지 한국에 대해서까지 방위의 의지력을 상실했다는 오해와 불신을 사서는 안 된다는 것이었다. 그 대상은 첫째가 북한이고, 다음이 소련과 중국이며 그 다음은 한국국민과 일본이라고 했다. 다시 말해서 북한의 오판을 유발하지 않고, 한국민의 불안을 부채질하지 않으며 일본의 의구심을 사지 않기 위해서 앞으로 4~5년 동안 한국군 증강에 필요한 무기를 충분히 제공하고, 철수하는 주한미군 장비를 한국군에 이양한다는 것이다.

이들이 철수의 시기와 방법을 중요시한 또 다른 이유는 철군이 결코 즉흥적이고 졸속적인 계획이 아니라 면밀하게 계획되고 치밀하게 계산된 세계 전략의 일환이라는 점을 국내외에 보여 주려는 데 있었다. 이들은 지상군보다는 소규모의 보조부대들이 먼저 철수한다고 말했다. 특히 제38방공여단을 분해해서 핵탄두를 다루는 서전트 미사일 등 제4미사일부대는 철수하고 나머지는 호크, 나이키, 허큘리스와 그 관련 장비를 한국군에 이양한다. 또 관리 병참지원 기능의 일부와 부산 군용항만시설의 운영 책임도 한국군에 이양하라는 미 하원 세출위원회 권고를 유력한 방안이라고 보고 있었다. 일단 미국 지상군이 모두 나가고 나면 작전 지휘권도 한국에 넘겨야 할 것이라고 랄프 클로는 보고 있었다. 이렇게 해서 제2사단의 제38방공여단의 대부분과 제19병참여단 일부가 철수하고 나면 한국에 남는 미군 병력은 약 1만 2천 명 정도가 될 것으로 추산했다. 브레크먼에 의하면 베트남전 이후 미국 여론의 많은 저항을 받고 있는 주한 미 지상군을 철수시킨다면 미 공군력과 일부 보조부대는 반항구적으로 한국에 주둔시킬 수 있으며 한국방위공약을 더 오랫동안 지킬 수 있다는 것이다.

주한 미 공군은 F4D 2개 대대를 가진 제8전술비행단과 F4E 1개 대대 및 10여 대의 A10정찰비행대의 제51전술혼성비행단으로 구성되어 있다. 이만한 공군력과 이를 지원하는 수천 명 규모의 지상보조부대는 좀 더 적극적인 의미를 가지고 장기간 한국에 남는다. 이것은 일본, 중국, 한국, 소련의 정책결정자들로 하여금 미국은 만일 그 동맹국이 공격을 받을 때 군사적으로 개입하며 계속 동북아시아에 이해를 가지고 있다는 사실을 과시하기 위해서라는 것이다. 또 랄프 클로에 의하면 한반도의 분쟁 위험이 크게 줄어 한·일 두 나라가 더 이상 미군이 필요 없다고 여길 때까지, 또 남북한 간에 진정한 평화상호관계가 진전하여 무역, 여행이 가능하고 4대 강국이 남북을 상호승인하며 남북이 유엔에 가입할 때까지 미 공군은 남아야 하는 것이다.

이들은 모두 한국의 급속한 경제발전을 근거로 남북 간의 경쟁은 "시간이 남쪽 편에 있다"고 보았다. 미 지상군은 결국 빠져나갈 수밖에 없는 처지에 있지만 그 공백을 메우는 것은 오로지 한국사람 손에 달려 있으며, 한국민의 자주적 결의와 미국 공군력 및 미국 무기 지원으로 표시되는 공약이 건재하다면 한국 방위는 그리 큰 염려가 아니라고 판단한다는 것이다. 브레크만과 클로어의 철수방안은 그대로 카터 절군정책의 근간이 되고 골격이 되었다.

카터는 대통령에 취임한 후 어느 날 슐레진저(James Schlesinger) 에너지장관에게 트루먼 대통령, 존슨 대통령, 닉슨 대통령은 처음에는 한국, 다음에는 베트남의 아시아 지상전 때문에 보다 더 긴급한 과제해결에 집중적인 노력을 하지 못했으며 자신은 그들 역대 대통령들의 과오를 되풀이하지 않기로 결심했다고 말했다. 만일 북한이 한국을 공격한다면 그는 미국의 공군과 해군력으로 이에 대응할 것이며, 자신의 이러한 의도에 대해서 왜 의문이 제기되는지 이해할 수 없다고 말했다.

결국 미국은 아시아대륙에서 지상전을 하지 않겠다는 것이며, 북한이 남침을 하면 공군과 해군력으로만 대응하겠다는 뜻이었다. 그는 향후 4~5년 내의 지상군 철수를 공표한 이상 북한이 군이 이 기간 동안에 전쟁을 도발함으로써 떠나려는 미군의 발을 묶어두는 어리석은 짓은 하지 않을 것이라고 낙관했다. 이러한 의미에서 카터의 철군계획은 1970년대 초 닉슨이 이른바 '닉슨 독트린'에 따라 아시아의 또 다른 전쟁에서 미군의 희생을 막기 위해 지상군 개입을 단행하지 않겠다고 선언한 결정과 같은 것이었다.

1971년 7월 9일부터 11일 사이에 미 국무장관 헨리 키신저와 중국 수상 저우언라이(周恩來) 사이에 중국의 베이징에서 비밀회담이 이루어졌다. 당시 파키스탄을 방문하고 있던 키신저는 건강이 안 좋아 산악지대의 조용한 마을에서 잠시 휴식을 취하겠다는 말을 남기고 잠적한 후 몰래 베이징으로 들어갔다. 키신저는 7월 9일 오후 4시 30분부터 밤 11시 30분까지 7시간 동안 비밀 회담을 가졌다. 이 역사적인 비밀회담의 후반부에 주한미군 철수 문제가 집중 논의되었다.

저우언라이가 먼저 주한미군은 철수해야 한다고 주장했다. 중국은 1958년에 한반도에서 자발적으로 철수했다, 미국은 중국군이 압록강 바로 건너편에 있어서 언제든지 쉽게 되돌아올 수 있다고 말하지만 그렇게 하면 내정간섭이 되기 때문에 중국군이 압록강을 쉽게 넘을 수 없다, 그러니 주한미군도 철수해야 한다는 것이다.

이에 대해 키신저는 미국과 중국의 관계가 발전해서 베트남전이 끝나면 한국군이 베트남에서 철수할 것이다, 그러면 닉슨 대통령의 다음 임기 말쯤인 1976년 말경에 전부는 아니지만 일부 주한미군은 한국에서 철수할 수 있을 것이라고 말했다는 것이다. 이것은 1971년 주한 미 제7사단을 철수시킬 때부터 1976년 말에는 추가 철수계획을 세워 놓고 있었다는 것을 의미한다. 따라서 카터의 주한미군 철수계획은 닉슨 독트린의 연장선상에 있는 것이다.

1971년 주한 미 제7사단을 철수시킬 당시 미 국방장관 레어드는 주한미군의 추가 철수를 주장했다. 그러나 대통령 안보담당 특별보좌관 헨리 키신저가 한국군을 되도록 오래 베트남에 주둔시킬 필요가 있다고 반대하여 추가 철수는 연기되었다. 그러나 키신저도 추가 철수가 이미 계획되어 있다는 사실을 알고 있었다.

미국 내에서 주한미군 철수문제가 논의될 때마다 등장한 중요한 전략 구상은 세 가지였다. 그 하나는 '강력한 억지력 확보' 방안이다. 즉 한국에 비록 소규모라도 억지력 표현으로 미군을 남겨 놓고, 그렇게 함으로써 북한의 대남 무력도발 가능성을 처음부터 막아야 한다는 것이다. 이것을 가장 강경하게 주장한 사람은 슐레진저 국방장관이었다. 1973년 인도차이나 전체가 공산화되고 미군이 동남아시아에서 철수하는 가운데 그는 한국을 미군의 전략거점으로 키워야 한다고 제의했다. 그는 미군의 전략거점으로 유럽에서는 서독을, 인도양에서는 디에고 가르시아 섬, 그리고 아시아에서는 한국을 꼽았는데 그 이유로 네 가지를 들었다.

첫째, 한국은 4강의 이해관계가 교차하는, 지정학적으로 중요한 지역이며 동북아시아에서 세력균형의 유지자 역할을 할 수 있다. 둘째, 주한미군은 동북아시아 주둔 소련군을 견제한다. 만일 이곳에 강력한 미군이 없다면 소련은 이 지역 소련군을 유럽으로 옮길 것이며 이것은 서유럽의 방위에 큰 부담이 된다. 셋째, 주한미군은 일본 방위에 대한 일본인들의 의구심을 덜어 줌으로써 일본의 '핵 지향'을 견제할 수 있다. 넷째, 미군 주둔에 대한 대한민국정부와 국민의 우호적인 반응이다.

또 하나는 '미군의 기동군화와 원격억지 개념'이다. 이것은 국무성 한국과장을 지낸 바 있는 머튼 애브라모위츠(M. Abramowitz)의 구상이다. 그는 1971년 영국의 국제전략문제연구소 객원연구원으로 있으면서 출간한 《빙하를 움직이며 — 2개의 코리아와 강대국들》이라는 소책자에서 1970년대에 전개된 미국정부의 공식적인 한반도 정책의 뼈대를 잘 정리해 놓았다. 여기서 애브라모위츠는 대한민국 국군이 북한의 남침을 억지시키는 '기본적 억지력'이 되도록 지원한 뒤 실제로 그렇게 되면 주한미군을 감축하면서 괌이나 하와이로 이동하여 아시아 전체를 지원하는 기동예비군으로 전환시킨다는 것이다.

이 구상은 1970년대 후반 이후 '스윙전략', 즉 어느 지역에서 미군의 개입이 요청될 때 그곳으로 재빨리 재배치한다는 전략으로 이어졌다. 그는 또한 주한미군의 철수 문제는 대공(對共)협상의 '주요 카드'로 써야 하며, 그 문제의 해결을 위해 남북한에 4강이 참여하는 6자간의 동북아시아 안보회의를 열도록 하자고 제의하고 있다. 이것은 4강 사이의 국제외교와 협상을 통해 한반도의 긴장을 완화하고 남북한 관계를 개선시키며 이 과정에서 주한미군문제를 자연스럽게 논의할 수 있다는 이른바 '외교적 해결' 방안이었다.

다른 하나는 '한반도의 전략적 가치 경시와 미군 철수'안이다. 한반도는 전략적 가치가 크지 않으므로 굳이 미군을 주둔시켜 가면서까지 한국을 지킬 필요가 없다는 것이다. 실제로 6·25전쟁 직전에 이 안이 채택되어 주한미군을 모두 철수시켰고 6·26전쟁 중에도 국방성과 합동참모본부에서 검토된 적이 있었다. 이 방안을 지지하는 미국인들은 동서 긴장완화의 분위기 속에서 중국과 소련은 북한의 '제2의 남침'을 결코 지원하지 않을 것이며 그러한 상황에서 북한이 남침해 온다면, 한국은 미 지상군이 없더라도 공군력의 지원만 있으면 침략을 격퇴할 수 있다고 주장한다. 카터의 철군계획은 바로 '한반도의 전략적 가치 경시' 안에 속하는 것이다.

철군과 연계된 인권

카터의 주한 미 지상군 철수계획은 목적은 닉슨의 그것과 같았으나 방법이 달랐다. 닉슨은 철군계획을 순전히 군사적인 차원에서 다루어 나갔다. 이에 비해 카터는 이른바 '인권'과 연계시켜 우리 정부에 대한 '압력수단'으로 삼고 있었다. 1976년 5월 카터 대통령 후보는 노트르담 대학에서 행한 연설에서 "한 정부가 그 국민을 고문하고 다른 신념을 갖고 있다는 이유로 투옥하고 소수자들에게 공정한 대우를 하지 않고 이민할 권리와 예배를 볼 권리를 주지 않을 때, 우리는 이를 외면할 수 없다"고 강조함으로써 외국의 인권문제에 미국이 개입해야 한다는 점을 강력히 시사했다. 카터는 대통령에 당선된 후 취임연설에서도 "우리가 자유민이라는 바로 그 이유 때문에 다른 나라에서의 자유의 운명에 무관심할 수가 없다"고 주장했다. 카터는 1977년 3월 매사추세츠 주 클린턴의 시민 집회에서 인권문제에 관한 접근방법을 이렇게 밝혔다.

"나는 미국이 도덕기준을 설정할 것을 원한다. 사람들이 재판 없이 투옥되고 고문당하고 기본인권을 박탈당할 때 미국 대통령은 그에 관해 불쾌감을 표시하고 무언가 행동을 취할 권리를 갖고 있다고 나는 믿는다. 나는 미국이 전세계 인류에 관한 깊은 우려의 중심점이 되기를 원한다."

카터는 1977년 9월의 유엔총회에서도 미국은 다른 회원국들의 인권문제를 검토해야 할 책임을 회피할 수 없다는 점을 역설함으로써 타국의 인권문제에 개입하겠다는 뜻을 분명히 했다.

"모든 유엔 헌장 서명국들은 기본적인 인권을 준수하고 존중할 것을 약속하였습니다. 따라서 어떠한 유엔 회원국가도 자국민에 대한 학대 문제가 자국만의 일이라고 주장할 수는 없습니다. 마찬가지로 어떠한 회원 국가도 이 지구상의 어떤 곳에서 자행되고 있는 고문이나 부당한 박탈행위에 대하여 검토하고 언급해야 할 책임을 피할 수는 없습니다."

미국이 한국의 민주주의와 인권문제 등 내정에 대해 간섭하고 압력을 가한 것이 어제 오늘의 일은 아니었다. 1959년 11월 1일, 미 상원 외교위원회 요청으로 콜론어소시에이츠사가 작성한 '콜론보고서'는 한국 내에서의 인권침해와 민주제도에 대한 공격은 한미관계를 악화시킬 것이라고 경고하면서 필요하면 고통스러운 수단에 의해 한국정부에 압력을 가해야 한다고 다음과 같이 주장했다.

"미국인과 미국의회는 한국의 정치적 생활의 실상에 관해 좀 더 충분한 주의를 기울여야 한다. 한국의 지도자들은 한국이 반공국가로 존재하는 한 한국에서 무슨 사태가 벌어지든 미국인은 무관심하다고 믿고 있다. 미국의 언론계는 한국 정국을 보도하기 위하여 더 많은 지면을 할애해야 한다. 한국 내에서 되풀이되는 인권의 침해, 또는 민주제도에 대한 공격은 한미관계에 악영향을 줄 것이라는 사실을 한국의 모든 정치단체에 똑바로 명확히 인식시켜야 한다. 만일 필요하다면 이러한 경고에 실효를 주기 위한 여러 수단을 사용해야 한다. 미국이 이처럼 광대한 책임을 지고 있는 정세하에서는 미국 스스로의 국가이익을 지키기 위해서 고통스럽겠지만 치명적인 것이 아닌 사용가능한 수단이 있는 것이다."

여기서 말하는 치명적인 것이 아니면서 고통스러운 수단이란 무엇인가? 그것은 경제적·군사적 원조의 삭감, 연기, 또는 일시중단 등을 뜻하는 것이었다. 이 보고서의 주장은 미 행정부의 아시아정책에 그대로 반영되어 자유당정부 때와 5·16혁명 후 군사정부 시절 우리 정부에 대해 공개적으로 압력을 가했다. 그 후 존슨행정부와 닉슨행정부, 포드행정부 당시에는 공개적인 압력이 없었으나, 카터행정부에 와서 다시 시작된 것이다.

하버드대학의 헌팅턴(S. Huntington) 교수는 미국인들의 도덕주의와 냉소주의, 만족과 위선의 태도가 약 60년의 주기로 되풀이된다고 보았다. 또한 네 가지 형태의 반응 중 냉소주의와 만족과 위선은 미국 정치체제의 안정과 계속성에 직접적인 영향을 미치지 않으나 도덕주의만을 강렬한 교조적 열정을 수반하는 개혁운동으로 전개된다고 보았다. 그는 1960~1975년의 기간을 미국의 역사상 네 번째의 도덕주의 시대라고 보고 있으며 이 교조적 열정기의 몇 가지 특징을 이렇게 설명했다.

첫째, 도의적 분노감은 모든 부조리를 개혁하려는 열정적인 충동을 발생시킨다. 민권운동이나 베트남전이 초점이 되고, 전술로서는 연좌데모나 행진 등의 방법이 채택된다. 둘째, 각종 비리와 부조리를 폭로하기 위한 고발, 조사 등이 진행된다. 셋째, 정치과정 및 외교·군사정책의 개혁과 대외 군사개입의 축소, 군사비 삭감, 대외 정보활동의 제한, 대통령의 전쟁선포 및 파병권의 제한, 기타 정당·선거 관료제도의 개혁 등이 이루어진다. 넷째, 정치제도를 재편함으로써 의회와 언론의 기능과 권한이 강화되는 대신 대통령과 정당의 권한은 약화된다. 다섯째, 권위의 남용과 부패매수 불법선거자금 기부 시민권리의 침해 공정한 판단의 방해 도청 등이 나타난다.

사실 1960년부터 1975년까지 15년간은 민권운동, 베트남전 반대와 같은 정치적 항의가 극에 이르렀다. 각종 시위, 폭력과 같은 과격한 방법이 동원되었고 의회와 언론이 조사, 각종 개혁 등으로 대통령의 권한을 제한하고 권위의 남용을 폭로 고발하는 어수선한 시기였다. 이러한 정치적 소요와 개혁의 열정이 바로 도덕주의의 발현이라는 것이다.

카터는 미국이 베트남전에서 패퇴한 후 강력하게 대두한 미국인들의 도덕주의와 고립주의 경향에 편승하여 대통령선거에서 광범위한 지지를 획득하기 위해 인권외교와 주한미군철수를 선거공약으로 내세운 것으로 알려져 있었다. 1976년 대통령선거 유세 때부터 카터는 한국정부의 인권침해는 매우 불쾌한 일이며 한국의 불량한 인권상황은 미국의 공약에 대한 미국민의 지지를 약화시키고 있다고 주장하면서 주한 미 지상군 철수계획을 발표했다.

카터는 미 지상군 철수는 순전히 군사적인 결정이라고 했지만 그는 분명히 철군 문제를 우리나라의 민주 발전과 인권신장 문제에 연계시키고 있었다. 즉 인권문제가 해결되지 않는 상태에서 주한미군을 계속 주둔시키고 군사원조를 계속하는 것은 도덕적으로 용납될 수 없는 일이다, 따라서 인권문제가 해결되지 않으면 주한미군을 철수시키고 한국군 전력 증강계획에 대한 지원도 할 수 없다는 것이다. 카터는 인권문제를 해결하겠다고 차관제공 연기나 중단 같은 고통스러운 수단뿐만 아니라, 우리에게는 치명적일 수 있는 주한미군 철수라는 수단까지 동원한 것이다.

1950년 6월, 북한이 기습남침을 감행했을 때 미군이 참전하여 이를 저지하고 휴전 이후 계속 주한미군을 존속시켜온 것은 한국의 민주주의와 인권을 위해서가 아니었다. 그것은 북한 공산주의들의 또 다른 침략에 의해 한국이 공산화되는 것을 저지함으로써 아시아 태평양지역에서 미국의 전략적 이익을 유지, 보호하기 위한 것이었다. 그러나 카터는 한국을 아시아에 있어서 가장 잔혹한 인권침해국가의 명단에 올려놓고 주한 미 지상군을 철수시키겠다고 공언했다. 그렇게 하면 한국의 안전이 위태로워지고 한국의 안전이 위협받게 되면 이 지역에 있어서 미국의 전략적 이익도 위협받게 될 것이 자명함에도 불구하고 인권을 위해서는 그러한 전략적 이익의 포기로 이어질 철군을 관철시키겠다는 것이다.

카터는 도덕적 고려가 국가 간의 관계를 지배할 수 있고 지배해야 된다는 생각을 가졌고 미국의 외교정책은 미국의 힘과 이익의 반영이 아니라 도덕적 관심의 반영이어야 한다는 신념을 지니고 있었다. 그래서 그는 민주주의와 인권을 모든 국가에 확산시키는 것은 미국의 의무라고 규정하고 인권을 외국의 정부가 미국과의 관계를 유지할 가치가 있는 정부인가를 평가하는 판단기준으로 삼고, 미국은 인권을 침해하는 외국정부와의 관계를 축소해야 한다고 주장했다. 한마디로 카터의 인권정책은 전세계를 미국의 이미지대로 재창조할 수 있다고 믿는 그의 순진성에 뿌리를 두고 있었다.

민주주의는 서구의 의회주의 전통에서 진화된 정부의 특별한 형태이며, 유럽의 이주자들이 그것을 미국으로 가져와 미국이 성장함에 따라 발전되어 왔다. 미국은 수세기에 걸친 정치적 진화의 덕택으로 운 좋게 민주주의와 자유를 향유하고 있었다. 대서양과 태평양에 의해 보호되고 무한한 자연자원에 의해 번영하는 미국은 미국의 안전이 민주주의 체제에 기인한다는 환상을 가지고 있었다. 이러한 미국의 특수한 상황에서 성장해 온 민주주의와 자유가 생존 조건이 미국과는 비교도 안 될 정도로 열악하고 위태로운 다른 나라들에까지도 널리 전파되고 이식될 수 있다고 믿었다. 특히 미국의 진보적인 이상주의적 정치인들은 그러한 믿음을 행동화했고 카터는 바로 그러한 정치지도자였다. 그는 인권, 즉 개인의 자유를 모든 나라에서 실현시켜야 한다고 생각했다.

그러나 카터는 그것이 현실적으로는 절대로 실현될 수 없는 하나의 이상에 지나지 않는다는 사실을 간과하고 있었다. 제2차 세계대전 후 미국이 강요한 민주주의제도와 자유를 모방했던 많은 개발도상국가들은 경제적 빈곤과 정치적 불안의 악순환을 거듭함으로써 민주화도 실패하고 국민들의 인권도 신장되지 못했다. 이 같은 역사적 사실을 외면하고 민주화와 인권을 보장하면 정치안정과 경제적 번영이 이루어질 수 있다는 주장을 되풀이했다. 카터는 또한 미국은 인권문제와 관련해서 다른 나라에 먼저 돌을 던질 수 있을 만큼 인권침해가 없는 나라가 아니고 세계의 모든 국가에 인권교육을 시킬 수 있을 만큼 완벽한 인권이 보장되는 사회도 아니라는 엄연한 사실을 외면하고 있었다.

200년 전 미국은 아메리칸 인디언을 거의 몰살하였고, 100년 전까지 흑인을 짐승처럼 팔고 샀다. 미국은 노예문제로 남북전쟁을 치렀고 그로부터 또 한 세기가 지나서야 법이 인정하던 인종차별이 철폐되었다. 미국은 제2차 세계대전 기간 중에 일본계 미국 시민들의 인권을 탄압했고 이것을 전쟁 위기에 대한 일반적인 국민적 반응이라는 주장으로 정당화했다. 1970년대에 미국이 베트남전에서 고문과 무차별 폭격을 감행했다. 이러한 행위는 무자비한 게릴라전의 상황에서는 불가결한 것이고 또 인권을 존중하는 미국의 가치관도 전쟁 수행의 필요에 의해 변경될 수 있다는 논리로 합리화했다.

그러나 카터는 지난날 미국이 평시나 전시에 자행한 인권유린 행위에 대해서는 한 마디의 사죄나 사과의 말도 없이 다른 나라의 인권을 문제삼고 그 시정을 강요했다. 특히 한국의 경우 북한의 남침 위협이 상존하는 준(準)전시 상황에서 평시에 누리던 일부 자유의 제한은 불가피하고 완전한 인권이 보장되기 위해서는 먼저 전쟁 위기 해소와 경제성장이 이루어져야 한다. 여기에는 상당한 시간이 필요하다는 박 대통령의 주장에 대해 카터는 이해하려는 태도보다는 무시하는 태도로 일관했고 긴급조치 9호 위반으로 처벌된 구속자들을 빠른 시일 내에 석방하라고 요구했다.

당시 북한 공산주의자들은 남북한 간의 대결이 평화적으로 해결되는 것을 원치 않았다. 그들은 모든 수단을 동원하여 우리 사회에 혼란과 무정부 상태를 조성하고 이에 편승하여 폭력혁명을 지원하여 이른바 '인민민주주의정부'를 수립함으로써 남한을 공산화하려고 광분하고 있었다. 다른 한편으로는 무력적화 통일을 위한 군사적 도발을 계속 자행했다. 따라서 북한의 전쟁 도발에 대비하여 우리의 자주국방력을 강화하고, 북한 공산주의자들의 책동에 동조하여 반체제투쟁을 일삼는 자들의 폭력행위를 처벌함으로써 사회질서와 정치안정을 확립하는 것은 우리 정부가 해야 할 중요한 과제였다.

국가안보를 위태롭게 하거나 민주사회의 기본 질서를 파괴하는 행위를 법률로써 제한하고 민주질서를 수호하기 위해 자유의 일부를 법률로써 규제하는 것은 법치국가의 초석이며 민주사회 존립의 기반이다. 국민의 자유신장이라는 민주주의 이념과, 국가의 안전보장과 근대화 추진이라는 국가목표를 적절하게 조화시켜야 하는 우리의 특수한 역사적 상황 아래서 그것은 더 말할 나위가 없었다. 극소수의 파괴적 자유를 규제함으로써 절대다수의 생산적 자유를 보장하는 것은 국가목표를 달성하기 위해서는 절대로 필요한 일이었다.

국가안보와 공공질서를 위해서 국민의 자유와 권리를 제한하는 것은 국제연합 인권규약에서도 인정되고 있다. 이 규약 제4조에서는 '국가의 존망을 위협하는 비상시에는 이 규약에 의한 의무를 수행하지 않는' 조치를 취하는 것을 회원국가에 허용하고 있다. 또 18조와 19조에서는 사상과 양심과 종교의 자유 그리고 표현의 자유도 국가의 안보, 공공질서, 공공의 건강이나 도덕을 지키기 위해 필요하고 또는 다른 사람의 기본적 자유와 권리와 명예를 보호하기 위해 필요한 경우에 한해서 법률의 규정에 의해 제한을 받을 것이라고 규정하고 있다.

민주주의를 전면적으로 부정하는 전체주의집단과 지척에 대치하고 있는 우리의 절박한 여건과 현실을 감안할 때 정치, 경제, 사회, 문화 등 모든 생활영역에서 절대 다수의 국민들이 누리는 자유의 폭은 전시 또는 이에 준하는 국가 비상사태 하에서 서구 민주국가의 국민들이 누렸던 자유에 비해 조금도 손색이 없었다. 1, 2차 세계대전 당시 서구 민주국가에서는 많은 자유가 유보되거나 제한되었다.

그러나 카터는 국제연합 인권규약에 있어서 국가의 인권존중 의무에 관한 규정만을 강조하고 비상시에는 그러한 의무준수를 면제하는 규정을 무시했다. 또 우리 국민의 절대다수가 누리고 있는 자유에 대해서는 외면한 채 실정법과 대통령긴급조치를 위반하여 처벌된 친북 반체제 범법자들을 인권유린사례로 지목하여 이들의 석방을 요구했다.

무력적화통일을 획책하는 북한 공산주의자들의 도발이 계속되는 준전시의 상황에서 우리의 최고가치는 국가의 생존일 수밖에 없고 국가의 생존을 위해서 필요한 경우에는 국민의 일부 자유를 제한할 수 있다. 국가가 멸망한 후에 국민의 자유는 있을 수 없다. 대한민국이 공산화된다면 우리에게는 노예의 자유, 죽음의 자유밖에 없게 될 것이다. 지난 36년 동안의 일제 식민지하에서 우리는 나라를 잃었기 때문에 자유를 잃었던 뼈저린 경험을 갖고 있다. 그래서 박 대통령은 우리 현실에서는 개인의 자유보다는 국가의 생존과 3천 700만 국민의 자유가 더 가치 있고 중요한 것이라고 믿었다. 따라서 특정 개인의 정치적 자유를 중요시하는 카터와 박 대통령은 자유의 문제를 보는 시각과 관점이 달랐다. 또 자유를 향상시키기 위한 접근방법에 있어서도 현저한 견해 차이를 보였다.

카터가 주장하는 인권의 의미, 인권외교의 실천방법과 수단에 관한 구체적인 계획은 1977년 4월 30일 조지아대학에서 행한 밴스 미국 국무장관의 연설에서 자세히 밝혀졌다. 그는 먼저 인권의 개념을 다음과 같이 규정했다.

"첫째로 정부의 침해로부터 신체의 자유를 보장받는 권리인 것입니다. 신체의 자유에 대한 정부의 침해에는 고문, 잔학행위, 비인도적이거나 또는 굴욕적인 처우 및 처벌, 그리고 자의적인 구속 및 구금과 공정한 재판의 거부 및 가택 침입이 포함되는 것입니다. 둘째로 식량, 주거, 의료 및 교육 등과 같이 긴요한 요구를 충족할 권리인 것입니다. 우리는 이러한 권리의 이행은 부분적으로는 각국의 경제 발전 단계에 따라 다르다는 점을 인정합니다. 그러나 이러한 권리는 정부의 작위 또는 부작위, 예를 들면 빈곤한 사람들을 희생시키면서 국가의 재원을 권력층에 전용하는 부정한 행정이나 또는 빈민층의 곤경에 대하여 무관심함으로써 침해될 수 있다는 것도 알고 있습니다. 셋째로 사상, 종교, 집회, 발언, 언론, 국내외에서의 이전 및 참정의 자유를 향유할 권리를 들 수 있습니다."

밴스 장관은 계속해서 인권촉진 수단으로는 조용한 외교, 공개발언, 원조중단 등이 있으나 그 사용 여부와 사용 수단에 관한 결정 사정을 충분히 파악하여 신중히 처리해야 한다는 것을 강조했다.

"인권 문제에 관하여 택할 수 있는 가능한 수단은 여러 형태의 조용한 외교를 비롯하여 공개적인 발언 및 원조중단에 이르기까지 여러 가지가 있습니다. 가능한 경우에는 언제든지 우리는 격려하고 유도하는 적극적 조치를 취할 것입니다. 우리는 인권을 개선하고자 노력하는 국가에 대하여 강력히 지원할 것입니다. 우리는 국제기구를 통하여 항상 다른 나라와 협조할 것입니다. 종국적으로는 인권을 위한 조치 여부 및 조치 내용에 관한 결정은 사정을 충분히 파악하고 신중히 처리하여야 할 문제인 것입니다. 어떠한 기계적인 방식으로는 자동적인 해답을 얻을 수 없습니다. 미국은 양국 관계 및 국제경제 기구를 통하여 경제원조를 기본인권 촉진을 위한 수단으로 이용하려고 합니다."

그는 끝으로 세계에는 민주국가보다는 독재국가가 더 많으며 이들 국가들이 그들의 전통에 따라 인권을 존중하도록 모범을 보이고 격려하는 것이 미국의 임무라고 강조했다.

"인권 증진을 위한 노력의 결과는 시간 걸린다 하더라도 추구할 가치가 있는 것이며 우리는 타국이 우리의 입장을 알도록 노력할 것입니다. 우리는 세계의 많은 국가가 민주주의보다는 독재주의에 의하여 지배되고 있으며 몇몇 국가는 강대국이지만 기타 국가들은 생존선상에 있는 국민의 생활수준을 향상시키기 위하여 애쓰고 있다는 점을 인정하고 있습니다. 인권에 관한 한 번의 절규로서 권위주의적인 사회에서 급격한 변혁을 가져올 것이라고 생각하는 것은 망상입니다. 우리는 긴 과업을 착수하였습니다. 그러나 개인의 존엄성에 대하여 신념을 가지고 있으므로 각국은 그들 자신의 전통에 따라 조만간 이 기본적인 열망을 표현하게 될 것이라는 것을 우리는 믿고 있습니다. 헬싱키 원칙과 유엔인권선언이 많은 국가 국민들의 가슴속에 공명감을 불러일으키는 것처럼 인권에 관한 우리는 신념은 굳어지고 있습니다. 우리는 임무는 우리가 모범을 보이고 격려함으로 이러한 신념을 유지시키는 것입니다."

그러나 밴스의 이 연설은 원론적인 원칙을 설명한 것에서 그치고 실제로는 원칙이 준수되지 못했다. 카터의 인권외교가 추진되는 과정에서는 미국의 국력이나 지혜의 한계도 무시되었고, 조용한 외교는 완전히 배제되고 공개비난과 원조중단이 주된 압력수단으로 빈번히 작용했다. 카터가 인권외교를 강압적인 수단을 동원하여 추진한 동기와 목적, 그리고 주도적인 집행기구 등에 대해서는 대통령 안보담당 특별보좌관인 브레진스키에 의해 보다 자세히 설명되었다.

즉 카터 대통령은 취임 초부터 미국 외교정책의 도덕적 내용을 소생시켜야 할 절박한 필요성을 느끼고 있었다는 것이다. 당시 국내외를 막론하고 세계 곳곳에서 정부 권력의 남용사례가 끊임없이 폭로되었으나 미국의 외교정책에는 도덕성이라는 가치가 전혀 배제되어 있었다. 이 때문에 카터 대통령은 이러한 과거에서 탈피하여 미국의 새로운 외교정책을 정치적 가치와 이상에 부합시켜 베트남전으로 인해 훼손된 이미지를 개선시키기로 결심했다는 것이다. 그래서 카터는 참모들과 함께 국익이라는 개념을 근본적으로 재정립했고, 외교정책의 초점을 확대하여 세계의 인권문제를 외교정책에 포함시켰다. 전세계의 인권상황을 개선하는 것은 미국이 마땅히 수행해야 할 도덕적 사명이고 이러한 대의를 위해 미국의 거대한 자원을 사용해야 한다고 생각했다는 것이다. 그리고 외교정책의 한 요소로 인권을 강조함으로써 세계적 이해관계를 증진할 수 있을 뿐 아니라 권위주의적인 정치적 제도와 관행에 날카롭게 대비되는 미국 민주제도의 실상을 제3세계의 신생국가들에게 과시할 수 있다는 믿음을 갖고 있었다는 것이다.

브레진스키 보좌관은 "인권정책이 어떤 것이어야 하느냐 하는 문제를 정책상으로 구체화시키는 데는 상당한 어려움이 뒤따랐다. 그래서 인권정책의 내용이 완성된 것은 7개월이나 지난 후였으며 그 내용이 담긴 대통령 지시 30호에 카터 대통령이 서명한 것은 1978년 2월 17일이었다"고 밝혔다. 브레진스키가 설명한 30호의 주요 내용은 네 가지였다.

첫째, 인간의 존엄성에 대한 각국 정부의 위반 사례를 줄이고 인권과 정치적 자유를 증진하는 데 미국 인권정책 목적의 우선순위를 둔다. 둘째, 인권개선을 유도할 적극적인 정책에 보다 큰 비중을 둔다. 셋째, '예외적인 환경' 이외에는 인권위반국가의 경찰 기능에 필요한 원조를 제공하지 않는다. 넷째, 인권정책을 추구함에 있어서는 국제금융기구에서 미국의 기본적 이익이 손상되지 않도록 배려한다.

브레진스키 보좌관은 카터 대통령이 행정부 내에 인권관계 기구를 만들었다고 밝혔다. 즉 인권의 관점에서 쌍무적 원조 또는 국제기관에서의 다변적 원조문제를 검토하고 차관제공지침과 차관정책 조정을 담당할 '인권 및 의원에 관한 부처 간 조정단'을 구성하여 책임자로 워런 크리스토퍼를 임명했다는 것이다. 그리고 이 정책조정단은 1978년 구성 첫해부터 활발히 움직이기 시작하여 국제금융기관에 파견된 미국 대표들에게 기니에 대한 차관에 반대하고 파라과이, 니카라과, 한국에 대한 차관은 연기 또는 기권하라고 지시하기로 결정했다는 것이다. 결국 인권문제가 있다고 여겨지는 국가들을 지정하고 이들 국가에 대한 차관제공을 거부하거나 연기하는 등의 경제적 압력수단을 구사해서 인권을 개선시키려는 카터의 인권정책을 실무적 차원에서 주도한 것은 바로 카터가 새로 만든 이 정책조정단이었던 것이다.

주한미군 철수에 대한 3대 열강의 입장

주한 미 지상군 철수의 기본적인 문제는 철수가 한반도의 안정에 끼치게 될 영향이었다. 이것은 한반도에서의 전쟁이냐 평화냐의 여부에 관한 문제일 뿐만 아니라, 미국·일본·중국·소련의 역할과 정책에도 관계되는 문제였다. 4대국은 모두가 한반도와 동북아에서 중요한 이해관계를 갖고 있으며 미군 철수에 의해 중대한 영향을 받게 된다. 4대 강국 모두가 한반도의 안정이 그들의 안전에 극히 중요하다고 생각하고 있었다. 중국, 소련 및 일본은 역사적 지리적 이유 때문에, 미국은 한반도 평화가 일본의 안전에 기본적인 요소가 되기 때문에 그렇게 생각하고 있었다.

카터의 철수 결정에 가장 신속하고 민감한 반응을 보인 것은 일본의 국방정책과 외교정책 결정권자들이었다. 이들은 모두 카터의 결정에 반대했다. 일본은 주한미군 철수가 동북아의 군사 균형을 파괴하고 일본의 안전을 위협한다고 보았다. 일본은 주한미군 철수가 북한의 침공을 유발하고, 그러한 상태는 일본으로 하여금 재무장을 하느냐 아니면 중립 노선을 취하느냐 하는 선택의 기로에 놓이게 만들 것이며 이로 인해 일본의 여론은 분열할 것이라고 판단했다.

다시 말해서 북한의 직접적인 침략이건 북한이 한국 내의 반란을 지원함으로써 야기되는 전쟁이건 한국에서의 전쟁은 일본 내에 재무장 문제를 둘러싼 좌·우익 정치집단 사이의 치열한 투쟁 즉 '내란'을 유발한다. 이로써 일본의 민주주의 체제를 붕괴시키고 그 와중에 우익이 승리하여 재무장 결정이 이루어지면 이는 중국, 소련 및 기타 인접들과의 관계를 크게 악화시킬 수 있다는 것이다. 일본 정부는 적대적이 아니고 공산화되지 않은 한국이 일본의 안보에 중요하다고 믿었고 또 한반도의 군사적 균형이 동북아에 있어서의 4강 관계 안정에 도움이 된다고 보고 있었다. 그래서 미키(三木武

夫) 일본 수상은 한국의 방위가 불안하다는 점을 공개적으로 언명하면서 카터 행정부의 급격한 철군정책에 주의를 환기시키고, 안정을 깨는 방법으로 주한 미 지상군을 철수시켜서는 안 된다는 점을 강조했다.

일본의 주미대사 도고(東鄉)는 공개석상에서 누차 미군의 한국주둔 필요성을 역설했고 일본 방위청도 미군철수가 일본 방위정책을 재고하게 만드는 요인이 될 것이라는 견해를 피력했다. 후쿠다 수상은 1977년 1월 10일 〈뉴스위크〉와의 회견에서 "미국이 주한미군을 철수하는 것은 현명한 조치가 못 된다"고 언명했다. 1월 말 후쿠다 수상은 방일한 먼데일 미 부통령과 회담했다. 후쿠다 수상은 철군정책에 대한 동북아지역의 반대 분위기를 소개하고 미국은 한반도에서 군사적 불균형이 초래되지 않도록 해야 한다고 말했다.

1977년 3월, 후쿠다 수상은 카터와의 정상회담을 위해 미국을 방문했다. 그때 후쿠다는 공동성명 작성 과정에서 주한 미 지상군의 '철수' 대신 '감축'이란 용어를 쓸 것을 제안했다. 카터는 이를 거절했다. 그 후 후쿠다는 당초의 입장을 바꾸었다. 주한미군 철수 문제는 기본적으로 미국과 한국 간의 문제이므로 일본은 개입할 의사가 없다는 것이었다. 그는 미국이 철군을 결정한 이상 일본이 반대한다고 해서 그 결의를 변경시킬 수 없을 뿐 아니라 반대의 성과가 없으면 일본의 발언권과 위신에 관계된다고 판단했다. 또 일본이 반대하면 미군의 한국 주둔 경비의 부분적 부담을 일본에 요구하든지 다른 군사적 부담을 요구할 가능성이 있다고 본 것이다.

주한미군은 미·중 관계에 있어서 아주 미묘한 요소였다. 1977년 이전에 중국 관리들은 미군의 한국 주둔에 반대하지 않는다는 것을 사적으로 시사하였다. 그러나 카터 대통령이 철수계획을 발표한 후 중국은 모든 주한미군이 한국으로부터 철수하라는 북한의 요구를 지지하였다. 중국은 소련 세력에 대응하자면 미국이 동아시아에 상당 수준의 군사력을 유지해 주길 바라면서도 북한의 요구를 두둔하는 모순된 태도를 보였다. 그것은 소위 형제 공산국가인 북한을 서로 자기 품안으로 끌어들이려는 '영향력 경쟁'에서 중국이 소련을 제쳐놓으려는 데 큰 중요성을 부여하고 있었기 때문이다. 그러나 1977년 4월 21일, 브레진스키는 기자들에게 중국이 미군의 계속적인 한국 주둔을 원한다는 뜻을 전해 왔다고 말했다.

중국은 주한미군의 존재를 좋게 생각하고 있었고, 발표된 철군계획을 염려한 주된 요인은 북한의 예측할 수 없는 스탈린주의 독재자 김일성에 대한 우려였다. 오랫동안 소련과 중국 사이에서 양다리를 걸치고 있던 김일성은 마오쩌둥 사망 후 소련 쪽으로 기울었다. 소련의 위협에 대해서 항상 경계해 온 중국은 주한 미 지상군 철수가 평화를 파괴하도록 소련을 유혹할까 우려한 것이다. 소련이라고 해서 미군 철수를 반드시 반기는 것은 아니었다. 소련의 고위관리들은 북한의 김일성이 '뜨거운 감자'이며 김일성이 소련을 새로운 전쟁에 끌고 들어갈 가능성을 경계하면서 주한 미군의 존재가 김일성에 대한 억지력이 된다고 말했다. 소련과 중국의 영향력이 막상막하로 균형잡혀 있는 지역에 있어서 주한미군은 두 나라가 분수를 지키도록 해왔으며 이 점에 대해 소련은 만족하고 있다는 것이다.

박 대통령의 기민하고 단호한 대응

1971년, 주한 미 제7사단이 철수한 후 박 대통령은 닉슨 독트린의 연장선에서 앞으로 추가 철수문제가 머지않은 장래에 반드시 제기될 것으로 예측하고 있었다. 그래서 박 대통령은 이러한 상황에 미리부터 대비하기 위해서 국군현대화 5개년계획을 추진하고 방위산업을 육성하는 등 자주국방에 필요한 조치를 취하기 시작했다. 그

것이 1970년대 초였다. 그러나 박 대통령은 두 가지 이유에서 미국의 정권이 바뀐다고 그렇게 서둘러 지상군 완전 철수를 결정하리라고 생각하지는 않았다.

그 하나는 주한미군은 한국 방어를 위한 것이기도 하지만 이보다는 오히려 아시아 태평양 지역에서 미국과 일본의 안전을 보장하려는 전략적 이익을 위한 것이라는 기본적인 인식을 갖고 있었기 때문이다. 다른 하나는 베트남의 공산화 이후 북한이 한반도에서 제2의 베트남을 꿈꾸면서 무장간첩을 남파하고 서해 5도에서 도발행위를 자행하여 위기가 고조되어 있던 시기였기 때문이다. 따라서 아시아 태평양 지역에서 미국의 전략적 이익을 위해서나 또 한반도에 평화가 정착될 때까지 당분간 주한미군의 철수 결정은 없을 것으로 전망했다.

하지만 카터 대통령이 주한미군의 완전 철수계획을 사전 협의 없이 일방적으로 발표해 버림으로써 박 대통령의 그러한 합리적인 전망은 빗나가고 말았다. 카터의 철군 결정은 6·25전쟁 이후 근 30여 년을 서로 믿고 의지해 온 동맹국들이 서로에게 취할 수 있는 온당한 행동과는 너무나 거리가 먼 것이었다. 그것은 상호신뢰를 하루아침에 헌신짝 버리듯 저버린 배신행위였고 도덕주의를 표방한 카터의 가장 부도덕한 배덕행위였다. 그것은 강대국 미국이 자기들의 국내 사정 때문에 약소국 우방들의 운명에 치명적일 수 있는 대외정책을 마음대로 채택하고 마음대로 변경하는 대국주의적인 오만한 행동의 표본이었다. 힘 있는 나라가 힘없는 나라를 업신여기고 무시하고 농락하는 국제정치의 냉엄한 현실 앞에서 박 대통령은 우리의 힘, 우리의 국력을 하루속히 길러야 한다는 것을 그 어느 때보다 절실히 통감했다.

1961년 이래 근 15여 년 동안 5명의 미국 대통령과 수많은 상하

휴전선 철책을 점검하고 있는 박 대통령

의원, 미군장성과 미국 언론인들과의 교류와 대담을 통해 박 대통령은 미국의 외교정책이 변덕이 심하고 예측 불가능한 여론의 변화에 크게 영향을 받아 자주 바뀌는 것을 보아왔고 직접 체험하기도 했다. 따라서 우리의 국가적 운명을 미국에 의탁하기에는 미국이 너무나 불안정하다고 생각했다. 그러나 미국은 무시해 버리기에는 너무나 강력한 국가이고 한국은 혼자서 살아남기에는 너무나 약한 나라라는 것도 잘 알고 있었다.

그래서 박 대통령은 미국국민의 여론 동향을 주의 깊게 판독하고 있었다. 또 미국 대통령의 정치적 위상과 권위, 행동능력과 의지를 관찰하면서 그 정책이 우리나라에 미칠 영향을 파악하는 데 항상 각별한 노력을 기울여 왔다. 박 대통령은 미국의 대외정책에 대해 원칙적으로는 동조적이었다. 그러나 그것이 우리나라의 국가이익을 위태롭게 하는 것이라고 판단될 때는 단호하게 반대했고 그 수정을 요구했다.

그러한 사례의 가장 대표적인 것 중의 하나가 주한미군 철수문제였다. 박 대통령은 카터의 미군 철수 결정에 신중하고 의연하게 대처해 나갔다. 미국이 철수계획을 확정한 이상 기정사실로 받아들이고 굳이 막을 뜻이 없다는 점을 분명히 했다. 박 대통령은 카터와 그 각료들에게 한국 민족의 자주 자립정신이 얼마나 강렬한 것인가를 이 기회에 보여 줘야 한다고 생각했다. 한국인은 서구인들이 지어낸 이야기처럼 운명을 받아들이는 민족이 아니며 자신들의 운명을 스스로 개척하기 위해서 수세기 동안 외적과 싸웠고 아름다운 조국의 피에 물든 역사 속에서 강인한 생명력을 키워 왔으며 적국이나 맹방에 머리 숙이기를 거부함으로써 생존해 온 끈질긴 민족이라는 사실을 새롭게 인식시켜야 되겠다는 것이었다.

어느 시대, 어느 국가에 있어서나 위대한 정치지도자는 조국과 민족에 대해 깊은 사랑을 간직하고 있다. 박 대통령은 누구보다도 애국심이 강했으며 민족을 사랑했다. 국가와 민족에 대한 대통령의 사랑과 애착은 자녀에 대한 어머님의 사랑처럼 본능적이었다. 국가와 민족에 대한 사랑과 자부심이 컸던 만큼 박 대통령은 모든 문제를 한국인의 눈으로 보았고 한국인의 지혜로 해결하려 하였다.

1970년대 초에 저명한 철학자 박종홍 교수가 대통령 특별보좌관직을 승낙했을 때 동료 교수들이 그 이유를 물었다. 그는 박 대통령은 우리 시대가 필요로 하는 참다운 민족주의적인 지도자라고 믿기 때문이라고 대답했다. 그 철학자의 말 그대로 박 대통령이 약소국가의 제약에도 불구하고 사대주의를 단호히 배격하였으며 강대국의 압력이나 위협에 굴하지 않고 국가이익을 증진시켜 온 민족주의적 지도자라는 것은 오래전부터 국내외에서 공인되어 있는 사실이었다. 특히 박 대통령은 아무리 큰 위기가 닥치고 절망적인 역경에 처하더라도 결코 놀라거나 당황하지 않고 오히려 침착하고 대담하고 여유 있게 행동했고 마치 비바람 속에 우뚝 선 바위처럼 굳건히 버티어 나갔다.

문제는 동요하는 여야정치인들과 일반국민들이었다. 정계 일각에서는 주한미군의 철수는 미국이 한국의 권위주의적인 정치체제를 못마땅하게 여겨 이 체제를 미국식 민주주의 체제로 전환하도록 압력을 넣기 위한 정치적 전략이라는 주장도 있었다. 심지어는 미국 대통령이 한국 대통령에 대해서 개인적으로 불쾌한 감정을 갖고 있어서 한국 대통령에 대한 한국인들의 불신을 조장함으로써 지지 기반을 약화시키고, 정치 생명에 치명상을 입히겠다는 정치적 개입의 한 수단이라는 주장도 있었다. 이러한 주장들은 국제사회에서의 국가 간 동맹관계는 공통적인 국가이익에 기반을 두고 있다는 사실을 간과한 것으로, 희망사항이거나 억측이었다.

6·25전쟁 이후 주한미군은 양국의 정권이 여러 번 교체되고 대통령이 여러 명 바뀌었지만 계속 유지되어 왔다. 이것은 미군의 한국주둔이 양국 통치자들의 우정이나 갈등에 좌우되는 것이 아니라, 그보다 더 깊은 요인에 그 기반을 두고 있다는 점을 입증하는 것이다. 그 요인은 바로 한국의 지정학적 현실이다. 한국은 역사적으로 미국, 소련, 중국, 일본 등 열강이 서로 각축했던 전략적 요충이다. 특히 해방과 더불어 국토가 분단되고 6·25전쟁을 겪은 이후 한국은 중국과 소련의 지원을 받는 북한 공산주의 세력의 위협에 대항하는 아시아 반공전선의 전초지가 되었으며, 또 일본의 안전에 긴요한 존재가 되었다.

한국은 또한 아시아 신흥공업국가로 성장하여 경제적, 군사적, 정치적으로 강력한 국가로 등장하여 이 지역의 번영과 평화에 기여하고 있었다. 한국의 이러한 지정학적, 전략적, 경제적 중요성과 한미 양국의 이익의 공통성이 바로 두 나라 역대 대통령들 간에 개인적 교분이 없거나 개인적 적개심이 있었던 경우에조차 미군이 한국에 계속 주둔하는 요인이 되었다. 그래서 카터 이전의 대통령들은 한결같이 동북아시아의 세력 균형과 미국의 이익을 위해 주한미군은 불가결하며 한국은 미국이 유사시 혼자 부담해야 할 아시아 방위책임을 분담하고 있는 가장 중요한 맹방이라고 강조해 왔던 것이다.

카터 대통령의 철수 결정에 대해 야당은 물론 여당의 일각에서도 우려하는 사람이 적지 않았다. 그들은 북한의 무력 침략을 막을 수 있는 가장 확실한 보장책은 주한미군이라고 주장했다. 왜냐하면 한국군과 주한미군에 대한 북한의 무력공격은 미군의 자동개입을 불가피하게 할 것이며 따라서 주한미군이 1개 사단이라도 남아 있는 한 북한은 남침을 못할 것이기 때문이었다. 그래서 그들은 미국에 호소하고 허리를 굽히고 구걸해서라도 주한미군의 철수를 저지해야 한다고 주장했다.

또 정부의 일부 각료와 여당의 일부 간부들은 철수 중지를 간청하는 특사를 미국에 파견하는 것이 가장 손쉬운 해결책이라고 진언했다. 박 대통령은 이러한 주장과 건의에 대해 오늘날 미국이 처해 있는 처지를 직시해야 한다는 점을 강조했다. 즉 베트남전으로 인해 미국 여론은 신고립주의로 치달았고, 더 이상 아시아의 전쟁에서 미국의 아들딸들이 목숨을 잃게 해서는 안 된다는 반전여론이 지배적이었다. 따라서 누가 대통령이 되어도 미국을 아시아 전쟁에 개입시킬 수 없는 것이 현실이었다. 우리가 애걸한다고 미군이 계속 주둔하여 전쟁에 개입해 주리라는 기대는 비현실적이라는 것이다.

박 대통령은 1975년 미군이 황급히 철수하여 베트남이 공산화되었을 때, 미국의 지원에 대한 호소나 구걸이 얼마나 헛되고 부질없는 것인가가 만천하에 드러나고 말았던 역사적 사실을 간과해서는 안 된다는 점을 강조했다. 또 일부 여당 중진은 이른바 '코리아게이트' '청와대 도청사건' 등으로 한미 간의 불편한 관계가 지속되고 있는 것이 우려됨으로 대미 유화정책을 써야 한다고 진언했다. 이에 대해 박 대통령은 어려운 때일수록 낭황하거나 비굴해져서는 안 된다면서, 단호하고 의연하게 대응해 나가겠다는 굳은 결의를 가다듬어야 한다는 점을 역설했다.

박 대통령이 가장 우려한 것은 우리 국민들의 심리적 동요였다. 6·25전쟁 때와 휴전 이후 27년 동안 북한의 무력적화 기도를 저지해온 주한미군의 존재와 미국의 지원은 국민의 마음속에 미국에 대한 감사와 의존심을 깊이 심어주어 자주·자립·자위 의식을 약화시키는 결과를 가져왔다. 그동안 자립경제와 자주국방 건설로 우리는 경제력에 있어서 이미 북한을 능가했다. 군사력에서도 북한과 1대 1로 대결한다면 국군은 북한군을 제압할 능력을 보유하고 있었다.

대부분의 국민들은 27년 전 주한미군의 철수가 북한의 남침을 자초한 결정적인 요인이었다는 역사적 사실과 그때 자행된 북한의 만행을 생생하게 기억하고 있었다. 1948년 12월 소련은 북한 주둔 소련군을 철수시킨 후 주한미군 철수를 시끄럽도록 요구하고 나섰다. 당시 소련 공산당기관지 〈프라우다〉는 "미 제국주의가 남한을 식민지로 전락시켰다"고 터무니없이 비방하고 나섰다. 그런가 하면 정부기관지 〈이즈베스티야〉는 남한이 미 제국주의 팽창의 아시아 전진기지화가 되었으니, 미국이 북한의 남침 위협을 날조하여 남한 군사력을 중무장시켰으니 떠들어대며 주한미군 철수를 요구하고 나섰다.

　여기에 장단을 맞추어 남한 내의 일부 지식인과 국회의원들까지도 주한미군 철수를 주장하였다. 이들은 소련군이 철수한 마당에 미군도 물러나야 한다고 외쳐댔다. 미국은 드디어 1949년 6월 500명의 군사고문단만을 남기고 4만 5천 명의 주한미군을 모두 철수시켜버렸다. 그 후 꼭 1년 만에 북한은 소련제 탱크와 전투기들을 앞세워 전면 남침을 감행하여 3일 만에 서울을 점령하고 피죽지세로 낙동강까지 밀고 내려갔다.

　1953년 휴전 이래 우리 국민은 불안한 휴전상태 속에서 살아왔다. 서울은 불과 25마일 북쪽에 있는 북한의 대포 사정권 내에 있었고, 서울과 비무장지대 사이의 비행시간은 3분이다. 북한은 1966년경부터 베트남에서와 같은 게릴라전을 이 땅에서 시도하기 시작했고, 1968년 1월 21일에는 북한 특공대가 청와대 근처 몇백 미터 근방까지 침투했었다. 1974년 광복절에는 박 대통령을 암살하려 한 흉탄이 영부인을 숨지게 했다. 1976년 8월 18일 판문점에서는 북한군이 미군장교 한 명을 도끼로 찍어 죽이는 이른바 '도끼만행'을 자행했다. 이처럼 북한의 도발과 위협이 증대하고 있는 위기의 시기에 주한미군을 모두 철수시킨다고 국민들이 놀라고 불안해하는 것은

자조 자립 자위
1970년 1월 1일
대통령 박정희

너무나 당연한 일이었다.

1976년 11월, 미국 대통령선거에서 주한미군 철수를 구호로 내건 카터가 당선되었을 때 서울의 달러 암시세가 하루 동안 100달러당 200원이나 뛰어올랐다. 미군이 철수하면 북한이 남침할 우려가 있다고 여긴 돈 있는 사람들이 암달러시장에서 달러를 있는 대로 사들였기 때문이었다. 박 대통령은 이러한 국민의 태도가 문제라고 보았다. 이러한 정신상태를 그대로 둔 채 미군 철수 후 김일성의 오판으로 또다시 남침할 경우, 국민들의 심리적 동요로 인해 우리가 가진 실력도 발휘해 보지 못하고 대혼란에 빠지는 가공할 사태마저 예상할 수 있었다.

그래서 박 대통령은 국민들에게 자주국방의 자세를 확립해야 한다는 것을 강조했다. 우리는 북한과 1대 1로 대적할 경우 그들의 침공을 격퇴할 충분한 능력을 보유하고 있다. 그럼에도 불구하고 북한의 단독 침략에 대해 계속 미군의 힘에만 의존하려고 한다면 도대체 한국인은 어떠한 국민이며 대한민국은 어떠한 나라라고 하겠는가? 자주·자립의 정신이 없는 의타적인 국민이라고 남에게 멸시를 받아도 할 말이 없지 않은가? 그래서는 안 된다. 우리의 국가적 존립을 위하여 무엇보다도 필요한 것은 자주·자립·자위의 정신자세다. 만일 김일성이 소련이나 중국의 지원 없이 단독으로 남침한다면 우리도 우리 단독의 힘으로 대적하여 목숨을 걸고 싸워서 이기겠다는 자주국방의 결의와 각오가 있어야 한다. 언제까지나 우리의 국방과 안보를 주한미군에 의존할 수도 없고 또 의존해서도 안 된다. 따라서 자주국방을 달성하는 것이 장기적인 안목에서 국가의 안보와 발전을 도모할 수 있는 유일한 길이다. 그 길이 비록 험준하고 고통스러운 것이라 하더라도 국가의 명예와 민족의 자존을 위해서 이 길을 선택해야 한다는 것이다.

'철수하지 말아달라고 애걸할 필요 없다!'

카터는 한국에서의 인권에 대한 미국의 관심을 강력하게 표명하고 인권 개선이 이루어지면 주한미군 철수를 연기하거나 중단시킬 수도 있다는 것을 강조한다면 박 대통령이 인권문제 해결에 협조적으로 대응할 것이라고 기대했다. 미국이 막강한 군사적·경제적 자원과 힘을 구사하여 압력을 가하면 박 대통령도 결국은 미국의 요구를 수용하지 않을 수 없을 것이라고 예단하고 있었다. 그러나 카터가 자신의 기대와 판단이 미국 위주의 일방적인 생각이라는 것을 깨닫는 데는 많은 시간이 걸리지 않았다.

카터는 우리나라의 역사와 전통, 그리고 우리 국민의 기질, 특히 박 대통령의 강렬한 민족의식에 대해 아무런 지식이 없었다. 그래서 카터는 자신의 주한미군 철수 공약과 인권정책에 대해서 박 대통령이 전혀 다른 생각과 대응책을 가지고 있으리라고는 예상하지 못했다. 힘으로 누르면 허리를 굽히고 머리를 조아릴 줄만 알았을 뿐이다. 그것은 자만과 무지의 합작으로 이루어진 오판이었다.

미국이 베트남에서 더 이상 전쟁을 수행할 능력도 의지도 없어서

도망치듯 철수할 때 그 명분으로 베트남정부가 민주화와 인권신장을 하지 않고 있다는 것을 내세웠던 사실을 박 대통령은 생생하게 기억하고 있었다. 미국이 1960년대 초반 베트남에 미군을 파견할 때나 1975년 4월 말 철수할 때나 베트남의 민주화나 인권 문제에는 아무런 변화가 없었다. 따라서 민주화나 인권 운운하는 것은 겉으로 내세운 구실이었지 철군의 진짜 이유는 아니었다. 철군의 유일한 이유는 미군이 더 이상 희생되는 것을 막자는 데 있었던 것이다. 주한미군 철수의 진짜 이유도 마찬가지였다. 일단 유사시 미군이 전쟁에 자동개입하여 희생되는 것을 막자는 것이었다. 따라서 우리 정부가 당장 민주화와 인권을 미국이 요구하는 수준으로 향상시키기 위해 특단의 조치를 한다고 해서 철수시키기로 한 주한미군을 계속 남겨둘 리가 없다는 게 박 대통령의 판단이었다. 그래서 철수 문제를 지렛대삼아서 인권 개선을 요구하는 카터의 압력을 단호하게 거부하기로 결심했다.

박 대통령은 한국의 국내 문제에 대해서 또 한국의 정책목표의 우선순위에 대해서까지도 우리가 미국의 판단을 받아들여야 한다는 것은 있을 수 없는 일이며 한국의 안보와 번영과 민주발전을 위해 최선의 선택이 무엇인가를 판단하고 결정하는 데 있어서 한국의 주권이 존중돼야 한다고 생각했다. 만일 우리가 미국의 압력에 굴복한다면 그것은 미국이 우리 국내문제에 계속 개입하고 간섭하는 부당한 전례를 남기게 되고 대한민국의 주권과 독립을 유명무실하게 만들 것이다. 뿐만 아니라 야당과 재야 반정부 세력이 미국의 힘을 등에 업고 반체제투쟁을 격화시킴으로써 정치불안과 사회혼란이 심화되고 만성화될 것이다. 그렇게 되면 지속적인 경제성장은 정체되고, 북한의 대남 파괴공작과 침략적 도발이 격화될 것이라고 판단했다.

베트남전에서의 패배 이후 미국의 국력은 약화되었으나 그래도 미국의 세계적인 영향력은 거의 절대적이었다. 국제사회의 안전에 대한 미국의 공약 없이 안정된 평화는 있을 수 없고 세계경제에 대한 미국의 건설적 참여 없이 경제 발전의 희망은 있을 수 없다. 인간의 자유에 대한 미국의 헌신 없이 자유의 미래는 암담하다는 사실도 박 대통령은 잘 알고 있었다. 또한 한국이 미국 덕택으로 일제로부터 해방되었고 미군의 참전으로 북한 공산주의자들의 침략으로부터 수호되었으며 미국의 원조로 경제개발이 촉진되었고, 미국과의 동맹으로 안전이 보장되고 있다는 사실 역시 항상 고맙게 여기고 있었다.

그렇지만 한미관계가 끊으려야 끊을 수 없도록 밀접한 것일수록 한국은 미국과의 관계에 있어서 국가적 독립을 확립해야 한다는 것이 박 대통령의 신념이었다. 1977년 3월 15일 박 대통령은 청와대에서 정부 여당 연석회의를 주재했다. 이날 회의는 정부의 각료들과 여당의 간부들이 주한미군 철수에 대응하는 우리의 자세와 결의에 관해 의견을 조율하기 위한 모임이었다.

먼저 외무부가 주한미군 철수에 관해 보고했고 국방부는 국군전력 증강계획에 관해 보고했다. 두 부처의 보고가 끝난 후 박 대통령은 자신의 소신을 자세하게 설명했다. 먼저 카터 대통령이 철수 문제를 우리와 협의하여 처리하겠다는 약속을 어기고 일방적으로 발표한 것에 대해 불쾌감을 표명했다.

"미국에서는 언론인, 학자, 정치인들이 중구난방으로 주한미군을 단계적으로 빼야 한다느니 한꺼번에 빼야 한다느니 별소리가 많더니 카터가 선거 유세 때 철수를 공약하고 당선된 후에 이를 재확인하였습니다. 카터 대통령이 주한미군 철수를 선거공약으로 내세우기는 했지만 한국의 대통령이 불가침협정이 체결되면 주한미군 철수에 반대하지 않겠다는 정책을 최근 발표했으니 좀 더 검토해야 할 문제라고 넘길 수 있음에도 일방적으로 통고하다시피 기자회견에서 발표해 버렸으니 카터 대통령은 나와 우리 국민 전체를 무시한 것입니다."

박 대통령은 이어서 이른바 닉슨 독트린에 따라 주한 미 제7사단을 철수시킨 1971년부터 이미 앞으로 한국군 장비현대화 5개년계획이 끝나면 미국이 주한미군을 모두 철수시킬 것으로 예견했다고 밝혔다.

"카터 대통령의 기자회견 내용은 우리 국민들에게 충격을 주었겠지만 주한미군 철수는 새삼스러운 것도 아니고 예측 못하고 있다가 당한 것도 아닙니다. 우리는 오래 전부터 이를 예측하고 이에 대비하여 여러 가지 준비를 해왔습니다. 주한미군 철수는 소위 닉슨 독트린에 그 기저를 두고 있는 미국의 일관된 정책의 일환인 것입니다. 닉슨 독트린이란 것은 한 마디로 아시아 국가들은 자국의 국방을 자기 힘으로 감당해야 한다는 것입니다. 스스로 지킬 수 있는 능력과 결의가 있는 나라에 대해서는 미국이 해군, 공군, 병참지원을 해주겠지만 그러한 결의와 능력이 없는 나라는 지원하지 않는다는 것입니다. 우리는 이때 이미 주한미군 철수를 예측했습니다.

베트남전의 종전 전망이 흐린데다가 미국 내 반전 풍조가 고조되자 닉슨은 대통령 당선 후 미군 철수를 결정하고 1970년 애그뉴 부통령을 특사로 보냈습니다. 내가 애그뉴 부통령에게 2개 사단 중 1개 사단을 빼면 남은 1개 사단은 언제 또 철수할 것이냐고 물었더니 그는 1971년 6월 30일까지는 추가 철군계획이 없다고 말했습니다. 그래서 내가 그럼 그 이후 빼내간다는 것이냐고 되물었더니 그는 한반도 정세를 봐가면서 고려하겠다는 것이라면서 나머지 미군이 언제 나가는지에 대해서는 끝내 언질을 주지 않았습니다.

당시 국군 2개 사단이 베트남전에 참전하고 있음을 상기시키면서 미국이 만약 주한미군 2개 사단을 다 빼간다면 우리도 베트남에서 철수해야 되지 않겠느냐고 내가 반문했더니, 그는 아직 1개 사단의 미군이 한국에 주둔해 있고 방위공약도 있지 않느냐면서 억지소리를 하기에 더 이상 말하지 않았습니다.

7사단을 빼가면서 한국군 장비현대화 계획을 위해 5년간 15억 달러를 지원해 주겠다고 약속했는데 그 계획은 워터게이트 사건으로 지지부진했고 당초에는 전액 무상으로 약속했으나 후에 3할은 유상으로 바뀌는 등 우여곡절 끝에 1977년에 와서야 대개 완성되었습니다. 물가가 올라서 그때 기준으로 하면 10억 달러 정도 받았고 그것의 3분의 1 정도는 우리가 부담했습니다. 당시 장비현대화 5개년계획은 2만 명을 빼갔기 때문에 이를 보완해 주는 조치이며 더 이상 철수는 없을 것이라고 말하는 사람도 있었으나 나는 5개년계획이 완성되면 주한미군을 다 빼갈 것으로 내다보았습니다."

박 대통령은 이어서 1970년대 후반에 주한미군의 완전 철수가 있을 것으로 예상하고 이에 대비하기 위해서 여러 가지 계획을 추진하고 있다는 사실을 밝혔다.

"당시 나는 미군이 다 철수해도 우리 혼자의 힘으로 국방을 할 수 있는 준비를 해야겠다고 결심했습니다. 1971년에 방위산업 육성에 착수했고 1972년에 국방, 안보면에서 자주·자립을 확립하고 국난 극복을 위해서는 정치제도의 개혁이 불가피하다고 판단하고 10월유신을 단행했습니다. 1973년에는 장비현대화 계획이 부진하고 완성되더라도 부족하여 1974년부터 1980년까지 중장기계획으로 '율곡계획'을 수립했습니다. 통상적인 국방예산만으로는 율곡계획을 추진하기가 힘들기 때문에 그 재원을 충당하기 위해 1975년에 방위세 제도를 신설했으며 방위세로 재원이 확보되는 대로 전력증강 5개년 계획으로 확대 발전시켜 북한과 1대 1 대결의 경우 북한을 저지,

격멸할 수 있는 자주국방 능력을 배양할 계획입니다.

이 계획은 주한미군이 다 철수한다는 전제하에 세운 것입니다. 1980년까지 계획이 끝나면 주한 미2사단이 있어도 그만 없어도 그만입니다. 물론 자주국방은 북한 단독의 도발에 대해 우리 단독의 힘으로 격멸한다는 것이며, 동남아 전체의 안보라는 차원에서 중·소까지 고려에 넣는다면 미군 주둔이 바람직하나 빼간다니 막을 필요는 없습니다. 지금부터 4년간 모든 계획을 완벽하게 추진해 나가면, 더 있어 달라고 치사한 소리 할 필요도 없습니다. 재원만 확보할 수 있다면 15년 정도까지 계획을 발전시켜야 할 것입니다. 율곡계획만 완성되면 북한은 우리 힘으로 저지할 수 있습니다."

박 대통령은 이어서 경제 분야도 1980년까지의 자립을 천명했다.

"1981년에 끝날 예정인 제4차 경제개발 5개년계획도 모든 계획 사업을 밖에는 알리지 말고 내부적으로 1980년까지 1년 앞당겨 완성하여 자립하자는 생각을 하고 있습니다. 국제수지도 좋아지므로 1980년까지는 균형을 유지하게 될 것이고, 수출도 지금과 같은 추세로 가면 1980년에는 200억 달러가 가능할 것입니다. 농촌도 공업화와 똑같은 비중을 두고 개발해나가고 있으므로 농가 소득도 1980년에 가면 당초 1981년에 계획했던 200만 원선에 올라설 것이며 외화 보유고도 지금 추세로 가면 1980년에는 40~50억 달러 가능하리라고 봅니다. 전쟁이 나면 30일간 약 20~30억의 외화가 들 것이므로 40~50억의 외화를 보유하고 있으면 부족하지는 않을 것입니다.

우리가 1980년 말까지 국방과 경제 분야에서 자립하게 되고 한미방위협정이 유효하여 미 공군의 지원이 있을 것이므로 4, 5년 후에는 미군이 철수하더라도 우리 힘으로 자주적으로 북한을 감당할 수 있습니다. 우리가 수한미군을 빨리 가라고 할 필요는 없지만

간다는 데 가지 말아달라고 애걸할 필요도 없습니다. 아직은 우리의 국력이 미약해서 그들이 업신여기지만 4, 5년 뒤 우리의 국력이 강대해지면 나가라고 해도 안 나가고 오히려 계속 주둔하겠다고 할 것입니다."

박 대통령은 이어서 회의 참석자들에게 이 문제에 대한 의견을 기탄없이 개진해 줄 것을 당부하고, 이들이 제시한 의견에 대해 자신의 입장과 소신을 피력했다. 먼저 여당의 한 간부가 야당은 철군 반대 데모를 했고, 일부 여당권 인사들도 철군 반대 궐기대회를 해야 한다고 주장하고 있다면서 정치권의 분위기를 설명했다. 이에 대해 박 대통령은 반대 데모나 궐기대회를 한다고 철수하지 않을 리도 없는데 나라와 민족의 체신머리만 없어진다, 우리는 이 시기를 자주·자립의 계기로 삼아야 한다, 이것이 떳떳하고 당당한 것이라고 강조했다.

"이제부터는 남에게만 의지한다는 생각을 버려야 합니다. 우리의 자주국방 태세가 완비되고 한반도 평화에 관한 주변 강대국의 보장 장치가 마련된 연후에 철수했으면 하는 것이 우리의 희망이요 소망이기는 하지만 미국 나름대로 사정이 있어서 가는 것이므로 이러한 시기를 자주·자립의 계기로 삼고 전화위복의 전기로 삼아야 하며 이것이 떳떳하고 당당한 것입니다."

여당의 한 중진은 야당과 언론에서는 중대문제가 생겼는데 정부 방침을 왜 안 밝히느냐, 국회는 왜 안 여느냐 하는 이야기를 하고 있으며, 2월 22일 미국을 방문 중인 신민당의 이철승 대표를 하비브 미 국무차관이 만나서 한국의 인권문제와 관련하여 미 의회가 시끄러워지면 철수시기가 빨라질 수도 있다고 말했다는 소리도 나돌고 있다는 저간의 사정을 설명했다. 이에 대해 박 대통령은 이렇게 지시했다.

"국회를 열어서 정부의 입장을 당당히 밝히세요. 다만 미국 측에서 구체적인 제의가 없는데 우리가 미리 말한다는 것은 우스운 일이니 외무부는 주한 미 대사가 오면 4년이니 5년이니 하는 소리 말고 당장 미국의 계획을 밝히라고 요구해요. 특히 하비브란 사람이 인권 문제 운운한 것은 우리를 얕보고 하는 소리 같은데 우리로서는 4년 내에 마지막 부대가 떠나달라는 것만 얘기하고 구차하게 호소하는 따위의 말은 하지 마세요. 미국 측에서 철수계획을 가져오면 그 방법과 절차는 협의할 수 있지만 철수 자체는 기정사실로 받아들인다는 것을 우리 정부나 여당이나 야당이나 딱 떨어지게 말해야 합니다."

여당의 또 다른 간부는 시중에는 주한미군이 철수한다니까 정부가 대미외교를 잘못했기 때문이 아니냐, 우리나라의 인권문제 때문에 그러는 것 아니냐고 말하는 사람들이 있다고 전했다. 이에 대해 박 대통령은 주한미군 철수는 대미외교나 인권문제와는 무관한 것이라고 설명했다.

"우리가 국군 5만 명을 베트남에 파병하여 한미관계가 좋았던 시기에 주한미군 제7사단을 빼간 것은 왜 그랬느냐고 미국 측에 물어보세요. 포드 대통령이 카터를 누르고 재선되었더라도 주한미군 제2사단을 빼갔을 것입니다."

여당의 한 중진이 항간에는 주한미군이 철수한 후 중·소가 북한을 지원하면 어떻게 할 것이냐고 염려하는 사람도 있다고 하자 박 대통령은 "우리가 먼저 북한을 공격하지 않는 한 중·소는 북한을 지원하지 않을 것이며 북한이 먼저 도발하더라도 우리가 압록강까지 밀고 올라가지 않는 한 중·소는 개입하지 않을 것입니다. 미 공군 지원은 헌법상의 절차가 필요 없으므로 북한이 우리를 공격해오면 미 공군이 즉각 대응할 것이며 결코 얻어맞기만 하고 가만있지 않을 것입니다"고 강조했다.

여당의 또 다른 중진이 철군 발표를 우리가 기정사실로 받아들인다면 자승자박하는 결과를 가져와 곤란해지지 않겠느냐고 우려하자 이렇게 대답했다.

"미국의 철군계획을 우리가 기정사실로 받아들인다고 해봐야 대미교섭에도 유리하지 더 있어달라는 생각을 갖고 교섭하면 오히려 우리 입장이 곤란해집니다. 지금 가장 중요한 것은 철수문제에 관해 우리 국민들이 빨리 체념하고 자력으로 우리 자신을 지킨다는 결의와 자신감을 갖게 하는 것이고, 교섭해 봐야 소용없다는 사실을 인식시키는 것입니다. 지상군뿐만 아니라 공군까지 다 가더라도 우리 스스로 죽기를 각오하고 싸운다는 결의를 새로이 해야지 '미군, 미군' 해서는 곤란합니다.

국민들 중에는 불안을 느끼는 사람도 있겠지만 그것은 국방을 남에게 의존해 온 타성과 우리의 국방능력에 대한 인식부족 때문입니다. 국민들은 미군이 철수하면 큰일이다는 걱정을 버려야 합니다. 북한이 전쟁을 도발할 경우 중·소가 직접 개입하면 한미방위조약에 따라 미국도 개입할 것입니다. 국민들이 단결하려면 부조리 등 단결의 저해요인들을 과감히 없애야 합니다. 그래야만 내 조국은 내가 지킨다, 나라가 있어야 내가 산다는 신념이 국민들 가슴속에 심어질 수 있습니다. 이러한 의미에서 문교부 편수국장 구속사건은 참으로 개탄스러운 일입니다. 초·중·고 학생의 호주머니에서 나온 돈을 고급관리가 유혹을 뿌리치지 못하고 부정하게 처분한 것은 국민의 단결을 저해하는 요인입니다. 또 외국에서 사치스러운 응접세트를 수입해 오는 지각없는 사람도 국민 총화의 저해요인입니다."

마지막으로 여당 간부 한 사람이 오늘의 회의 내용이 발표되면 국민들이 충격을 받게 되고 대미교섭도 어려워질 것 같으니 발표하지 않는 것이 좋겠다는 의견을 제시하자 박 대통령은 "우리가 그러한 비굴한 태도를 보이면 미국은 우리를 더욱 업신여기고 얕잡아 보게 됩니다. 카터 대통령과 박동진 외무장관의 회담 결과를 평가하고 카터 대통령이 기자회견에서 밝힌 것을 우리는 기정사실로 받아들인다고 밝히고 구체적 문제는 그때그때 협의한다는 것을 당당하게 발표하세요. 카터 대통령이 철군 시한을 4, 5년이라고 못을 박았고 국무차관이 기정사실이라고 확언한 이상 아무 발표도 안 하여 국민들에게 뭔가 숨기는 것 같은 인상을 주어서는 안 됩니다"고 잘라 말했다.

우리 국민과 군 장병의 자주국방 결의 확고

1977년 3월 21일, 박 대통령은 이날의 일기에 주한미군 철수설이 나온 이후 우리 국민과 국군장병들이 자주국방의 결의에 차 있으며 1980년대 초에는 남북의 군사력은 승부가 결정될 것이라는 확신을 피력했다.

"주한미지상군 철수설이 나돌고 난 후의 우리 국민들의 의연한 자세는 늠름하기만 하다. '내 나라는 내가 지켜야지' 하는 각오가 국민 한 사람 한 사람 마음속에 굳건히 뿌리를 내리기 시작한다.

국군장병들은 주한미군이 이제 조만간 철수할 것으로 생각하고 국군 단독으로 국토를 지키겠다는 각오와 결의에 차 있다. 민족 반역 집단인 북한 공산당이 재침을 해올 때는 초전에 박살을 내겠다는 투지와 적개심이 충만해 있다. 미 지상군이 전부 철수하게 될 1980~1981년경에는 남북의 군사력은 벌써 승부가 결정될 것이다. 반역 집단에 철퇴를 가하여 민족의 설분을 할 날이 반드시 올 것을 확신한다."

하비브 특사의 구차한 변명

1977년 5월 24일, 카터 대통령은 합참의장 조지 브라운 대장과 하비브 국무차관을 서울에 특사로 파견하여 주한미군 철수에 대비한 예비계획을 박 대통령에게 설명하도록 하였다. 5월 25일 청와대에서 두 특사를 접견한 박 대통령은 이들의 설명이 있기 전에 먼저 주한미군 철수에 대한 자신의 세 가지 기본 입장을 천명했다.

"첫째, 미군 철수는 반대합니다. 둘째, 그러나 미국정부가 우리 정부와는 아무 합의 없이 주한지상군 철수를 공식적으로 4, 5년 내에 추진하겠다고 밝힌 바 있으므로 이를 기정사실로 받아들이겠으며 굳이 붙잡지는 않겠습니다. 셋째, 철군으로 인해 생길 공백에 대한 보완책은 철저히 해줘야겠습니다. 즉 선(先) 보완, 후(後) 철군을 해줘야겠습니다."

박 대통령은 먼저 "미군이 한반도 평화와 동북아의 안정에 기여해준 데 대하여 우리 국민은 감사하게 생각한다"고 말하고 "우리의 입장을 역사에 남기기 위해 이를 분명히 해둔다"고 전제한 후 철군 반대 이유를 제시했다.

"첫째, 한반도에는 아직도 전쟁 위험이 상존해 있습니다. 따라서 평화 정착시까지는 미군이 주둔해야 합니다. 이것이 어렵다면 적어도 긴장 완화가 이룩되고 전쟁 위험이 감소될 때까지 만이라도 주둔했으면 하는 것이 우리의 희망입니다. 그런데 이 시기에 철수하겠다고 하니 납득이 안 가는 일이며 이는 한국을 위해서나 미국을 위해서 현명한 처사가 아닙니다.

둘째, 미국 내에는 철군 여론이 있다는 점, 30여 년간 주둔했으니 됐지 않느냐 또는 불필요한 투자가 아니냐 하는 주장이 있다는 것을 알고 있습니다. 그러나 우리는 그렇게 보지 않습니다. 투자라는 관점에서 보더라도 주한미군은 결코 불필요한 투자도 아니고 과

박 대통령은 청와대에서 카터 미 대통령이 특사로 파견한 브라운 합참의장, 하비브 국무차관과 스나이더 대사, 오더노휴 국무차관보로부터 미지상군 철수에 관한 미국 측의 입장을 청취했다(1977. 5. 25).

잉투자도 아니며 오히려 효율적인 투자이며 안전성 있는 투자라고 생각합니다. 먼저 내가 효율적인 투자라고 보는 것은 미국은 주한미군 1개 사단 병력으로 굉장한 효과와 이득을 보고 있다고 생각하기 때문입니다.

1) 한반도에서의 전쟁 억제와 동북아의 평화와 안전을 유지한다. 2) 한국과 일본의 안보를 보장한다. 3) 북한과 중국과 소련을 견제한다. 4) 극동에서 소련을 견제함으로써 소련의 '나토' 진출을 견제하는 전략적 효과가 크다. 5) 중국에 대해 영향력을 행사할 수 있다. 6) 동남아 우방의 미국에 대한 공신력도 높일 수 있다. 7) 일본도 견제할 수 있다.

이런 여러 가지 이점이 있는데 이것만 가지고도 철군 반대의 충분한 이유가 되지 않겠는가 하는 생각을 합니다. 내가 안전한 투자라고 보는 것은 투지의 여건과 조건이 좋다고 생각하기 때문입니다.

베트남에 미군은 한때 50만 이상이 주둔하고 있었지만 월맹군과 베트콩에게 패배하고 말았는데 미군이 결코 약했기 때문에 그런 것은 아니라고 봅니다. 베트남군이 강하지 못했고 베트남 국민들도 분열되어 있었으므로 즉 투자의 조건과 환경이 나빠 성공하지 못한 것이고 속된 말로 표현해서 이자는커녕 본전도 못 찾고 돌아온 것입니다. 그러나 한국은 베트남과는 판이합니다.

1) 60만의 막강한 국군이 있고 300만의 훈련된 예비군이 있으며 그 위에 일치단결한 국민이 있습니다. 여기에 미군 1개 사단만 합치면 베트남에서 미군 50만이 있었을 때보다 더욱 막강한 힘을 발휘할 수 있다고 믿습니다. 2) 주한미군이 있으면 전쟁이 안 납니다. 반대로 철수하면 전쟁 발발 위험성이 증대할 것입니다."

박 대통령은 미국 특사에게 철군의 계획과 복안을 물었다. 먼저 하비브 특사가 답변했다. 그는 한국 방위에 대한 미국의 공약은 확고하다면서 "철군은 아직 구상단계에 있으며 한국 측과 충분한 협의를 거친 뒤에 시행될 것이므로 카터 대통령은 각하께서 이 문제에 대해 허심탄회하게 얘기해 주길 희망하고 있다. 4, 5년 내에 철군한다는 것은 기본 구상일 뿐 최종결정은 아니다"고 밝혔다. 그는 박 대통령에게 "브라운 합참의장의 설명을 들어보면 철군이 결코 졸속한 것이 아님을 알 것이니 들어보시라"고 말하면서, 미 측의 안은 하나의 시안이니 대통령의 의견을 말씀해 달라는 것이었다.

브라운은 철군에 따르는 사전조치의 필요성을 이야기했다. 구체내용은 양국 협의를 통해 확정될 것이나 카터 대통령은 기본적으로 상호방위조약에 따라 이를 지원할 것이라고 밝혔다. 그는 카터 대통령의 약속은 빈 약속이 아니며 최선을 다해 반드시 이행한다는 결의를 수반한 약속이라는 점을 강조했다. 브라운은 후속조치는 예산배정권을 가진 의회의 태도에 달려 있다면서 카터 대통령이 의회의 승인을 얻기 위해 노력할 것이라고 말했다. 그리고 단계적 철수의 구체적인 계획을 다음과 같이 밝혔다.

"철수 원칙은 불변이며 주력부대는 마지막에 철수한다. 구체적으로 1978년 말에 제1진을 뽑겠고 제2진은 1980년에 가서 뽑겠다. 2진 철수 후에도 주력부대는 남을 것이며 주력부대는 1980년 말에 가서 그때의 정세를 검토하여 한미 협의하에 철수시기를 정할 생각이다. 공군은 계속 잔류하겠으며 비행장이 더 있어야겠다."

브라운 합참의장의 설명이 끝난 후 하비브 차관은 한 말씀 더 드리겠다면서 "미 지상군이 철수하더라도 유엔군사령부의 지위나 휴전협정의 효력 지속에는 아무런 변경이 없을 것"이라고 다짐했다. 이에 대해 박 대통령이 "앞으로 4, 5년이라고 하는데 언제부터 4, 5년이냐?"고 묻자 하비브 특사는 '금년 7월 한미연례안보회의 이후부터'라고 대답했다. 박 대통령이 다시 "2진 철수 후에도 사단주력부대는 남는다고 했는데, 사단사령부와 2개 여단이 남는다는 것이냐?"고 물은 데 대해 하비브 특사는 사단사령부와 증강된 1개 여단이라고 대답했다. 박 대통령이 3개 여단 중에서 2개 여단은 남아야 주력이라고 할 수 있는 것이 아니냐고 반문하자 하비브 특사는 그 문제는 좀 더 검토해 보겠다고 대답하였다.

박 대통령은 한국군의 전력 증강을 위해서는 무엇보다도 먼저 무기를 공급받는 것이라고 판단하고 있었다. 당시 미국의 새로운 무기 판매정책에 따르면 나토 가맹국, 이스라엘, 호주, 뉴질랜드, 일본은 미국으로부터 제한 없이 무기를 구입할 수 있으나 한국은 그렇게 할 수 없었다. 이 점을 우려한 박 대통령은 미 측에 보완조치를 완벽하게 하기 위해 한국이 무기구입에 있어 최우선 대우를 받아야 하지 않겠는가고 물었다. 하비브는 미 대통령이 필요하다고 인정하면 언제든지 부기이양과 판매를 승인할 수가 있다고 말했다. 그는 한국이 무기의 인수와 구매에 있어 아무런 지장을 받지 않을 것이라고 대답했다.

대통령은 또한 제2보병사단의 사령부를 철군 마지막 단계까지 존속시킬 것을 요구했다. 사단사령부의 존속은 상징적 의미도 클 뿐 아니라 사령부의 존속을 위해서는 여러 기간부대와 지원부대를 같이 남겨놓을 수밖에 없다는 사실을 알고 있었기 때문에 그러한 요구를 한 것이다. 하비브 특사가 앞으로 10년 동안의 남북한 관계에 대한 예측을 묻자 박 대통령은 10년을 전망한다는 것은 어려운 일이라면서 다음과 같이 말했다.

"앞으로 10년 후에는 남북한 간의 국력에 현저한 격차가 생길 것입니다. 그러나 지금 한 가지 분명한 것은 미 지상군이 나가면 북한의 무력남침 욕망이 더욱 강해질 것이라는 점입니다. 따라서 앞으로 수년은 한국에 있어서 가장 중요한 시기라고 봅니다. 그래서 철수 전에 보완조치가 완결되어야 함을 강조하는 것입니다."

대통령은 1970년대 초 미 7사단이 철수할 때도 미 행정부가 의회의 충분한 협조를 얻지 못해 약속했던 한국군 현대화계획을 지연시켰던 예를 상기시키면서 이번에는 미 행정부의 각별한 노력이 있기를 바란다고 말했다. 철수 문제에 관한 중요한 협의는 박 대통령과 두 미국 특사의 제1차 회담에서 모두 이루어졌으므로 다음 날의 제2차 회담 때는 새로운 이야기가 나온 것이 없었다. 다만 박 대통령은 '선 보완 후 철수'를 강력히 촉구했고, 하비브는 잘 이해하겠노라면서 제3진이 떠날 때까지는 모든 것을 완비하겠다고 약속했다.

하비브는 귀국하는 길에 일본에 들러 박 대통령과 회담 결과를 후쿠다 수상에게 상세히 설명하겠다고 했다. 그가 일본에 하고 싶은 말이 있으면 전달하겠다는 뜻을 밝히자 박 대통령은 신의(信義)를 강조했다.

"일본사람들은 늘 한국의 안보가 일본 안보에 중요하다고 말하는데 한국으로서는 그들에게 안보 지원을 요청할 마음도 없고 또 일본이 그럴 입장에 있지 않다는 것도 잘 알고 있습니다. 그러나 일본사람들이 한국의 안보가 그들의 안보에 중요하다고 진실로 생각한다면 북한과 성급한 접촉을 시도함으로써 한국민을 자극하는 행동은 삼가야 할 것입니다. 최소한 그 정도의 신의는 지켜야 할 것입니다."

회담 후 박 대통령은 미군 철수 문제가 온 국민의 관심사이고 국가 안보에 관한 문제이므로 초당적으로 처리하는 것이 바람직하다고 판단했다. 그래서 다음날인 5월 26일 이철승(李哲承) 신민당 대표에게 회담 내용을 설명하고, 5월 30일에는 정부 여당 연석회의에서 국무위원과 여당 중진들에게도 설명해 주었다. 정부 여당 연석회의에서는 카터의 철군계획을 다음과 같이 분석·평가했다.

"카터가 성급히 내놓았기 때문에 그의 체면과 입장을 세워야겠다는 생각과 철군을 반대하는 군부의 체면도 봐주는 선에서 조화시킨 하나의 '고심작'인 것 같습니다. 군사적으로 납득할 만한 철수의 이유가 없고, 사단을 쪼개면 쓸모없는 병신이 되는데 왜 철수하겠다는 것인지 납득이 안 가는 처사입니다.

공약은 해놓았는데 군부의 반발이 크니까 뚜드려 맞추다 보니 그런 안이 된 모양 같습니다. 1980년 말까지는 일부 전투 병력만 빠져나갈 뿐이고 유엔군사령부(UNC)와 1사단 주력부대가 그대로 남고, 그때까지는 우리 국군의 전력은 크게 증강될 것이므로 실질적으로는 변동이 없다고 봅니다.

주력부대는 1980년 말에 가서 그 철수시기를 다시 정하기로 했으니 별문제는 없다고 생각합니다. 최근 미국 내에서는 소위 '싱글러브' 충격으로 의회 내에서도 철군 문제로 논의가 많아지고 있다고 하는데 카터로서는 결코 그의 소신을 굽히지 않을 것이며 따라서 큰 변동은 없을 것입니다. 설사 변동이 있더라도 우리에게 불리한 것은 아니라고 봅니다. 변동이 있다면 규모를 줄인다든가 시기를 연장시킨다든가 하는 방향으로 나갈 것이기 때문입니다."

미국에서 불붙은 철군 찬반논쟁

박 대통령이 카터의 철수 결정을 기정사실로 받아들이고 이에 대한 보완대책을 마련하는 데 주력하는 동안 미국 내에서는 카터의 철군정책에 관해 의회, 군부, 언론계, 학계 군사전문가들 사이에 찬반논쟁이 전개되고 있었다. 그중 찬반의견이 가장 집중적으로 부각된 곳은 역시 의회였다. 1977년 5월 초 상원외교위원회에서 공화당과 민주당 의원들 사이에 논쟁이 벌어졌다.

공화당의 배리 골드워터 상원의원과 스트롬 더몬드 상원의원은 철군은 위험천만한 어리석은 정책이며, 카터 대통령은 중대한 과오를 범하고 있다고 지적하고 철군정책이 대통령 선거과정에서 정치적 동기 때문에 결정된 것이라고 비난했다. 카터와 가까운 민주당의 존 스파그만 상원외교위원장과 존 스테니스 의원은 대한(對韓)정책을 재조정하고 정책결정에 신중을 기하라고 요구했다. 그러나 민주당의 조지 맥거번 의원과 존 칼베 의원은 철군정책을 지지하고 상원이 철군정책을 공식 찬성하는 방향으로 유도하려 했다.

특히 칼베 의원은 미군은 25년간이나 한국에 주둔했고 그동안 한국은 경제적으로 현저한 발전을 했으며 상당한 군사력을 유지하고 있다는 사실을 지적한 후 소련과 중국이 북한의 남침을 지원하지 않을 것이므로 남침 가능성은 없다고 단언하면서 카터 대통령의 철군정책은 책임 있고 신중한 정책이라고 주장했다. 동 외교위원회는 맥거번 의원이 제출한 철군지지결의안을 통과시켰다. 그러나 그 결의안의 통과 직후 '싱글러브' 사건이 일어나자 결의안은 상원 본회의에서 부결되었고, 또 공화당의 돌 의원이 제출한 철군비난 결의안도 부결되었다. 결국 상원의 민주당 원내총무 로버트 버드 의원이 제출한 절충안이 채택되었다. 절충안의 골자는 철군정책을 대통령과 의회의 공동결정에 따라 시행하여야 한다는 것이다.

베트남전과 워터게이트 사건을 겪은 후 미 의회에는 행정부의 독주를 제한할 필요가 있다는 분위기가 팽배했다. 이 절충안은 그 같은 분위기를 반영한 것으로 카터의 일방적인 철군정책에 의회가 제동을 건 것이다. 미 의회가 카터의 철군정책에 제동을 건 계기가 된 '싱글러브' 사건이란 무엇인가? 그것은 철군정책에 대한 군부의 우려와 반대를 표출시킨 상징적 사건이었다.

미국은 주한미군 4만 명을 주둔시킴으로써 60만 정예 한국군과 250만 향토예비군을 포함하여 300만의 잘 훈련된 한국군에 대한 작전 지휘권을 갖고 있다. 이 막강한 군사력은 미국이 소련과 중국 등 공산대국과 대결하는 세계 전략에 있어서 유럽의 북대서양조약기구(NATO) 군사력과 쌍벽을 이루는 중요한 수단이다. 따라서 카터의 주한미군 철수정책은 미국의 세계 전략에 있어서 중대한 수단 하나를 스스로 포기하는 것이라고 군부는 우려하고 있었다.

특히 미 군부는 철수에 따른 국군방위력 보완에 막대한 비용이 들게 되므로 주한미군을 존속시키는 것이 경제적으로 유리하다고 판단, 철군정책에 부정적이었다. 토머스 무어러 전 합참의장, 리처드 스틸웰 전 주한미군사령관 등 군사지도자들은 크게 경악했고, 주한미군사령관 베시 대장은 미군의 철수가 전쟁 재발의 위험성을 높이는 것이라고 경고했다. 군부에서 카터 대통령의 철군정책을 가장 단호하게 비판한 사람은 주한미군사령부 참모장인 존 싱글러브 장군이었다.

1977년 5월 19일, 싱글러브 장군은 기사화하지 않는다는 조건으로 〈워싱턴포스트〉 도쿄지국장 존 사(John Saar)와 인터뷰를 했는데 〈워싱턴포스트〉는 약속을 어기고 그 내용을 크게 보도했다. "철군은 곧 전쟁의 발발을 의미한다"고 주장한 싱글러브 장군과의 인터뷰 내용을 요약하면 다음과 같은 것이었다.

"싱글러브 장군은 만일 미국이 주한미지상군을 제시된 예정표대로 철수시킨다면 그것은 전쟁을 자초할 것이라고 말했다. 주한미군의 서열 제3위인 그는 그 자신과 다른 많은 고위 장교들은 공군병력만 잔류시킨다는 철수계획의 지혜에 도전하고 있다고 말했다. 그는 앞으로 5년 내에 제2보병사단의 철수는 한국의 국방을 심각하게 약화시킬 것이며, 북한의 침략을 자초할 것이라고 예언했다. 그는 주한 미군사령부는 철군이 과연 바람직한 것인가에 대한 의견을 제시하도록 요구받은 일이 없다고 밝혔다.

그는 여러 가지 철군 대안들을 평가함에 있어서 우리는 잘못된 질문만을 받았다고 말하고, 그 대안들에 대한 주한미군사령부의 유보가 미지상군 철수 발상에 대한 재고를 촉발시키기를 희망한다고 부언했다. 그는 주한미군사령부가 지난 2월경에 합동참모본부에 철군정책에 대한 설명을 요청하는 청원서를 보냈지만 설명서는 오지 않았다고 말했다."

카터 대통령은 싱글러브의 언동이 기정정책에 대한 현역장군의 불복종이라고 규정하고 그를 소환한 뒤 조지아 주 포트 맥퍼슨 기지의 참모장으로 좌천시켰다.

1977년 5월 말에, 사무엘 스트라톤(Samuel S. Stratton) 의원이 의장을 맡고 있는 미 하원 군사위원회 소위원회는 싱글러브 장군이 왜 주한 미 지상군 철수가 전쟁을 자초한다고 믿는지에 대해 증언하도록 그를 소환함으로써 카터의 대한 정책에 정면공격을 시작했다. 이날 회의에는 합동참모본부 의장인 브라운 장군과 그의 참모인 로저스(Rogers) 장군이 철수에 관해 보고하도록 나와 있었다.

먼저 싱글러브 장군이 증언했다. 그는 주한미군이나 한국군 고위 장교 중에는 그 누구도 카터의 철군계획을 찬성하고 있지 않다고 지적하고, 합동참모본부는 주한미군 사령부에 철군 이유를 밝혀야 한다고 주장했다. 그는 백악관에서 있었던 카터와의 면담에서 카터는 철군계획에 대해 설명을 하지 않았다고 말했다. 그는 "한 명의 미군 병사가 1천 마디

싱글러브 소장 〈워싱턴포스트〉와 철군반대 인터뷰
주한 미8군 참모장 존 싱글러브 소장은 "만약 카터의 철군 계획대로 4~5년 동안 주한미군을 철수시킨다면 그 다음에는 반드시 전쟁이 일어날 것"이라고 주장했다(1977. 5. 19 일자). 그 배경에는 미8군사령관 베시 대장의 철군 반대 공작이 있었지 않았나 추정할 만한 근거가 있다.

의 말보다 귀하다"고 증언하면서 철군문제에 대한 자신의 소신을 다음과 같이 피력했다.

"소련과의 대결에 있어서 소련이 만약 대리전(代理戰)을 통해 한국에서 전쟁이 일어날 경우 미군이 비무장지대(DMZ) 주변에 있을 때와 없을 때의 차이는 하늘과 땅 만큼 엄청나다. 미군이 비무장지대 근방에 있으면 동북아의 전략적 방어망은 일본과 한국을 포함해서 잘 이루어질 것이다. 그럼에도 불구하고 어떤 가상적 필

요 때문에 기존의 요새지(要塞地)를 약화시킨다는 것은 바보스러운 짓이다."

다음은 브라운 합참의장이 증언했다. 그는 카터의 철수 판단은 합동참모본부의 판단과는 근본적으로 상충하는 것이지만, 합동참모본부는 대통령의 철군계획을 지난 5월 26일 발표된 내용대로 수락할 것이라고 말했다. 브라운 장군은 그 이유로 그 계획은 합동참모본부가 추천한 한국에 대한 군사원조를 포함하고 있기 때문이라고 밝혔다. 한반도에 군사력 균형이 유지되는 한 국방성의 군 수뇌들은 철군계획을 지지한다고 그는 말했다. 그는 "철군이 전쟁으로 연결된다"는 싱글러브 장군의 견해에 찬성하지 않는다면서 "미국이 한국에 지상군을 남겨둔다면 위험은 적어질 것이다. 철군에는 추가적 위험이 수반될 것이다. 그러나 그것은 견딜 수 있는 위험이다"고 부연했다.

브라운 장군은 한국이 강력한 경제적 기반과 강력한 육군을 보유하고 있으므로 군사적으로 미국에 계속 의존하는 것은 불공평하다고 말했다. 그는 "오직 북한의 비합리적 행동이나 중대한 오판 때문에 전쟁이 일어날 것이다"고 말한 뒤 "김일성의 과거 역사는 그가 언제나 합리적일 수는 있는 인물인가 하는 데 대해 의문을 낳게 한다"고 덧붙였다. 그는 미 지상군을 한국에 계속 주둔시키는 것보다 전쟁의 원인이 될 가능성이 약간 높다고 하더라도 철군 때문에 전쟁이 발발할 것이라고는 믿지 않는다고 주장했다. 계획대로 철군되더라도 미국은 아직도 오키나와에 있는 미 해병을 포함하여 한국군을 지원하는 데 사용될 수 있는 강력한 군사력을 태평양에 보유하고 있을 것이라고 말한 브라운 장군은 "우리는 군사력을 가지고 있다. 우리가 정치적 의지력을 가지고 있는지 없는지에 대해서는 나로서는 판단할 수 없다"고 말했다.

박 대통령은 이임하는 존 베시 유엔군사령관에게 태극무공훈장을 수여한 뒤 그를 위한 만찬을 베풀었다(1979. 7. 6).

한편 로저스(Rogers) 장군은 합동참모본부가 전면 철수보다는 앞으로 5년, 즉 1977년부터 1982년 사이에 주한 미 지상군 철수를 육군보병 7천 명으로 제한하는 선택대안을 제출했음을 확인했다. 당시 한반도에서의 철군은 미국의 국고절약에는 도움이 될 수 없을 뿐만 아니라 아마 궁극적으로는 미국납세자에게 더 큰 재정적 부담을 지우게 될 것으로 인식되고 있었다. 철수한 군부대를 해체하지 않는다면 분명히 경제적 이득도 없다는 것이다. 그러나 그러한 해체계획은 없었고, 그 대신 한국에서 철수할 제2보병사단은 미국 내에 영구기지를 둔 기계화보병사단으로 개편하는 것으로 계획되어 있었다. 상원 군사위원회의 증언에서 국방성은 철수로 약 15억 내지 24억 달러의 추가지출을 하게 될 것이라고 밝혔다.

미 국방성은 한국이 철군을 상쇄할 수 있는 추가 군사장비를 구

매하는 데 80억 달러를 필요로 할 것이며, 그중의 20억 달러 정도
는 미국 납세자의 주머니에서 나와야 한다고 예측하고 있었다.
1977년 5월 30일 〈워싱턴포스트〉는 사설에서 카터의 주한미군 철수
계획은 한국에서 인권억압과 핵 확산의 대가를 치르게 될지도 모른
다고 경고하고, 한·미동맹의 고리를 계속 떼어내 버리면 한국은 더
욱 더 인권에 관한 미국의 충고에 귀를 기울이지 않을 것이라고 논
평했다.

"싱글러브 장군을 제외하고는 워싱턴에 있는 거의 모든 사람들은
미국의 힘의 균형을 유지하기 위해 미 공군과 해군을 이용하고 군
사 장비를 제공하고 외교력을 행사한다면 한국으로부터 미 지상군
이 철수해도 안전하다는 데 뜻을 같이하고 있었다. 그러나 인권이나
핵확산의 대가를 치르게 될지도 모른다는 불유쾌한 사실이 그들 앞
에 나타났다.

박 대통령의 억압조치에는 여러 가지 이유가 있다. 그중의 하나는
국제정세의 불확실성이 증대하고 있는 때에 국내 안보 체제를 강화
해야 할 필요성에 대한 대통령의 판단이다. 박 대통령은 국제적 불
확실성과 국내 안보체제 강화의 필요성은 아시아 대륙에서 미국의
군사력을 감축하기로 한 닉슨, 포드, 그리고 카터의 결정에 연유한
것이라고 생각했다. 그래서 카터의 주한미군 철수계획이 발표되자
박 대통령의 정적들은 박 대통령보다 더 놀란 것 같았다.

그들도 정부와 마찬가지로 북한이 주한미군 철수를 이용할지도
모른다는 것을 우려하고 있었다. 게다가 그들은 그것이 국내적으로
억압을 촉진시킬 것이라고 걱정하고 있었다. 미국에 있는 합리적인
사람들은 한국정부가 억압조치를 취하면 앞으로 미국의 원조 제공
을 어렵게 만든다고 말할 것이다. 한국정부는 이에 대해 미국이 미
국의 운명과 한국의 운명을 연결하고 있는 동맹의 고리를 계속 떼

어내 버리면 버릴수록 한국은 점점 더 인권에 관한 미국의 충고에 귀를 기울이지 않게 될 것이라고 대답할 것이다."

사설은 또한 한국으로 하여금 자주적인 방위수단의 대안으로 핵무기를 생각하게 만든 것은 바로 미국이라고 논평했다.

"박 대통령의 한 참모는 만일 미국이 언젠가 주한미군과 전술핵무기를 철수시키기로 결정한다면 한국은 핵무기를 개발할지도 모른다고 말한 적이 있다. 카터 행정부는 핵무기의 확산을 강력하게 반대하고 있다. 한국이 핵무기를 개발하는 움직임을 보인다면 그것은 한국정부의 억압정책과 시대 조류에 의해 이미 약화된 미국의 대한 공약을 더욱더 약화시킬 것이다.

그러나 한국에 전술핵을 배치하고 그로 인해 한국군의 핵무기 욕구를 자극한 것은 바로 미국이다. 그리고 주한 미 지상군을 철수시키고 그 결과 전쟁 발발시에 미국의 자동개입을 보장하는 요소를 제거해 버림으로써 한국인들이 미국으로부터 버림받았다는 느낌을 갖게 하고 자주적인 방위수단의 대안으로 핵무기를 생각하게 만든 것도 바로 미국이다. 철수가 그릇된 생각이라고 말하는 것은 아니다. 다만 그것을 정교한 관심과 주의를 기울여 추진하지 않는다면 미국의 다른 중요한 국가이익이 위태롭게 된다는 것을 지적하려는 것이다."

1977년 6월 10일, 하원 국제관계위원회에서의 증언에서 국무성의 하비브 차관이 미 행정부의 입장을 표명했다. 그는 먼저 한국은 인상적인 경제성장으로 자주국방의 능력이 계속 증가하고 있기 때문에 한국에서 미지상군의 주둔을 연기할 필요가 없다고 말했다. 게다가 미국의 해군과 공군 그리고 주요 지원부대는 일반 지역이나 또는 필요하면 신속하게 공격을 가할 수 있는 위치에 남아 있을 것이고, 그것은 북한의 오판에 대한 충분한 억지력이 된다는 것이다. 그는 또한 미 행정부는 의회가 한국에 대한 18억 달러 상당의 군사 장비 판매를 승인해 줌으로써 제2사단의 철수를 상쇄해 줄 것을 의회에 요청하겠다고 말했다.

끝으로 하비브 차관은 전쟁의 위험을 증대시킬 평양의 행동을 고무하거나 지지하는 것이 소련이나 중국의 국가이익이 되지 않는 한, 일반적인 국제상황은 현시점에서 주한미군 철수를 촉구한다고 주장했다. 하비브는 왜 미국 행정부가 이 시기에 미군을 철수시키는 것이 미국에 유리하다고 생각하는가라는 질문에 대해서는 이렇게 답했다.

"나는 주한미군이 당초 한국에 주둔할 때의 목적에 도움이 되지 않을 때 계속 주둔시키는 것이 반드시 바람직하다고는 보지 않는다. 나는 또한 우리가 하는 일은 그것이 과거부터 계속해 온 일이어서가 아니라 공약을 지키기 위해 필요한 것이라는 것을 보여 줄 때, 한국뿐만 아니라 아시아의 다른 지역에서 우리의 공약을 보다 더 잘 유지할 수 있다고 생각한다."

1년 전 하비브는 의회에서 미지상군의 한국 주둔은 긴요하다고 증언한 적이 있었으나 정권이 바뀌자 철군을 지지하는 입장으로 돌아선 것이다. 한편 브라운 국방장관은 하원 국제관계위원회에서의 증언에 앞서 미리 준비한 성명에서 미국은 오랫동안 지상군을 한국에 유지시켜왔으나 이제는 철수가 가능하게 되었다고 말하고, 그 이유를 이렇게 밝혔다.

"우리는 한국의 개선된 상황이 책임감의 변동을 정당화하여 왔음에도 불구하고, 베트남전과 그 이후의 미군 철수로 야기된 그 지역의 불확실성과 긴장으로 인해 1970년대에 더 이상의 감군을 하지 않았다. 우리는 한반도의 평화에 깊이 개입되어 있으므로 신중했던 것이다. … 그러나 근래에 점증하는 동아시아에서의 소련과 중국의 군사력은 대부분 서로를 향하고 있고, 상호 적대행위에 투입되어 있다. 어느 쪽도 군사력을 동아시아에서의 탁월한 정치적 우세로 변화시킬 수 없었다. 미국의 대(對)중국관계는 양측이 상호안정된 관계의 가치를 인정하면서 또한 변형되어 왔다. 소련도 중국도 한반도에서의 군사적 모험을 고무하거나 승인할 어떠한 동기도 가지고 있지 않다."

그는 또 다른 철군 이유로 다음 두 가지 사실을 들었다.

"첫째, 한국은 그 자신의 국방에 대비하는 데 충분할 만큼 경제적으로 강력해지고 있다. 둘째, 한국의 상황은 미 지상군이 주둔하고 있는 유럽의 상황과는 비교할 수 없다. 왜냐하면 서구 유럽에 대한 소련과 바르샤바동맹국(Warsaw Pact) 군대의 위협은 한국에 대한 북한의 위협보다 훨씬 더 크기 때문이다."

1977년 9월 30일, 〈뉴욕타임스〉는 사설에서 브라운 국방장관이 제시한 철군 이유에 대해 논평했다. 즉 중국과 소련이 북한의 전쟁 도발을 고무하지 않는다는 전제하에 한국의 경제발전을 근거로 지상군 철수를 정당화하는 것은 사리에 맞지 않는다는 것이다. 전쟁 위험이 상존하는 한반도에서 남북한 간의 힘의 균형자 역할을 하고 있는 주한미군을 철수시키기보다는 세계 경제대국으로 성장한 서독 주둔 미군을 먼저 철수시키는 것이 합당한 일이라고 주장했다.

"브라운 장관의 견해는 중국과 소련이 군사적으로 서로 대치하고 있으므로 그들은 북한이 한국에 대한 전쟁 도발을 허용하지 않으리라는 것을 가정하고 있다. 미 지상군 철수의 말만 비쳐도 미국과의 관계가 붕괴될 서독에 있어서 억지력의 개념이 유효한 것이라면 한반도에 있어서는 보다 더 유효한 것이라고 해야 할 것이다.

제2차 세계대전 후 동서독 간에는 전쟁이 없었다. 그러나 북한은 1950년 미국과 소련이 합의한 38선을 넘어 한국을 침략했다. 미국은 한국이 그 자신의 국방에 대비할 수 있을 만큼 경제적으로 강력해졌다는 것을 근거로 철수를 정당화한다.

그렇다면 한국보다 경제적으로 더 부강한 선진국인 서독 주둔 미지상군을 먼저 철수시키는 것이 합당한 일이 아닌가. 제2차 세계대전 후 서구의 자유진영 국가와 동구의 공산권 국가 간에는 한 번도 전쟁이 일어난 적이 없고, 세계의 경제대국으로 성장한 서독과 핵무기로 무장한 프랑스와 영국이 굳게 결속한 서구 자유진영에 30만 명의 미군을 계속 주둔시키는 미국이 남북한 간의 전쟁위험이 상존하고, 미지상군의 존재로 남북한 간의 힘의 균형이 유지되고 있는 한반도에서 한국의 경제적 발전을 근거로 철수를 정당화하는 것은 결코 사리에 맞는 일이라고 할 수 없다."

이어서 사설은 일본과 서태평양의 방위에 필수적인 한국은 북한의 끊임없는 도발을 받고 있고, 남북한의 군사적 불균형은 주한미군에 의해 보완되어 왔는데, 이제 억지력의 핵심인 모든 지상군을 철수시킴으로써 침략을 자초하는 것이 아닌가라고 반문했다.

"기본적 쟁점은 결코 복잡한 것이 아니다. 한국은 일본과 서태평양의 방위에 필수적이며, 전복활동과 심리전과 무력침략으로 한반도를 통일하려는 광신적인 마르크스주의 독재자 김일성의 끊임없는 도발을 받고 있다. 북한은 병력과 항공기, 탱크, 군함의 수에 있어서 한국보다 우위에 있다. 이러한 군사력 우위는 방어보다는 공격을 위한 전략과 군의 장기복무로 인해 더욱 강화되고 있다. 지난 23년 동안 이러한 군사적 불균형은 한미상호방위조약과 주한미군에 의해 보완되어 왔다. 이제 카터는 비무장지대와 서울 사이의 좁은 회랑 (廻廊)에 전략적으로 배치되어 있는 제2보병사단을 포함하여 모든 미 지상군을 철수시킴으로써 미국의 공약을 축소하려고 결심하고 있다. 카터는 미국의 공약을 약화시킴으로써 어떻게 동맹국의 독립을 수호할 수 있는가. 그는 억지력의 핵심을 빼내 버림으로써 침략을 자초하는 것이 아닌가."

미국의 의회와 언론계뿐만 아니라 학계에서도 철수에 반대하고 나섰다. 1977년 미국 외교월간지 〈포린어페어즈(Foreign Affairs)〉 10월호에 '한국에 있어서의 파급 효과(Ripple Effect in Korea)'라는 기고문을 발표한 기브니(Frank Gibney) 교수는 주한미군의 필요성을 강조하는 근거로 김일성의 또 다른 기습 남침, 특히 수도 서울에 대한 기습공격으로 당하게 될 재난을 거론했다.

"주한 미 지상군의 계속적인 주둔이 필요하다는 군사적인 근거는 바로 김일성의 무력적화통일 야욕과 그의 군사력 증강이다. 소련과 미국의 긴장완화와 미국과 중국의 화해는 김일성에게는 우려할 사태가 아닐 수 없다. 왜냐하면 북한에 대한 소련이나 중국의 지원이 줄어들기 때문이다. 이런 상황에서 카터의 주한 미 지상군 철수계획의 발표는 김일성에게 새로운 생명의 활력을 주었다. 주한미군 철수 발표, 그것은 실로 김일성이 꿈꾸는 무력적화통일의 첫 단계로서 6·25 남침 실패 이후 기다리고 기다리던 소식이었다.

한국인에게 있어서 미 공군이나 해군의 지원은 믿을 만한 것이 못 된다. 한국인들은 미국의 공군과 해군이 1950년 6월 25일 북한의 침략을 저지하지 못했다는 사실과, 1968년 미국의 정찰함 푸에블로(Pueblo) 나포 사건 때도 아무런 행동을 하지 못했다는 것을 생생하게 기억하고 있다. 한국인들이 가장 두려워하는 것은 북한의 서울 기습공격이다. 휴전선으로부터 불과 30마일 남쪽에 있는 서울은 북한으로부터 기습공격을 당하게 되면 점령당할 위험성이 크다. 서울이 점령당하거나 잿더미가 된다면 설사 장기전에서 한국이 승리한다고 해도 그것은 마치 옛 그리스의 피루스(Pyrrhus) 왕이 헤라클레아(Heraclea)에서 로마 군대를 격파하였으나 엄청난 희생을 지불했던 피루스의 승리보다 더 처참한 끝이 될 것이다.

한국은 북한과 휴전회담을 해야 할 것이고, 휴전협정은 1953년처럼 강대국들에 의해 강요될 것이다. 결국 서울은 파괴되고 그 후유증에서 한국이 재기하는 데는 막대한 자본과 시간이 필요하게 될 것이다. 이러한 재난을 막자는 것이 주한미군의 필요성을 주장하는 첫 번째 근거다."

기브니는 주한미군의 필요성의 두 번째 근거로 아시아인들, 특히 일본의 불안을 지적했다. 아시아인들은 주한미군의 철수로 주한 미8군사령관의 한국군 통수권이 없어지는 사실에 대해 불안해하며, 일본은 북한의 무력적화통일 획책을 막는 데 필요한 '긴급한 과제(핵개발)'를 한국이 독자적으로 해결하지 않을 수 없도록 버림받는 데 대해 불안해한다는 것이다.

"주한미군의 필요성을 주장하는 두 번째 근거는 박정희 대통령이다. 박 대통령은 1972년 헌법을 개정하여 권위주의적 통치를 시작했으며, 점점 더 상대하기 어렵고 경제문제에 대한 충고는 잘 수용하지만, 정치문제에 대한 충고는 거의 무시하고 있다. 유능하고 청렴결백한 박 대통령은 민주적인 논쟁을 경시하는 정열적인 행동가다.

그는 장기적인 경제개발 목표에 너무나 심혈을 기울이기 때문에 통일문제에 대해서는 별로 생각하고 있지 않다. 통일문제에 있어서 그는 이승만 대통령과는 전혀 다른 생각을 갖고 있다. 주한미군을 휴전선 접경지대에 배치시키도록 한 한미협정에 의하면 한국의 대통령은 전쟁 발발시 한국군 통수권도 없으며, 한국군은 유엔군사령관을 겸하는 주한 미8군사령관의 통제를 받게 된다. 한국군에 대한 주한 미8군사령관의 통수권은 분명히 중요한 가치를 지니고 있다.

그러나 주한 미 지상군이 대부분 철수하고 난 후에는 주한미군의 그러한 통수기능이 제대로 유지될 수 없을 것이다. 이것이 바로 아시아인들을 극도로 불안하게 만드는 사실이다. 특히 일본은 예측불가능하고 무력적화통일을 공언하고 있는 북한과 대치하는 박 대통령의 긴급한 과제가 무엇인지를 이해하고 있다. 일본은 박 대통령이 이 과제를 한국이 독자적으로 해결하지 않을 수 없도록 버림받는 것보다는 그렇게 안 돼야만 좀 더 안심하고 다리를 뻗고 잠잘 수 있게 될 것이다."

기브니는 또한 미국은 유럽 우방국가들의 영토 보전을 위해서 30만의 미군을 주둔시키고 있는 데 비해, 그 10분의 1 정도인 4만의 주한미군이 아시아 태평양 지역의 안전을 보장하고 있다는 사실을 지적하면서 아시아 주둔 미군을 철수시키려 한다면 오키나와 주둔 미 해병연대들을 철수시키는 것이 대안이 될 수 있다는 제안을 했다.

"일본에 있는 미군은 4만 6천 명이고 그중 2만 1천 명은 오키나와에 주둔한다. 2만 1천 명은 1개 사단의 3분의 2 상당의 해병연대들과 약간의 공군병력으로 구성되어 있다. 오늘날 일본에서는 이러한 주일미군과 미일 상호방위조약은 없는 것보다는 있는 것이 더 낫다고 공인되고 있으며, 야당인 사회당의 강경파 마르크스주의자들조차도 현상 유지에 만족한다고 말하고 있다.

만일 미국이 아시아 주둔 미군을 철수시키려 한다면 오키나와에 있는 미 해병 연대들을 철수시키는 것이 주한미군 철수의 좋은 대안이 될 수 있다. 왜냐하면 아시아에 있어서 간헐적인 구조작전을 위한 후위군(後衛軍)으로 사실상 사단병력이나 다름없는 미 해병연대들이 필요한 것은 아니기 때문이다.

1961년 군사혁명 이후 박 대통령은 1963년 대통령선거에서 당선되었다. 그의 두 번 임기 동안 박 대통령은 민주적인 절차에 따라 국가를 통치했고, 그 자신도 민주적인 절차의 규제를 받았다. 그는

1960년 자유당정권의 붕괴에 수반했던 당파싸움과 무정부상태에 종지부를 찍고 민주정치를 회복시킨데 대해 커다란 긍지를 가지고 있다. 그는 집권 후 청교도와 같은 열정으로 급속한 경제개발을 통한 근대화작업에 착수했으며, 마치 공학자가 청사진을 보면서 일을 진행하듯이 자신의 개발계획을 빈틈없이 추진해 나갔다. 경제개발이 성공적으로 이루어져 그에 대한 국민의 지지가 증대하고 그 결과로 그의 권위는 강화되었다. 그는 이러한 국민의 지지를 바탕으로 자신의 3선을 위해 헌법을 개정했다.

그리고 1970년을 전후하여 북한의 무력도발이 빈번하여 국가가 비상사태에 처하게 되자, 1972년 10월에는 계엄령을 선포하고 유신헌법을 만들어 행정권을 강화하고 국회의 권한을 약화시켰다. 정치인들은 중앙정보부에 의해 감시당하고 수사를 받았다. 1973년 중앙정보부는 도쿄의 한 호텔에서 김대중을 서울로 납치하여 가택에 연금시켰다. 이러한 여러 가지 일들은 분명한 사실이다. 그러나 또 한 가지 분명한 사실이 있다. 그것은 박 대통령 통치하의 한국에는 민주주의 규정과 절차가 존속하고 있다는 사실이다. 한국인은 누구나 자유롭게 자기 사업을 할 수 있고 법에 의해 보호받는다. 국민들은 정부를 마음대로 비판하고 있으며 전체주의 국가에서는 허용되지 않는 논쟁이 자유롭게 이루어진다.

칠레와 같이 우익정권이 지배하는 나라나 유고슬라비아와 같은 사회주의 국가와 비교할 때 한국에서의 억압의 정도는 정말 작은 것이다. 한국과 같은 많은 권력주의 국가들에게 미국이 최대한 희망할 수 있는 것은 그들이 하루아침에 민주주의 국가로 변화하는 것이 아니라 보다 자유주의적이고 개방적인 사회로 성장한다는 것이다. 미국은 이것을 통찰해야 하며 이러한 성장을 촉진하기 위해 미국이 가진 모든 영향력을 행사해야 하겠지만, 그러한 영향력은 분별 있게 행사해야 한다는 것이 전제돼야 한다.

미국이 개혁하고자 하는 권위주의 정치체계들에 대한 정면도전은 유익하기보다는 유해로운 일이 되기 쉽다. 미국은 독재가 여러 가지 다양성을 띠고 있다는 것을 알아야 한다. 미국이 마치 한국과 북한 또는 오늘의 한국과 티우 대통령 치하의 베트남의 본질적인 차이에 무관심하거나 그것을 알지 못하고 있는 것처럼 행동한다면, 그것은 미국의 도덕적 민감성과 정치적 현명성에 대한 평가를 떨어뜨릴 뿐이다."

기브니는 이어서 북한의 공산주의정부와 한국의 민주정부 사이에는 근본적인 차이가 있으며, 이 차이는 크고 일관된 것이고 구조적인 것이라고 지적하고, 상대적인 도덕적 가치에 민감한 사람이라면 한국정부야말로 보호할 가치가 있다는 것을 의심하지 않을 것이라고 주장했다.

"미국의 일부 진보주의적인 정치인들과 반한인사들은 한국의 권위주의 정부는 방어해 줄 가치가 없다고 주장했다. 그러나 이들은 몇 가지 기본적인 현실을 간과하고 있다. 첫째, 한국정부는 북한 공산주의정부와는 비교할 수가 없다는 점이다. 북한의 공산주의정부와 한국의 민주정부 사이에는 근본적인 차이가 있다. 북한에서는 정부가 국민생활의 모든 분야를 통제한다. 한국에서는 다만 일부 정치적 자유가 유보되고 있을 뿐이며, 경제·문화·학문 분야와 개인생활에는 자유가 보장되어 있다. 한국에서는 언론과 법원, 대학과 교회와 기업이 북한에서는 생각조차 할 수 없는 상당한 자치권을 누리고 있다. 한국에는 또한 강력한 야당과 재야 세력이 있으며 그들은 미국 언론에 자유롭게 접근할 수 있다. 이런 일들은 전체주의 사회인 북한에서는 있을 수 없다.

둘째, 한국은 개방된 사회라는 점이다. 하루에 한국의 김포공항을 통해 입국하는 외국인 여행자들의 수는 지난 5년간 평양을 방문한 외국인 여행자 수보다도 많다. 한국에서는 외국인 여행자는 그들이 가고 싶은 곳은 어디나 갈 수 있다. 북한에서는 외국인 방문객들은 호텔에 고립되어 있으며 북한 관리의 동행 없이는 거리를 나다닐 수가 없다. 알바니아와 캄보디아를 제외하고 북한보다 더 폐쇄적인 나라는 이 지구상에 하나도 없다. 한국과 북한의 차이는 대단히 크고, 일관된 것이고 구조적인 것이다. 상대적인 도덕적 가치 문제에 민감한 사람이라면 북한보다는 한국이야말로 보호할 가치가 있다는 사실을 의심하지 않을 것이다."

기브니는 이어서 오늘날 한국의 성공적인 경제개발은 제3세계 경제개발의 모델이 되고 있다는 사실을 지적했다. 일부 한국인들이 박 대통령의 선택적이고 절제된 국내 억압을 우려하는 것은 사실이다, 그러나 한국의 지배적인 분위기는 경제발전에 대한 낙관주의다, 절대다수의 국민의 생활은 10년 전과 비교가 안 될 정도로 향상되었다, 지금 선거가 실시된다면 박 대통령은 압도적 다수표로 당선될 수 있다, 세계은행은 박 대통령이 가장 가난했던 개발도상국가인 한국을 전망이 밝은 산업화된 중진국으로 일변시켰다는 평가를 하고 있다는 것이다.

"서울의 거리는 한국산 자동차가 홍수를 이루고 있으며, 하루가 다르게 고층 건물들이 서울의 중심부와 변두리에서 신축되고 있다. 서울과 울산, 창원, 포항의 공업단지와 그것에 들어선 중화학공장들은 경제의 성장과 번영을 상징한다. 수출은 1960년의 4천만 달러에서 1977년에는 100억 달러를 달성했고, 성장률은 10년간 연평균 11퍼센트를 상회했다.

오늘날 한국의 성공적인 경제개발은 제3세계 경제개발의 모델이 되고 있다. 금년 초 세계은행의 조사팀은 다음과 같은 결론을 내리고 있다. '15년 동안에 걸쳐 지속적인 높은 소득 증가율은 농업에 의존해 왔고, 재정이 빈약하여 재정을 거의 외국 원조에 의존해 왔던 가장 가난한 개발도상국의 하나인 한국을 박 대통령은 외채상환 능력이 날로 증가하여 앞으로 5년 내지 10년 내에 현재의 무역적자를 해소할 전망이 밝은 산업화된 중진국으로 일변시켰다.' "

이 무렵 미국의 조지타운 대학 윤리와 공공정책연구소 소장인 어네스트 리피버(Eernest W. Lefever) 교수는 카터의 철군 결정은 자유세계의 지도자로서 도덕적으로 부끄럽고 비열한 행동이라고 비판했다.

"카터는 왜 자유세계와 공산권의 세계적 대결의 결정적인 투기장인 한국에서 주한미군의 일방적인 철수를 감행하였는가? 그는 왜 합동참모본부와 국무성의 경험 있는 참모들과 중앙정보국이 반대하는 정책을 완고하게 추진하려 하는가? 그는 왜 북한의 동맹국인 소련과 중국으로부터 상응하는 양보의 언질조차 없는데, 이처럼 전례 없는 행동을 고집하고 있는가? 아무도 철군이 안정보장을 강화한다고 주장하지 않았다. 그것은 또한 한국의 인권 개선에도 결코 도움이 안 된다. 권위주의적인 한국에서는 비상조치법에 의해 일부 자유가 제한되고 있다.

전체주의적인 북한에서는 어떠한 자유도 인정되지 않는다. 만일 3만 명의 주한 미 지상군의 철수로 생긴 공백이 김일성에 의해서 메워진다면 3천만의 한국국민은 그들의 모든 자유를 상실하게 될 것이다. 주한 미군 철수라는 비극적인 정책을 카터에게 강권한 참모들은 미군이 총에 맞아 죽는 것을 원치 않기 때문에 그렇게 했다는 증거가 있다. 이것은 중대한 전략적 후퇴를 결정하는 근거로는 무책임한 것이며, 자유세계의 지도자로서 도덕적으로 부끄럽고 비열한 행동이다."

리피버 교수는 또한 미 공군이나 해군이 북한의 공격에 대응할 것이라는 보장은 없으며, 한국, 일본, 자유중국 지도자들은 미국이 호놀룰루로 퇴각할 것으로 단정할 것이라고 주장했다.

"카터는 지상군이 철수한 후에도 미 공군부대는 잔류한다고 약속했다. 그러나 비행기는 언제나 날아가 버릴 수 있다. 그는 제7함대의 군사력이 있다고 말했지만, 그것이 북한의 공격에 대해 대응하리라는 보장이 어디 있는가. 카터는 철군의 보완책으로 무기와 훈련제공을 약속했으나, 그것은 의회의 예산배정에 달려 있는 것이다. 한국의 정부와 야당지도자, 일본과 자유중국, 그리고 다른 아시아 동맹국들은 주한미군 철수를 반대하고 있으며, 그것이 서태평양에 있어서 미국의 보호의 종언을 알리는 신호가 될지 모른다고 우려한다. 중국이나 소련도 주한미군 철수를 격려하지 않았다. 한국과 일본과 자유중국의 지도자들은 주한미군 철수가 완료되고 미군 철수 경향이 중단되지 않는다면 미국은 호놀룰루로 퇴각할 것이라고 단정할 것임에 틀림없다."

사방에서 뭇매 맞은 인권외교

카터의 주한 미 지상군 철수에 대한 비판과 반대 목소리 못지않게 그의 인권정책을 비판하는 주장도 만만치 않았다. 카터의 인권정책이 우방의 입장에서는 이해할 수 없는 경향을 보였던 탓이다. 첫째, 카터의 인권정책은 적국들에 대해서보다 맹방이나 우방에 대해서 더 강경하게 적용하였다. 예컨대 전체주의국가인 북한보다 민주주의 국가인 한국에 대해 문제를 제기했다. 둘째, 아무것도 얻을 것이 없는 맹방들에 대해서는 인권정책을 적용하면서, 얻을 것이 많은 맹방에 대해서는 적용하지 않았다. 예컨대, 사우디아라비아에 대해서는 인권을 강조하지 않으면서 필리핀에 대해서는 인권보장을 강력히 요구했다.

이처럼 카터는 이 문제를 균형감각을 갖고 다루는 방법을 몰랐고, 공개적인 성명이 외교적으로 유효한 때와 사적인 접근이 보다 많은 결실을 가져올 수 있는 때를 판별할 줄도 몰랐다. 카터는 인권정책이 대상 국가들의 체제에 대한 위협이나 국내 문제에 대한 간섭으로 잘못 해석되지 않도록 신중을 기할 줄도 몰랐다. 한 마디로 카터는 숙련된 외교솜씨가 없었다. 따라서 카터의 인권정책의 실패는 충분히 예견될 수 있는 일이었다. 실제로 시간이 지남에 따라 카터의 인권정책은 그 대상 국가들의 인권 개선에 도움이 되지 못했을 뿐 아니라 오히려 미국이 추구하는 다른 이해관계에 유해한 결과를 가져왔고, 대상국가의 정부와 국민들로부터 냉소와 분노를 샀다.

카터는 인권과 자유라는 이념의 칼날을 누구를 위해, 누구를 상대로, 어떻게 행사하는 것이 적절하고 유효한 것인지를 사려 깊게 판단하지 못했다. 미국을 믿고 의지하는 우방에 대해 더욱 가혹하게 칼질함으로써 치명적인 상처를 입히고, 그 결과 적을 이롭게 하고 미국 자신의 이익도 크게 손상시키는 결과를 가져왔다. 카터의 인권정책의 문제점에 대해 가장 합리적인 비판을 가한 사람은 닉슨 및 포드 행정부 때 안보담당 특별보좌관과 국부장관을 역임한 키신저였다.

1976년 12월 27일, 키신저는 시사주간지 〈타임(Time)〉에 발표한 기고문에서 자유는 가치 있는 목표이지만 단계적으로 달성될 수 있는 것이며, 더 이상 미국의 해결방안을 세계에 강요할 수 없다는 것을 인정하는 용기가 요구된다는 점을 강조했다.

"미국의 작위(作爲)나 무작위(無作爲)는 사태에 결정적인 영향을 미칠 것이지만, 미국은 더 이상 미국의 해결방안을 세계에 강요할 수 없다. 미국은 계속해서 자유의 편에 서야 한다. 이것들은 가치 있는 목표들이다. 이 목표들은 달성될 수 있다. 그러나 이러한 복표를 달성하기 위해서는 과거와는 전혀 다른 차원의 도덕적 신념이 요구되고 있다.

이러한 목표들은 무한한 인내력을 요구하며, 우리의 신념에 투철하면서 그러한 목표들은 오직 단계적으로 달성될 수 있다는 것을 인정하는 용기를 요구한다. 도덕의 본질은 그것이 보편적이고 절대적인 것으로 보이는 데 있다. 외교의 본질은 그들의 가치를 보편적이고 절대적인 것이라고 생각하는 다른 나라들의 의견을 고려하는 데 있다. 미국은 분명히 목적과 원칙을 유지해야 한다. 그러나 충동이 아니라 장기적으로 미국 국민들이 추구할 확고한 목적의식에 기반을 둔 국가이익과 국제질서와 도덕적 신념을 융합시키지 못한다면 재난을 자초하는 위험에 직면할 것이다."

키신저는 1977년 9월 25일 〈워싱턴포스트〉에 기고한 논문에서 카터 행정부는 인권을 체계적으로 억압하는 전체주의에 대해서는 체념해 버리고, 전체주의 세력에 맞서 권위주의적인 방법으로 저항하며 보다 민주적인 방향으로 진화할 가능성이 있는 한국과 이란 등 우방을 괴롭히는 것은 기괴한 일이라고 비판했다.

"인권옹호는 강력한 정치적 무기이다. 그러나 미국은 그 무기를 사용함에 있어서 보편적인 이념을 강요하는 정부와 국내혼란이나 외세침략 또는 민족적 전통 때문에 민주주의의 모든 의식을 지키지는 못하고 있지만, 보편적 이념을 주장하지 않는 정부 사이에는 차이가 있음을 이해해야 한다.

현대 세계에 있어서 체계적으로 인권을 억압하는 체제는 전체주의 체제다. 최근 몇 세기 동안 전체주의에서 민주주의로 진화한 국가는 하나도 없다. 그러나 스페인, 그리스, 포르투갈과 같은 권위주의 정부들은 민주주의 국가로 진화하였다. 따라서 미국은 침략적인 전체주의 정부와 여러 가지 불완전한 점은 있으나 외세의 침략이나 정부 전복 활동을 저지하고, 이를 통해 모든 자유세계 국민을 위해 힘의 균형을 유지하는 데 이바지하고 있는 정부들은 도덕적으로 구별해야 한다.

미국은 인권정책에 있어서 미국의 안전에 중요하고, 또 자유세계의 안전을 뒷받침하고 있는 나라들의 특수한 국제적, 국내적 상황을 신중하게 고려해야 한다. 필요성에 의해 정당화될 수 없는 인권 침해 사례가 있는 것이 사실이다. 그러나 한국이나 이란과 같이 국경선을 넘어오는 침략이나, 아르헨티나와 같이 국내 테러에 직면하고 있는 나라들의 위협은 현실적인 것이다.

미국은 전체주의에 맞서 권위주의적 방법으로 저항하는 정부들에 대한 대안은 민주주의 성장이나 인권 신장이 아니라 보다 많은 잔인한 행위와 보다 많은 고통이라는 것을 명심해야 한다. 미국이 전체주의 국가에 대해서는 체념해 버리고 모든 면에서 보다 인간적인 방향으로 진화할 가능성이 큰 우방을 괴롭히는 것은 참으로 기괴한 일이 아닐 수 없다."

1977년 10월 5일 〈뉴욕타임스〉의 데이비드 쉬플러(David K. Shipler)는 카터 대통령이 소련의 인권 상황을 문제삼은 데 대응해서 브레즈네프(Leonid Brezhnev) 소련 수상이 소비에트 최고회의에서 카터의 인권정책을 비판한 내용을 소개했다. 브레즈네프는 서방언론과 자본주의 세계의 최고 지도자들이 공산주의 국가들에 대한 적의와 불신의 씨를 뿌리기 위한 이념적 십자군 운동에 인권문제를 이용하고 있다고 지적했다. 그러면서 소련 새 헌법의 인권조항에 대한 서방의 비난을 조목조목 반박한 후 반격에 나서서 다음과 같은 질문을 던졌다는 것이다.

"무슨 권리와 자유가 오늘날의 제국주의 사회의 대중들에게 보장되어 있는가? 수천만 명의 실업의 권리! 너무나 논이 많이 늘어

치료를 받을 수 없는 환자의 권리? 고용과 교육, 정치와 일상생활에서 모욕적인 차별을 받는 소주민족의 권리? 그리고 조직범죄에 대한 항구적인 공포 속에서 살면서 언론, 영화, 텔레비전, 라디오가 앞을 다투어 젊은이들에게 폭력과 잔인성, 이기심을 가르치는 것을 보는 게 과연 권리인가? 자본주의의 선전가들은 사회주의는 오래 전에 그러한 사회적 병폐를 치유했다는 사실을 부정하고 있다."

1970년대 중반에 미·소 데탕트는 많은 사람들이 기대했던 만병통치약이 결코 아니라는 사실이 명백해졌다. 대소관계에 있어서 미국의 행동은 소련으로 하여금 보다 많은 이민의 자유를 허용하고, 반체제인사들에 대한 가혹행위를 완화하는 방향으로 나아가게 촉구하는 것이어야 한다는 압력이 국민과 의회로부터 높아지고 있었다. 카터 행정부가 백악관에 들어가기 전 의회는 이미 무기통제수출법(1976)과 소위 '하킨 수정법'을 의결했었다. 하킨 수정법은 국제적으로 인정된 인권문제를 외교정책의 변수로 삼는 것이었다.

카터는 소련의 이념적 도전에 대응하는 가장 좋은 방법이 미국의 진수를 가장 잘 반영하는 개념에 맞도록 행동하는 것이라고 여겨 소련의 인권문제를 제기했다가 브레즈네프의 반격을 받은 것이다. 카터는 이에 대해 "우리에게도 결함은 있다"고 시인하고 공개토론을 하자고 제의했다. 그러나 소련은 미국의 핵무기 감축제의를 거부함으로써 카터의 인권정책에 대한 불쾌감을 나타냈다. 이로 인해 미·소 간의 가장 중요한 군사적 현안이었던 핵무기 감축문제는 해결할 수 없게 되었다.

1978년 1월 13일, 〈뉴욕타임스〉는 사설에서 카터가 추진한 이른바 인권정책의 1년간의 공과를 평가했다. 사설에 의하면 많은 외국 정부들이 그들의 국민을 어떻게 취급할 것인가를 결정할 때 미국의 지원문제를 계산에 넣게 만든 결과 적지 않은 정치범들이 석방되었다. 하지만 인권 못지않게 중요한 문제가 걸려 있는 나라에서는 아무 것도 해결된 것이 없다. 소련에서는 전략무기 제한문제가, 브라질에서는 핵연료 재처리 중단문제가, 필리핀에서는 미국의 공군과 해군기지 문제가 해결되지 못했다는 것이다.

"1977년은 자유가 아니라 인권이, 공산주의에 대한 방위가 아니라 외국 정부가 그 나라 국민을 취급하는 방법이 미국 외교정책의 핵심이 된 해였다. 그러나 그 후 일 년 동안 실적은 선의를 구현하는 것이 얼마나 어려운 일인가를 입증하고 있다. 먼저 대통령 선거 유세 때 카터가 인권을 강조하자 소련의 반체제 인사들은 카터의 지원을 요청하였다. 카터는 즉각 지원을 표명했고, 그 결과 그는 10여 년 동안의 화해를 청산하고 냉전을 다시 시작한다는 것을 소련지도자들이 믿게 만들었다.

전략무기 제한 문제, 중동 문제, 남아프리카 문제 등 미·소 간의 중요한 쟁점의 해결은 더욱더 어렵게 되었다. 소련 반체제에 대한 수사적인 지원이 정말 가치가 있는 것인가? 카터 행정부는 브라질 군사정부에 대해 반대세력을 박해하지 말 것과 플루토늄을 추출하기 위해 사용된 핵연료의 재처리 중단을 동시에 요구했다. 대부분의 브라질 국민들은 인권에 관한 브라질 정부의 조치에 의해서 직접적으로는 아무런 영향도 받지 않았으므로 브라질의 미래 에너지 자립을 저지하려는 미국정부의 노력에 분노를 표시했다.

미국의 두 가지 요구는 브라질정부에 의해 모두 거절당했다. 인권과 핵의 비확산 중 어느 것이 더 강조되어야 할 것인가. 브라질은 인권문제가 쟁점이 안 되었더라면 핵연료 재처리중단에 관한 요청에 보다 더 좋은 반응을 보였을 것이다.

필리핀에 있는 미국의 공군과 해군기지는 아시아 지역에서의 미군작전을 용이하게 하고 있다. 마르코스 대통령은 더 많은 임대료를 원하며, 그의 고압적인 권위주의 통치를 비판하지 말 것을 희망하고 있다. 필리핀의 기지가 없어도 작전을 할 수 있으나 비용과 불편은 엄청나게 클 것이다. 마르코스 정부와 결별하기 위해 어떤 대가를 지불해야 하는가. 이러한 의문들은 인권이 미국 외교정책에 영향을 미칠 때마다 제기되었다. 인권을 강조하는 것은 가치 있는 일이라고 할 수 있다. 그것은 많은 외국 정부들이 그들의 국민들을 어떻게 취급할 것인가를 결정할 때, 미국의 지원문제를 계산에 넣게 만들었고, 그 결과 적지 않은 정치범들이 석방되었다. 그러나 인권 못지않게 중대한 문제가 걸려 있는 나라에서는 아무것도 해결되지 않았다."

브레진스키 보좌관은 1978년 12월 6일 세계인권선언 30주년 기념 연설에서 "인권은 우리 시대의 물결이며, 인류가 그 새로운 정치적 각성을 표현하는 중심적 형태이다. 미국이 변화하는 세계에 대처하는 중심적 관심사로서 인권에 관한 한 인간의 조건을 향상시키기 위한 노력에 진전이 있었다"고 말했다. 그는 미국이 인권정책을 추진하는 데 딜레마와 한계가 있다는 점도 인정했다.

카터가 인권정책을 수행함에 있어서 직면한 딜레마는 적대국가에 있어서는 핵무기 감축문제가 걸려 있는 소련의 경우에, 동맹국가에 있어서는 미국의 안보이익이 걸려 있는 한국의 경우에 가장 두드러지게 드러났다는 것이다. 브레진스키는 미국의 전세계적인 인권개선 노력에 진전이 있었다고 주장했으나, 그것은 미국의 경제원조에 대한 대가로 미국의 정치범 석방 요구를 수용한 남미의 몇몇 약소국가에 국한된 것일 뿐이었다.

제2차 세계대전 후 1950년대와 1960년대는 미국이 거의 모든 것을 할 수 있다는 자신감이 있었던 시기였다. 미국의 자원은 무한한 것처럼 보였으며 다른 국가들과의 힘의 차이는 너무도 압도적이어서 정치 군사적 균형을 유지한다는 이름하에 자제의 미덕을 보이는 것은 아주 드문 일이었다. 이른바 미·소 냉전시기 동안에 미국은 이상적이고 도덕적인 용어로써 국가적 목표들을 표현했다. 미국의 외교정책은 자유를 탄압하고 개인의 도덕적 존엄성을 부인하는 정체들에 대항하는 십자군이었다. 미국은 자국의 국가적 목적은 사악한 세계를 구원하고, 또 그것을 미국의 민주주의적 원칙들에 따라 재창조하는 것이라는 믿음을 실천하고 있었다.

정치인들은 공산주의의 위협 앞에서 종종 신중하고 자제했지만, 대부분의 정치인들은 미국의 위대한 힘이 전세계 방방곡곡에서 자유와 민주주의에 대한 위협에 대처하는데 효과적으로 사용될 수 있다고 믿는 낙관주의에 경도되어 있었다. 그들은 미국의 힘이 자유세계를 방어하고, 또 가능하다면 확장하는 데 사용되어야 한다고 주장했다. 미 국무장관 덜레스의 철의 장막을 걷어 올리려는 종교적 열정과 대량 핵 보복 독트린은 냉전의 절정기에 미국의 외교정책이 얼마나 대담한 것이었나를 보여 주는 징표들이었다. 1950년대와 1960년대에 미국을 특정문제에 대한 궁극적인 해결을 시도했다. 적어도 1950년대 초에 협상과 타협이 중심적 역할을 수행하는 세력균형정책은 니체의 말을 사용한다면 '시대에 안 맞는 사상'이었다.

1970년대에 이르러 미국의 힘과 노력만으로 세계의 모든 문제가 해결될 수 있다는 생각은 환상임이 드러났고, 미국이 불사신의 나라라는 신화도 깨지고 말았다. 물론 1970년대에 있어서도 미국은 여전히 국제사회에서 가장 강력한 국가이며, 가장 거대한 영향력으로 남아 있었다. 그러나 1950년대와 1960년대의 이른바 '미국의 시대'는 이미 지나갔다. 국제사회의 상황도 변했고 새로운 시대가 전개되고 있었다. 1970년대는 미국이 핵무기의 독점국가가 아니라, 많은 동등한 핵보유 국가 중의 하나에 불과한 시대였다.

그것은 미·소 양대 진영으로 세계가 양극화되던 시대가 지나고 힘과 영향력의 중심이 여러 갈래로 분산되고 있는 시대였다. 각 국가가 그들의 과제를 독자적으로 해결할 수 있는 시대가 아니라, 경제적으로 상호의존하고 지구 차원의 공통의 도전에 함께 대응해야 할 시대였다. 1970년대는 또한 도덕적인 문제는 오직 불완전하고 점진적인 단계를 거쳐야만 해결될 수 있는 시대였다. 따라서 1970년대에 미국은 더 이상 세계를 지배할 수도 없고, 오히려 국제정치의 심대한 변화에 적응해야 하는 고통스러운 시기에 처해 있었다.

1970년대 미국인들이 가진 불안의 원인은 미국의 국력이 방대한 것이기는 하지만, 다른 나라와 마찬가지로 한계가 있음을 인정하지 않을 수 없게 된 새로운 국제사회의 현실에 있었다. 미국의 자원은 더 이상 미국의 문제들을 해결하는데 있어서 무한정한 것이 아니며, 미국도 이제는 지적·물리적 문제의 우선순위를 정하지 않으면 안 되게 되었던 것이다. 특히 1970년대 중반에 이른바 워터게이트 사건으로 닉슨 대통령이 사임하고 베트남이 공산화되자, 미국은 그들이 그렇게 오랫동안 자만하도록 허용했던 이상과 자신감을 상실했다.

지난 2세기 동안 외국에 대한 개입과 철수를 되풀이해 왔던 미국은 베트남전에서 미국의 국력에 너무 많은 기대를 걸었다가 그 국력의 사용을 부끄럽게 생각했으며, 베트남전에서의 패전을 미국의 낙관주의를 비관주의로 바꾸어 놓았다. 미국은 더 이상 세계적 차원에서 구원과 개혁의 사명을 수행할 의지가 없다는 것을 스스로 입증하였다. 서구 우방들의 미국에 대한 태도도 변화했다. 제2차 세계대전 후 30년 동안 미국은 서구세계를 지키는 방패 역할을 해왔다. 그러나 서구 국가들은 그들의 군비지출을 주저하고 자주적인 방위력을 증강하려 하지 않았다. 이들은 유사시 미국이 자신들을 보호해 준다는 사실을 알면서도 모든 문제가 미국의 잘못 때문이라고 불평했다.

이른바 제3세계 국가들의 태도도 변했다. 오랫동안 미국은 가난한 제3세계 국가에서 홍수·지진·화재 등 자연재해나 질병 등이 발생하면 최선의 방법으로 이기심 없이 가장 먼저 도움을 주는 나라였다. 하지만 미국에 대한 그들의 반응은 과거와는 달랐다. 비난과 규탄, '양키 고홈'이었다. 제3세계에 있는 미국공보원이 습격을 받아 불길에 휩싸이고, 그들의 대표들은 유엔총회에서 탁자 위에 뛰어올라 미국에 대한 반대표를 던졌다. 미국인들은 이제 다른 나라들이 자신들의 방법으로 자신들의 일을 처리하는 것을 참고 견딜 줄 알아야 했다. 미국의 마음에 들지 않는 것도 듣고 보아야 하며, 다른 나라 일에 간섭해서는 안 된다는 것을 인정하지 않으면 안 되는 시대에 접어들게 된 것이다.

그렇지만 카터는 그동안 세계가 많이 변화했고 미국은 더 이상 과거처럼 미국의 계획이나, 미국의 의지를 세계에 강요할 수 없게 된 국제사회의 역학관계를 올바로 헤아리지 못했다. 그리하여 카터는 인권외교를 추진하는 과정에서 미국의 국력이나 지혜의 한계도 무시하고 이른바 '조용한 외교'를 완전히 배제하였으며, 공개비난과 원조 중단을 주된 압력 수단으로 구사했다. 대처 영국 수상이 카터 대통령을 처음 만난 자리에서 거침없이 카터의 인권정책은 감상적(Mushy)이라고 비판하자, 카터 대통령은 이 '철의 여인'의 솔직하고 대담한 논평에 혀를 찼다고 한다. 대처 수상은 카터를 공개적으로 비판하지는 않았으나 그가 현실정치를 알지 못하고, 이상주의에 너무 집착하고 있음을 염려했다는 것이다. 역사적으로 인권선언은 여러 형태로 여러 번 있었지만 그 내용은 늘 조금씩 다르게 나타났다. 현실참여를 주장하는 종교인들이 많이 인용하는 현대 신학자 몰트만은 인권에 관해서 다음과 같이 말했다.

"서구 산업국가들에서는 인권이란 주로 개인이 정치 활동을 뜻대로 할 수 있는 자유를, 동구 사회주의국가들에서는 경제적인 착취를 당하지 않는 평등의 권리를 말한다. 또 개발도상국가들에서는 주권을 효과적으로 행사할 수 있는 국가의 국민이 될 수 있는 권리를 말한다. 과거에 국가의 주권을 잃어 본 민족들은 국가의 주권을 잃으면 어떤 인간다운 생활도, 어떤 권리도, 어떤 자유도 보장될 수 없고 늘 생존의 위협을 받는다는 사실을 알고 있기 때문이다.

일부 선진 산업국가들은 자기 나라에서 인종차별 때문에 유색인들이 인권을 침해당하는 것은 인권침해라고 생각하지 않고, 개발도상국가에서 어떤 개인이 정치 운동을 하다가 체포되는 것은 큰 인권의 침해라고 비난한다. 그러나 대부분의 개발도상국가는 자주적이고 자립적인 국가를 건설하고 그 국가의 시민이 되는 것이 국민들이 보장받아야 할 가장 중요한 인권이라고 생각한다. 따라서 인권의 정의를 내리기도, 인권의 종류를 열거하기도 그렇게 쉽지는 않다. 또 이것은 기본적인 인권이고 저것은 부차적인 인권이라고 단정할 수 있는 절대적인 기준이 있는 것도 아니다. 모든 인권이 항상 준수되고 있는 나라는 어느 곳에도 없다.

민주주의의 양대 지주인 자유와 평등이 선진 민주사회에서는 완전하게 실현돼 있는 것처럼 주장하는 사람도 있으나 그러한 일은 있을 수 없다. 인간사회는 언제나 불완전하며 현실로서의 민주주의도 언제나 불완전하고, 따라서 특정 사회에 현실로 존재하는 자유니 평등이니 하는 것도 결코 완전한 것일 수 없다. 자유, 평등은 하나의 이념에 지나지 않는다. 개인적 자유는 때가 오면 세계 도처에서 강력하게 실현될 것이라는 서구인들의 신념은 단순히 역사적으로 특수한 시기와 장소에서 타당했던 그들의 이상을 편협하게 일반화한 것이다. 서구의 18, 19세기의 특징이었던 자유는 세계 도처에서 결코 우세하지도 않았으며, 또한 오늘의 서구에서 번창하고 있지도 않다.

이처럼 자유의 지배적인 특징은 나라마다 다르고, 또 특정한 시기에 국가가 처한 상황에 따라 그 국민에게 허용되거나 제한되는 자유의 종류와 수준도 나라마다 다르다. 이러한 차이를 무시하고 어떤 국가가 자국의 힘을 배경으로 자국이 중요시하는 자유의 종류와 수준을 다른 국가에게 강요한다면 그 두 국가 간에 자유의 문제, 이른바 인권문제에 대한 분쟁이 생길 수밖에 없다.

키신저는 1982년에 발간된 자서전 제2권 《격동의 시대》에서 역사적 진화의 과정을 무시하고 즉각적 개종을 고집하는 도덕주의 외교는 우방과의 충돌을 불가피하게 만든다고 회고했다.

"국무장관에게 인권문제는 단순히 도덕적인 쟁점이 아니라 미국의 공개적인 압력에 의해서 외국의 인권상황을 어느 정도까지 변화시킬 수 있는가 하는 실천상의 문제다. 카터 행정부가 대단한 용기와 인내심을 가지고 추구한 것은 우방 체제의 정치적·도덕적 성격을 변화시키는 것이었다. 그들은 너무나 엄격한 기준(규범)을 고집했고 외교적인 수단의 고유한 특성인 점진주의에 대해 분개하였다.

크라우제비츠(Clausevitz)는 외교를 다른 수단에 의한 전쟁의 계속이라고 규정했지만, 외교에는 그 나름의 적절한 전술이 있는 것이다. 외교는 국가 간의 관계에 있어서는 가장 고매한 목적도 불완전한 단계를 거쳐야만 달성될 수 있다는 것을 인정한다.

예언자들은 높은 이상을 제창한다. 그러나 정치지도자는 항상 예언자들이 이상만을 따를 수는 없다. 우리가 추구하는 역사적인 진화의 과정을 거부하고 즉각적인 개종(改宗)을 고집함으로써 우방의 체제를 변개시키려는 기도는 강력한 저항에 직면하지 않을 수 없다. 그것은 카터 행정부가 나중에 알게 된 것처럼 미국과 우방의 정면

대결을 불가피하게 만들게 된다. 만일 미국이 대결을 감당할 준비나 의지가 없는 것이 드러나게 되면 미국은 두 가지 면에서 손실을 입게 된다. 그 하나는 우방에 있어서 인권 상황의 악화이며, 다른 하나는 미국 외교정책에 대한 신뢰성의 약화다."

결국 카터는 우리나라 체제의 정치적·도덕적 성격을 변개시키려고 기도함으로써 한국정부의 강력한 저항에 직면했고, 한·미 간의 정면대결을 불가피하게 만들었다.

혼합 핵연료사업 중단

카터 행정부는 1977년 1월 초 원자력개발을 추진 중이던 이란, 한국, 브라질, 아르헨티나, 파키스탄, 이라크와 이들 나라에 핵기술을 판매하려한 프랑스, 서독, 벨기에에 대해 각각 핵 기술의 구매와 판매를 취소하라고 압력을 가했다. 특히 6월 말에는 한국이 벨기에와 추진하던 혼합핵연료사업을 중단하라고 한국정부와 벨기에정부에 동시 요청했다. 1977년 11월 11일, 한국은 혼합핵연료사업도 중단했다.

1976년 서독 수상이었던 슈미트는 회고록에서 카터 대통령이 취임한 지 며칠 지난 1977년 1월에 부통령 먼데일을 통해 통화팽창정책을 요구해 왔고, 후진국에 대한 핵기술을 제공하지 말라는 압력을 가했다고 밝혔다. 그는 미국의 요구를 거절했다면서 이렇게 말했다.

"우리들은 통화팽창정책에서 야기될 세계적 규모의 인플레이션을 지적하고 이를 거부했다. 또한 우리는 브라질에 핵에너지의 평화적인 사용에 대한 기술을 공급치 못하게 하려는 카터의 시도에 반대 입장을 취했다. 원자력 제공 금지조약이 만료된 후 우리들은 핵연료를 공급할 권리를 갖게 되었다."

북한군의 미군 헬리콥터 격추사건

이 무렵 주한 미 지상군을 전부 철수시키겠다는 카터 대통령의 결정에 대한 논쟁을 가열시킬 것으로 보이는 사건이 휴전선에서 발생했다. 1977년 7월 14일, 카터 대통령은 실수로 북한 영공 내로 들어간 미 육군 헬리콥터가 북한에 의해 격추되었다고 말했다. 그는 미국은 이 사건이 대결로 발전하는 것을 막기 위해 노력하고 있다고 밝혔다.

CH-47 치누크(Chinook) 헬리콥터는 미국 동부시간으로 8시에 비무장지대를 넘어서 비행하다가 격추되었다. 3명의 승무원은 사망했으며 한 명은 부상을 입고 체포되었다. 북한방송은 헬리콥터가 비무장지대의 북한 측 지대로 깊숙이 침투했다고 보도했다. 카터는 미군 헬리콥터의 북한 침투에 대해 사과하였다.

북한은 생존한 부상자와 세 사망자의 시체를 미군에 인도하였다. 바로 1년 전인 1976년 8월 판문점에서는 두 명의 미군장교가 북한군 장병들에 의해 도끼로 맞아죽는 사건이 발생했었다. 이 만행으로 주한미군은 경계태세에 들어갔고, 항공모함 미드웨이(Midway)와 5척의 구축함이 이 지역으로 이동했다. 그런데 이번 사건에서는 카터와 김일성이 서로 유화적인 태도를 보였다. 왜 그랬을까? 김일성은 카터의 주한 미 지상군 철수정책이 위험에 빠지는 것을 원치 않기 때문에 유화적인 태도를 보인 것이다.

그는 철수정책이 순조롭게 추진되기를 원하고 있었다. 만일 북한이 헬리콥터 격추사건에 대해 강경노선을 취했다면 그것은 철수정책 비판자들의 기운을 돋우었을 것이다. 그래서 그는 카터의 철수정책에 대한 미 의회의 비판자들의 입장을 강화해 주는 일을 피하기 위해서 유화적인 태도를 보인 것이다. 김일성은 또한 미국과의 새로운 외교적 대화의 시작을 방해할지도 모를 긴장의 증대를 피하려고

했다. 그는 주한미군의 완전 철수에 추가하여 한국정부대표를 배제한 북미대화를 원하고 있었다.

카터도 같은 이유로 온건한 길을 택했다. 그는 철수가 시기상조이며 침략을 자초할 것이라는 주장에 부채질하게 될 북한과의 또 다른 대결을 원치 않았다. 백악관 대변인 파웰(Powell)은 헬리콥터 격추는 카터의 철군계획을 변경시키지 않았다는 사실을 강조했다. 뿐만 아니라 카터는 북한과도 관계개선을 추진하겠다는 자신의 방침이 이 사건으로 인해 영향받는 것을 원치 않았다.

1977년 2월 24일, 카터는 취임 직후 처음으로 국무성을 초도순시하는 자리에서 공산권 국가들과의 관계개선 의지를 밝혔다. 즉 미국은 우방들과 맺은 공약을 충실히 이행할 것이며, 동시에 옛 적성국들과도 이해를 증진하고 관계를 개선하고자 한다고 말했다. 그는 베트남, 라오스, 캄보디아, 북한, 쿠바, 중국, 소련, 이라크 등을 그 대상국가군에 포함시켰다. 3월 23일 베트남전에서 실종된 미군 유해를 인수하기 위해 하노이를 다녀온 우드콕 사절 일행을 거느리고 기자실 연단에 나타난 카터는 사절단의 노고와 성과에 대해 '완벽한 성공'이며 '최상의 사명 완수'였다고 높이 평가했다. 그는 "베트남 사람들이 아주 성실하게 우리 측을 대해 주었으며 우리는 곧 파리에서 새 협상을 시작하겠다"는 뜻을 밝혔다. 카터는 북한과도 미군 유해의 송환교섭을 생각하고 있었을 것이다.

한·미 정상의 철군 보완대책 논의

카터 대통령은 제10차 한·미 연례안보협의회 참석차 방한한 해럴드 브라운 국방장관 편에 7월 21일자 친서를 박 대통령에게 보냈다. 이 친서에서 카터 대통령은 대한 방위공약 준수결의 및 미군 철수속도와 보완대책에 대해 설명했다.

청와대를 예방한 헤럴드 브라운 미 국방장관 헤럴드 브라운은 카터 친서를 박 대통령
에게 전달했다. 이 자리에 스나이더 주한 미 대사, 브라운 미 합참의장이 함께하였다
(1977. 7. 25).

"제10차 한·미 연례안보협의회에서 논의될 주요 의제와 관련하여
본인은 주한 미 지상군 철수계획과 대한 안보공약에 관한 미국정부
의 입장을 각하게 친히 전달드리고자 합니다. 본인은 철수계획이 미
국의 대한 안보공약에 있어서의 어떠한 변화도 의미하는 것이 아니
라는 점을 굳게 다짐하고자 합니다. 우리 양국 간의 상호방위조약은
아직까지 완벽한 효력을 갖고 있으며, 대한민국이 무력침략으로부
터 방위할 수 있도록 돕기 위하여 미국이 동 조약에 의거한 신속한
지원을 제공할 것이라는 결의는 여전히 확고부동하며 추호도 약화
되지 않습니다. 북한이나 여타 어느 나라도 미국의 대한공약의 강도
에 대하여 의심을 가져서는 아니될 것입니다.

본인은 향후 4~5년 기간에 걸쳐 있게 될 철수가 한반도에서의 평화를 유지할 수 있도록, 서서히 그리고 조심성 있게 이루어질 것이라는 사실을 각하께 다시 한 번 다짐 드리고자 합니다. 이 문제에 대한 우리 양국 간의 협의의 한 단계로서 브라운 장관이 미국정부의 계획을 각하와 서 장관과 더불어 더욱 상세히 의논하게 될 것입니다.

우리가 누차에 걸쳐 명백히 한 바 있듯이 미공군부대, 군사정보 및 병참지원 요원들은 한국에 무기한 머무르게 될 것입니다. 또한 해군을 한국 지역에 계속 배치할 것입니다. 동시에 우리는 주한 미지상군이 철수함에 따라 대한민국이 스스로의 방위책임에 있어 더 큰 부분을 부담할 수 있도록 하기 위하여 실질적인 군사원조, 미2사단 장비이양 및 추가 대외 군사판매의 승인을 의회로부터 받아내도록 노력할 의향입니다.

각하, 본인은 대한민국 정부나 국민이 그들의 방위책임을 감당하고, 또한 귀국이 이미 이룩하여 놓은 훌륭한 경제성장과 발전의 기록을 지속할 결의가 되어 있다는 것을 알고 있습니다. 우리로서도 한반도에서의 평화와 안전을 유지하기 위하여 귀국과 협조할 결의가 되어 있습니다."

위 문제는 1977년 7월 25일과 26일 이틀간 서울에서 열린 제10차 한미안보협의회에서 한국의 서종철 국방장관과 미국의 헤럴드 브라운 장관 사이에 공식으로 논의되었다. 두 장관은 한미연합사령부의 신설과, 평화유지기구로서 유엔군사령부는 휴전협정을 실행할 수 있는 다른 대안이 없는 한 계속 존속시킨다고 천명했다. 또한 미국은 1973년에 중단된 남북대화가 재개되어 평화통일의 길이 모색되기를 희망하며, 한국을 빼돌리고 북한과 직접 협상할 의도는 없다는 점도 강조했다.

2陣 撤軍은 정세따라

韓美安保협의 첫날

軍事支援규모 25億弗로

防禦用軍需치중

美側,對韓「제조허가」등 用意

◇25일 국방부 제1회의실에서 열린 제10차 韓·美安保協議會議는 오른쪽이 韓國側, 왼쪽이 美國側. 회의는 3분간 촬영이 허용된뒤 곧 非公開로 진행됐다.

제10차 한미안보협의회를 보도한 신문기사(1977. 7. 25)

국방장관을 수행하는 고위관리를 통하여 미국은 앞으로 5년 동안 18억 달러의 차관과 신용 제공을 미 의회에 요청하여 한국이 국방력을 강화할 수 있도록 지원하겠다는 것을 분명히 했다. 그 고위관리는 한국이 F-16전투기와 페어차일드 A-10경폭격기(Fairchild A-10 light bombers), 그리고 주한 미 제2보병사단은 보유하고 있으나 한국군은 보유하지 못한 대전차용 토우(Tow) 미사일 구매에 찬성한다고 말했다. 미국의 차관과 신용제공계획은 한국이 국군현대화 5개년계획 예산을 50억 달러에서 70억 달러로 증액하는 것을 돕기 위한 것이다. 국방성은 최종결정에서 80억 달러 계획안을 추천한 바 있었다고 그 고위관리는 밝혔다.

한미 국방장관의 공동성명 발표 후 가진 기자회견에서 브라운 장관은 전술핵무기의 한국 배치에 관한 질문을 받았다. 당시 미국은 핵탄두와 핵폭탄을 장착한 F-4 전폭기대대를 한국에 배치해 두고 있는 것으로 널리 알려졌었다. 브라운 장관은 다소 애매하게 "한국은 계속 미국의 핵우산에 의해 보호받을 것이다"고 말한 뒤 "그러나 한국은 재래식 무기에 의해 방어될 것이며, 재래식 무기로 한 국가를 충분히 보호할 수 있을 때 핵무기에 의존하는 것은 잘못이다"고 부연했다.

귀로에 후쿠다 수상과 미하라 방위청장관 등 일본지도자들과도 만난 브라운은 샌프란시스코에 도착하자 "한국의 영토적 안정과 독립은 일본에 실로 중요하다. 일본이 한국 방위에 공헌하는 길은 경제적 방법으로 하는 것이라고 본다. 즉 충분한 정도의 대한(對韓) 투자를 하는 것과 무역에서 개방정책을 약속하는 것 등이다. 나는 한국에 충분한 경제력을 부여한다면 한국사람들은 자신들의 방위를 위한 노력을 충분히 할 것으로 확신한다"고 언명했다.

제10차 한미연례안보회가 끝난 후 박 대통령은 8월 5일 카터 대통령의 친서에 대한 답신을 보냈다. 이 답신에서 박 대통령은 카터 대통령이 방위공약준수와 주한미군의 점진적 철수를 확약해 준 데 대해 사의를 표명하고, 철수계획의 성공은 철군에 대한 보완 조치의 신속한 실천에 달려 있다는 점을 강조했다.

'한국은 핵을 만들지도, 보유하고 있지도 않다'

1977년 8월 11일, 카터 대통령은 브라운 국방장관을 서울에 파견했다. 브라운 장관은 우리 국방장관과 실무협의를 마친 후 박 대통령을 예방하고 철군계획과 후속조치에 대해 소상히 설명했다. 박 대통령은 이날 기자회견에서 미국정부가 제시한 주한미군 철수에 수반된 보완대책을 설명한 다음, 핵문제에 대한 기자들의 질문에 다음과 같이 답변했다.

질문: 브라운 장관과의 요담에서 핵무기에 관한 논의가 있었는지 말씀해 주십시오.

답변: 미국정부는 핵무기에 대해서는 공식적으로 거론하지 않는 것이 관례인 것으로 알고 있으며, 나와 브라운 미 국방장관이 단독으로 이 문제에 관해 얘기를 했으나 나로서도 발표하지 않는 것이 좋겠습니다.

질문: 주한 미 지상군 철수 문제와 관련, 우리가 그동안 계속 의연한 자세로 나가는 배경에는 한국이 핵무기를 보유하고 있기 때문이라고 추측하는 국민들도 있는데, 이 문제에 대해서 의견을 말씀해 주십시오.

답변: 핵무기를 만들지도 않고 보유하고 있지도 않습니다.

한반도의 전쟁재발 위험

1978년 정초에 주한 미 지상군 철수문제에 대한 카터와 미 행정부의 입장변화 조짐이 나타나기 시작했다. 1월 9일 상하원 합동회의에서 발표한 연두교서 카터는 한국에 주둔하는 미군을 언급하면서 '철수' 대신 '감축'이라는 용어를 썼다. "우리는 한반도에서 미 지상군을 감축하여 재조정하고자 하며, 이와 관련하여 군사적 균형 유지를 위한 보완조치를 취하고자 한다"는 것이다. 1977년 미·일 정상회담 때 발표문에 '감축'이란 표현을 쓰자는 후쿠다 일본 수상의 요구를 거절했던 카터 대통령이 스스로 감축이란 표현을 쓴 것이다.

2월, 헤럴드 브라운 국방장관은 하원 국제관계위원회에서 "만일 예상 외로 북한의 군사력이 한국보다 빠른 속도로 증강되고 침략 징후를 보이면 현재의 철군계획을 수정할 수밖에 없다"고 증언했다. 곧이어 아시아태평양소위원회에서 국무성의 홀브룩 차관보도 "한반도의 군사정세를 계속 검토 중"이라고 말했다. 1977년 1월 초에 카터 대통령이 철수계획을 발표한 후 의회와 언론과 학계에서 이에 대한 비판과 반대의 기운이 거세게 일어나자 카터와 미 행정부는 '철수'라는 용어를 '감축'으로 바꾸었다. 그 후 '감축'을 다시 '수정'으로, '수정'을 '중단'으로 바꾸는 과정을 겪으면서 급기야 북한의 급속한 군사력 증강을 이유로 1979년 7월 20일 철군을 중단하기에 이른다.

1978년 2월, 상원 군사위원회의 병력관리소위원회(Manpower and Personnel Subcommittee)의 청문회에서 국방성 부차관보 머튼 애브라모위츠(Morton I. Abramowitz)는 한반도의 안정성 증대와 한국지상군의 능력 개선 결과로 철군이 가능하게 되었다고 이렇게 증언했다.

"한국인들이 스스로의 힘으로 북한에 대해 방어를 할 수 있는 상황이 되면, 그들은 지금처럼 전적으로 외국 세력에 의지할 필요가 없는 더 안정된 억지력을 기본적으로 가지게 된다. 그들은 스스로 지상에서의 역할을 처리할 수 있는 상황에 와 있다. ……한국은 지금 북한과 더욱 대등한 위치에 있으며, 따라서 그들은 동맹국의 전쟁 수행을 위한 주둔에 의지할 필요가 없다."

그러나 소위원회 위원장인 샘 넌(Sam Nunn) 상원의원은 행정부의 지상군 철수의 주요한 이유는 두 가지, 즉 예산을 절감하고 한국의 분쟁에 미국이 자동적으로 개입하게 되는 위험을 감소시키는 것이지만 어느 목적도 충족되지 않을 것이라고 결론지었다.

"그 당시 백악관 기자들 사이엔 샐라미 슬라이싱(Salami-Slicing)이란 말이 유행하였다. 그것은 샐라미 소시지 쪽을 썰어내듯 여기서 조금, 저기서 조금 예산을 깎아내려는 카터 정부의 지출 억제 누더기 정책을 비꼰 말이었다. 해마다 1천 2백억 달러나 되는 국방예산의 56퍼센트가 인건비이기 때문에 해외 주둔 병력을 감축한다면 국방예산을 절감할 수 있으며, 이것은 1980년도까지 균형예산을 실현하려는 카터 정부의 목표 달성을 위해서 필요하다는 것이다. 그러나 철군 비판자들은 행정부와 군부의 주장은 두 가지의 중대한 결과를 초래할 위험성이 있다고 비판했다.

첫째는 한반도에서의 전쟁재발 위험성이었다. 1953년 휴전 이후 한반도의 안정과 평화는 주한 미 지상군, 남북한 간의 군사적 균형, 미국방위공약에 대한 신뢰, 북한에 대한 중·소의 견제 등 여러 요인들 상호작용에 의해서 유지되어 왔다. 그러나 카터의 철군정책 발표 후 그동안 한반도의 안정에 기여해 온 이러한 안정 요인들에 중대한 변화가 일어났다. 우선 미국의 대한 방위공약에 대한 신뢰성이 크게 손상되었다. 또 남북한 간의 군사적 균형도 불확실해졌다. 특히 북한에 대한 소련과 중국의 견제도 기대하기 어렵게 되었다.

휴전 후 계속 주한미군이 비무장지대 근처에 주둔하고 있는 동안 소련과 중국은 북한의 남침을 지원하지 않았다. 그들은 미국과 대결하게 될 사태를 원치 않았기 때문이다. 중국과 소련은 한반도의 안정을 바라고 있으며 북한의 견제력을 행사하고 있는 것은 분명했다. 주한미군의 존재는 미국의 전쟁개입 의지의 징표이며, 따라서 새로운 전쟁은 북한은 물론 중국과 소련에도 값비싼 대가를 강요할 것으로 보고 있었기 때문이다. 다시 말해서 중·소 두 나라는 한국에서 전쟁을 포함한 사건이 발생하여 미국과 정면으로 충돌하고, 다른 지역에 있어서의 각자의 이익에 역효과를 초래하는 것을 원치 않았으므로 북한을 견제해 온 것이다. 1975년 베트남의 멸망 이후 김일성이 희망적인 시대가 열린다고 보고 중국의 지원을 얻기 위해 베이징을 방문했을 때, 중국이 그에게 새로운 모험을 하지 말도록 경고하였던 것은 바로 그러한 우려 때문이었다.

그러나 전쟁 발발시 미국의 전쟁 자동개입을 보장하는 인계철선의 역할을 하는 주한미군이 철수하고 나면 소련이나 중국은 더 이상 한반도에서 미국과의 충돌을 우려할 필요가 없어진다. 동맹국인 북한을 견제할 필요도 없게 되며, 대북지원을 거부할 이유가 없어지는 것이다. 이것은 바로 1949년 주한미군이 완전 철수했을 때의 상황과 같은 것이고, 또 김일성이 기다리고 기다려온 상황이다. 따라서 김일성이 가만 있을 리가 없다. 그는 소련과 중국으로부터 경쟁적인 군사적·경제적 지원을 최대한으로 얻어내고, 대남 적화통일을 위한 군사적 도발을 감행할 가능성이 그 어느 때보다도 커지게 된다.

특히 서울에 대한 북한의 기습적인 제한공격 가능성이 크다는 것이다. 주한 미 지상군이 일단 철수하고 나면 미 공군의 저항이 있더라도 북한의 탱크와 보병에 의한 서울 기습 공격이 성공할 수 있을 것으로 보는 군사전문가들이 적지 않았다. 이들은 6·25남침 때 북한이 서울을 3일 내에 점령했다는 사실과, 휴전선 밑으로 기습남침용 땅굴을 여러 군데 파내려온 사실을 그 근거로 들고 있었다.

북한은 미 공군과 해군에 의한 한국지원 결정 이전에 속전속결로 서울을 점령한 후 전쟁을 끝낼 수 있다. 또 한국정부를 전복시키는 데 목표를 둔 제한된 공격을 위해서는 소련과 중국의 지원을 필요로 하지 않다는 것이다. 따라서 서울을 점령하기 위한 북한의 기습공격에 대해 소련과 중국은 북한을 지원할 필요도 없고, 견제할 필요는 더욱 없다는 입장에 있게 된다. 문제는 김일성이다.

김일성은 적극적으로 전쟁을 준비하고 있다는 확실한 증거들이 있었다. 1960년대 중반부터 북한은 현대적인 군수산업을 개발하는

한미연합사 설치, 핵우산 보호 계속, 1978년 내 미군 6천 명 1차 철수 서종철 국방장관과 브라운 미 국방장관이 공동기자회견을 하고 있다(1977. 7. 26).

데 막대한 예산을 사용했다. 1970년 한 해에 북한은 탱크를 3배로 늘렸고, 공군을 3할이나 증강시켰다. 1972년 북한은 대공방위망을 강화하기 위해 거대한 지하터널과 기지망을 건설했으며 비무장지대 밑으로 침략용 터널을 팠다.

1973년 이래 전쟁 발발시에 되도록이면 소련이나 중국에 대한 의존을 줄이기 위해 탱크와 대포와 같은 중요한 무기를 생산할 수 있는 독자적인 능력을 갖추려는 노력을 배가했다. 이러한 무기생산 노력이 있기 전에도 북한은 이미 탱크, 대포, 전투기, 전함의 수량에 있어서 한국보다 분명한 우위에 있었다. 이제 북한은 탱크와 로켓, 대포와 장갑차, 잠수함과 초고속포함을 자체 생산한다.

김일성은 세계에서 가장 억압적이고 군국주의적인 정치체제를 유지하고 있다. 그는 6·25남침의 실패 이후 무력 적화통일의 꿈을 버리지 않고 있다. 김일성은 늙어 가고 있다. 그는 금년에 65세다. 그에게는 시간이 없다. 그는 그가 집권하는 동안 한국을 정복할 수 있기를 원한다. 그의 말과 행동과 개인숭배는 편집병(偏執病)의 징후를 보이고 있다. 그는 죽기 전에 한국을 무력 적화통일하려고 할지도 모른다. 그가 지금 행동하지 않을 수 없게 만드는 한 요인은 경제다. 북한의 경제는 아수라장이 되었고, 북한의 신용은 소련 공산권 내에서조차도 땅에 떨어져 있다.

지금의 경제 추세가 계속된다면 1981년에 한국의 국민총생산은 북한의 6배가 될 것이다. 북한의 경제는 국제채무이행을 불가능하게 만드는 국제수지 불균형으로 심각한 어려움에 직면해 있다. 이러한 곤란이 계속된다면 경제성장에 있어서 눈에 띄게 벌어지는 격차의 정치적 결과는 말할 것도 없고, 무기생산에 있어서 한국에 대한 북한의 압도적 우위를 유지하는 부담이 너무나 커질 것이다. 따라서 북한이 경제적으로 더 뒤떨어지기 전에 '최종적 해결'을 이룩해 보고 싶은 유혹이 증대할 것이다. 이 경우 김일성은 전면전보다는 서울에 대한 기습공격과 같은 제한전에 승부를 걸 가능성이 크다.

만일 서울이 또다시 북한군에 점령당한다면 미국은 고통스러운 결정들에 직면하게 될 것이다. 미국은 서울을 폭격하여 이를 완전히 파괴시키는 모험을 할 것인가? 북한의 다른 목표물을 폭격하여 소련과 중국의 거의 확실한 개입을 자초할 것인가? 아니면 한국인들에게 그들이 할 수 있는 최선의 휴전조건을 추구하도록 권고할 것인가? 비록 휴전이 서울을 북한에 예속시키는 결과를 가져온다고 하더라도 미국의 대다수 고위인사들은 휴전을 촉구할 것이다.

결국 미국이 선택할 수 있는 가장 덜 위험하고 가장 덜 고통스러운 길은 말할 것도 없이 북한의 전쟁도발을 계속 억지시키는 것이다. 미국은 아시아 태평양지역에 중요한 이해관계를 갖고 있는 태평양 연해국가다. 만일 주한 미 지상군이 완전 철수한 후 한반도에 또다시 전면전이 일어날 경우 미국이 국가이익을 수호하기 위해 한국에 또다시 미지상군을 투입하게 된다면, 철수는 6·25남침 전후의 역사적 과오를 되풀이하는 어리석은 일이 된다.

한 마디로 카터의 철수계획에서는 어떤 이점을 발견하기 어려우며 오히려 위험이 크다. 따라서 적어도 남북한의 관계정상화가 이루어지고 불안정한 휴전협정이 평화협정으로 대체될 때까지는 어느 정도의 미 지상군이 계속 한국에 주둔하고 있어야 한다. 한국이 미군의 지원 없이 자체 방어할 수 있는 능력을 개선하는 데 초점을 맞춘 국군현대화 5개년계획에 대한 군사원조계획을 수행하면서 이에 보조를 맞추어 주한 미 지상군의 수준을 줄여 나가야 한다는 것이다.

한국의 핵개발이 불가피해졌다

철군 비판자들이 미 행정부와 군부의 철군 지지주장이 초래할 위험성이 있다고 비판한 두 번째의 중대한 결과는 한국의 핵개발 불가피성이라는 것이다. 주한미군 철수계획이 처음 발표된 후 카터 행정부는 한국정부에 추가로 제공될 탱크와 전투기 및 다른 군사장비에 의해 '군사적 균형'이 유지될 것이라고 거듭 강조했다.

1978년 2월 20일, 브라운 국방장관은 로스앤젤레스에서 가진 기자회견에서 "아시아 태평양지역에 있어서 주한 미 지상군을 제외한 미국의 군사력 내지 기지구조의 현 수준 유지는 미국의 정책목표를 지원하는 데 아주 적합하다. 그것은 일본, 중국, 소련, 북한 그리고 한국에 대하여 미국이 이 지역에서 더 이상의 철수를 고려하지 않고 있으며, 또한 군사력의 균형을 보존하기 위하여 행동하리라는 것을 보증하는 것이다. 특히 주한미군 철수에 따른 미 공군력과 해군력의 선별적 증강은 앞으로 미국의 다른 정치적·군사적 목표들을 달성하는 데 있어서 최선의 전략이 될 것이다"고 주장했다.

일본과 대만과 한국은 이 전략을 각기 자국의 안전에 위협을 주는 사태에서 잠재적인 도움을 받을 수 있는 동북아의 미 군사력 증강으로 간주할 것이며, 또한 이 전략은 소련의 군사력 증강과 균형을 이루게 할 것이고, 미·중관계의 강화에도 도움을 줄 수 있다는 것이다.

미 국방성의 1980 회계연도 연간보고서에서 브라운 장관은 북한의 공격에 즉각 대응할 수 있는 서태평양상의 미 병력을 열거하였다. 이 병력은 지상기지를 둔 10개 전투비행단(한국 내의 F-4 전투기 72대, 일본 내의 72대, 필리핀 내의 48대), 일본에 있는 제3해병 사단의 3분의 2와 그 전술비행단(일본 본토와 오키나와 주둔), 서태평양에 전진 배치된 2척의 항공모함을 포함한 제7함대 소속 20~25쌍의 전투함 등으로 구성되어 있다. 브라운 장관은 의회 증언에서 서해안에 있는 제25사단과 또 하나의 사단도 3주에서 1주일 이내에 한국에 이동될 수 있다고 말하였다.

문제는 한국·일본·대만이 미 행정부의 이러한 주장을 신뢰하겠느냐 하는 데 있었다. 특히 미 공군과 해군의 주둔만으로 한국의 안전을 보장할 수 있다는 신뢰감을 줄 수 있겠느냐 하는 것이 문제였다. 군사적 관점에서 보더라도 미 행정부의 주장은 이러한 신뢰감을 줄 수 있는 설득력이 없었다. 그동안 북한의 전쟁 도발에 대한 억지력의 기능을 해 온 것은 미군의 자동개입을 보장하는 인계철선의 역할을 담당해 온 미 지상군이었다. 미 공군과 해군은 지상군과 같은 억지력이 되지 못한다. 한국에 있는 한 미국 관리가 말한 것처럼 "전투기는 거위와 같은 것이다. 그것은 경적을 울리며 날아가 버린다."

특히 미국 대통령이 그의 임기 동안 주한 미 지상군을 완전히 철수시키고 한 명의 미국인도 아시아의 또 다른 전쟁에서 목숨을 잃는 일이 없도록 하겠다는 주장을 되풀이하고 있는 상황에서 미국의 방위의지에 대한 한국의 불신은 아시아의 다른 동맹국들보다 훨씬 컸다. 자유베트남의 비극이 있은 지 2년밖에 되지 않아 더욱 그랬다. 미국인들이 베트남에서 헬리콥터를 타고 정신없이 도망간 모습은 한국인들에게는 너무나 충격적인 사건이었다. 더군다나 카터는 한국의 정규군보다 더 많은 정규군 외에 250만 노농적위대를 가진 북한의 위협이 대단하지 않다고 선언하는 등 1949년 딘 애치슨 (Dean Acheson) 미 국무장관이 한국을 미국의 방위선에서 제외시킨 결정만큼이나 신중하지 못하고 위험한 주장을 함으로써 한국의 대미 불신과 안보 불안을 더욱 부채질했다.

따라서 미국의 핵우산이 없어진 상황에서 한국이 선택해야 할 최선의 수단은 무엇인가 하는 것이 한국의 새로운 자주국방 과제로 등장했으며, 결국 주한 미 지상군 철수는 한국의 핵개발 가능성을 크게 만들었다는 것이다. 카터의 철군정책 비판자들은 미국의 어떠한 군사적·경제적인 정책대안도 전쟁 억지력에 있어서 미 지상군의 역할을 대치할 수 없다고 판단되는 상황에서 한국은 궁극적으로 핵무기 능력을 발전시키려 할 것이며 이것은 필연적으로 북한과 대만과 일본의 핵무기개발 노력을 유발하게 될 것이라고 비판했다.

아시아 지역의 미군주둔과 기지구조는 소련 혹은 중국의 압도적 군사력에 의해 안보에 명백하고 직접적인 군사적 위협을 느끼는 동북아 여러 정부의 핵무기개발에 억지적 영향을 갖는 것으로 평가되었다. 그동안 일본과 한국과 대만은 중·소의 위협에 대한 그들의 안보를 거의 전적으로 미국의 군사력에 의존하여 왔다. 이들 3개국은 많은 방위비 지출을 유보하고, 그 결과 정교한 재래식 무기의 국내 제조를 회피하였다. 한국은 그동안 방위비 지출을 연간 GNP의 5퍼센트 이하로 유지하였고, 대만은 GNP의 7~10퍼센트에 달하였다.

이들 3개국이 핵무기 제조를 유보하고 있는 것도 미국의 군사력이 그들의 안보를 보장해 준다고 믿기 때문이었다. 그러나 1970년 초 이후 미군 주둔의 계속성과 미국 안보임무의 신뢰도에 대해 이들 3개 국가의 의구심이 높아짐에 따라 한국과 대만은 핵무기개발에 깊은 관심을 갖게 되었다는 것이다. 일본은 미국의 군사적인 보호를 전제로 비무장에 동의했으나 주한미군의 철수로 한국에서 전쟁이 발발한다면, 특히 한국의 공산화 위험성이 증대된다면 미·일 동맹관계에도 상당한 긴장이 야기될 것이며, 일본은 극우든 극좌든 민족주의 경향을 보이면서 소련과 중국의 위협에 대응하여 재무장을 추진할 가능성이 크다는 것이다.

미 의회의 철군계획 제동

4월 초 하원 군사위원회의 특별조사 소위원회는 카터 대통령의 철군계획에 비판적인 보고서를 제출했다. 보고서는 먼저 만일 침략적이고 비이성적인 김일성에 의해 한국이 공산화될 경우 일본의 재무장, 아시아 국가들의 대미불신, 태평양 지역에서의 미국 영향력 상실 등 철군이 가져올 결과에 대해 경고하고 미국이 아무리 방위공약을 강조하더라도 철군이 가져올 손상을 보상할 수 없을 것이라는 점을 강조했다.

"카터 대통령은 이미 취임 전에 철군키로 결론을 내렸다. 이 같은 결론은 국방성과 합참의 의견을 묻지도 않고 극동의 안전에 파급되는 영향을 고려함이 없이 내려진 결정이다. 북한은 한국보다 인력을 제외한 중요한 군사장비면에서 월등하며 김일성은 침략적이고 비이성적인 인간이다. 만일 한국이 상실된다면 그 지역적 결과는 다음과 같다.

공산주의에 대항하는 완충지대가 없어지기 때문에 일본은 마르크시즘을 포용하든지 아니면 전면적인 재무장에 돌입해야 하는 국면에 직면하게 된다. 그 어느 쪽이든 동북아에서 굉장한 불안 요소가 될 것이다. 뿐만 아니라 한국이 미 지상군의 철수로 공산주의의 수중에 들어가게 되면 아시아 국가들은 미국이 이 지역에서 공산주의의 팽창을 저지할 의욕과 능력이 없는 증거로 여길 것이다. 그렇게 되면 아시아 태평양지역에서의 미국의 영향력은 끝장이 나는 것이다. 소위원회의 의견으로는 철군계획의 공표가 이미 아시아의 불안정에 공헌했으며, 한국과 미국의 협동적 방위관계를 손상시켰고, 미국의 다른 태평양지역 동맹국들과의 관계에 상당한 충격을 주었다. 미국이 아무리 방위공약을 강조한다고 하더라도 그것은 철군이 가져올 손상을 보상할 수가 없을 것이라고 보고 있다."

　보고서는 이어서 3만 명의 주한미군은 유럽 주둔 미군과 마찬가지로 침략에 대한 억지력 역할을 하고 있으며, 군사장비의 이양 없이 미 지상군을 철수시킨다면 잔류 미군을 위태롭게 하고 전쟁 위험을 증대시킬 것이라 경고하고, 군사장비 이양 등이 이행된다면 제1차 6천 명 철수에 대해서는 반대하지 않는다고 했다.

　1978년 4월 21일, 드디어 카터는 미 지상군 철군 예정표를 수정한다고 발표했다. 제2보병사단 병력 6천의 제1단계 철수를 78년에 끝내지 않고, 1978~1979년에 걸쳐 수행키로 했다. 1978년 말까지 1개 대대 병력 850명을 포함한 3천 400명이 철수하며, 제1단계 철군계획에 포함된 나머지 2개 대대 병력을 포함한 2천 600명은 1979년에 한국을 떠난다는 것이다. 그리고 이들의 철수로 어네스트 존 미사일 1개 대대분, 토우 대전차미사일 3개 대대분, 공병 1개 대대분 등의 무기 및 장비가 한국군에 이양되며, 1980년 1월 1일의 주한미군 인가병력 수준은 3만 6천 명이 된다는 것이다. 당초 계획에 의하면 1978년 말까지 약 6천 명의 미군 보병을 철수하고, 철군계획에 대한 부분적 보상으로 한국군에 8억 달러 상당의 군사장비를 이양하기로 되어 있었다. 그러나 군사장비 이양계획에 대한 의회의 승인은 철군계획에 대한 많은 의원들의 반대로 지연되고 있었다.

카터는 이것을 철군 연기의 이유로 지목했다. 즉 한국에 8억 달러 상당의 군사장비와 2억 7천 5백만 달러 상당의 무기구매용 신용을 제공함으로써 주한 미 지상군 철수에 대해 보상하려는 자신의 제안을 의회가 승인하지 않을지도 모른다는 가능성 때문에 철군 연기 결정을 할 수 없이 했다는 것이다. 1977년 9월에 하원 국제관계위원회는 한국군 현대화계획에 8억 달러 상당의 무기를 이전할 권리에 대한 행정부 요청을 승인하지 않았다. 한국정부가 미 의회 의원들에게 로비를 하면서 뇌물을 제공했다는 의혹을 조사하는 의회 청문회에 박동선과 김동조 전 주미대사를 증인으로 보내라는 요청을 한국정부가 거절했다는 것이 이유였다. 12월 말에 한·미 양국은 면책특권이 부여된 상태에서 박동선 증언을 청취한다는 데 합의했다. 그러나 하원 윤리위원회는 완전한 조사가 이루어지려면 김동조 전 주미대사까지도 조사해야 한다고 주장했다.

미 국무성과 한국정부는 김동조 전 대사는 외교관 면책특권에 의해 보호된다는 점을 들어 반대했다. 그리하여 카터의 철군계획에 의회가 반대하는 분위기에서 이른바 박동선 사건이 겹쳐져서 한국군에 제공하려는 군사장비 이양계획에 대한 의회 승인이 지연되고 있었다. 카터는 의회가 보상계획을 승인하는 대로 연기했던 철군을 강행하겠다는 뜻을 밝히고, 앞으로 5년 동안에 약 3만 2천 명의 주한 미 지상군 전부를 철수시키겠다는 자신의 선거공약은 변경된 것이 아니라는 점을 분명히 했다.

1978년 4월 26일, 미 하원 군사위원회는 의회가 한국정부에 대한 군사장비 이양을 승인할 때까지 미 행정부가 지상군을 철수하지 못하도록 하는 결의안을 표결하였다. 이 결의안은 행정부의 1979년 회계연도 국방예산 요구에 대한 수정안의 형태로 나온 것이다. 또한 남북한 간에 평화 정착 없이 미 지상군을 2만 6천 명 수준 이하로 감축하는 것을 금지하고 있었다. 만일 이 수정안이 하원 전체회의에서 승인되고 상원에 의해 채택된다면, 그것은 카터의 철군 계획을 폐기시키게 될 것이라고 행정부 관리가 시인했다.

공화당 소속의원을 중심으로 철군정책에 대한 비판논의가 가열되자 6월 초에 카터는 오닐 하원의장과 버드 민주당 총무에게 "만일 철군이 한반도의 군사적 균형에 영향을 미친다고 판단되면 의회와 한국 그리고 다른 아시아 맹방들과 밀접한 협의를 한 후 당초 계획을 조정할 것"이라고 약속했다. 카터는 철군 연기에서 철군 재조정으로 한 발 물러섰다.

보수파 상원의원들은 1978년 회계연도의 외교관계 예산계정법에서 대통령은 한국으로부터 '지상군의 점진적이며 단계적인 감축'을 시행하되 이는 한국의 이익과 아시아, 특히 일본에서의 미국 이익에 부합되도록 하여야 하며, 미군 감축에 관해 매년 의회에 보고서를 제출하도록 규정했다. 카터는 1977년 8월 이 법안에 서명하지 않을 수 없었다.

미국 의회는 한국에 대한 방위공약을 계속 유지하고 군수를 제공할 것을 강력히 지지하였다. 제95차 및 96차 의회는 카터 행정부에 영향력을 행사하여 보상조치와 지상군 철수계획에 보다 많은 신축성을 보이도록 만들었다. 미국 의회 내의 철군 반대 반응은 북한의 독재자 김일성이 아직도 그의 조건대로 한국을 통일하려고 결심하고 있다는 전문가들의 지배적인 견해에 그 근거를 두고 있었다.

새로 불거진 미국의 청와대 도청사건

1976년 12월 28일, 한국정부는 외무부 성명을 통해서 박동선의 의회 로비사건, 미국 정보당국의 청와대 도청사건 등 이른바 한·미 현안의 종결을 선언했다. 우리 정부로서는 이 문제들은 미국의 새 행정부와의 협의를 통해서 원만하게 수습될 수 있으리라고 기대했기 때문이다. 그러나 1977년 카터 행정부가 들어선 후 미 법무성과 미 의회는 소위 '코리아게이트' 사건에 대한 철저한 조사에 착수했다.

이로 인해 한미관계는 급속히 악화되었다. 미국은 한국정부의 행위를 강력히 비난했고, 한국정부는 죄가 있다면 그 대부분은 한국 관리보다는 미 의원들에 있다는 사실을 미 행정부와 의회가 고의로 왜곡하여 일방적으로 매도한다고 분노했다. 이러한 분노의 불길에 기름을 부은 격이 된 것이 새로 불거져 나온 청와대 도청 사실 폭로 기사였다.

1978년 4월 3일, 윌리엄 포터 전 주한미국대사는 미국 CBS 방송과의 인터뷰에서 기자가 "미국정부가 청와대에 도청장치를 한 적이 있느냐?"고 질문하자 "내가 부임하기 전에 도청이 중단됐다는 보고를 받았으며, 나는 그것을 새로 가동시키지 말라는 특별지시를 했다"고 말했다. 포터는 1967년 8월 9일 부임하여 1971년까지 서울에서 근무했다. 따라서 포터의 말은 '67년 이전에는 도청장치가 있었으나 그 이후부터 1971년까지, 즉 자신의 재임기간 동안은 없었다'는 뜻으로 해석될 수 있었다.

4월 4일, 박동진 외무부장관은 토마스 스턴(Tomas P. Ston) 주한 미 대리대사를 외무부로 불러 강력하게 항의했다. 만일 포터의 말이 사실이라면 그것은 대한민국 주권에 대한 중대한 침해라고 지적하고, 카터 행정부의 공식 해명을 요구했다. 4월 7일 리차드 스나이더(Richard Sneider) 주한 미 대사는 박동진 외무장관을 예방하고 구두로 미국은 결코 청와대를 도청하지 않았다고 해명했다. 4월 17일에는 박동진 장관에게 공한을 보내 문서로 포터 전 대사의 성명으로 불편을 끼친 데 대해 유감의 뜻을 표명하고 도청 사실을 거듭 부인했으며, 스탠필드 터너(Stanfield Turner) 전 CIA 부장의 부인 발언을 되풀이해서 확인했다. 터너는 CIA부장 재임 시절인 1977년 8월 10일 〈워싱턴포스트〉 기자에게 "청와대에는 녹음테이프나 도청장치가 없었다. 나는 중앙정보국(CIA), 국가안전국(NSA) 그리고 다른 모든 미국 정보기관을 대표하여 이야기하는 것이다"라고 말했다. 포터 전 대사와 터너 CIA 부장의 말을 서로 모순되지 않도록 해석한다면 1967년까지는 도청장치가 있었으나, 그 이후에는 없어졌다는 이야기가 된다. 문제는 1967년 이후부터는 정말로 도청을 하지 않았느냐 하는 것이다.

주미 한국대사관의 미 의회에 대한 합법적인 로비활동이 시작된 것은 1970년부터이다. 미국정부는 1970년 가을 미 의회 로비계획을 협의한 청와대회담을 첩자나 도청장치, 전파감청을 통해 알고 있었다는 1976년 10월의 〈워싱턴포스트〉 보도를 보면 도청은 포터 대사가 재임 중인 1970년 이후에도 계속되었다고 볼 수 있다. 다시 말해서 미국은 청와대의 대통령관저나 집무실에 설치된 도청장치를 통해 이곳에서 이루어지는 회담 내용을 계속 도청하고 있었다는 이야기다.

1978년 5월 26일자 〈워싱턴포스트〉는 1면 머리기사에서 미국의 청와대 도청 사실을 확인해 주었다. 국가안전국이 주미 한국대사관과 한국정부 사이의 암호 전문을 감청했으며, 암호 해독반이 풀어서 김동조 대사가 미 의회를 상대로 벌인 로비활동의 진상을 낱낱이 알아냈다는 것이다. 국가안전국은 세계 곳곳에서 약 2천 개소의 통신감청 시설을 운영하고 있으며, 워싱턴에서 가까운 메릴랜드 주의 포트미드에 있는 본부에서는 매일 40톤의 극비 자료를 생산한다. 암호 해독 이외에도 대용량 컴퓨터로 상대국의 통신을 분석하여 그 내용을 알아내고, '트랙킹 어 낼리시스'란 방법을 쓰면 군대 배치의 변경상황도 알 수 있다는 것이다. 국가안전국은 1969년 4월 14일, 동해의 공해상에서 미 해군 EC-121 전자첩보기가 북한 전투기의 공격을 받고 격추되었을 때 그 상황을 추적하고 있었다고 한다.

전 〈뉴욕타임스〉의 퓰리처상 수상기자인 세이머 허쉬가 《권력의 대가》라는 저서에서 밝힌 바에 의하면 당시 국가안전국의 통신감청 기지는 EC-121 정찰기 격추를 전후하여 북한의 통신을 감청했고, 이 사건이 고의적 도발이 아니고 전투기 조종사에 대한 관제 실수에 기인한 것임을 밝혀냈다는 것이다. 이러한 정보에 따라 사건 직후 무력보복을 주장했던 닉슨 대통령과 키신저 안보 담당 특별보좌관은 태도를 바꾸어 외교보복을 주장한 레어드 국방장관과 헬름즈 중앙정보국장의 온건한 보복 정책을 채택했다고 한다.

이때 닉슨 대통령은 국가안전국을 경악하게 만든 중대한 실수를 했다. 닉슨은 기자회견에서 EC-121 정찰기가 격추 당시 공해상에 있었다는 것은 의문의 여지가 없는 명백한 사실이라는 점을 강조했다. 그 근거로 미국은 북한의 레이더와 소련의 레이더가 무엇을 보여 주고 있었는지를 알고 있으며, 미국, 소련, 북한의 레이더는 똑같은 위치를 나타내고 있었다는 사실을 밝힌 것이다. 이것은 국가안전국의 도청장치가 소련과 북한의 레이더 전파를 포착·분석하여 이것을 재구성함으로써 소련과 북한의 레이더 추적상황을 손금 보듯이 다 알고 있었다는 사실을 스스로 폭로한 셈이었다. 닉슨이 이러한 실토 후에 소련은 통신암호를 해독할 수 없게 바꾸었다는 것이다. 14년간 CIA 간부로 일했던 빅터 마체티는 《CIA와 정보숭배》라는 저서에서 CIA 등 미국 정보기관들의 도청 사실을 이렇게 설명했다.

"오늘날 CIA 및 기타 정보기관은 출입금지 구역에 도청장치를 하거나 전파도청을 할 수 있는 위치에 있는 경호원이나 수위를 찾고 있다. CIA 공작원들은 다른 나라의 외무부와 국방부 침투는 물론이고 전화전신 조직에 침투하려 하며, 이 작업은 미국의 국제전신전화 회사(ITT)의 도움을 받는다. 우편업무도 첩보 목적의 대상으로 바뀌었다. CIA 공작원들은 도청에 관한 훈련을 받지만 도청장치를 하는 것은 CIA 본부나 지부에서 온 전문요원들이 대부분 맡고 있다. 작업이 복잡하면 할수록 CIA본부의 전문가들이 더욱 많이 동원되며, 어떤 경우에는 CIA 요원 및 책임자까지도 이러한 장비설치 기술에 관해 전문가의 특별훈련을 받아야 한다. CIA가 도청에 성공한 나라는 보통 국내 보안체제가 해이해서 이 장치를 하는 데 필요한 CIA 활동의 자유를 용인하는 비공산국가에 한정되어 있다."

한편 베트남의 사이공 함락 직전 CIA 사이공 지부에서 분석관으로 근무했던 프랭크 스넵은 1977년에 저술한 《Decent Interval》이라는 책자에서 CIA 도청사실을 폭로했다. 즉 티우 대통령의 집무실뿐 아니라 거실도 도청됐고, 그의 정적이던 민 장군의 집도 도청했다. 1975년 4월 21일 티우 대통령이 수상과 부통령을 불러 사임의사를 밝힌 사실을 도청장치를 통해 알게 된 CIA 지부장 폴가는 "베트남 정전 이후 최대의 특종을 했다!"고 즐거워했다는 것이다.

우리나라도 미국 CIA가 활동하기에 가장 편한 나라의 하나다. 행동의 자유가 있고, 접근하기 쉽고, 또 CIA 첩자가 많이 있기 때문이다. 따라서 CIA가 우리나라에 있는 국가안전국 기지에서 도청하려고 한다면 쉽게 할 수 있었다. 이러한 여러 가지 정황으로 봐서 CIA 한국지부가 정와대를 도청했다는 것은 의심의 여지가 없었다.

1979년 초 카터 대통령이 주한미지상군 철수계획의 중단을 발표하면서 그 이유로 내세운 북한의 군사력 증강과 그 배치상황에 관한 정보도 국가안전국의 통신도청기술에 의해서 분석·평가된 것이었다고 한다. 또 KAL 007 격추 사건 때 소련 요격기와 관제소 사이의 대화를 녹음한 것도 북태평양의 미국령 시미아 섬에 있는 국가안전국 기지였다는 것이다.

국가안전국 기지는 일본의 아오모리(靑森)와 가나카와(神奈川) 지방에도 있고, 한국에도 여러 군데 있는 것으로 알려져 있었다. 미 CIA의 한국지부장은 한국 내의 국가안전국 기지의 업무를 지도하고 매일 중요한 보고를 받는다는 것이다. 따라서 미국이 우리 정부와 주미 한국대사관 사이에 오고가는 암호 전문을 감청한다면 미국에 있는 국가안전국 본부에서 할 수도 있고, 미 CIA의 한국지부장이 지휘하는 국가안전국 한국 기지에서도 할 수 있는 것이다. 실제로 세계 각국의 미국대사관에 파견돼 있는 CIA 지부장이 주재국에서 도청을 한다는 것은 널리 알려진 사실이다.

1976년 미국 정보 당국의 청와대 도청사건이 국내외 언론에 보도된 직후 청와대 경호실은 대통령의 집무실에 도청장치가 설치되었는지 여부를 조사하고 전파 감청을 차단할 수 있는 대응조치를 취했다. 결국 이른바 '코리아게이트' 사건과 청와대 도청사건은 주한미군 철수문제와 함께 카터 행정부의 형성기에 한미관계에 큰 상처를 입혔다.

카터의 보완조치에 감사 표명
박 대통령은 1978년 5월 25일, 청와대를 예방한 카터 대통령의 안보담당 특별보좌관 브레진스키 박사 편에 받은 카터 대통령의 친서에 대한 답신을 6월 8일자로 보냈다.

"대통령 각하, 브레진스키 박사 편에 보내신 각하의 친서는 잘 받아보았습니다. 본인은 한·미 양국이 공동의 관심을 가지는 몇 가지 중요 현안문제에 대하여 각하의 견해와 결의를 표명하여 주신 데 대하여 각별히 사의를 표하는 바입니다. 본인과 브레진스키 박사와의 면담은 매우 유익하였으며, 박사의 금번 방한은 한반도 및 동북아시아의 평화와 안전을 추구하기 위하여 공동의 노력을 경주하고 있는 우리 한·미 양국에 관련된 여러 가지 전략적인 중요문제에 관한 상호이해를 더욱 깊게 하는 데 공헌하였다고 생각합니다.

본인은 주한 미 지상군 철수계획과 관련하여 각하께서 취하신 최근 일 년의 조치를 주시하여 왔습니다. 각하께서 한국군에 대한 군 장비 이양법안의 의회 조기통과를 강력히 종용하고, 또한 지난 4월 21일자로 금년도 지상 전투부대 철수 예정을 일부 조정 발표하신 것은 미국의 확고한 대한 안보공약과 아울러 주한 미 지상군의 재배치 계획을 신중하게 시행하겠다는 각하의 입장을 반영한 것으로 본인은 생각합니다. 상호방위조약으로 미국과 동맹관계를 맺고 있는 대한민국의 안보에 관계되는 이 문제에 관하여 한·미 양국정부가 긴밀히 사전 협의함이 중요하다고 믿는 본인은 각하께서도 이 점에 있어서 본인과 견해를 같이하고 있음을 다행으로 생각합니다."

박 대통령은 이어서 남북대화 재개를 위해 가능한 모든 노력을 다하고 있으나 북한은 어떤 실질적 진전을 바라는 자세가 되어 있지 않다는 사실을 지적했다. 또 카터 대통령이 북한의 대미 직접 회담기도에 반대하는 확고한 입장을 취하는 것은 타당하다고 본다면서 "브레진스키 박사와 이른바 3자 회담에 대해서도 솔직한 의견을 나누었고 상호입장을 잘 이해할 수 있게 되었다. 최근 카터 대통령이 티토 및 차우체스크와 한국문제를 토의할 때 취한 분명한 입장을 만족스럽게 생각한다"고 말했다.

국군 전력증강 5개년계획 지원

1978년 9월 12일, 미 상하 양원은 한국군에 대한 장비이양과 한국군 전력증강을 뒷받침하기 위한 군사차관 제공에 관한 수권법안을 압도적인 다수로 통과시켰다. 미 의회는 주한 미 지상군 철수계획과 관련하여 한국에서의 전쟁억지능력에 관한 신중한 검토가 선행될 것과, 한반도의 군사균형이 흔들리지 않는 방법으로 실천되어야 한다는 견해를 명백히 밝혔다. 미국이 취하기로 한 일련의 보완조치는 다음과 같은 것이었다.

─철수할 것으로 예정된 미 지상군이 사용해 온 장비의 일부 품목을 한국군에 이양한다.
─이양되는 이들 방위품목들에 대한 한국에서의 이동훈련과 기술훈련을 무상으로 제공한다.
─한국군 발전계획에 따라 대외 군사 판매차관을 한국에 제공한다.
─한국의 방위산업을 지원한다.
─한·미 합동훈련의 규모와 범위를 확대시킨다.
─한국에 12개의 전투비행기를 추가 주둔시킴으로써 미 공군력을 증강시킨다.

장비이양 계획은 다종다양한 무기 및 시설을 내포하는 것이었다. 주요 품목 중에는 약 200대의 M-48A5전차, M-113장갑차, 81밀리미터와 107밀리미터의 박격포, 155밀리미터 곡사포, 헬리콥터, 대공포와 미사일, 대전차(TOW) 미사일 등이 포함되어 있었다.

또 하나는 1978년 회계연도부터 1981회계연도까지 대한 군사 판매차관을 연장하는 것이다. 이 차관은 한국의 군사력증강 5개년계획(1976~80) 지원을 목적으로 한 것이며, 총지출경비는 약 55억

M-48형 신형탱크 인수식

달러가 될 것으로 추산되었다. 1978~1980회계연도 중 대외군사 판매계획은 북한 공군력의 우위성을 상쇄시킬 수 있는 계획을 완수하기 위하여 한국의 항공장비 및 대공방위장비의 구입에 우선순위를 두고 있었다.

그러나 미국은 철군기간 중에 매년 2억 7천 500만 달러 수준의 대외 군사 판매계획을 확정했으나, 후에 2억 2천 500만 달러로 감액하였다. 뿐만 아니라 고도의 무기, 특히 100대의 M-60 전차와 랜스 지대지미사일 체계를 공급해 달라는 한국 측의 요청을 거절하였다. 미 행정부는 M-60전차에 대한 거절을 정당화하기 위해 미군의 필요를 충족시키지 못했다고 했다. 60대의 F-16 전투기에 대한 요구는 원칙적으로 수락이 되었으나, 카터 대통령은 적어도 1979년 중에는 실제적인 판매를 배제하였다.

1975년 베트남이 공산화된 후 북한의 위협이 증대하는 데 반해 미국의 개입 의지와 능력에 대한 의구심이 커지자 박 대통령은 대응책으로 국군 전력증강 5개년계획을 수립하여 그해 중반부터 시행했다. 이것은 일단유사시 미국이 공군, 해군 및 병참지원만을 한다는 전제하에 군사력에 있어 한국군의 자립을 이룩하기 위한 것이었다. 이 계획은 5년 동안 약 500억 달러가 소요될 것으로 추정되었다. 한국정부는 78년 9월까지 이 계획을 위해 책정한 50억 달러 중 약 65퍼센트에 해당하는 자금 배정을 끝냈다. 124개 사업계획 중 3분의 1 가량이 완성되었으며 나머지 사업계획의 대부분은 활발한 진행 단계에 있었다.

한국정부는 방위산업 생산을 확대하고 외국 공급원에 대한 의존도를 줄이고 궁극적으로는 방위부문의 외화 수요를 줄이려는 강력한 계획을 추진했다. 그러나 이 같은 자립화대책은 미국이 방위물자와 장비, 특히 북한 측의 공격력 강화 노력에 대항하는 데 필요한 주요 현대무기체제의 공급원 역할을 계속하리라는 양해와 보장하에서 추구되고 있었다.

1978년에, 우리는 AIM-7E 미사일 정밀유도장치, 지휘통제망용 통신장비를 포함하여 약 3억 9천만 달러 상당의 방위장비를 새로 발주했고, 다량의 부분 및 정비장비를 구입했다. 78년 중 인도된 주요 장비에는 토우(TOW) 대전차미사일, 하푼 함대함미사일, 공대공미사일이 들어 있었다. 방위산업개발과 그 확장계획은 1978년 1년간 크게 발전했으며, 특히 낡은 M-48탱크를 개조하여 변형 M-48A3, M-48A5탱크로 개량하는 종합시설의 완공은 한국 방위산업의 큰 도약이었다.

팀 스피리트 '78 훈련 첫날 두 곳 공군기지에서 출동한 신예 전폭기가 가상적진에 폭탄을 투하하고 있다(1978. 3. 7).

미국은 우리의 국군 전력증강 5개년계획이 경제적으로 타당성이 있고, 미국의 안보 목표에 부합하는 것으로 보고 적극 지원했다. 1978년에 미국은 2억 7천 500만 달러에 달하는 FMS현금판매, FMS차관, 그리고 150만 달러의 교육훈련 무상지원의 형식으로 국군 전력증강 노력을 뒷받침했다. 그러나 말이 군사원조지 사실은 과거와 같은 무상군원은 거의 없어지고 미국 군사무기의 외상판매 액수를 더 늘려 한국정부에 수용하도록 요구한 것이었다.

박 대통령은 1975년부터 방위예산(28퍼센트)을 보강하기 위해서 방위세를 신설했다. 우리나라의 국민총생산(GNP)에 있어서 방위비가 차지하는 비율은 1970년 4퍼센트, 1975년 5. 3퍼센트, 1977년 7퍼센트로 증가했다. 이처럼 연간 방위비 부담은 증가했으나, 1970년의 연간 GNP 성장률은 평균 10퍼센트 이상이었기 때문에 우리 경제가 방위비 부담 증액을 충분히 감당할 수 있었다. 지속적인 고

도성장으로 미국의 무상군원 중단과 군사차관으로의 전환으로 불가피하게 늘어난 방위비 증액을 경제성장에 지장을 주지 않으면서 부담할 수 있게 된 것이다.

특히 미국은 우리나라가 항공기와 같은 주요 무기체제의 경비 일체를 지불하기 위해 필요한 액수만큼의 외화 조달에 어려움을 겪을지 모른다고 보았다. 이에 따라 1980 회계연도에도 다액의 대외군사판매(FMS) 차관에 대한 수권(授權)이 미 의회로부터 있을 것으로 예상한다는 사실을 우리 정부에 통고했다. 미국은 또한 1981년 한국군의 전력증강 계획이 완료되어도 북한이 공격하면 1∼3개월 정도의 초기 전투단계가 지나면 미국으로부터 주요한 무기와 장비의 재공급을 필요로 하게 될 것으로 보고 있었다.

보완조치에 있어서 그 규모와 범위를 확대하기로 한 한·미 간의 대표적인 합동군사훈련은 CPX(Command Post Exercise : 지휘소연습)와 팀 스피리트(Team Spirit) 훈련이라고 할 수 있다. CPX의 명칭은 1968년 '포커스 렌즈(Focus Lens)'로 개칭되었고, 1976년에 '을지-포커스 렌즈'로 다시 개칭되었다. 팀 스피리트 훈련은 미군의 대(大)기동훈련으로서 1976년 5월 최초로 실시되었다. 그 후 1978년 한·미 연례안보협의회에서 매년 실시키로 합의함에 따라 2∼4월에 실시된 팀 스피리트 '78에서는 3만 명의 미군이 서울과 비무장지대 간의 작전에 참가하였다. 이중에는 오키나와 주둔 해병 4천 명과 해군 8천 500명, 제7함대 소속 두 항공모함 중의 1쌍, 하와이 주둔 제25보병사단의 1개 대대, 일본에 기지를 둔 전술비행기 등이 포함되어 있었다. 1979년 3월에 실시된 팀 스피리트 '79에는 4만 7천 명의 미군이 참가하였다. 1978년도와 같은 부대들이 대부분 참가하였다. 1979년 10월 한미 연례안보회의에서는 한국해군이 대잠수함전 훈련에 협력을 더할 것에 합의하였다.

팀 스피리트 '79 훈련장을 찾은 박 대통령 경기 동부지역에서 펼쳐진 팀 스피리트 '79 훈련에 참가 중인 주한 미2사단 그레인지 사단장 등 미국 지휘관을 격려하고 있다 (1979. 3. 10).

1978년 11월에 미국은 한국에 이미 주둔하고 있는 60대의 F-4 전투기에 12기를 추가하였다. 1979년 10월의 안보회의에서 카터 행정부는 1981년까지 2대의 A-10 전투기를 배치하기로 합의하였다. 여러 차례에 걸친 군사연습은 태평양상의 타 지역과 미 본토로부터 공군력과 해군병력 및 지상병력을 운송하는 미국의 능력을 과시하여 왔다.

한미 정상회담 개최 합의

1978년 11월 7일, 한미연합사 창설식 참석차 방한한 헤럴드 브라운 미 국방장관은 카터 대통령의 친서를 박 대통령에게 선달했다.

카터 대통령은 이 친서에서 한미 정상회담에 대한 희망을 피력했다. 이 무렵 카터 대통령은 주한미군 철수정책에서는 국내적 혼선을 겪고 있었지만 다른 외교부문에선 비교적 성공사례를 남기고 있었다. 그는 이스라엘의 베긴 수상과 이집트의 사다트 대통령과 자리를 같이한 캠프 데이비드 회담을 통해 중동문제의 평화적 해결방안을 마련하는 데 일단 성공했다. 또한 의회로부터 파나마 조약에 대한 인준을 받았다. 이른바 코리아게이트 문제도 종결되었다.

당시로선 비록 단계적 감축을 전제로 한 것이지만 한미연합사의 창설은 양국 간에 큰 의의가 있었다. 그래서 카터 대통령은 박동선 사건 당시와는 달리 이번 친서에서는 친절한 표현을 써가며 가까운 장래에 박 대통령을 만나 공동관심사를 협의하고 싶다는 뜻을 표명했다. 박 대통령은 11월 22일 카터 대통령에게 답신을 보냈다.

"대통령 각하, 본인은 최근 방한하였던 브라운 국방장관 편에 보내주신 11월 2일자 각하의 친절한 서한에 사의를 표하고자 합니다. 각하의 서한을 받고 또한 브라운 장관과 유익한 의견을 교환했던 게재에 본인은 다시 한 번 한미관계의 현황을 점검하고, 아울러 우리 양국이 앞으로 공동으로 추구할 협력 분야를 검토하는 기회를 가졌습니다. 본인은 미 의회와 관련된 최근의 물의가 종결되어 가면서 한미 양국 간의 유대관계가 정상적인 궤도에 다시 올라서고 있으며, 앞으로 각 분야에 걸친 상호협조의 전망이 또한 밝다는 점을 확인하고 이를 매우 고무적으로 생각하고 있습니다."

박 대통령은 이어서 미 의회와 미국국민들이 한국의 안보와 동북아시아의 평화와 안정을 중요시하고 있고, 한미연합사령부 창설 등은 미국의 공약에 대한 한국인의 신뢰를 새롭게 했다고 말하고, 한국이 동북아시아의 평화와 안정을 유지하는 데 관건이 된다는 사실에 카터 대통령도 동의하리라고 믿는다는 뜻을 표명했다.

"본인은 주한 미 지상군의 단계적 감축에 따른 보완조치를 포함하여 한미 협력문제에 관한 최근의 미 의회 입법과정을 주시하여 왔습니다. 우리는 이에 수반되는 공개토의 과정에서 미 의회와 미국국민이 대한민국의 안보와 동북아시아의 평화 및 안정을 여전히 중요하게 생각하고 있음을 보고 흐뭇하게 여겼습니다.

브라운 장관의 방한과 또한 그의 제안 중에 있었던 한미연합사령부의 발족 및 주한 미 공군력의 강화 등은 미국의 안보공

존 베시 한미연합사 사령관에게 한미연합사 부대기를 수여하고 있는 박 대통령 부대기는 옥색바탕의 중앙에 미군상징 별무늬 방패가 도안되어 있고, 그 가운데 한국을 상징하는 태극이 그려져 있다(1978. 11. 7).

약에 대한 한국국민의 신뢰를 새롭게 하였으며, 나아가서 양국 국방 당국자들 간의 협력정신 고양에도 기여한 바 크다고 생각합니다. 본 인은 이 기회에 각하께 대한민국이 한반도에서 양국의 공동방위태 세를 유지하고 강화하기 위하여 최선을 다할 것임을 다짐하고자 합 니다. 본인은 또한 각하께서 한국이 미국의 중요한 이익이 개재되어 있는 동북아 평화와 안정의 유지를 위하여 관건이 된다는 생각에 우리와 견해를 같이하실 줄 믿습니다."

박 대통령은 끝으로 한미 정상회담을 기대한다고 말하고 중동평 화를 이룩한 카터 대통령의 외교성과를 지지한다는 뜻을 밝혔다.

"지금 한국과 그 주변에는 여러 가지 중요한 변화가 일어나고 있 으며, 이러한 변화는 우리에게 기회와 시련을 함께 갖다 주고 있습 니다. 지금이야말로 변동하는 국제정세에 대처하고 또한 지속적인 평화와 안정의 견고한 기반을 구축하기 위하여 양국이 과거 어느 때보다도 더욱 긴밀하게 협력해야 할 때라고 생각합니다. 이러한 점 들을 염두에 두고 본인은 1979년에 우리가 서로 만나 공동 관심사 에 관하여 직접 의견을 교환할 수 있도록 바라는 각하의 희망에 동 감을 표시하며, 그 기회를 기쁘게 기다리고 있습니다.

이 기회를 빌려 본인은 중동평화를 위하여 각하가 이룩하신 중요 한 업적에 대하여 진심으로 축하를 드리는 바입니다. 이 지역의 영 구적 평화를 이룩할 평화조약 체결을 성취하기 위한 각하의 계속적 인 외교적 노력에 대하여 우리 정부는 충심으로 축복과 지지를 보 내는 바입니다. 각하와 각하의 가정에 행운과 성공이 있으시기를 충 심으로 축원합니다."

한미 양국 대통령의 합의에 따라 1979년 6월 30일과 7월 1일 이 틀간 서울에서 한미 정상회담을 개최하게 되었다.

카터, 주한미군 철수를 중단하다

1979년 2월 10일, 카터 대통령은 다음과 같은 요지의 철군중단 성명을 발표했다.

"나는 오랫동안 주한미군을 철수해야 한다고 생각했다. 우리는 30년이나 그곳에 주둔하고 있다. 그래서 나는 철군해야 한다는 기본정책을 결정했고 철수병력의 단계적 적정선을 검토해 왔다. 그러나 나는 북한의 현 군사력 수준에 관한 새로운 군사정보, 미·중 국교정상화가 가져올 영향, 그리고 남북한 간 대화의 귀추 등 제반요소에 대한 평가가 끝날 때까지 철군을 일단 중지하기로 했다."

1979년 초에 국제정세는 카터의 철군계획에 불리하게 전개되었다. 소련은 계속 서태평양으로 진출했고, 이란에서는 혁명이 일어났다. 베트남이 소련과 군사동맹을 맺었고 아프간 사태는 악화되고 있었다. 이러한 상황에서 1979년 1월 북한이 한국보다 월등히 우세한 지상군을 보유하고 있다는 새로운 정보가 유출되었다.

그해 1월 8일 미국의 주요 일간지들은 소식통을 인용하여 북한이 40개 사단과 2천 600대의 탱크를 보유하고 있다고 보도했다. 이것은 북한이 29개 사단과 2천 대의 탱크를 보유하고 있다는 철군 결정 당시의 규모보다 훨씬 많은 것으로 한반도에서 지상군의 군사력은 북한 측이 유리하다는 것이 분명하게 드러났다. 이 같은 새로운 남북한의 군사력 평가 보도로 카터의 철군정책은 비현실적이며 무모하다는 비판이 더 큰 설득력을 얻게 되었다.

1월에 민주당의 새뮤얼 스트레튼 의원과 공화당의 로빈 버드 의원을 비롯한 하원군사위원들은 새로 나타난 정보 분석에 대한 평가가 분명해질 때까지 철군을 중지하라고 카터 대통령에게 요구했다. 이 무렵 상원의 유력 의원들은 제2사단을 계속 한국에 주둔시킬 것과 한국군 현대화 족진이 필요하다는 연구보고서를 발표했다. 1월

3일부터 14일까지 한국과 아시아 각국을 순방한 샘넌 상원의원은 다음과 같은 내용의 보고서를 의회에 제출했다.

이 보고서는 먼저 미 중앙정보국, 국방정보처, 미 육군정보국이 공동으로 실시한 북한 군사력 재평가 내용을 자세히 설명했다. 그런 다음 중·소의 직접 개입이 없다면 한국이 독자적으로 북한의 공격을 능히 방어할 수 있다고 한 행정부의 철군 근거는 믿을 수 없게 되었음을 지적하고, 주한미군의 유지가 철군 주장보다 더욱 합리성을 갖는다고 언급했다. 이 보고서는 한반도의 군사적 균형, 미군의 자동개입 회피 등 미 행정부가 철군을 합리화하기 위해 내세웠던 철군 이유들이 타당성을 결여하고 있으며, 오히려 한국의 핵개발 가능성, 남북한 무기경쟁, 아시아 국가들의 대미불신 등 여러 가지 문제점이 생길 우려가 있다면서 철군 중지를 촉구했다.

상원외교위원회 동아시아·태평양문제 소위원회 위원장인 존 글렌(John Glenn) 의원도 서울을 포함한 동남아시아 각국 수도를 순방하면서 작성한 '주한 미 지상군 철수'라는 제하(題下)의 보고서를 외교위원회에 제출했다.

이 보고서는 미 지상군의 자동개입을 피하려는 철군은 6·25전쟁 때처럼 북한의 오판에 의한 침략을 유발할 가능성이 있으며, 특히 '서울 해방'을 위한 속전속결 작전에 가장 큰 위험이라고 경고했다. 또한 앞으로 10년 내에 북한의 우세가 기울어지게 될 어느 시점에 가서는 철수가 바람직하나, 그러한 철수의 시기와 집행은 한반도의 군사균형과 아시아의 모든 국가의 이익을 위해서 신중히 다루어야 한다고 지적했다. 보고서는 또 북한의 군사력이 크게 증강된 현 단계에서는 미 제2보병사단을 계속 주둔시킬 필요가 있다는 점을 강조했다.

카터 대통령이 1982년까지 모든 주한 미 지상군을 철수시키기로

글라이스틴 주한 미국 대사의 안내로 청와대를 예방한 샘넌 미상원 군사위 인력인사위 원장을 접견하고 있는 박 대통령 (1979. 1. 7)

결정한 1977년에 미국 정보기관들은 북한의 사단 및 여단수를 크게 과소평가하였다는 사실이 드러났다. 1978년 미국의 새로운 극비 정보평가는 북한의 병력수가 44만 명이라고 한 이전의 평가보다도 더 많은 56만 명 내지 60만 명에 이른다는 결론을 내렸다. 육군은 29개 사단이라고 한 이전의 평가 대신에 약 40개 전투사단이라고 평가했고, 한국의 주요 방위선 배후 침투를 목적으로 하는 경보병부대의 수도 증가하였다는 것이다. 이에 비하여 한국 육군은 21개 전투사단으로 편성된 56만 명이며, 해병대는 1개 전투사단에 총 2만 명으로 평가하였다.

　해군력도 북한 측이 우세했다. 한국의 소규모 해군은 북한의 많은 초계정과 수뢰정 및 그 잠수함대와는 비교가 되지 않았다. 한국은 1976년 이후 125대의 F-5E 전투기를 취득하여 제공권에 있어서 북한에 대한 한국의 열세를 어느 정도 만회해 왔다. 이와는 대조적으로 1978년도 북한 공군력의 평가는 항공기의 수량이나 전투력에 있어서 이전의 평가와 거의 변화가 없다. 한국은 소련이 MIG-23 및 기타 현대식 항공기를 북한에 제공하지 않는 한 북한에 비하여 제공 능력에 있어서 더욱 앞서가게 될 것이 기대되고, 한국의 야전포 생산도 또한 현재의 격차를 좁힐 수 있을 것이며 대전차무기의 구입은 북한의 기갑부대에 대한 한국의 방위능력을 증가시킬 것으로 관측된다는 것이다.

북한은 방위산업 분야에서 현저한 우세를 보이고 있었다. 북한은 정교한 공군 체계에 있어서는 소련과 중국에 의존하고 있었지만, 토착적인 군사산업기지의 개발에 우선권을 부여해 왔다. 지상 군비를 자급하고 있었고 대부분의 해군 수요를 충족시킬 수 있었다. 이중에는 전차, 장갑차, 수종의 자동포가 포함되어 있었다. 장비부품의 재고량도 계속 팽창했다. 게다가 함정과 잠수함도 생산하고 있었다. 특히 북한의 탱크, 병력수송장갑차(APCs), 다탄두로켓 발사대 및 박격포 등 병기 보유 수는 점진적으로 증가 추세를 보였다. 결과적으로 북한은 이들 지상무기에 있어서 숫자상으로 한국보다 앞서 있음이 판명되었다.

북한은 1976년까지 소련 육군의 주전 탱크였고 한국의 M-48 탱크보다 성능이 월등하게 우세한 T-62 탱크를 제작하기 시작했다. 북한이 개조한 T-62는 소련형과 성능이 같은 것으로 공인되었으며, T-62의 생산속도는 1978년의 연간 70대 내지 80대에서 1979년에는 150대로 증가했다. 북한은 계속해서 T-62 탱크 생산에 역점을 둘 것으로 관측되었다. 1978년 1월 미 상원보고서에 의하면 한국은 1천 100대의 탱크를 보유하고 있는 데 비해 북한은 2천 400대 내지 2천 600대였다.

존 글렌 미 상원 의원이 청와대를 예방했다(1977. 8. 30).

이처럼 북한이 1977년 카터의 주한 미 지상군 철수 발표 후 그 군사력을 급격히 증강한 사실은 북한 측 의도에 대한 심각한 의문을 제기하는 것이었다. 전쟁은 군사력의 균형에 의해 억지될 수 있다는 것이 미국 정책결정자들의 교리다. 한반도에서의 군사력의 균형은 그 내용에 있어서 많은 변화가 있었다. 6·25전쟁의 휴전 직후에는 북한군과 중공군에 대하여 한국군과 주한미군으로 균형을 이루었다. 그러나 1958년 중공군이 북한에서 모두 철수한 이후부터는 북한군에 대해 한국군과 주한미군 6만 명이 북한의 남침을 억지하는 역할을 하고 있었다. 따라서 남북한 간의 군사력 균형 유지와 북한의 무력 남침 억지가 주한미군의 제1차적인 역할이었다. 그러나 그것은 항상 불안한 균형이었다. 따라서 남북한 간에 군사적 긴장이 고조되면 주한 미 공군이 증강되어 전쟁억지에 대처해 왔다.

1968년 1월 23일, 미국의 정찰함 푸에블로호가 북한에 납북되었을 때 북한과의 군사적 대결에 대비하여 주한 미 공군이 급속도로 증가되었고, 1971년 주한미군 제7사단 철수 때도 미 공군이 증강되었다. 1977년 카터의 주한 미 제2사단 철수계획도 주한 미 공군을 강화하여 남북한 간의 군사력 균형을 유지한다는 정책하에 추진되었다. 그러나 북한의 군사력이 철수 결정 당시의 수준보다 예상외로 증강되었다는 사실이 판명되고, 미 상하의원들이 주한미군의 필요성과 철군의 위험성을 강조함에 따라 카터가 철군 중단을 결정한 것으로 인식되었다.

카터 대통령은 남북한 간의 만족할 만한 군사 균형을 회복하는 것이 중요하다고 강조해 왔다. 그러나 행정부 관리들은 만족할 만한 군사균형이 무엇을 뜻하는지 특별한 정의가 없음을 시인하고 있었다. 이들의 말에 따르면 이 균형에는 한국 지상군의 능력과 남북 양측의 지상무기의 계산이 포함되며, 한국의 내부와 주변에 있는 미 해·공군 부대도 그 일부가 된다는 것이었다.

하지만 1979년에 한미 관리들 가운데 1981년까지 만족할 만한 군사균형이 회복될 수 있다고 믿는 사람은 거의 없었다. 대부분의 관계 전문가들은 장기계획이 예정대로 진행된다면 1984~1985년경에 이르러 만족할 만한 균형이 이루어질 수 있을 것으로 전망하고 있었다. 이것은 박 대통령이 우리의 자주국방 건설이 완성될 시기로 잡은 1980년 초반과 시기적으로 일치하는 것이다.

제6장 대통령의 위기

'백곰', 하늘로 솟아오르다

1976년 1월, 박 대통령이 프랑스의 핵연료 재처리시설 도입을 취소한 후 미국은 그들의 압력과 위협이 주효했고, 박 대통령이 이에 굴복함으로써 핵개발은 저지되었다고 확신하고 있었다. 그것은 미국의 힘에 대한 과신과 오만에서 나온 속단이었다. 박 대통령이 핵개발 관련 사업들을 계속 추진하고 있다고 믿지 않을 수 없는 새로운 사실들을 미국이 알게 되기까지는 많은 시간이 걸리지 않았다.

그 첫 번째 새로운 사실은 우리가 미사일개발에 성공했다는 것이었다. 1978년 9월 26일, 국방과학연구소 연구진이 프랑스의 기술지원을 얻어 개발한 사정거리 180킬로미터의 지대지 유도탄 '백곰'을 하는 쏘아 올리는 데 성공했다. 앞으로 우리가 핵폭탄을 제조할 수 있게 되면 이것을 발사할 수 있는 '운반수단'을 보유하게 된 것이다. 그래서 외신들은 핵탄두만 개발하면 군사강국이 될 수 있다고 보고 한국을 '잠재적인 핵보유 국가'로 분류해 보도했다.

1972년 4월 14일, 박 대통령은 심문택 국방과학연구소 소장을 청와대로 불러 1976년 말까지 장거리 지대지(地對地) 미사일을 개발하라고 지시했다. 이 사업의 대외 명칭은 '항공공업 육성계획 수립'으로 정했다. 이때부터 국방과학연구소, 공군과 해군 핵심연구원 4명이 한강변의 한 아파트에 모여 장거리미사일 개발에 착수했다. 이들은 오늘의 젊은 세대가 이해할 수 없을 정도로 죽기 살기로 연구를 거듭했다. 이들에게는 성탄절도 없었고 신정, 구정도 없었다. 한 마디로 이들은 미사일개발에 미쳐 있었다. 1973년 3월 이들은 '항공공업 육성계획안'을 만들어 대통령에게 보고했다.

1974년 말까지는 중거리 무유도로켓을 개발하고 1976년 말까지는 중거리 지대지미사일을, 그리고 1979년 말까지는 장거리 지대지미사일을 개발하겠다는 내용이었다. 박 대통령은 1974년 5월에 유도무기개발에 관한 방침을 승인하고 되도록이면 개발 시기를 단축해 보라고 당부했다. 이들 개발팀은 미국의 반대를 피하기 위해 당시 우리 군이 미국에서 도입해서 보유하고 있는 나이키 허큘리스(NH) 지대공미사일의 부품을 생산한다는 명분을 내세웠다.

나이키는 지대공미사일이지만 이것을 지대지미사일로 개량할 수 있다는 데 착안하고, 우선은 방어용인 나이키를 국산화하기 위해 그 부품을 생산하는 것이라고 미국의 눈을 속인 것이다. 나이키를 개량한 국산 지대지미사일의 1차 목표는 평양이었고, 2차 목표는 휴전선 부근에 있는 북한군 비행장들이었다.

문제는 미사일 제조기술이었다. 미사일 제조는 다른 무기와는 비교가 되지 않을 정도로 고도의 기술이 필요했다. 선진국의 제조기술과 생산 장비를 들여오는 방법밖에 없었다. 우리 연구개발팀은 주한미군에 배치된 나이키 허큘리스(NH)를 생산하는 맥도널 더글러스(MD)사와 교섭을 벌였다. 맥도널 더글러스사와 총 2천만 달러 규모의 유도탄 설계용역계약을 한 뒤 양쪽 기술진이 6개월간 함께 예비설계 작업을 했다. 6개월이 지났을 때 미국정부가 기술이전 불가결정을 내렸다. 그러나 예비설계(180만 달러 규모)단계를 마친 우리 기술진은 이미 유도탄설계기술을 웬만큼 습득하고 있었다.

관성유도장치 제작기술은 영국의 한 회사에서 도입했다. 추진제 제조시설을 확보하기 위해서는 프랑스의 한 회사와 교섭하였다. 이

때 미국 록히드사 계열의 추진제 공장이 파산하여 매물로 나와 있어서 이를 구매하여 공장 전체를 통째로 뜯어다가 1976년 12월 2일에 완공된 대전기계창으로 옮겨 놨다. 이 기계창은 미사일개발을 숨기기 위한 위장 명칭이었으며, 북한의 프로그미사일 사정거리를 벗어난 지점인 대전 근처에 건설하라는 박 대통령의 지시에 따라 건설된 것이다.

　록히드사는 추진제 공장을 팔았으나, 기술은 제공하지 않았다. 미국이 추진제 기술 이전을 거절함에 따라 우리 기술진은 그 제조방법을 프랑스에서 도입했다. 연구개발팀은 4년여에 걸친 각고의 노력으로 1978년 2월부터 9월까지 일곱 차례의 시험발사를 한 끝에 드디어 성공의 결실을 거두었다. 그해 8월 26일 청와대에서 열린 제3차 방위산업 확대회의에서 방위산업 육성을 주관하는 제2경제수석비서관이 방위산업체들의 무기생산 현황과 항공공업 발전 등 앞으로의 계획에 대해 설명했다. 박 대통령은 이날 저녁에 쓴 일기에서 이 보고를 듣고 난 소감을 이렇게 피력했다.

　'제3차 방위산업확대회의를 청와대에서 개최하다. 일장월취 우리의 방산은 매우 빠른 속도로 발전하고 있다. 특히 오늘 항공공업육성 계획 보고는 매우 고무적이며 자신을 기일층 높게 힐 수 있었다.

1980년대 중반에는 우리나라에서도 전투기를 충분히 만들 수 있다는 자신감이 생겼다.'

한 달 후인 9월 26일, 이날은 대한민국이 세계에서 일곱 번째의 미사일 보유국이 된 날이다. 이날 국방과학연구소는 충남 서산군 안흥 해변의 한 시험장에서 우리 연구진들이 설계하고 제작한 지대지 미사일의 공개 시사회를 가졌다. 미국의 나이키-허큘리스(Nike -Hercules)의 개량형인 최초의 한국산 지대지미사일 '백곰'의 발사실험이었다. 지축을 흔드는 폭발음과 함께 '백곰'이 하늘로 치솟아 날았고, 잠시 후 군산 앞바다의 표적에 명중했다는 것이 확인되었다. 그 순간 기쁨의 환호성이 시험장에 진동했다. 박 대통령은 회심의 미소를 지었다.

미사일(유도탄)은 비행하는 종합과학이다. 총기나 대포류와 달리 유도조정·구조해석·풍동(風洞)시험·추진제 등 각 분야의 고도기술이 농축된 무기체제의 정화다. 첨단기술 불모의 시대였던 1970년대 말 미사일 국산화 성공은 무에서 유를 일궈낸 하나의 신화였다. 그것은 박 대통령의 자주국방 의지와 국방과학연구소 개발팀의 피와 땀과 눈물의 결정체였다. 대통령은 이날 저녁에 쓴 일기에 국산 미사일의 성공적인 발사광경을 직접 참관하고 과학자들과 기술자들의 노고를 치하한 사실을 기록하고 있다.

"금일 오후 충남 서산군 안흥에서는 우리나라에서 처음으로 유도탄 시험발사가 있었다. 1974년 5월에 유도무기 개발에 관한 방침이 수립되어 불과 4년 동안에 로켓유도탄 등 무기개발을 성공적으로 완성하여 금일 관계관들 참관하에 역사적인 시험발사가 있었다.

1) 대전차로켓(3. 5인치 로켓을 더 발전시킨 것)
2) 다연발로켓(28연발 사정거리 20킬로미터)
3) 중거리로켓(사정거리 50킬로미터, 어네스트존과 유사)

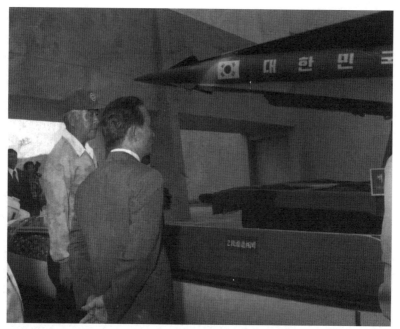

장거리유도탄 시험발사장에 전시된 국산미사일을 살펴보는 박 대통령 (1978. 9. 26)

　4）장거리유도탄(사정거리 180킬로미터, 유효반경 350킬로미터, 나이키와 유사함)

　네 종목 다 성공적이었다. 그동안 우리 과학자들과 기술진의 노고를 높이 치하하다.”

　국방과학연구소의 연구진들이 지대지미사일 백곰 개발에 성공한 것은 미국의 반대를 무릅쓰고 이룩한 것이어서 더욱 값진 것이었다. 그것은 우리 연구진들에게 앞으로 첨단무기개발에 대한 자신과 의욕을 북돋아 준 쾌거였다. 당시 북한은 프로그미사일과 스틱스미사일을 보유하고 있었고, 개성에서 사거리 7킬로미터의 프로그미사일로 서울을 공격할 경우 이에 즉각 맞대응할 수 있는 장거리 지대지미사일이 없었다. 이 경우 전투기를 동원할 수밖에 없는데, 그렇게 되면 전면적으로 확대될 가능성이 컸다. 따라서 우리도 평양을 바로 때릴 수 있는 장거리 지대지미사일을 보유하고 있을 필요가 있었다. 그것은 자위를 위한 자주국방의 핵심이었다.

그러나 미국은 우리의 방위산업을 지원함에 있어서 처음부터 재래식 무기만 생산하도록 제한했다. 핵무기개발은 물론 미사일이나 전투기 등 첨단무기 분야의 기술을 제공해 달라는 요청을 거부했다. 그래서 박 대통령은 무기 수입선의 다변화를 추진하라고 지시했다. 정부는 재래식 무기 조달과 생산능력 확장을 위해서 미국 이외의 다른 공급원을 찾아 나섰고 여러 우방국가의 정부와 대전차무기, 다탄두로켓발사기, 함대함미사일, 방공용 미사일 등의 구매 가능성을

국산미사일 1호 백곰 발사성공, 세계 일곱 번째 유도탄개발국으로 충남 안흥 시험장에서 미국 나이키-허큘리스 미사일을 빼닮은 한국산 지대지미사일 '백곰'이 화염을 내뿜으며 하늘로 솟아올랐다. 백곰 발사장면을 바라보는 박 대통령(1978. 9. 26)

협의하였다.

정부는 지대지미사일 기술 공여에 대한 우리의 요청을 미국이 거절하자 이스라엘에서 이를 구입하려고 하였다. 1972년 초에 무기개발위원회에서는 슐 아이젠버그(Shoul Eisenburg)라는 국제무기상이 한국에 판매하려고 시도하는 이스라엘제 가브리엘 지대지미사일의 구입 문제를 논의했다. 국방부는 '가브리엘 미사일은 2급의 체제'라고 도입에 반대했다. 또 주한미군 측은 한국이 이를 구입하면 미국의 대한(對韓) 군사원조가 줄어들 것이라고 경고하면서 반대했다. 그래서 문제는 없었던 것으로 되었다. 미국은 이처럼 외국 지대지미사일 도입에 반대하고, 미국의 지대지미사일 기술 제공도 거절하여 한국의 지대지미사일 개발을 막았다.

여기에는 몇 가지 이유가 있었다. 경제적으로는 미국의 지대지미사일을 계속 한국에 팔아서 이익을 챙기겠다는 것이고, 군사적으로는 대북 선제공격용으로 사용될 우려가 있다는 것이다. 하지만 가장 큰 이유는 장거리 지대지미사일은 핵탄두 운반체가 될 수 있다는 사실이었다. 우리의 핵개발을 결사적으로 저지해 온 미국은 그 운반체의 개발도 반드시 막아야 한다고 생각한 것이다. 설사 우리가 핵무기를 개발하거나 외국에서 구입하여 보유한다고 해도 운반체가 없으면 소용없다고 보았기 때문이다. 이러한 상황에서 우리가 선택할 수 있는 길은 스스로 개발하는 것이었다. 그래서 국방과학연구소에서 만난을 극복하고 지대지미사일 개발에 성공했다.

우리의 성공에 자극받은 북한이 간첩을 보내 내막을 알아보려했던 사실이 확인되었다. 1978년 11월 27일 오후 대간첩대책본부는 "북한이 보낸 3인조 무장간첩이 충남 경기도 지역에 출몰하면서 우리 민간인 4명을 잔인하게 살해했으며, 양민학살 현장 부근에서 북한제 대검, 압축식량, 카메라 등을 습득했고, 군 당국이 수거한 간첩들의 필름을 현상한 결과 백곰 지대지미사일 발사실험장의 전경이 담겨 있는 사진이 여러 장 나왔다"고 발표했다. 무장간첩들이 상륙했을 것으로 짐작되는 서해안 지점 부근은 유도탄 발사실험을 한 곳이었다.

백곰 발사시험이 성공을 거두자 미국은 이를 핵무기개발의 한 단계로 간주하고 여러 가지로 간섭하기 시작했다. 사실 당시 박 대통령은 1970년대 중반기에 미국의 반대와 압력으로 좌절되었던 중수로 4기의 건설 등 본격적인 핵 자립계획을 실행에 옮기고 있었기 때문에 미국은 우리나라가 머지않아 핵무기 보유국가가 되지 않을까 우려하고 있었다. 미국의 우려와 간섭은 이미 1976년 12월 2일 대전기계창 준공식 때에 추진제 실험이 성공한 것을 보고 놀란 직후부터 강화되고 있었다.

당시 군사원조를 담당하던 미 합동군사고문단의 관계자들은 록히드사가 추진제장비를 한국에 팔아넘길 때 기술이전은 제공하지 않았으므로 독자적이 개발이 불가능할 것으로 여겼다. 그런데 한국 연구개발팀이 검은 연기가 나지 않는 최신형 추진제의 시험에 성공한 것이다. 그들은 놀라고 당황했다. 얼마 후 미 국방부의 안보담당 차관보가 방한하여 미사일 탄두는 무엇에 쓰느냐, 결국에는 핵무기를 탑재하려는 것이 아니냐고 핵무기 발사문제를 노골적으로 들고 나왔다.

미국은 대전기계창에 미 합동군사고문단 요원 6명을 보내 미사일개발을 돕겠다면서 감시를 게을리하지 않았다. 미사일개발의 산실이었던 기계창 상공은 엄연한 비행금지구역이었으나, 미군 비행기가 수시로 날아와 저공비행을 하며 항공촬영을 해가기도 했다. 미국은 일부 기술을 넘겨주면서 미사일 사거리가 180킬로미터를 넘지 않도록 요구했다. 우리 개발팀은 사거리는 얼마든지 늘릴 수 있다고 판단하고 '180킬로미터 제한 합의서'에 동의했다. 미국은 이 합의를 근거로 300킬로미터 내지 500킬로미터 장거리 미사일을 개발할 것을 막았다. 국방과학연구소는 1979년에 백곰 1개 포대 분을 생산하고 2단계로 유도조정장치를 관성항법장치로 개량한 '나이키 지대지 미사일' 사업에 착수했고 인공위성사업도 시작했다.

원자로 국산화

박 대통령이 핵개발 관련 사업을 추진하고 있음을 미국이 믿게 된 두 번째 새로운 사실은 우리나라가 핵연료재처리시설과 시험용 원자로를 자체 기술로 개발하고 있다는 사실이었다. 박 대통령이 1976년 1월 26일에 프랑스 핵연료재처리시설 도입을 포기한 것은 사실이다. 그러나 핵개발을 포기한 것이 아니었다. 박 대통령은 1976년 말에 재처리시설과 원자로를 자체 개발하라고 지시했다.

1976년 12월 원자력연구소에서 그동안 재처리시설 도입을 주관해 왔던 특수사업을 따로 분리해서 핵연료개발공단을 설립하고, 원자력연구소 주재양 부소장을 공단 초대소장으로 임명하여 원자력 대체사업을 추진하도록 했다. 대체사업은 우라늄 정련(精鍊), 전환시설, 핵연료 가공시설, 조사(照射) 후 시험시설, 방사성 폐기물 처리시설 등 재처리의 핵심시설을 도입하여 재처리공장을 직접 만들자는 사업이었다. 이 대체사업의 총예산(1977~81년)은 내자 281억 7천 800만 원, 외자 4천 876만 9천 달러로 모두 518억 3천 300만 원이었다.

과학기술처의 원자력 이용개발 제4차 5개년계획(78년 2월)과 한국핵연료 개발공단의 사업계획(77~83)에 의하면 대체사업은 1981년에 완성될 예정이었다. 대체사업의 주요시설들은 계획대로 하나하나 성공적으로 추진되었다. 1978년 10월에는 핵연료 가공시설이 준공되었고, 1979년 5월에는 우라늄 정련·전환공장 기공식이 예정되어 있었다.

한편 캐나다로부터 도입하려던 연구용 원자로(NRX)도 미국의 압력에 못 이겨 그 도입을 포기할 수밖에 없었으나, 이 역시 자체 기술로 개발하기로 하였다. 이 사업은 '기기장치개발사업'이라는 이름으로 원자력연구소의 장치개발부가 추진했다. 1973년 캐나다와 연구용 원자로 도입교섭을 진행할 때 이미 그 설계와 기술에 관한 자료는 상당히 확보하고 있었다. 1977년 2월 원자력연구소가 원자력위원회에 보고한 '원자력 연구개발 기본계획안'에 의하면 '기기장치개발사업', 즉 연구용 원자로 개발사업은 1978년까지 설계를 완료하고 1979년과 1981년 사이에 원자로 건설을 완성하게 되어 있었다.

1979년 10월에는 설계가 모두 끝난 상태였으므로 사업은 순조롭게 진행되었다. 1980년대 초에 연구용 원자로가 개발되어 여기서 '사용 후 핵연료를 얻게 되고, 대체사업이 완성되어 재처리시설을 확보하게 되면' 핵폭탄 제조용 플루토늄을 얻을 수 있게 된다. 플루토늄으로 핵폭탄을 제조하는 기술은 이미 잘 알려져 있는 것이기 때문에 정제된 플루토늄을 필요한 수량만큼 확보할 수 있게 되면, 핵폭탄을 제조·보유하는 것은 시간문제였다. 그래서 원자력연구소와 핵연료개발공단은 1981년이나 1982년에는 우리나라가 핵무기를 보유할 수 있다고 판단했다.

우리가 원자력 대체사업을 추진하고 있다는 것을 알게 된 미국은 의혹과 감시의 촉각을 곤두세웠다. 대체사업이 국내의 우라늄을 채취하여 핵연료로 가공하는 사업이라는 우리의 설명을 믿지 않고 미 정보요원들이 대덕연구단지와 국방과학연구소를 드나들며 증거를 잡으려고 했다. 미국은 핵무기개발을 계속 추진한다면 원자력 발전의 연료인 우라늄 공급을 중단하겠다고 위협했다. 박 대통령은 미국이 실제로 우라늄 공급을 중단하는 사태에 대비하기 위해 관계기관에 국내 우라늄 매장량과 해외 우라늄 자원의 국제시장 가격 등을 면밀하게 조사하여 우라늄 확보대책을 수립하라고 지시했다. 조사 결과 국내 우라늄 자원은 1983년부터 1986년까지 4년에 걸쳐 채광과 선광을 할 수 있는 것으로 파악되었다.

우리의 연구진들이 미국의 집요한 추적과 감시를 따돌리고 핵개발 관련 사업들을 하나하나 성공적으로 추진해 나가는 것을 지켜보면서 박 대통령은 1982년 무렵에는 우리나라도 핵무기를 제조·보유할 수 있게 될 것이라는 확신을 가졌다. 그 무렵이 되면 자립경제 건설과 자주국방 건설의 목표가 달성됨으로써 자신의 역사적 사명은 완수된다고 보았다. 그래서 박 대통령은 1980년대 초반, 다음 임기 만료 이전의 적절한 시기에 은퇴한다는 시간표를 정해 놓고 있었다.

대통령의 은퇴 시간표

동서고금의 역사에는 위대한 정치지도자들의 등장과 은퇴에 관한 역사적인 사례들이 기록되어 있다. 고대나 현대의 위대한 정치지도자들이 권력의 자리에서 은퇴한 데에는 공통점이 있다. 즉 그들은 시대의 요구에 따라 사명을 완수했다. 그렇다고 판단되고, 국민들이 감사와 아쉬움 속에 섭섭하다고 말해 줄 수 있을 때 스스로의 결단으로 은퇴했다는 것이다. 국가와 민족의 발전을 위해서 꼭 필요한 존재라고 국민들로부터 지지받는 국가지도자도 세월이 지나면 필요 없는 존재로 배척당하는 사태에 직면하게 된다. 그것은 끊임없이 변전하는 새로운 상황의 발생 때문에 피할 수 없는 필연적인 현상이다.

박 대통령은 이러한 세상의 이치를 잘 알고 있었다. 그는 자신의 가치가 어디에 있는지를 아는 지도자였다. 십수 년 동안 빈곤과 전란의 위험을 제거하고 번영과 평화의 기반을 공고히 하는 데 자신의 모든 것을 바쳐왔다. 그러나 번영과 평화의 목표가 달성되면 '계속 집정'이 불가결하다는 국민들의 마음도 바뀌어 이제는 대통령이 없어도 된다고 생각하는 시기가 반드시 도래하리라는 사실을 통찰하고 있었다. 따라서 박 대통령은 국민들이 대통령의 필요성과 존재가치를 부정하는 시기가 오기 이전에, 다시 말해서 대통령에 대한 국민의 신뢰와 지지가 절정에 이르는 시점에 홀연히 스스로 은퇴를 선언할 결심을 하고 있었다. 1975년 4월 베트남이 공산화된 이후 어느 날 박 대통령은 큰 영애에게 이런 말을 했다.

"베트남이 공산당에게 먹혔는데 북한은 베트콩보다 더 무서운 존재다. 나라가 위기에 직면해 있는 상황에서는 국가의 지도자는 다른 문제로 비판을 받더라도 나라부터 구해 놓고 봐야 한다. 경제발전과 자주국방만 이룩해 놓으면 다른 사람들이 말려도 내가 알아서 물러날 텐데 왜 사람들이 기다려 주지 않는지 모르겠다."

여기서 박 대통령이 '다른 문제로 비판받더라도'라고 말한 것은 야당과 반체제 세력이 공격하는 유신체제와 대통령의 '계속 집정'을 지칭했다. 야당의 이러한 비판이 있더라도 국가 위기에서 나라부터 구하고 경제발전과 자주국방을 이룩해 놓고 난 후에는 아무 미련 없이 은퇴할 텐데, 사람들이 자신의 뜻을 헤아리지 못하는 것 같아 안타깝다는 심경을 드러낸 것이다. 그는 1976년 11월 3일에 쓴 일기에서 이렇게 밝히고 있다.

'지난번 지방여행 중에 위장이 좋지 못하여 식사를 잘 못하였다. 귀경하여 어제 2일 국군병원에서 X-레이 촬영을 하였더니 위 내에 약간의 이상이 있으니 내일 투시경으로 위장 내 검진을 하자는 주지의의 선의가 있어서 놓의, 오늘 아침 8시 30분 국군병원에서 서울대학 오 모 박사로부터 검진을 받다. 투시경이 식도를 통하여 위까지 들어가는 것은 몹시 괴로운 일이었으나 검진 결과는 내부가 깨끗하고 아무 이상이 없다는 진단을 받아 후련해졌다. 앞으로 결실기에 들어선 조국의 근대화작업이 남아 있으니 이 과업을 기어코 완수하기 위해서는 건강이 무엇보다도 중요하다는 것을 재인식하게 된다.'

박 대통령은 1977년 정초인 1월 22일에 쓴 일기에서 1976년 미국의 대통령선거에서 카터에게 패배한 후 낙향하여 골프 치는 포드의 표정을 텔레비전 화면으로 보면서 포드가 인생으로서는 오히려 행복하게 보인다는 소감을 피력했다.

"밤 뉴스 시간에 어제 취임한 미국의 새 대통령의 의기양양하고 즐거워하는 표정과 임기를 마치고 시골에 돌아와서 골프를 치며 유유자적하는 포드 전 대통령의 표정을 찍은 TV 화면이 나왔다. 그러나 나의 눈에는 포드 전 대통령이 훨씬 행복해 보이고 인생의 전유(全有)를 과시하는 것 같은 느낌이 든다. 지난번 선거에서 패배한 것이 인생으로서는 오히려 행복할지도 모른다. 물론 본인들이야 그렇게 생각하지 않을지 모르지만."

이것은 은퇴하여 하나의 자연인으로서 개인적인 행복을 추구하고 싶다는 심경이 엿보이는 대목이다. 국가의 최고 통치자가 행사하는 권력은 수백만, 수천만 국민의 삶과 죽음, 번영과 빈곤, 행복과 불행을 좌우한다. 통치권을 장악한다는 것은 역사를 창조하고 그것을 다른 방향으로 바꿀 수 있는 기회를 갖게 됨을 뜻한다. 그것은 통치자에게는 보람 있고, 명예로운 일일 수 있다. 그러나 그것은 보통 사람의 개인적인 행복과는 거리가 멀다. 통치자에게 있어서 공인으로서의 책임과 개인으로서의 행복은 양립하기 어렵다. 국정 수행에 여념이 없는 통치자에게는 일반 국민의 소박한 개인적인 행복을 추

영원한 이별, 육 여사의 마지막 모습에 눈물 흘리는 박 대통령 (1974. 8. 19)

구할 수 있는 정신적·시간적 여유가 없다. 인류 역사에 있어서 국가, 민족을 위해 헌신적으로 노력하며 많은 업적을 남긴 통치자들은 대부분 개인적인 행복의 온상인 가정생활에 충실할 수 없어서 가정적으로는 불행했다는 사례가 적지 않은 것은 이 때문이다.

박 대통령은 십수 년의 집정기간 동안 한국의 근대화와 부국강병의 목적을 달성하기 위해 자신의 개인적 행복이나 인생의 낙을 모두 희생한 지도자였다. 끊임없이 새로운 일에 도전하고 난관을 돌파하고 목표를 달성하는 데 영일이 없어 휴식의 시간조차 가질 여유가 없었다. 국가와 민족의 발전을 위해 박 대통령이 감내한 개인적인 생활의 희생은 어떠한 보수로도 보상될 수 없을 만큼 크고 무한한 것이었다. 하지만 대통령으로서 자립경제와 자주국방 건설을 완수하겠다는 결의와 의지가 아무리 강고한 것이라고 해도 마음속 깊은 곳에 개인적인 행복에 대한 소망이 없을 수 없다. 그것은 인간이라면 누구나 추구하는 인생의 목표가 아닌가? 특히 사랑하는 가족과 함께할 수 있는 시간을 별로 가질 수 없었던 박 대통령으로서는 가정적인 행복에 대한 소망이 이 세상의 어느 가장의 그것보다 절실한 것이었다.

1974년 8월 15일, 문세광의 흉탄에 사랑하는 아내를 잃고 난 후 박 대통령은 그동안 나라의 일 때문에 소홀히 해 온 가정의 안정과 행복을 위해 여러 가지 문제를 홀로 골똘히 고민하는 모습이 자주 엿보였다. 몇몇 측근에게는 적당한 시기에 조용히 초야에 묻혀 남들처럼 아들, 딸 시집 장가보내고 회고록을 집필하고 싶다는 말을 하기도 했다. 1977년 3월 7일에 쓴 일기에서는 '대통령을 그만두면 시골에 가서 조그만 집을 짓고 살자고 하던 아내가 먼저 갔으니 앞으로 누구와 함께 그런 곳에 가서 조용히 살까' 하고 사별한 아내에 대한 간절한 그리움의 심경을 토로해 놓았다.

청와대 정문 뒤에서 운구 행렬이 경복궁을 돌 때까지 지켜보고 있는 박 대통령 이 장면은 김성진 청와대 대변인이 뒤에서 직접 촬영한 것이다(1974. 8. 19).

'시원한 바람이 소리없이 스쳐간다/흰 치마저고리 나부끼면서/구름 속으로 사라져간 그대' 1976년 8월 5일, 아내를 그리며 지은 시 〈저도 바닷가에 혼자 앉아서〉의 마지막 구절

진해 벚꽃 길을 산책하는 육 여사의 뒷모습 박 대통령이 직접 찍은 사진(1974. 4. 9)

'날씨가 완전히 풀려서 봄 날씨다. 역시 경칩이 지나니 추위는 물러가는 모양. 밤 10시 10분 KBS에서 육영수 여사 전기 낭독을 침대에서 듣는다. 1974년 5월 14일 한국자연보호협회 회원들이 청와대에 찾아와서 아내에게 협회 총재를 맡아달라고 청하던 날의 이야기가 나온다. 오후 4시경 식당에 회원들을 초대, 다과를 대접, 나의 집무실에 아내가 와서 잠깐 나와 회원들을 격려해 달라고 하여 따라 나가 인사를 하고 잠시 동안 환담을 나누는 당시의 이야기다.

엊그제 같은 이야기다. 아내가 타계하기 꼭 3개월 전의 이야기다. 아내는 남달리 자연을 좋아하고 아꼈다. "이 다음에 이 자리 그만 두거든 시골에 가서 조그만 집 하나 짓고 살아요. 그리고 그 뒷산에는 바위가 있고, 바위 밑에는 맑은 물이 나오는 그런 곳에서 살아요." 아내가 자주 하던 말이다. 아내는 그것이 소원이었다. 그 조그마한 소원을 이루지도 못하고 그이는 갔다.

지금도 지방에 다니다가 나무 있고 바위 있는 아담한 산이 있으면 나는 유심히 그 산을 보게 된다. 그이가 저런 곳에서 살기를 원했는데 하고. 그러나 이제 누구와 같이 그런 곳에 가서 조용히 살까. 아내는 또 우리나라 재래식 한옥을 좋아하였다. 지방에 차로 같이 다니다가 재래식 기와집 반듯한 집을 보면 "저 집 참 좋지요. 저런 집 하나 짓고 살았으면 좋겠어요" 하고 처녀 시절 옥천 친정집에 살던 때 이야기도 자주 하였다. 대청마루에 돗자리 깔고 앉아서 달빛을 바라보는 시골의 풍경을 늘 그리워하였다. 그런 생활을 노후의 유일한 낙으로 생각하고 있었다. 그러나 그이는 먼저 갔다.'

1977년 중반부터 박 대통령은 은퇴 후에 집필할 회고록의 자료를 준비하고 있었다. 그동안 전국 각 지역의 공업단지와 공장건설 4대강 유역개발과 고속도로 건설 등 국토개발사업 중화학공업과 방위산업, 과학기술진흥사업과 새마을사업 등 중요한 국가정책을 계획하고 추진하는 과정에서 행정부의 장관과 고급공무원, 국영기업 간부, 각종 연구소 간부, 지방자치단체장, 주요 기업체 사장 등에게 보낸 공한이나 사신, 그리고 직접 작성한 각종 건설사업의 설계도와 도표 등의 원본을 회수하고 여러 가지 메모와 서적 등을 정리하기 시작했다.

이 무렵 대통령이 가장 심혈을 경주하던 사업의 하나는 농촌의 근대화였다. 특히 새마을운동이 전국적으로 확산되어 농촌의 발전이 촉진되면서 농촌마을을 집정기간 내에 반드시 서구 선진국가들의 잘사는 농촌처럼 만들어 놓겠다는 집념에 불타고 있었다. 박 대통령은 농촌의 새마을을 둘러보고 청와대로 돌아오는 자동차 안에서 한 측근에게 그러한 결심을 밝혔다. "내가 오래하기도 했지. 벌써 몇 년인가. 그러나 내가 독재자니 장기 집권하느니 하는 말이 있지만, 우리 농촌이 독일 농촌처럼 그림 같은 마을이 될 때까지는 내가 좀 더 해야겠어. 1980년대 초에 가면 그렇게 될 거야."

당시 대통령이 가장 심혈을 기울여 추진하던 사업은 풍요롭고 아름다운 농촌마을 건설 외에 두 가지가 더 있었다. 그 하나는 중화학공업 건설이었다. 그는 중화학공업이 앞으로 수십 년 동안 우리나라 경제의 지속적인 발전과 수출의 획기적인 증대를 뒷받침할 성장 동력이라고 믿었다. 또 하나는 핵개발이었다. 박 대통령은 중화학공업 건설과 핵무기개발 등 자주국방 계획이 완성되면 국가의 모든 분야가 지속적인 성장과 발전의 궤도에 올라서게 될 것이며, 이 나라가 어떠한 도전이나 시련에 직면하게 되더라도 그 발전과 성장의 기반이 흔들리거나 무너질 염려가 없게 될 것이라고 믿었다.

즉 우리의 경제력과 국방력이 격변하는 국제정세와 북한의 침략적 도발에 능히 대처할 수 있을 만큼 막강해진 상황에서는 정당 정치인들의 극한투쟁이나 선거의 폐해 때문에 정치 불안과 사회적 혼란이 고질화되고 국력이 낭비되고 국정이 다소 흔들린다고 하더라도, 증강된 국력이 능히 이것을 감당할 수 있으니까 절대로 나라의 기초가 흔들리고 위태로워지는 일은 없다는 것이다. 뿐만 아니라 1980년대 초반 무렵에는 국력이 크게 증강되고 중산층이 우리 사회의 지배적인 세력으로 성장하여 정치적·사회적 안정 기반이 확고해지고, 좌우의 급진세력이 활개칠 바탕이 약화되어 민중혁명이나 군부 쿠데타의 가능성도 있을 수 없게 된다는 것이다.

1982년은 제4차 경제개발 5개년계획이 완료되어 우리나라가 중화학공업 시대로 접어들게 되는 시기였다. 따라서 1982년에 핵무기를 개발하여 보유하게 되면 1982년은 자신의 모든 것을 바쳐 추진해온 자립경제와 자주국방 건설이 완성되었다고 확신할 수 있는 시점이었다는 점에서 박 대통령으로서는 참으로 뜻깊은 해였다. 그것은 온갖 시련을 극복하고 드디어 조국근대화와 부국강병이라는 자신의 역사적 사명을 완수하였음을 의미하는 것이었다.

박 대통령은 이 시점이 자신이 은퇴해야 할 시기라고 생각했다. 그래서 1984년 대통령 임기가 끝나기 전의 적절한 시기에 은퇴하기로 마음을 정해 놓고 있었다. 그리고 은퇴를 선언하는 바로 그날 10월유신에 의해 창출된 위기정부 체제를 평화시의 민주주의 체제로 대체하는 개헌안을 국민투표에 의해 확정한다는 계획을 발표하기로 작정했다.

유신헌법에서는 대통령의 잔여임기가 1년 미만일 때는 보궐선거를 하지 않고 국무총리가 대통령 권한 대행을 할 수 있게 되어 있었다. 그래서 대통령은 은퇴의 시기를 남은 임기가 1년이 안 되는 시기에 맞춤으로써 국무총리가 권한대행으로 잔여임기를 마치도록 하고, 그 기간에 거국 내각을 구성하며 개정헌법에 따른 대통령선거와 국회의원선거를 실시하여 새 정부를 탄생시키는 산파역을 수행하도록 한다는 구상을 갖고 있었다.

두 갈래 역풍이 휘몰아치다

동서고금의 모든 국가에 있어서 그 통치자의 정치생명은 한편으로는 그 나라가 처해 있는 국내외의 역사적 조건과 정치세력에 달려 있고 다른 한편으로는 이러한 국내외의 역사적 조건과 정치세력에 대응하는 통치자 자신의 결정과 행동에 좌우된다. 즉 통치자는 여러 가지 면에서 많은 사람들에게 의존하고 있으나, 궁극적으로는 자기 자신의 결정과 행동의 결과로 성공도 하고 실패도 한다.

모든 요인을 고려할 때 1960년대와 1970년대의 18년 동안 박 대통령은 국내외 전문가들이 예상할 수 있었던 것보다는 훨씬 더 크고 알찬 국가 발전의 업적을 이룩하였다. 그 과정에는 대통령으로서도 해야 할 일을 하지 못한 일도 있었고, 해서는 안 될 일을 한 일도 없지 않았다. 그런데 1979년에 이러한 일들이 되풀이됨으로써 대통령의 명운(命運)에 관련되는 위기가 조성되었다. 1979년 2월 중순경 서울에서는 느닷없이 박 대통령이 핵개발을 완료하면 은퇴한다는 소문이 나돌기 시작했다. 페르시아 사사니드(Sassanid) 왕조의 많은 전통을 기록한 아라비아어의 《왕관훈교》라는 책에는 "아버지, 어머니, 형제자매들, 아내, 친구들, 그 누구에게도 비밀을 말하지 않을 수 있는 것이 통치자의 특권이다"라는 구절이 있다.

통치자는 남을 꿰뚫어 볼 수 있지만, 남이 절대로 자기 속을 들여다보지 못하게 해야 한다. 그는 다른 누구보다도 과묵해야 하며 누구도 자기의 생각이나 의도를 눈치채게 해서는 안 된다. 특히 은퇴발설은 절대적인 금기에 속한다. 왜냐하면 그것은 권력투쟁을 유발하며 정치적 혼란을 가져오고, 이 권력투쟁에서 승리할 것이 예상되는 사람에게 권력이 이동함으로써 통치자는 은퇴 전에 권력과 권위를 상실하는 사태에 직면하게 된다는 것이다. 이것은 왕조시대의 국왕이나 민주주의 시대의 대통령에게 있어서나 마찬가지다. 그래서 예나 지금이나 통치자들은 은퇴 결심을 사전에 발표하지 않으며, 은퇴하는 바로 그날 발표한다. 프랑스의 드골은 그 대표적인 예로 꼽힌다.

박 대통령은 1967년 대통령선거 직후 친(親) 김종필 세력들이 대통령의 중임이 끝나면 김종필을 대통령후보로 추대하려는 움직임을 보이자 그 주동자를 공화당에서 축출했다. 왜냐하면 그것은 집권세력을 분열시키고 김종필과 그 추종세력의 정치적 영향력을 강화시키는 결과를 가져옴으로써, 중임 초부터 국정을 소신대로 밀고 나갈 수 있는 힘을 크게 상실한 이른바 '절음발이' 대통령이 될 수 있기 때문이었다.

1971년 대통령선거 직후에도 그랬다. 다음 선거에 김종필을 내세우려는 세력과 의원집정제 개헌을 추진하려는 김성곤 주도의 반(反) 김종필 세력 간에 권력투쟁의 조짐이 일어나자 두 세력의 주동자들을 당과 정계에서 퇴출시켰다. 이것은 말할 것도 없이 대통령의 권력누수 현상을 차단하기 위한 것이었다. 그런데 박 대통령 스스로 권력누수현상의 가장 큰 요인이고, 그래서 금기로 되어 있는 은퇴 결심을 밝혔다는 소문이 정치권과 언론계에서 나돌기 시작한 것이다. 박 대통령은 은퇴문제에 대해 1978년 12월 처남인 육인수 의원에게 10대 국회의원 후보 공천장을 주면서 이렇게 말했다.

"이번이 마지막인 줄 알아. 나도 이번만 하고는 그만이야. 나를 독재자라고 하지만 가난한 나라를 이만큼 부강한 나라로 발전시켜 놓았으니 외국에 나가면 나도 대접을 받을 수 있을 거야. 육 의원도 나 때문에 그동안 못한 일도 많을 텐데 1984년 되면 나와 같이 애들 데리고 외국 여행이나 다니지."

박 대통령은 1979년 1월 1일 해운대에 내려가 새해 구상을 하던 중 청와대 공보비서관으로 근무하다가 유정회 국회의원으로 나간 선우연을 불러 이렇게 말했다.

"나는 1981년 10월 1일 국군의 날 기념식 행사 때 국내외에 핵무기를 공개한 뒤 그 자리에서 은퇴를 선언할 생각이다. 김일성이 우리가 핵무기를 보유한 것을 알면 절대로 남침하지 못할 것이다."

1980년대 초반에 은퇴하고 야인(野人)으로 돌아가겠다는 말은 청와대의 몇몇 측근들도 박 대통령에게 들은 이야기였다. 대통령의 은퇴설은 소리 없이 번져나갔다. 정치권에는 육인수 의원을 통해 흘러들어갔고, 언론계에는 조선일보 기자 출신인 선우연 의원과 그의 친형인 선우휘 조선일보 주필 등을 통해 나돌았다. 은퇴의 시기가 이야기를 하는 사람에 따라 달라서인지 시기에 관해 그럴듯한 소문까지 떠돌았다. 즉 1983년이나 1984년의 국군의 날 행사에서 핵무기를 공개하고 그날로 대통령이 물러난다는 것이다.

박 대통령은 육인수 의원이 공화당의 절친한 의원들에게 이 사실을 전달할 것이고, 선우연이 친형인 선우휘에게 알리고, 선우휘는 언론계 중진들에게 이 사실을 전파하리라는 것을 몰랐을 리가 없다. 그렇다면 그는 왜 그러한 소문이 항간에 서서히 퍼져나가도록 했는가? 박 대통령은 이에 대한 해답이 될 만한 말을 누구에게도 남기지 않았다. 다만 여권의 몇몇 중진들이 당시의 국내외 상황에 비추어 박 대통령이 고려했을지도 모를 이유를 이것저것 논의하다가 두 가지로 추리해 보는 정도였다.

첫째, 1978년 6월 대통령선거가 끝난 후에 야당과 반체제세력은 박 대통령이 장기집권도 모자라 영구집권하려 한다고 비난하면서 민심을 선동하고, 유신헌법 철폐와 민주화 개헌투쟁을 강화했다. 박 대통령은 야당이 영구집권 문제를 반체제투쟁을 강화할 수 있는 새로운 쟁점으로 들고 나온다고 보고, 이러한 터무니없는 주장에 침묵하고 있으면 야당의 주장을 사실이라고 믿는 국민들이 늘어날 수 있다, 따라서 야당의 주장이 사실이 아니라는 것을 밝혀 국민들이 야당의 정치 선동에 동요되는 일이 없도록 하기 위해서 다음 임기가 끝나기 전에 물러난다는 뜻을 밝힌 것이 아니겠느냐는 것이었다.

둘째, 그동안 박 대통령이 핵무기개발을 추진해 왔으나 미국의 반대와 협박에 못 이겨 취소하고 말았다는 소문에 국민들은 실망하고 있었다. 따라서 우리가 독자적으로 개발한 핵무기를 선보이겠다는 사실을 밝힌다면 국민들은 긍지를 갖게 되어 사기가 오를 것이고, 대통령에 대한 국민의 신뢰와 지지도 증대될 것이다. 그렇게 되면 야당과 반체제세력의 반정부 투쟁도 힘을 잃게 되리라 기대했다는 것이다.

결국 박 대통령이 은퇴 결심을 밝힌 것은 야당이 주장하는 영구집권의 허위성을 폭로하고 핵개발의 진실성을 천명함으로써, 야당과 반체제집단의 반정부 투쟁을 잠재우려는 의도로 추리된다는 것이다. 그러나 대통령의 의도가 어디에 있었든 간에 그것은 문제가 아니었다. 문제는 어떤 의도나 명분이든 은퇴하는 그 순간까지는 절대로 은퇴사실을 밝혀서는 안 된다는 금기를 깨고 밝힌 데 있었다. 박 대통령이 결코 영구집권을 할 마음이 없고 핵무기개발 사실을 밝혀 국민들에게 자긍심을 갖게 하면, 대통령에 대한 국민의 신뢰가 증대하리라는 것은 충분히 예상되는 일이었다. 그렇지만 은퇴와 핵개발 소문은 이것과는 비교도 안 되는 중대한 사태를 촉발시키는 요인으로 작용했다. 즉 그것은 '계속 집정에 대한 위협'과 '생명에 대한 위해'로 이어질 수 있는 두 갈래의 새로운 사태를 유발했다.

첫째, 그것은 야당과 반체제세력의 체제투쟁을 완화시키기보다는 오히려 더 격화시킬 요인으로 작용했다. 야당이 요구하는 것은 유신헌법 폐지와 민주화 개혁이었다. 그들은 이 요구가 관철되면 대통령의 즉각 하야를 요구한다는 것을 투쟁 목표로 삼고 있었다. 1960년 4·19혁명에서 그들은 이 수법을 학습했다. 4·19혁명 직전 학생들이 요구한 것은 부정선거를 다시 하라는 것이었다. 이승만 대통령이 선거를 다시 하도록 내각에 지시하자 학생들은 부정선거에 개입한 자유당 당직자와 내무부장관 등 선거 관련 장관들의 해임을 요구했고, 반정부 시위가 과격해지면서 드디어 대통령 하야를 요구했다. 결국 혁명적 봉기 앞에 이 대통령은 하야했다.

따라서 야당과 반체제세력들은 대통령이 취임 후 한 달도 안 되어 측근들에게 은퇴방침을 말한 것은 야당의 투쟁과 미국의 압력에 굴복한 것이라고 오판하고 유신헌법의 즉각 폐지와 민주화 개혁을 요구할 것이며, 폭력과 혼란에 편승하여 그들의 요구를 관철하려는 혁명적 투쟁은 더욱더 격화될 것이 분명했다. 일반적으로 반정부세력의 힘이 약한 단계에서는 정부로부터 양보를 많이 얻어낼 수 없으며, 그것은 정치체제와 사회구조의 혁명적인 변혁을 지향하는 그들의 야망을 충족시키기에는 너무나 부족하여 정부의 개혁이나 양보를 거부하고 극렬한 투쟁의 길을 택한다.

반대로 힘이 강한 때는 그들이 권력을 획득할 수 있는 기회가 눈앞에 다가왔다고 생각하기 때문에 정부의 개혁이나 양보를 거부하고 무조건 굴복을 요구하면서 반정부투쟁을 강화한다. 1979년은 야당과 반체제세력이 그들의 힘이 그 어느 때보다도 강한 때라고 믿는 시기였다. 그들은 한미동맹관계가 악화되고 있다는 사실을 아전인수격으로 자기들의 대정부 투쟁에 유리하게 작용하는 요인으로 해석하고 있었다.

카터가 한국의 인권문제를 비판하고 주한미군 철수를 시작하고 있는 사실, 또 핵개발문제로 우리 정부를 감시하고 핵개발계획 포기를 강력하게 요구하면서 이 요구를 거부하면 주한미군을 완전철수하고 군사적·경제적 원조를 중단하겠다고 압력을 가하고 있다는 사실, 그리고 이른바 '코리아게이트'니 '청와대 도청'이니 해서 한미 양국이 불편한 관계에 있다는 사실 등 때문에 박 대통령이 고립무원의 궁지에 몰려 있다고 믿었다. 또 미국의 진보세력이 야당과 반정부세력의 이른바 민주화투쟁을 공개적으로 고무·격려하면서 암암리에 물질적 지원을 제공하고 있다는 사실, 미국이 이란에서 전개되는 회교세력의 민주화운동에 개입하여 이란 국왕에게 자유화정책을 강요한다는 사실은 야당과 반체제세력으로 하여금 정부에 대해 힘의 우위를 유지하고 있다는 판단을 더욱 강화시켜 주었다.

따라서 야당과 반체제세력은 궁지에 몰린 대통령에게 결사적인 일격을 가하면 유신체제는 붕괴될 것이라고 속단하고 혁명적 소요사태를 조장할 가능성을 배제할 수 없었다. 그들은 반체제투쟁을 점점 폭력화하기 시작할 것이고, 정부의 공권력 투입도 증가할 것이다. 결국은 혁명적인 집단들의 폭력투쟁과 이를 제어하려는 공권력의 대응은 악순환에 빠지고, 야당과 반체제세력 등 혁명적 집단과 정부 사이의 대화나 타협을 도출하는 데 유용한 이성의 역할은 사라진다. 그리하여 야당의 폭력투쟁으로 인한 국론 분열과 정치적 혼란이 절정에 이르게 되면 우리나라에 여러 가지 이해관계와 지배적인 영향력을 가진 미국이 내정에 개입할 수 있는 빌미를 제공하게 될 것이 우려되었다.

둘째, 그것은 미국을 당황하고, 놀라고, 분노하게 만들었다. 1983년 국군의 날 기념식에서 국내외에 핵무기를 공개한 뒤 은퇴하겠다는 말은 미국으로서는 충격적인 사건이 아닐 수 없었다. 1972년부터 박 대통령이 핵연료 재처리시설을 건설하려 하자 미국은 그것이 핵무기개발을 위한 것이라고 의심하고 온갖 압력과 협박을 한 끝에 재처리시설을 건설하지 않겠다는 약속을 받아냈다. 따라서 핵무기 공개는 대통령이 약속을 어겼음을 의미하는 것이었다. 미국은 당황했다. 그것은 미국 CIA가 한국국방과학연구소와 대덕단지 내외를 고양이 쥐 잡듯이 뒤지고 다녔는데도 이 사실을 모르고 있었음을 의미하는 것이기 때문이었다. 미국은 또한 놀랐다. 도대체 한국의 과학기술 수준으로 어떻게 핵무기를 개발했는지 도무지 믿어지지가 않았기 때문이었다. 그리고 미국은 분노했다. 한국의 핵무기 보유는 동북아시아 지역의 핵확산저지라는 미국의 전략 목표에 대한 정면도전이고, 이 지역의 평화와 안정을 교란하는 요인이 됨으로써 미국의 국익을 손상시키는 것이라고 보았기 때문이다.

박 대통령이 1980년대 초반에 핵탄두를 장착한 미사일을 공개한다는 항간의 소문이 사실이라면 불과 3, 4년 후의 일이었다. 미국으로서는 더 이상 청와대 도청이나 대덕연구단지 감시만으로는 한국의 핵개발을 저지할 수 없다는 것이 분명해졌다. 따라서 미국은 '비상수단'을 써서라도 대통령의 핵무기개발을 막아야 할 급박한 상황에 처하게 되었다.

사실 당시 박 대통령이 주한미군 철수문제와 인권문제, 그리고 미사일과 핵개발 문제를 둘러싸고 미국정부와 대결하면서 우리나라의 자결권을 회복하려 하는 데 대해서 정부 여당과 군부와 언론계의 일각에서는 불안과 우려를 표명했다. 대통령이 저러다가 미국으로부터 무슨 위해를 당하는 게 아니냐, 그동안 급속하게 증강된 국력을 과신하고 미국을 너무 강하게 밀어붙이는 게 아니냐는 등 염려스럽다는 반응이었다. 일찍이 영국, 미국, 독일, 일본의 공업화가 그들의 국제적 위상을 높였듯이 우리나라가 네 차례의 경제개발 5개년계획을 성공적으로 추진한 결과 국제사회에서 위상이 높아진 것은 사실이었다. 공업화에 의한 지속적인 경제성장은 국력을 증강시켰고, 증강된 국력은 국제 사회에서 우리의 발언권을 강화시켰다. 그리고 국제사회에서의 강력한 발언권은 우리 국민들에게 민족적인 자부심을 안겨 주었고, 국가의 존엄에 대한 새로운 인식을 심어 주었다. 한 나라의 국운을 국가적 웅도(雄圖)와 민족적 위신의 시각에서 바라보는 사람들은 공업입국을 이룩한 박 대통령에게 찬사를 보냈다. 세계 모든 나라는 한국이 허약하고 줏대 없는 친미정부를 가졌던 과거와는 달리, 이제 서울에는 자신과 신념에 넘치고 자주적이고 강력한 정부가 있다고 믿게 되었다.

세계에 나가 있는 우리 외교관들은 더 이상 남의 나라에 구걸하거나 굽실거리지 않고 부강한 국가를 대표한다는 데 커다란 자부심과 긍지를 가지고 한국의 주장과 입장을 당당하고 권위 있게 말할 수 있게 되었다. 우리나라의 발전이 각국의 관심을 모으자 서울을 방문하는 외국의 정치지도자들이 늘어났고, 우리 정부 각료들의 외국 방문 빈도도 증가하였다. 이 모든 것이 국제사회에서 우리나라가 자주적이며 독자적인 행동을 추구하고 있음을 보여 주는 징표가 되었다. 이러한 자주적인 노선에 대해서 미국의 언론에서는 놀라움과 분노가 섞인 반응이 나타났다. 미국의 신문과 방송은 앞다투어 한국을 다루는 데 열을 올렸다. 그들은 지난 수십 년 동안 원조해온 작은 나라의 대통령이 강대국 미국에 당당히 할 말을 하고 행동하는 데 대해 논평했다. 비판도 있었고 칭찬도 있었다. 그러나 그들은 한 가지 사실만은 공통적으로 인정하고 있었다.

앞으로 한미관계에서 미국이 선택할 수 있는 최선의 길은 한국의 자주적인 정책을 존중해야 하며, 과거와 같이 압력이나 위협으로 미국의 정책을 일방적으로 강요할 수 있는 시대는 지나갔음을 인정해야만 한다는 것이다. 다시 말해서 앞으로의 한미관계는 과거의 종속관계에서 탈피하여 대등한 입장에서 서로 협력해 나가는 '동반자관계'로 발전시켜 나가야 한다는 것이다. 문제는 여기에 있었다. 이른바 대등한 동반자관계란 무엇을 말하는가? 그것은 한 마디로 한국으로서는 미국의 영향권에서 벗어나 자주·자립의 주권을 갖게 된다는 것을 뜻하고, 미국으로서는 한국에 대한 기존의 군사적·정치적 영향력이 크게 약화된다는 것을 의미했다.

그것은 극동지역에 있어서 미국의 국가이익에 위배되는 것이다. 미국이 우리나라의 핵개발을 반대하는 근본 목적은 바로 우리나라에 대한 군사적·정치적 영향력을 계속 유지함으로써 이 지역에서의 국가이익을 계속 지켜나가려는 데 있는 것이다. 따라서 우리나라가 기필코 핵개발을 강행한다면 미국이 저지를 위해 수단과 방법을 가리지 않을 것임은 미국의 과거 행적에 비추어 볼 때 충분히 있을 수 있는 일이었다. 미국은 과거 세계의 여러 지역에서 미국의 정책에 도전하여 미국의 국가이익을 저해하는 국가에 대해서는 그 국가가 동맹국이라고 할지라도 그 정부의 최고 지도자를 여러 가지 수법으로 제거하려 계획했다가 중단한 일이 있고, 또 실제로 제거한 실례도 있다.

1953년 6·25전쟁의 휴전협상문제를 둘러싸고 이승만 대통령이 미국의 정책에 도전하여 미국을 통렬하게 비난하고 독자적 노선을 추구하자, 이 대통령을 제거하려 하다가 중단했다. 또 1963년 고딘디엠 자유 베트남 대통령과 그 동생이 미국의 간섭에서 벗어나 자주적인 방위정책을 추진하자, 군부 쿠데타를 선동하여 고딘디엠 형제를 살해했다. 1976년 미국은 우리 정부가 프랑스와 체결한 '사용 후 핵연료'의 재처리시설 도입계약을 취소하라고 온갖 압력과 위협을 가하면서 쿠데타를 계획하고 있었던 것으로 알려졌으나, 우리 정부가 프랑스와의 계약을 파기하자 중단했다는 것이다.

1978년 미국은 이란에서 쿠데타를 추진하면서 팔레비 이란 국왕을 이듬해 정초에 이란 밖으로 추방했다. 이란 사태 후 국내외에서는 "다음 차례는 한국이다"라는 소문이 나돌았다. 진보주의 성향의 카터 행정부는 이란과 한국에서 반체제세력을 지원함으로써 권위주의적인 통치자들이 몰락하거나 제거되도록 하려는 계획을 실행해 왔다. 이란에서는 이미 성공했고, 한국에서도 그렇게 될 가능성이 있다는 것이 그러한 소문의 핵심이었다. 그래서 정부와 여당, 군부와 언론계의 일각에서는 박 대통령이 핵무기개발을 강행하다가 미국으로부터 치명적인 위해를 당할지 모른다고 걱정하고 있었다.

이란 군부 쿠데타 전말

1978년 후반 이란에서는 회교근본주의자들이 주도하는 이른바 민주화운동이 전국으로 확대되고 있었다. 미국은 이란 국왕에게 자유화정책을 시행하라고 강요하였고, 국왕은 그러한 정책이 파국을 초래할 것이라고 우려했다. 그해 말 이란에서 군부 쿠데타를 추진하면서 미국은 1979년 1월 16일 팔레비 국왕을 국외로 추방했다. 팔레비 국왕과 카터 대통령의 안보담당 특별보좌관인 브레진스키는 각각 자신들의 자서전에서 이란 사태의 전개과정을 술회했다. 브레진스키는 이란 사태를 주도한 것은 미 국무성과 이란 주재 미국대사 설리번이었다는 사실을 다음과 같이 밝혔다.

"1978년 9월 이란 국내 사정은 연일 데모가 번지는 등 악화일로에 있었다. 10월 말에는 석유노동자들까지 파업을 단행해 1주일만에 하루 580만 배럴의 원유생산이 190만 배럴로 격감됐다. 그러나 이에 대처하는 팔레비 왕의 의지는 점점 쇠퇴해 가고 있었다.

11월 2일, 테헤란 주재 윌리엄 설리번 미국대사는 이란 국내 사정의 악화로 팔레비 왕이 퇴위하거나 군사정부를 구성해야 할지 모른다는 내용의 전문을 본국 정부에 보내고 48시간 이내에 지침을 시달해 주도록 긴급 요청했다. 이 요청에 대한 대책을 결정하기 위해 국가안보회의(NSC) 상황실에서 긴급특별조정위원회(SCC)가 열렸다. 회의를 주재한 브레진스키와 밴스 국무장관을 대리한 국무차관 워런 크리스토퍼는 이견(異見)을 드러냈다. 크리스토퍼는 이란 국내 위기를 해결하기 위한 가장 좋은 방법은 연립정부를 구성토록 하는 것이라고 말하면서, 설리번 대사에게 보내는 메시지에 선거에 관한 언급을 삽입하자고 제의했다. 그러나 브레진스키 보좌관은 팔레비 국왕에게 어떤 특정 계획을 추천해서는 안 된다는 이유로 이 의견에 반대했다.

국무성과 브레진스키 보좌관이 이견을 드러내고 있을 때 설리번 대사는 11월 9일, 만일 팔레비가 강제 퇴위를 당하면 어떤 일이 일어날 수 있는가를 가정한 또 하나의 전문을 본국 정부에 보고했다. 이 전문에서 설리번 대사는 이란 군과 호메이니(Ayatollah Khomeini)가 반(反)공산주의자이고 반(反)소련 세력이며, 또 젊은 장교들은 친(親)서방적이므로 선거를 치르면 강력한 친서방 영향력이 작용하는 회교공화국이 탄생될 것이라는 점 등에 유념해야 한다는 것을 강조했다. 브레진스키 보좌관은 설리번 대사의 이 전문이 팔레비 국왕의 실각이 미국의 국익에 유리할 것이라는 국무성 사람들의 견해를 뒷받침하는 운을 띠고 있었다고 보았다."

팔레비 국왕은 망명 중 집필한 자서전 《내 잘못이었던가》에서 미 국무성과 설리번 대사가 자신을 폐위시키고 이란에 새로운 체제를 수립하려고 했다는 사실을 이렇게 밝혀 놓았다.

"1978년 가을부터 겨울에 걸쳐 미국대사와 영국대사는 나에게 과도한 자유화정책을 취하라고 강요했다. 민주화정책은 나의 방침이기도 했다. 그러나 그 시행이 지나칠 경우에는 이와 같은 불안한 시기, 더욱이 그 자유화 정책에 필요한 다른 시책이 없을 경우에는 파국밖에 초래되지 않는다는 우려가 있었다. 그럼에도 불구하고 내가 매우 빈번히 접견한 미국대사는 그러한 권고를 했다.

수주일 전 나는 테헤란에 새로 부임한 미 CIA 대표를 접견했는데, 그의 임무는 이란의 자유화였지 이 지역의 안전 보장은 아니었다. 1978년 11월 5일 영국대사관이 폭도들에 의해 소실되었을 때, 나는 장군 한 명을 보내 영국 무관을 만나게 했다. 하지만 그 무관은 '정치적 해결 이외에 달리 해결의 방법이 없다는 것을 귀관은 아직 모르시오?' 하며 악을 쓰더라는 것이다. 더욱이 12월 초순 우리의 알리 마스디 상원의원이 미국 대사관의 조지 란부라키스 1등 서기관의 입을 통해 들었다는 이야기를 나에게 전해왔다. 그것은 '이란은 머지않아 신체제가 될 걸요'라는 말이었다. 결국 나는 그토록 오랜 세월에 걸쳐 굳은 동맹관계를 맺어온 미국에 의해 완전한 기습을 당한 꼴이 되고 말았다."

브레진스키는 테헤란에 밀파된 후이저 장군의 활동에 관해서도 언급했다.

"미국은 1979년 1월 4일 이란 군부를 결속시키기 위한 목적으로 이란 사정에 정통한 로버트 후이저 장군을 테헤란에 파견했다. 후이저 장군은 만약의 사태에 미국이 취할 수 있는 구체적 행동 방안을 탐색하는 임무도 띠고 있었다. 이란 사태에 대한 후이저 장군의 첫 번째 평가는 1월 9일 워싱턴에 보고되었다. 고급장교들이 팔레비 왕으로부터 점차 이탈하려는 움직임을 보인다는 보고였다. 후이저 장군은 또 이란 군 최고사령관들은 군부가 바크티아르 정부를 지원하는 것이 적절치 않다고 여긴다는 보고도 했다.

후이저 장군의 보고를 받은 브라운 국방장관은 1월 10일 '이란 군부가 지금으로써는 쿠데타를 실행에 옮길 준비가 돼 있지 않다. 따라서 회교세력과 군부가 상호협력하도록 하는 방향으로 노력할 필요가 있으며, 이란군 최고지휘부는 상당히 단결돼 있다'고 카터 대통령에게 보고했다. 이 보고를 접수한 카터 대통령은 보고서의 여백에 '후이저의 보고가 맞는 것 같다'고 썼다."

이에 비해 팔레비 왕은 자서전에서 후이저 장군의 이란 극비방문에 대해 이렇게 회고했다.

"1979년 초순 놀라운 뉴스가 전해졌다. '폐하, 후이저 장군이 며칠 전부터 테헤란에 와 있습니다.' 그 사실처럼 나를 경악시킨 것은 없었다. 후이저는 시시한 장군이 아니었다. 그는 북대서양 조약기구(NATO) 군 부사령관으로 여러 차례 테헤란을 방문한 바 있었고, 그때마다 사전에 나에게 알현을 요청해 오곤 하지 않았던가. 그런 그가 이번에는 예고도 없이 극비리에 들어왔다. 도대체 이 미국인 장군은 어떤 목적으로 이란에 와 있는가? 적어도 나토군 부사령관쯤 되는 사나이가 이유도 없이 극비행동을 취할 리가 없으리라 여겨졌다. 후이저 장군이 이란에 와 있다는 뉴스가 퍼지자 소련 매스컴은 '후이저 장군, 테헤란에서 쿠데타를 준비 중'이라고 보도했다. 결국 미국의 지도자들이 몰두하는 것은 이란에서의 군사 쿠데타를 지지하는 일이었던 것이다."

브레진스키는 회교 지도자 호메이니 정부가 들어선 후 벌어진 참담한 재앙에 관해서도 술회하고 있다.

"미국은 협상 끝에 팔레비 국왕이 1979년 1월 중순 이란을 일단 떠난다는 동의를 얻어냈고, 그는 1월 16일 이란을 떠났다. 국왕이 해외로 망명하자 정부와 야당 등 반체제세력 사이에 힘의 균형은 무너졌다. 이란군이 매일 1천여 명씩 회교세력이나 야당 쪽으로 기울어 가고 있었다. 후이저는 호메이니의 귀국은 이란에 커다란 혼란을 초래할 것이라는 전망을 보고했다.

호메이니는 2월 1일에 귀국했다. 이란 국내의 소요는 격화되었고, 군부의 사기 저하가 눈에 두드러지게 나타나기 시작했다. 상황은 더욱 급박해 갔고 바크티아르 정권의 붕괴는 시간문제였다. 이란 군부는 이제 어떠한 행동도 취할 수 없고, 또 더 이상 바크티아르 정권을 지지할 수 없다는 쪽으로 기울어갔다.

1979년 2월 5일, 바크티아르가 축출되고 바자르간의 친(親)호메이니 정부가 들어섰다. 2월 11일, 타브리즈 주재 미영사관이 데모대에 의해 점거되었고, 몇 명의 이란 군 장성들이 처형되었다는 보고가 날아들었다. 이란 내 미국인 철수가 최대의 긴급과제로 등장했다. 이란의 새 정부로부터 미국인들의 신변 안전을 보장받는 이외의 다른 방법이 없었다.

이날 긴급 소집된 백악관안보회의에서 중앙정보국(CIA)은 군부가 호메이니 쪽으로 기울었다고 주장했다. 회의 도중 테헤란 지구 경비사령관이 체포되었다는 급전이 날아들었다. 또 테헤란 방송국이 데모대에 의해 점거되었다는 보고가 들어왔고, 이어 테헤란에 있는 미군사고문단(MAAG)과의 연락이 두절되었다. 캠프 데이비드에 있는 카터 대통령에게 회의 내용을 보고하자 그는 아조레스 항에 해병대를 증파하는 한편, 미국인들의 안전을 보장하기 위해 바자르간 정부와의 직접 교섭을 추진하는 방안을 검토해 보라고 지시했다. 브레진스키 보좌관은 2월 20일 자신의 일지에 이렇게 적었다.

'이란에서의 보고는 나를 무력하게 만들고 말았다. 미국은 필요하다면 이란에서의 군부 쿠데타를 추진해야 한다는 당초의 계획이 결국 실패하고 말았다.'

팔레비 국왕은 자서전에서 호메이니 정부가 이란 군부를 숙청하고 후이저 장군이 자신을 국외로 추방한 사실을 다음과 같이 기록했다.

"나는 후이저 장군이 이란에 체재하는 동안 꼭 한번 접견했다.

그때 장군은 이란 주재 설리번 미국 대사와 같이 왔는데, 그 두 사람이 알고자 한 것은 내가 몇 날 몇 시에 이란을 떠나는가 하는 것뿐이었다. 후이저 장군은 나의 참모총장인 가라바기 장군에게 놀라운 제안을 했다. 가라바기 장군이 나에게 보고한 바에 의하면 그 제안이란 어떻게 해서든지 '국민 전선'의 바자르간과 회담해 달라는 것이었다고 한다.

그 회담에서 어떠한 결정이 이루어졌던가. 내가 알 수 있었던 것은 가라바기 장군이 그의 권한을 행사하여 예하 장군들로 하여금 행동을 하지 못하도록 명령한 사실뿐이었다. 이 결정의 진상을 아는 사람은 가라바기 장군뿐이었다. 그의 명령에 복종한 장군들은 차례차례로 처형되었고, 가라바기 장군만이 유혈의 참극이 된 숙청을 모면할 수 있었다. 후이저 장군이 대화의 상대자로 선택한 바자르간이 그를 구해주었던 것이다. 후이저 장군은 내가 이란을 떠난 뒤에도 며칠 동안 테헤란에 머물러 있었다. 대체 그때 어떤 일이 일어났던가. 내가 말할 수 있는 전부는 총살 처형 전에 공군 총사령관 라비 장군이 판사들에게 했다는 이런 증언뿐이다.

'후이저 장군은 마치 죽은 쥐 한 마리를 시궁창에 내버리듯이 국왕을 국외로 추방했소.'

혼돈과 위기의 단계를 거친 후 광신적일 정도로 반미적인 호메이니 정권이 들어서자 새로운 정권은 망명한 팔레비 국왕의 지지자들을 잔인하게 학살했다. 여성들은 그들의 권리를 상실했다. 경제는 수라장이 되었다. 400만 명이 실업자가 되었다. 인플레는 40퍼센트나 되었다. 이란은 더 이상 미국의 석유보급선을 끊으려고 위협하는 국내외 세력들을 견제할 수 있는 서방세계의 충성스러운 우방이 아니었다.

이란은 피로 물든 혼란에 빠졌고, 하루아침에 서방세계의 보루에서 독살스러운 반서방세계의 진원지로 돌변해 버림으로써 미국이 지원하는 페르시아 만 지역방어망의 전략적 핵심부가 파괴되고 말았다. 이란의 새로운 실력자인 호메이니는 테헤란의 미 대사관을 점령했다. 그는 52명의 대사관 직원들을 인질로 잡아두고 미국을 위협함으로써 중동 및 근동(近東)지역에서의 미국의 권위를 급속히 실추시켰으며, 문명세계와 유엔을 조롱했다.

팔레비 국왕을 이란으로 강제 송환해야 한다는 이란정부의 요구는 거부되었다. 하지만 그가 왕좌에서 밀려난 후 믿었던 미국의 지도자들이 그를 대하는 태도는 예전과는 너무나 대조적이었다. 미국은 37년 동안 이란이 동맹국으로서 미국에 협력해 주기를 바랐고, 팔레비는 그러한 미국의 희망에 충실히 부응했다. 팔레비는 지난날 미국의 지원으로 집권하였고, 미국의 지원으로 공산주의 세력과 투쟁하면서 조국의 평화와 근대화를 위해 헌신해 온 애국자였고 민족주의자였다.

카터 행정부는 오랜 맹방으로 미국의 국익을 위해 도움을 주었던 팔레비를 헌신짝 버리듯 저버렸다. 사소한 일로 팔레비를 헐뜯어 명예를 훼손시켰으며, 인간적인 시련의 시기에 몰인정하게 대했다. 미국은 국왕을 정치적으로 포기했을 뿐 아니라, 그가 피난처가 없어 지구를 떠돌아다니며 구원을 필요로 할 때 이를 외면했다. 이로써 우방에 대한 미국의 배신이 얼마나 잔인한 것인가를 보여 주었고, 세계만방에 스스로의 면목을 손상시켰다.

팔레비는 1953년 좌익정부가 그를 몰아내려고 했을 때 미국의 도움으로 다시 왕좌에 복귀하였다. 그는 미국의 이 우정을 결코 잊지 않았다. 그것은 미국의 목적과 선의에 대한 그의 믿음의 뿌리가 되었다. 만년에 미국의 우정이 식어가는 것을 감지하고, 그의 권위를 약화시키려는 미국의 기도에 의구심을 느끼면서도 팔레비는 미국에 대한 순진한 믿음을 간직하고 있었다. 그래서 그는 비극의 시기에 드러난 미국의 변심과 우유부단에 전혀 마음의 준비가 되어 있지 않았다.

카터 행정부가 팔레비 국왕을 저버리자 사우디아라비아뿐 아니라 이란에 대해 독재군주라고 비난을 가하던 이집트까지도 충격을 받았다. 그리하여 미국이 팔레비의 망명을 거부하자 사다트는 그의 편을 들어 이집트로 받아들였다. 결국 팔레비는 미국정부로부터 망명을 거절당하는 배신과 수모를 당하고, 남미 여러 나라를 전전하다 이집트에 망명하여 그곳에서 미국에 대한 한을 품은 채 운명하고 말았다. 이란과 팔레비의 비극, 그것은 두말할 것도 없이 인권이니, 민주화니, 도덕이니 운운하며 우방과 그 지도자를 공격한 카터의 무지와 경솔과 위선이 가져온 비극적인 재앙이라는 비난이 미국의 우방과 미국 국내에서도 비등했다.

이란 사태 후 국내외에서는 "다음 차례는 한국이다"라는 소문이 나돌기 시작했다. 이란 사태를 보는 정부와 야당의 시각은 정반대였다. 핵개발 문제로 미국과의 갈등관계가 잠복되어 있는 상황에서 정부는 이란 사태를 '대안의 화재'라고 안심할 수 없는 우려할 사건이라고 보았다. 박 대통령의 핵개발을 저지하기 위해 모든 수단을 동원하겠다고 공언해 온 미국으로서는 필요하다면 모든 방법과 수단을 주저 없이 구사할 가능성이 있다는 것이다. 그렇지만 야당은 10대 총선에서 승리한 사실에 고무되어 있던 차에 미국이 소문대로 한국에서도 이란에서와 같이 군부 쿠데타를 기획하여 추진한다면, 야당이 집권할 수 있게 될 것이라는 기대에 부풀어 있었다.

한미 국방장관 회담

1979년 6월 30일로 예정된 한미 정상회담에 앞서 6월 29일 한미국방장관 회담이 열렸다. 이 회의에서는 주한미군 철수계획 수정문제와 우리나라의 국방비 증액 문제가 중점적으로 논의되었다. 회의에서는 먼저 브라운 장관이 태평양과 인도양에서 소련 군사력의 팽창과 북한 군사력의 현저한 증가에 대처하기 위한 미국의 계획에 관해 설명했다.

정치·경제·외교면에서 한국은 북한보다 우세하며 한미관계, 한일관계는 호전되고 있다. 부정적인 면으로는 태평양과 인도양에서 소련 군사력의 급격한 팽창과 북한 군사력의 현저한 증가 등이 있다. 미국은 이에 대처하기 위하여 향후 5년간에 걸쳐서 서태평양의 함대 세력을 증강시키고자 한다. 예를 들어 항공모함에는 F-14를 탑재하고 F-4 대신 F-15를 배치하며, E-3 AWACS를 이 지역에 전개시킬 계획이며, 질적 개선도 병행하여 전력을 증강할 것이다.

이에 대해 노재현 장관은 북한이 근래에 군사력을 크게 증강시키고 있는 사실을 지적하고 주한미군 철수는 중지돼야 한다는 점을 강조했다. 노 장관은 "북한 군사력은 미국 정보기관의 평가를 볼 때 8~10개 사단이 증가되었고, 지상병력도 65만 명으로 늘어났다. 북한은 그들이 원하는 시기에 언제든지 공격할 능력을 갖고 있다. 유사시 미군의 공군과 해군이 즉각 개입하는 것으로 알고 있다. 그러나 전쟁이 발발한 다음 어떻게 할 것이냐 보다 전쟁이 일어나지 않게 하는 것이 중요하다. 새로운 위협의 증가라는 사태변화에 따라 미2사단의 철수는 이 시점에서 중지돼야 한다"고 주장했다.

이에 대해 브라운 장관은 한국은 앞으로 토우(TOW) 대전차능력과 포병 화력증강 등 지상군 전력증강에 주력해야 하며, 카터 대통령이 주한미군 철수계획을 수정하려면 한국이 상당한 국방노력을 해야 한다는 점을 강조했다. 노 장관은 한국정부가 해마다 국방비를 증가시켜 왔으며, 그것이 정부예산의 3분의 1에 해당된다는 사실을

카터 미 대통령 방한, 첫 대면 5분 김포공항 트랩 밑에서 악수 나누는 모습을 뒤따라 내려온 딸 에이미 양이 지켜보고 있다(1979. 6. 29).

지적했다. 브라운 장관은 미국의 전투기와 잠수함 판매 및 유도탄 개발기술지원 문제와 관련한 미국정부의 입장을 밝혔다.

첫째, F-16의 판매와 잠수함 1척의 판매를 동의하며, 그 시기는 자금 사정으로 보아 한국 지상군 증강을 우선시킨 연후에 할 것을 권고한다. 둘째, 지대지 유도탄은 한국이 독자적으로 개발하지 않기를 원하며, 대신 나이키의 개조 사용을 권유하고 이에 필요한 기술을 요청하면 지원할 것이다. 셋째, 항공공업은 정비 능력 향상에서 시작하여 고성능기가 아닌 기종으로 공동 조립하도록 하며, F-5와 A-7, A-10 또는 F-4가 가능하므로 한국이 대전차 능력을 고려하여 선성할 것을 권고한다.

노재현 국방장관은 회담 결과를 박 대통령에게 보고했다.

"미 국방장관과의 대담을 종합해 볼 때 느낀 바는 다음과 같습니다. 미 장관은 북한의 군사력 증강을 공식적으로 시인하였으며 이에 대한 한·미 공동 노력의 필요성을 말하고, 유사시의 공군 및 해군의 즉각적인 증원과 미국 방위공약의 확고함을 강조하였습니다. 주한미군 철수계획 수정제의에 대하여 그 가부를 직접 답변하지는 않았습니다. 그러나 북한의 급격한 군사력 증강에 대비 한국이 국방비를 상당히(Visibly) 증액하지 않으며, 카터 대통령이 철수계획 수정을 미국민에게 설명하기가 곤란하다고 3차에 걸쳐서 반복한 것으로 보아, 미국의 철수계획 수정이 분명한 것으로 판단됩니다. 대신 미국은 한국이 국방비를 증액시킬 것을 요구하였으며, 한국군의 증강계획에 있어서는 공군·해군보다 우선하여 육군을 중점적으로 증강시킬 것을 권유하였습니다. 철수문제는 아마도 정상회담시 카터 대통령이 직접 말씀 드릴 것으로 느꼈습니다."

카터 행정부는 미 의회 등의 반대로 불가피해진 철군 중단의 명분을 한국의 과감한 국방비 증액 노력에서 찾으려는 것이 분명했다. 1979년 6월 30일 한미 정상 간의 단독회담에서 카터 대통령은 남북한 간의 군사력 격차가 지속되고 있다고 주장하면서 국군병력의 증원과 방위비 부담 비율을 크게 높여야 한다는 점을 강력히 요구했다.

정상회담이 열리다

1979년 6월 30일 오전, 청와대 소접견실에서는 한·미 정상의 단독회담에 앞서 양국 정부의 관계 인사들이 참석한 전체회의가 있었다. 카터 대통령은 이 전체회의에서는 주한미군 철수문제가 거론되지 않기를 바랐고, 그래서 그는 밴스 국무장관 등 수행원들에게 그

여의도광장에서 열린 카터 미 대통령 환영 시민대회에서 박 대통령과 근혜 양, 카터 대통령 내외가 국민의례를 하고 있다(1979. 6. 30).

환영 카퍼레이드를 펼치는 양국 정상 로잘린 여사아 딸 에이미 양이 동승했다(1979. 6. 30)

렇게 하도록 당부했다. 하지만 박 대통령의 생각은 달랐다. 이 기회에 철군반대 입장을 분명히 밝혀둘 필요가 있다는 것이었다.

한미 양측 대표들은 전체회의를 위해 소접견실에 자리를 잡았다. 박 대통령이 먼저 준비한 메모를 보면서 발언을 시작했다. 박 대통령은 카터 대통령의 방한을 환영한다고 말한 후, 바로 주한 미 지상군의 철수문제에 관한 평소의 소신을 약 45분간 밝혔다. 1977년 5월 24일 카터 대통령 특사로 왔던 하비브 국무성 차관과 브라운 합참의장에게 말했던 것과 같았고, 거기에다 박 대통령을 예방했던 미상하의원들에게 했던 이야기를 다시 하면서 철군 반대 의사를 표명했다.

카터 대통령은 이에 대해 일언반구도 하지 않았다. 몹시 당황하고 언짢은 표정이 역력했다. 밴스 국무장관은 회고록 《어려운 선택》에서 이날 카터 대통령이 보였던 감정을 이렇게 표현했다.

"카터 대통령은 서울 도착 후 박 대통령이 철군문제를 회의에서 거론할 것이라는 말을 듣고 귀찮은 기분이었다. 그는 다 아는 사실이 될 수 있으면 거론되지 않았으면 좋겠다는 말을 수행원에게 했다. 그러나 첫날 회담 벽두에 박 대통령은 철군의 문제점을 45분이나 역설했다. 박 대통령이 통역을 통해 말하는 동안 실내의 분위기는 급격히 냉각되어 가는 것을 느꼈다. 대통령과 브라운 국방장관 사이에 앉았던 나는 카터 대통령이 화를 참고 있음을 느낄 수 있었다. 어떻게 할 도리가 없었다."

회담 후 청와대 현관을 나서자마자 카터 대통령은 화를 삭이지 못하여 승용차를 세운 뒤 밴스 국무장관을 불러 도대체 어떻게 된 거냐고 4분여 동안 화풀이를 했다는 것이다. 밴스 장관은 카터 대통령이 정동에 있는 미 대사관저에 도착해서도 망신을 당했다고 글라이스틴 주한 미 대사를 힐책했다고 회고했다.

"차가 대사관저 앞에 도착했을 때 글라이스틴 대사와 본인과 브라운 장관은 카터 대통령에게 철군을 실시하기에는 많은 어려움이 수반된다는 점을 지적하고, 철군 보류를 통해 얻는 이점도 설명했다. 특히 새로 얻은 군사정보를 인용해서 설명했다. 하지만 카터 대통령은 글라이스틴 대사에게 이런 망신을 주려고 자기를 불렀느냐고 불만을 터뜨렸다."

오후에 외무장관실에서 한미 외무회담이 열렸다. 홀브룩 국무성 차관보가 박동진 장관에게 카터 대통령이 오전회의에 불만이 있었다고 전하면서, 카터 대통령이 먼저 발언하도록 하는 것이 좋았는데 박 대통령이 먼저 발언하고 그것도 철군반대 주장을 편 것이 카터 대통령의 반발을 산 것 같다고 말했다. 밴스 국무장관도 대한(對韓) 정책을 새로 결정짓는 가장 중요한 시기에 박 대통령에 대한 카터 대통령의 불만이 나타난 점을 우려했으며, 그날 오후 미국의 대한정책은 어느 쪽으로 변할지 모르는 불안정한 상황이라고 말했다.

이러한 분위기 속에서 이날 오후 청와대에서 정상 간의 단독회담 열렸다. 카터 대통령은 오전의 전체회의 때 박 대통령이 45분 동안 철군계획 중지를 요청한 데 대한 불만이 가시지 않은 듯 굳은 표정으로 여러 가지 문제를 따지고 캐물었다. 이에 대해 박 대통령은 소신대로 응답했다. 카터 대통령이 주장한 핵심내용은 "박 대통령의 주장대로 한다면 주한미군은 영원히 철수할 수 없게 되는 것 아니냐? 한국군의 병력과 방위비를 늘려서 자력방위력을 갖추는 노력을 해야만 주한미군이 철수할 수 있을 것 아니냐?"는 것이었다.

이에 대해 박 대통령은 "주한미군의 영구 주둔은 생각하지도 않고 있다, 또 북한의 전쟁 도발시 미군의 참전을 기대하지도 않는다, 우리 힘으로 북한의 공격에 대처할 수 있다, 우리의 목표는 전쟁에서의 승리가 아니라 전쟁 자체를 예방하자는 데 있다, 우리가 주한미군의 필요성을 강조하는 것은 바로 주한미군의 전쟁억지효과를 높이 평가하고 있기 때문이다, 그렇다고 주한미군이 무기한 있어 달라는 것이 아니다, 우리는 국군 전력증강 5개년계획이 완료되는 시기까지만이라도 미 제2사단의 주력부대는 남아 있기를 바란다"는 점을 분명히 했다. 단독회담에서는 카터 대통령이 먼저 말문을 열었다.

"본인은 금번 방한기간 중에 각하와 주한미군 병력 수준 문제에 관하여 충분한 협의를 갖고자 합니다. 오늘 전체 회의석상에서 각하께서 더 이상의 주한미군 철수 중지를 비교적 강력히 요청하신 데 대해 본인은 당황하고, 한편 실망한 바 있습니다. 저의 철군원칙은 한반도에서의 군사적 균형이 깨지는 일이 없도록 시행한다는 것입니다. 그간 북한의 군사력에 대한 새로운 정보에 입각한 종합적인 분석·평가가 있었습니다. 본인으로서는 북한이 그와 같이 군사력을 증강하였다는 것은 믿기 어려운 일이며, 또 그들이 어떻게 그와 같이 할 수 있었던가에 대해 의아심을 가지고 있습니다만, 그러나 그것이 사실이라는 결론입니다. 북한은 현재 지상군, 공군, 화력 그리고 심지어는 해군력에 있어서도 한국보다 우위에 있다고 하는 사실이 확인되었습니다. 따라서 본인으로서는 이와 같은 남북 간의 증대되어 가는 군사력의 격차에 대해서 한국정부가 앞으로 어떠한 조치를 취할 것인가를 각하께서 알려 주셨으면 합니다."

박 대통령은 답변을 통해 철군정책 발표 후의 급속한 북한 군사력증강 사실에 주의를 환기시켰다.

"북한의 인구는 우리의 절반도 되지 못하고 또 경제력에 있어서도 우리보다 월등히 약한 것이 사실입니다. 그럼에도 불구하고 그들이 이처럼 군사력 증강에 혈안이 되어 있는 것이 비정상적이며, 바로 여기에 문제가 있다고 본인은 생각합니다. 그들은 미군이 철수하고 나면 무력으로써 남한을 적화해야겠다는 야욕을 가진 것이 분명하기 때문에 우리로서는 더욱 이를 경계하고 있습니다.

카터 대통령께서 주한미군을 단계적으로 철수한다는 정책을 발표하신 후에도 북한은 군사력을 급속하게 증강하고 있는 것이 사실입니다. 이것이 무엇을 의미하느냐 하면 북한 공산주의자들은 한반도의 긴장 완화에는 생각이 없고, 단지 미군이 빠져나가면 한반도의 군사적인 균형의 변화를 이용하여 남침하겠다는 목적을 가지고 있는 것이 명백합니다."

그러자 카터는 이런 식으로 따지고 들었다.

"철군정책이 발표되기 전부터도 북한은 계속 군사력을 증강시켜 왔다고 생각합니다. 그들의 군사력 증강은 1970년대 초부터 계속되어 온 것으로 알고 있습니다. 우리의 관심의 표적은 북한이 남한보다 군사적으로 우월한 입장에 있다는 것입니다. 주한미군을 수천 명 철수했다고 해서 그것이 한반도의 군사적인 균형에 실질적인 영향을 주었다고는 생각하지 않습니다. 앞으로 장래를 계획해 나가는 데 있어서도 그와 같은 전제가 분명히 되기를 바랍니다. 현재와 같은 북한의 군사력 증강이 계속된다면 이론적으로는 철수는 영구히 불가능하게 될 것입니다. 이 점에 대하여 각하께서는 어떻게 보십니까?"

박 대통령은 이렇게 잘라 말했다.

"물론 우리도 미군이 한반도에 영구히 주둔할 수 있으리라고는 생각하지 않으며, 또 그것을 기대하지도 않습니다. 다만 현재와 같은 상황에서, 특히 일부 중요한 무기나 장비면에서 북한이 우리보다도 우위에 있고, 또 북한이 한국에 대한 기본적인 태도를 바꾸지 않고 있는 현재와 같은 상황에서는, 한반도에서의 군사적 균형을 유지하고 전쟁을 억지하기 위하여 현 수준의 강력한 미군의 계속 주둔이 필요하다는 것이 우리의 생각입니다. 김일성의 오판을 방지하기 위하여서는 주한미군의 주둔이 최선의 방책이라고 하는 점은 이미 전체회의에서 각하께 말씀 드린 바 있습니다. 따라서 김일성의 기본적인 태도에 변화가 없는 한 더 이상의 철군은 일단 보류해달라는 것이 본인의 요청입니다."

그러자 카터는 "각하의 말씀을 들어보면 일단 주한미군의 현 병력 수준을 그대로 동결해 달라는 뜻으로 들립니다. 이 점과 관련하여 본인이 꼭 알고 싶은 것은 남북한의 군사력 격차를 제거하기 위해서 한국정부는 앞으로 어떠한 조치를 취할 것인가 하는 점입니다" 하고 물었다. 박 대통령은 "카터 대통령께서도 아시겠습니다만, 주한미군 철수 문제가 제기된 1977년도부터 우리는 한국군의 전력증강 5개년계획을 추진하고 있습니다. 이 전력증강 계획은 1981년도에 끝낼 목표로 현재 추진 중에 있고 당초에는 이 계획이 끝나면 남북 간의 군사적인 세력이 비등하게 될 것이라는 것이 우리의 판단이었습니다. 그러나 최근 북한의 군사력이 우리가 종래 알고 있었던 것보다 훨씬 증강되었다는 사실이 확인되었음에 비추어 우리는 현 전력증강 계획에 이어서 제2단계의 5개년 전력증강계획을 추진할 목표를 갖고 준비를 진행시키고 있습니다. 또 우리가 4년 전에 신설한 방위세제도는 5년간의 시한법으로 제정된 것인데 이를 앞으로 약 5년 정도 더 연장할까 합니다. 이와 같은 계획이 추진되고 있는 동안 본인으로서는 주한 미 제2보병사단의 주력이 한국에 계속 잔류하여 줄 것을 희망하며, 또 그 기간 중에 한미연합사령부도 계속 존속하여 줄 것을 바라는 바입니다. 물론 주한미군 병력을 몇천 명, 또는 몇백 명 더 철수하거나 조정한다는 것은 어디까지나 미국 대통령께서 결정하실 일이며, 또 각하께서 그렇게 하신다고 해서 본인이 이에 아무런 이의가 없습니다"고 응답했다.

그러자 카터는 "잘 알겠습니다. 이와 관련하여 본인이 알기에는 북한은 GNP의 약 20퍼센트를 방위 내지 공격 목적에 쓰고 있다고 합니다. 한편 미국은 GNP의 6퍼센트를, 그리고 한국은 5. 5퍼센트 정도를 쓰는 것으로 압니다. 지금 각하께서 말씀하신 대로 앞으로 5~6년 동안 제2단계의 전력증강 계획이 추진된다하더라도 만약 이러한 국방비 지출 추세가 앞으로 그대로 나간다면 과연 그 기간 내에 남북한 간의 군사적인 격차가 제거될 수 있을지, 즉 한국의 군사력이 북한의 그것과 같은 수준으로 향상될 수 있을지 의문입니다"고 말했다.

이에 대해 박 대통령은 "금년도 국방예산을 확정지을 때는 GNP 추계의 6퍼센트 정도를 국방 목적에 사용하는 것으로 예상했었으나 그 후 GNP의 확정 규모가 늘어났기 때문에 결국 6퍼센트 이하로 내려온 것으로 알고 있습니다. 그러나 우리로서는 대한민국의 방위를 위해 필요하다고 생각하면 6퍼센트 또는 나아가서는 6.5퍼센트라도 국방예산에 사용할 용의가 있습니다"고 밝혔다. 그러자 카터는 "각하의 말씀은 잘 알겠습니다. 그러나 아직도 의문이 나는 것은 한국이 설사 6퍼센트 이상의 국방비를 쓴다 하더라도 북한이 현재와 같은 군사예산 규모를 계속 유지해 나간다면 북한이 계속 우위에 서지 않을까 하는 점인데, 이에 대하여는 각하께서 어떻게 생각하십니까? 또 미국 정보기관에 의하면 북한은 최근 2, 3년간 소련이나 중국으로부터의 무상군사 지원이 거의 없었다고 합니다. 결국 북한이 자력으로 현재와 같은 우월한 군사력을 구축하였다고 생각됩니다"고 주장했다.

이에 대한 박 대통령의 답변은 이런 내용이었다.

"북한이 GNP의 20퍼센트를 군사비에 사용하고 있다고 하는데 확실한 것은 우리들이 확인할 길이 없고, 또 북한이 현재와 같은 경제 상태에서 얼마나 오랫동안 매년 GNP 20퍼센트씩을 군사목적을 위해 써나갈 수 있을지는 의문입니다. 또한 우리의 GNP 6퍼센트는 북한의 GNP 20퍼센트와 비등하거나 또는 오히려 더 크지 않을까 짐작됩니다. 더욱이 앞으로 남북한의 경제성장도, 즉 경제규모의 증대 속도가 현격히 다르기 때문에 GNP의 군사 목적을 위한 남북 간의 현 사용 비율이 그대로 나가더라도 우리의 군사비가 훨씬 커지지 않을까 봅니다. 북한은 우리와 전혀 다른 정치적인 체제를 가지고 있으므로 GNP의 20퍼센트까지를 군사 목적에 쓸 수 있는 것입니다. 그들은 경제발전이나 국민의 생활수준 향상 같은 것은 일체 억압하고 희생시키면서 군비만을 위해 막대한 재정을 투입합니다. 만약 우리와 같은 정치·사회 체제하에서 그렇게 한다면 당장 소요와 폭등이 일어날 것입니다.”

카터가 다시 주한미군 철수의 어려움을 토로하면서 반문했다.

“물론 저도 한국이 GNP의 20퍼센트를 군비를 위하여 쓸 수 있다고 생각하지 않습니다. 건전하고도 지속적인 경제성장과 국민의 생활수준 향상은 매우 중요하다고 보며, 또한 그것이 결국은 군사력을 강력히 뒷받침하게 될 것입니다. 제가 걱정하는 것은 현재와 같은 추세가 계속되면 남북한 간의 군사적인 격차를 제거하기가 매우 어렵지 않겠는가, 또 그렇게 되면 우리로서는 주한미군을 철수시키기가 계속 어렵게 되지 않겠는가 하는 점입니다.”

박 대통령도 지지 않고 또 다시 주한미군의 존재 의의가 전쟁을 방지하자는 데 있음을 강조했다.

“우리의 판단으로는 북한이 화력, 탱크 보유수, 그리고 항공기 등과 같은 면에서 우리보다 우세합니다. 그렇지만 조종사들의 기량이라든가 장병의 사기 등 질적인 면에서는 우리가 월등히 우세하다고 믿습니다. 또 만약 현 상황에서 주한미군이 모두 철수한다고 하더라도 북한이 무력 공격을 감행하여 오는 경우, 우리 국민은 더 이상 한 치도 양보할 수 없다는 것을 알고 있기 때문에 최후까지 싸우리라고 생각합니다. 그러면 왜 미군의 주둔이 필요하냐는 의문이 제기될 수 있는데, 우리가 전쟁에서 침략을 물리치고 이긴다는 것보다 전쟁 자체를 미연에 방지하자는 것이 우리의 염원이기 때문이며, 전쟁 방지를 위해서는 북한의 오산이나 도발을 억지해야겠고, 바로 여기에 주한미군의 존재 의의가 있는 것입니다. 지금 당장 미군이 다 나간다 하더라도 우리로서는 결코 북한에 항복하거나 패배하는 일은 없을 것입니다."

그러자 카터가 "알겠습니다. 앞으로 한국군이 전력을 증강해 나가는 데 있어서 그 우선순위는 어떻게 되겠습니까?"고 물었으며, 박 대통령은 "우리로서도 지상군 증강에 우선순위를 두고 노력을 해나가도록 하겠습니다. 그 다음에는 공군의 강화가 필요하다고 보며, 해군력 증강 등이 뒤를 따를 것입니다"고 대답했다. 이어서 카터가 지상군 병력 증강 계획에 대해 묻자 박 대통령은 "우리로서는 우선 지상군 장비증강이 시급하며, 현 예비사단이나 방위사단 등의 장비를 증강하여 이것을 전투사단의 수준까지 끌어올리는 것이 긴요하다고 판단하여 기갑, 화력, 기동력 등 분야에서의 증강에 노력하고 있습니다. 병력은 단기간 내에 동원 가능한 300만의 예비군이 있기 때문에 우선 병력증강보다는 장비의 증강이 더욱 시급합니다"고 답했다.

이에 대해 카터가 "그러면 60만의 현 병력수준은 불변한다는 뜻입니까?"고 반문하자 박 대통령은 "필요하다면 한미 간의 합의에 따라 늘릴 수 있다고 생각하지만, 국군 전력증강 계획에는 육군병력을 증가시킬 계획은 없고, 보유전차의 성능향상과 토우 등 대전차무기 등 장비증강에 힘쓸 것"이라고 대답했다.

그러자 카터 대통령은 주한미군 철수문제에 관한 논의는 이 정도에서 끝내려는 듯이 다짐을 두었다.

"한국이 북한과 똑같은 수의 전차를 보유할 필요가 없다는 데는 본인도 동감입니다. 지금까지의 각하 말씀을 듣고 한두 가지 분명히 해두려고 합니다. 각하께서는 미 제2보병사단의 주력이 당분간 잔류해야겠다, 또 한·미 연합사령부도 계속 존속되어야 하겠다고 생각하시는 것으로 이해됩니다. 또 앞으로 주한미군의 병력 수준에 어떠한 변동이 있을 때에는 충분한 사전 통고와 또 이에 대한 양국 간의 충분한 협의를 거쳐 시행하기를 바라시는 것으로 이해합니다. 본인의 이해에 틀림이 없겠습니까?"

이어서 두 정상은 인권문제에 관해 협의했다. 카터 대통령은 긴급조치 9호와 구속자 석방문제에 대한 각별한 배려를 요망했다.

"본인과 미국정부는 한국과의 유대관계의 중요성을 잘 인식하고 있으며, 앞으로 긴밀한 우호협력관계의 유지를 위해 최선을 다할 생각입니다. 또한 본인은 한국이 안정된 정부와 사회를 필요로 한다는 것을 잘 압니다. 동시에 한국국민들이 자유와 민주적인 정치체제를 추구하고 있음을 알고 있습니다. 그동안 한국 내에서 일어난 몇 가지 사실들이 언론에 의하여 과장되거나 왜곡되어 보도됨으로써 미 의회, 또는 미국의 일반 여론에 불리한 영향을 주었던 것도 본인 자신이 잘 압니다. 미국국민들은 인권문제에 대하여 분명하고 확고한 신념을 가지고 있습니다. 그 때문에 이 문제가 한·미 관계에 있어서 하나의 중요한 요소가 되어온 것이라고 본인은 생각합니다. 그간 각하께서 긴급조치 위반으로 구속되어 있던 학생과 정치인들을 일부 석방하여 주신 데 대해 저로서는 기쁘고 또 고맙게 생각합니다.

이와 같은 사실들을 배경으로 하여, 오늘 각하께 저의 소견 내지는 희망을 말씀드리고자 합니다. 한 가지는 현재 시행 중에 있는 긴급조치 제9호를 해제하여 주실 수 없겠는지, 또 하나는 긴급조치 위반 혐의로 구속되어 있는 자들을 석방하여 주실 수 없으시겠는지 하는 두 가지 점입니다. 물론 각하께 부당한 영향을 드린다든가 혹은 각하께서 결정하실 일에 대해서 본인이 무어라고 말씀드릴 의도는 추호도 없습니다. 이 점에 대해서는 오해가 없도록 하여 주시면 감사하겠습니다. 다만 이와 같은 것이 가능하다면 각하와 본인이 공동으로 이제까지 한·미 간에 놓여 있던 불유쾌한 요인들을 일소하고, 보다 강력하고 긴밀한 관계를 구축하여나가는 데 매우 도움이 되리라는 생각에서 말씀드리는 것입니다. 이 점에 대해 각하께서 각별한 배려를 해주실 수 없으시겠습니까?"

박 대통령은 평소에 국내외 인사들에게 밝힌 바 있는 인권과 자유에 대한 자신의 기본 철학을 설명했다.

"카터 대통령 각하께서 취해오신 인권존중의 입장에 대하여서는 본인도 이를 지지하며, 그 정신에 대해서 전적으로 찬동하는 바입니다. 다만 한 가지 이와 같은 주의나 원칙이 좋다고 하더라도 이를 어떤 나라에 대하여서나 일률적으로 적용할 수 없는 일이라고 생각합니다. 나라마다 그 나라의 특수한 사정이 있을 것입니다. 가령 외적으로부터 침략의 위협을 받고 있는 나라와 전혀 그와 같은 위협이 없는 나라에 대해서는 각각 그 기준이 달라지지 않을 수 없을 것입니다. 우리나라의 경우는 카터 대통령께서 전방을 방문하신 기회에 느끼셨겠지만, 수도 서울은 휴전선에서 가장 가까운 거리가 25마일에 불과하고 여기에 적의 수십 개 사단, 그리고 수십만의 병력이 배치되어 남침의 기회를 노리고 있습니다. 더구나 한국 국민은 6·25전쟁의 쓰라린 경험을 가지고 있습니다. 북한 공산주의자들이 기본적인 태도를 바꾸기 전에는 우리는 싫든 좋든 간에 준전시와 같은 태세로 이에 대비해 나갈 수밖에 없습니다. 우리 국민은 베트남의 전철을 밟지 않기 위해 우리가 할 수 있는 모든 힘을 다하지 않을 수 없다는 것을 잘 알고 있습니다."

이어서 대통령은 얼마 전에 청와대로 대통령은 예방했던 미국국회의원과 나눈 대화를 소개했다.

"얼마 전 미국의 어느 국회의원이 왔을 때 이 문제가 거론되어 그에게 이런 이야기를 한 적이 있습니다. 만약 미국의 워싱턴에서 서울과 휴전선 간의 거리에 위치한 도시인 볼티모어 시에 소련군이 들어와서 수십 개 사단을 배치하여 땅굴을 파고 무장간첩을 내려보내는 등의 행위를 한다고 가정하면 과연 미국이 현재와 같은 자유를 그대로 누릴 수 있겠는가, 이에 대한 자제나 억제를 가하지 않고 그대로 현재와 같은 자유를 누릴 수 있겠는가 하는 것을 상상해볼 때 이것은 불가능하리라는 이야기를 서로 한 일이 있습니다. 이와 같은 특수한 사정에 당면하면 일부 자유나 권리의 규제나 제한은 불가피하지 않은가 하는 것이 본인의 생각입니다. 본인으로서도 인권을 최대한으로 존중한다는 데 전적으로 찬성하며, 또 가급적이면 국민이 최대한의 자유를 누릴 수 있도록 해주자는 것이 본인의 평소 신념입니다. 그러나 우리는 개개인의 자유를 따지기 전에 3천 700만 전 국민의 생존과 국가 독립의 보장을 고려하지 않을 수 없습니다. 그렇지 못하면 인권이나 자유라는 것이 모두 허사가 되고 말 것입니다."

박 대통령은 구속자 석방문제에 대해서도 평소의 소신을 밝혔다.

"일부 비판적인 사람들은 한국에서 독재적인 방식으로 인권탄압이 자행되고 있다고 비난하는데, 국민의 일반적인 자유는 조금도 제한되지 않고 있으며, 다만 새로 개정된 헌법에 근거하여 국가안보에 직결되는 불가피한 경우에 한해서 일부 규제가 가해지고 있는 실정입니다. 본인도 모든 것을 다 풀어놓을 수 있다면 제일 좋겠고, 또 그렇게 하면 미국 기자들이나 국민들도 다 잘한다고 본인을 칭찬하리라는 것도 잘 압니다. 다만 우리가 처해 있는 특수한 사정이 이를 허락지 않으며, 또 국가안보, 공공질서와 안녕의 유지에 책임을 지고 있는 본인으로서 그와 같은 조치를 취할 수 없다는 사정을 카터 대통령께서 잘 이해하시기 바랍니다. 또한 일부 반체제분자들, 특히 일부 반체제 종교단체들이 소위 인권문제를 정치적인 목적으로 이용하고 있다는 사실에 대해서도 각하께서 명확히 인식하여 주셨으면 합니다. 현행 헌법은 두 차례에 걸친 국민투표를 통해서 국민의 절대 다수 지지를 얻어서 제정된 것임을 지적하고자 합니다."

박 대통령은 이어서 "구속자 중 개전의 정이 있는 사람들에 대해서는 관용의 조치를 취해 왔고 앞으로도 그렇게 할 생각이다. 그러나 민주영웅인 것처럼 생각하는 일부 분자들은 당장 석방하기가 곤란하다"는 사정을 설명했다. 긴급조치 9호에 대해서는 현 상황에서는 해제할 수 없으나, 카터 대통령의 충고를 고려하여 그렇게 하는 방향으로 노력하겠다는 뜻을 피력했다. 박 대통령의 설명이 끝난 후 카터 대통령은 "각하께서 막중한 책임을 지고 계시다는 것을 본인도 잘 알고 있고, 또 이를 존중하고 있습니다. 이 문제는 각하께서 판단하고 결정하실 문제로 알고 있습니다"고 짤막하게 논평했다.

6월 30일, 한미 두 정상이 오전과 오후에 걸쳐 전체회의와 단독회담을 마친 후 저녁에는 청와대 영빈관에서 환영 만찬회가 열렸다. 박 대통령은 이튿날 오전 11시 밴스 미 국무장관과 글라이스틴 주한 미 대사를 불러 "어제 카터 대통령과 단독회담을 갖는 자리에서 시간이 짧았고, 또 충분히 설명해드리지 못한 점도 있어 혹 나의 진의가 카터 대통령께 충분히 전달되지 못했던 부분이 있지 않을까 걱정되어 그와 같은 점에 대한 견해와 입장을 좀 더 명확하고 자세

하게 설명해 주고자 한다"고 전제한 뒤 한국의 국방비 증액계획에
관해 소상하게 설명했다.

밴스 국무장관은 "미국으로서는 한국정부가 북한과의 군사력 격
차를 제거하기 위해서 필요하다면 GNP의 7퍼센트까지라도 국방비
를 증액해 나갈 용의가 있다는 것으로 이해하겠다"고 말하고, "내
년도에 군사판매 차관원리금 상환을 제외한 국방비가 GNP의 6퍼센
트는 상회하도록 해주실 수 있는지에 대해 분명히 말씀해 주셨으면
한다"고 물었다. 박 대통령은 내년도 예산안은 9월 20일까지 국회
에 제출하여 12월 1일까지 통과되도록 되어 있어 아직 예산안이 확
정될 단계가 아니므로 지금 이 자리에서 얼마나 되겠다고 명확하게
말하기는 어려우나, 책임지고 6퍼센트 선은 되도록 하겠다고 약속
했다.

당시 우리나라의 국방비지출액은 연간 예산의 약 35퍼센트였고,
이는 GNP의 5~6퍼센트에 해당하는 것이었다. 카터 대통령은 회담
에서 국방비 증액을 권고하였다. 박 대통령은 이 권고를 받아들였고
1980년도의 국방예산을 44억 7천만 달러로 확정할 생각이었다. 이
것은 1979년의 33억 8천만 달러에 비해 32퍼센트의 증가를 의미하
는 것이었고, 전체 예산의 약 37퍼센트에 달하며 GNP의 약 6퍼센
트에 상당하는 것이었다.

박 대통령은 국방비 부담률에 대해 자세히 설명한 데 이어서 인
권문제에 관해 카터 대통령과 논의한 내용을 소개하고, 카터 대통령
이 요망한 긴급조치 9호 해제와 구속자 석방문제는 우리의 국가질
서와 치안에 직접 관련된 사항이므로 자신에게 맡겨주었으면 좋겠
다고 말했다.

이에 대해 밴스 장관은 일부 구속자라도 가까운 장래에 석방해
줄 것을 거듭 요청했다. 그래야만 미국의 대한 방위공약 준수와 한

국군 전력증강지원을 위한 미 의회의 지지를 얻는 데 도움이 되겠다는 것이다.

"현재 구속되어 있는 자들의 일부분이라도 가까운 장래에 석방될 수 있다면 카터 대통령과 저희 미국정부 관계 당국자들이 한미 양국 간의 관계를 더욱 긴밀히 발전시켜 나가도록 노력하는 데 있어 매우 도움이 될 것이라고 생각합니다. 저희로서도 한미 간의 긴밀한 유대관계가 앞으로 강화되어 나가야 한다고 봅니다. 이를 위해서는 미국 여론에서 한국의 이미지가 좋아야 하며, 또 의회의 지지를 얻어야 합니다. 특히 대한방위공약을 지켜 나가고 한국의 전력증강을 지원해 나가기 위한 의회의 지지가 필요하므로 이러한 면에서 각하께서 완화조치를 취하여 주시면 많은 도움이 되겠다는 점을 다시 말씀드립니다."

박 대통령은 '김대중 처리 문제'에 대한 소신도 밝혔다.

"이 기회에 한마디 솔직하게 이야기한다면 김대중이가 현재 형집행 정지로 구속이 풀려 있는데 김대중은 한 번도 반성이나 개전의 정을 보인 적이 없었다. 그럼에도 불구하고 형 집행을 정지시켜 준 것은 카터 대통령께서 인권문제에 대한 관심을 표명하시고, 또 미국 국민들이 이에 대한 관심을 가지고 있다는 것을 내가 알기 때문에 그와 같은 조치를 취했던 것이다. 그런데 김대중은 지금도 야당의 집회에 나타나 정부를 전복해야 한다는 등의 극언을 하고 있다. 이 사람을 정부가 다시 구속한다면 또 문제가 생기지 않겠는가? 그래서 일단 내버려두고 있는데 이렇게 인권문제를 악용하여 자기의 정치적인 목적을 달성하려고 하는 것을 미 측에서도 잘 알아 주기 바란다."

7월 1일 오후 이한 인사차 청와대를 예방한 카터 대통령은 오전에 박 대통령이 밴스 국방상관과 글라이스턴 대사에게 밝힌 내용에 만족한다고 인사했다. 그리고 한국이 보유해야 할 항공기와 잠수함에 관해 한미 군사당국 간 협의가 진행 중인데, 실무 당국자 차원에서 합의가 어려울 경우 서신으로 연락하면 필요한 조치를 취하겠다는 뜻을 표명했다.

카터 대통령은 이어서 인권문제를 또 제기했다.

"인권문제에 관하여는 각하께서 설명하신 한국의 특수한 사정과 각하의 입장에 대하여 본인으로서 이에 동의한다고 말씀드릴 수는 없으나 이를 이해합니다. 또 본인이 말씀드린 저의 견해나 입장에 대하여도 각하께서 이해를 하신 것으로 믿습니다. 또 이 문제가 한미 양국관계에 미치는 연관성에 대해서도 각하께서 이해를 하고 계신 것으로 생각합니다. 그러나 이 문제는 어디까지나 각하께서 판단하여 결정하실 문제라는 것을 본인은 잘 알고 있고 또 이 점에 관하여는 추호의 의문도 없습니다. 다만 이 문제와 관련하여 미국 내 여론의 비판이 있는 것이 사실이며, 앞으로 양국 간의 관계를 보다 긴밀히 하고 또 미국이 한국에 대한 방위공약을 굳건히 지키고 군의 전략증강 등을 지원하기 위해서는 미 의회와 여론의 지지가 필요하다는 것을 말씀드립니다. 미국에서 행한 여론조사에서 한국 방위를 위하여 군사력을 사용하는 데 찬성한 것이 불과 15~17퍼센트에 지나지 않는다 하는 것은 저희들도 우려하고 있는 점입니다. 각하께서 이런 점을 염두에 두시고 앞으로 이 문제에 있어서 점차적으로 완화되는 방향으로 조치하여 주시기 바라는 본인의 희망을 이 기회를 빌려 다시 한 번 피력하는 바입니다."

이에 대해 박 대통령은 알겠다고 대답했다.

북한 포함한 당국자 회담 제의
정상회담을 마친 후 발표한 공동성명에서 두 정상은 한국, 북한,

미국의 3자 '고위당국대표회담' 개최를 제의하기로 결정했다. 이에 따라 남북한과 외교관계를 맺고 있는 인도네시아 정부를 통해 북한에 공식적으로 제의했다. 그러나 북한은 7월 10일 평양방송으로 발표된 외교부 대변인 성명에서 4가지 이유를 대면서 이를 거부했다.

"첫째, 통일문제의 해결에 제기되는 남북의 정치·경제·문화의 전반적인 문제는 외세의 간섭 없이 남북 간에 해결해야 할 민족 내부 문제로서 미국이 여기에 끼는 것은 내정간섭이다. 둘째, 남한에서 미군을 철수시키고 정전협정을 평화협정으로 바꾸는 문제는 정전협정의 실제적인 당사자들인 북한과 미국이 회담을 통해서 해결해야 할 문제다. 셋째, 북한과 미국의 단독회담이 먼저 이루어져야 하며, 이 회담을 진행하면서 한국과 관련된 문제가 제기될 때에만 미국이 요청하면 남한 당국을 '옵서버'로 참가시키는 것을 허용한다. 넷째, 통일문제와 같은 중대한 민족 내부 문제를 미국이 간섭할 수 없으며, 남북의 당국자들과 각 정당, 사회단체 및 해외동포조직의 대표들 사이에 아무 때나 폭넓은 대화와 협상을 진행할 용의를 갖고 있다."

북한은 대신 미국과의 양자회담을 추진했다. 특히 1977년에 주한 미군 철수를 공약한 지미 카터 민주당 후보가 대통령에 당선되고, 실제로 취임 초부터 주한 미 지상군이 단계적으로 철수하기 시작하자 북한은 미국의 한반도 정책이 바뀔 수 있을 것이라는 기대를 걸고 여러 중개자들까지 동원하였다.

그 첫 시도는 당시 파키스탄 대통령 알리 부토를 통해 나타났다. 김일성은 반서방적이고, 친북한적이었던 부토를 통해 카터에게 두 차례나 친서를 보내 미국과의 관계개선 의지를 드러냈다. 이 무렵 북한의 관영 매체들은 카터를 '정의의 사나이'로 표현하는 동시에, 미국을 더 이상 '제국주의'라고 부르지 않았다. 그뿐 아니라 "우리는 미국과의 대화에 대해 어떠한 조건도 붙이지 않는다. 미군 철수를 선행시키라는 조건도 붙이지 않는다. 우리는 아무 조건 없이 모든 현안들을 토의할 것을 제안한다"고 공언했다. 카터도 북한에 대해 호의적인 조치를 취했다. 북한을 비롯한 14개 '잠재적 적대국가'와 미수교국가와의 관계개선 원칙을 발표한 데 이어, 북한을 미국인의 여행 금지지역으로부터 해제시켰다.

두 번째 시도는 1977년 유고슬라비아 대통령 티토를 통해 이루어졌다. 미국을 방문한 유고슬라비아 부통령 에드바르다 카르델리는 미국과의 직접 대화를 바라는 북한의 의사를 담은 티토의 친서를 카터에게 전달했다. 이 친서에서 티토는 한국문제를 독일식으로 해결할 수 있도록 남북한과 미국의 3자 회담을 제의하고, 이를 위해 티토 자신이 워싱턴과 평양 간의 교량 역할을 자임할 의사가 있다는 뜻을 밝혔다. 티토에게 보낸 회신에서 카터는 한국이 참가할 수 있다면 회담에 응할 수 있다는 반응을 보였다.

1978년 3월 7일, 미국을 방문한 티토는 카터와의 회담에서 미국과의 단독 접촉을 바라는 김일성의 뜻을 전달했다. 카터가 한국을 배제한 접촉은 수락할 수 없다는 입장을 밝히자, 남북한과 미국의 3자 회담이 성사되도록 김일성을 설득하겠다고 약속했다. 그는 귀국 후 유고슬라비아를 방문한 북한 외교사절단에게 이 같은 뜻을 전달했다고 한다. 그해 5월 중국 방문을 마치고 귀국길에 서울을 찾은 브레진스키 백악관 안보담당 특별보좌관은 우리 정부에 3자 회담안을 수락하도록 권고했다.

그러나 우리 정부는 3자 회담은 베트남의 공산화를 가져온 파리 평화협상의 재판(再版)일 수 있다는 이유로 반대의 뜻을 분명히 했다. 3자가 회담을 한다고 하지만 실질적인 문제에 있어서는 미국과 북한 사이에 협상이 진전되어 남한은 들러리에 지나지 않게 될 염려가 있다는 것이다. 이러한 우려와 반대에 대해 브레진스키 보좌관은 다음과 같은 논리로 설득하면서 이해를 구했다.

첫째, 3자 회담에서 미국은 한국의 '협력자'로서 참여하는 것이므로 과거에 미국과 월맹이 주체가 되고 베트남은 들러리에 불과했던 1970년 초 베트남평화협상이나 또 이스라엘과 이집트 사이에서 미국이 '중재자'가 되었던 중동평화협상과는 그 형태가 근본적으로 다르다는 것이다. 둘째, 3자 회담에는 미국 대표도 참여하지만 미국은 남북대화를 실현시키기 위해 한국의 협력자로서의 역할을 할 것이므로 3자 회담이 성사되면 한국정부가 주장해 온 남북대화의 기틀이 마련될 수 있다는 것이다. 셋째, 미국은 한반도 문제는 남북한 당사자가 해결해야 하며, 절대로 한국의 참여 없이 북한과 단독협상을 하지 않는다는 기본정책을 계속 추구한다는 것이다.

한편 북한도 3자 회담에 반대했다. 1978년 5월 7일 중국 총리 화귀펑(華國鋒)이 평양을 방문했을 때 김일성은 그동안 미국에 대해 보였던 유연한 태도를 버리고 미국을 비난했다. 김일성은 "미국은 주한미군 철수 공약에서 후퇴하고 있다. 미 제국주의는 2개의 한국 정책을 포기하지 않고 있다. 미국이 평화를 원한다면 먼저 북한과 접촉해야 한다. 미국은 현 한국정부를 지지하지 말라"는 등 강경노선으로 선회했다. 북한은 또한 노동당 국제부장 김영남을 통해 3자 회담안은 북한과의 평화협정 체결을 위한 대화에 응하지 않으려는 속셈을 은폐하고, 그 은폐를 정당화하기 위해 내놓고 있는 것이라고 비난했다. 화귀펑도 김일성의 입장을 지지한다고 말함으로써 중국 역시 3자 회담안을 반대한다는 뜻을 간접적으로 나타냈다.

카터는 남북한이 모두 반대하는 3자 회담을 꼭 성사시키려고 했다. 그 이유는 무엇인가? 카터는 다가올 선거에서 자신의 재선을 보장할 외교업적을 하나 더 쌓아보려고 한반도 문제에 대해 적극성을 보였던 것이다. 카터는 첫 임기 동안 달성할 외교목표로 세 가지를 설정했다. 중국과의 관계정상화, 중동평화의 실현, 제2단계 전략무기제한협정(SALT II) 체결이 바로 그것이었다. 1979년 여름의 시점에서 그는 이 세 가지 외교 목표를 달성했다. 1979년 1월 1일 중국과의 국교는 수립되었으며, 이에 따라 중국의 실력자 덩샤오핑(鄧小平)이 미국을 방문했다. 1979년 3월에는 카터의 외교적 중재에 따라 이스라엘과 이집트의 평화조약이 맺어졌고, 1979년 6월 제2단계 전략무기제한협정이 체결되었다.

그러나 이 세 가지 외교 목표의 달성이 애초의 계산과는 달리, 카터의 재선을 뒷받침할 것 같지 않다는 여론이 짙게 일어났다. 미중 관계정상화는 미국의 오랜 우방인 대만과의 단교 위에서 이뤄졌고, 이것은 미국 안의 보수세력을 자극시켰다. 중동평화도 미국 유권자들은 달갑게 생각하지 않았다. '돈을 주고 사들인 평화'라는 말이 나올 정도로 미국은 이 조약을 성립시키기 위해 이스라엘과 이집트 두 나라에 엄청난 규모의 군사 및 경제 원조를 약속했기 때문이었다. 제2단계 전략무기제한협정에 대해서도 그것이 대소(對蘇) 유화정책의 산물이라는 혹평이 컸다.

여기서 카터는 한반도 문제 해결에서 새로운 재선 득표의 활로를 열고자 했다는 것이다. 자신의 노력으로 남북 대화를 재개시키고 평화를 이룩한다면, '한반도 평화의 기적을 만들어 낸 위대한 정치가'로 유권자 앞에 등장할 수 있다고 계산한 것이다. 뿐만 아니라 한반도에 평화가 구축되었으니 주한미군을 주둔시킬 필요가 없게 되었다는 논리로 주한미군의 철수에 반대하는 국내 보수파를 설득하여 선거공약으로 내걸었던 주한미군 철수도 무난히 실현할 수 있다는 기대를 품었다.

1979년에 들어서자 미국의 3자 회담안에 힘을 실어주는 원군이 생겼다. 중국이 3자 회담안을 지지하고 나섰던 것이다. 1월 1일자로 미국과 정식 국교를 수립한 중국은 북한의 3자 회담 반대 지지 입장을 바꾸어 미국의 정책에 긍정적으로 호응했다. 그해 4월 중국을 방문한 미국 상원외교위원회 사절단에게 중국지도자들은 3자 회담안에 대한 지지를 표명했다. 이를 계기로 카터 대통령은 3자 회담안을 공개적으로 추진했다. 이처럼 카터 행정부가 3자 회담안을 강하게 밀고 나오자, 남북한은 모두 신축성 있는 태도를 보였다.

우선 북한 노동당 국제부장 김영남은 북한과 미국과의 '전반적인 문제'에 관한 대화에 남한이 참여하는 것을 반대하지 않는다고 밝혔다. 단 김영남은 북한과 미국 사이의 회담이 열린 다음에 남한이 참가할 수 있다는 조건을 달았다. 한국정부도 종전보다 훨씬 부드러운 태도를 보였다. 예컨대 카터의 방한을 앞둔 6월 27일, 박동진 외무장관은 종전 입장에서 벗어나 "3자 회담 문제는 한미 정상회담에서 거론될 수 있다"고 말했다. 이날 KBS와의 회견에서 박 장관은 "남북한의 긴장을 완화하고 한반도에 평화를 정착시키는 데 있어서 그 주체는 남북 당사자가 돼야 하며, 이러한 기본 입장이 보장된다면 3자 회담이든 4자 회담이든, 6자 회담이든 그 방법은 신축성 있게 조정할 수 있다"고 밝혔다.

6월 29일 방한한 카터 대통령은 3자 회담안이 한반도 문제에 접근하는 자신의 공식(公式)임을 분명히 밝히고, 이 공식으로 한반도의 평화구조를 구축하겠다는 의지를 한미 정상회담 후 발표된 공동성명에서 두 정상의 공동 명의로 제의했던 것이다. 하지만 북한이 끝내 거부함으로써 카터의 노력은 좌절되고 말았다.

정상회담의 마무리
박 대통령은 귀국하는 카터 대통령을 배웅하기 위해 김포공항까지 같은 차에 타고 환담을 나누었다. 차 중에서 카터 대통령은 박 대통령에게 어떤 종교생활을 하느냐고 물었다. 박 대통령은 집사람은 독실한 불교신자였고 아이들 중에는 가톨릭에서 운영하는 학교에 다니는 아이도 있으나 자신은 특별히 종교생활을 하지 않는다고 대답했다. 그러자 카터는 은근히 기독교에 귀의할 것을 권유하는 눈치를 보였다. 박 대통령은 다소 의외라고 여겼지만 카터 대통령의 이 포교활동에 대해 며칠 후 〈워싱턴포스트〉는 카터가 종교와 정치를 혼동한 것이라는 논평을 했다.

카터 대통령은 귀국 비행기에서 "금번 본인의 방한 중 우리들 사이에 이루어진 토의와 이를 통한 상호이해는 양국 간 긴밀한 유대의 기초가 될 것이라고 확신합니다"는 내용의 전문을 박 대통령에게 보내왔다. 박 대통령은 7월 3일 감사의 답전을 보냈다.

카터 대통령이 귀국한 후 7월 20일, 브레진스키 대통령 안보담당 특별보좌관은 군사정세가 재평가될 1981년까지 주한미군의 철수를 보류한다는 카터 대통령의 결정을 발표하였다. 이 발표에서 그는 군대 철수에 관한 앞으로의 결정은 두 가지 기준에 의거하게 될 것이라고 말하였다. 즉 남북한 간의 만족할 만한 군사적 균형의 회복과 한반도 긴장완화를 위한 실질적인 전진이 있다는 증거가 그것이라고 했다. 그는 또한 지금까지 3천 670명이 철수했으나 앞으로는 일체의 철수를 중지할 것이며, 감축이나 그 시기는 1981년 미 대통령 선거 이후로 미룬다고 부연했다. 카터는 이러한 결정을 주한 미 대사대리를 통해 우리 정부에 사전 통보했다.

1979년 7월 31일, 박 대통령은 카터 대통령에게 이런 내용의 친서를 보내 철군 중지 결정을 환영했다.

"서울에서 가졌던 우리의 협의에 뒤이어, 각하께서 주한 미 지상 전투병력의 철수를 중지하며, 1981년도 이후의 철수 문제는 당시 한반도의 상황 평가에 따라 재검토토록 결정하시고 이러한 결정을 사전에 통보하여 주신 것을 본인은 대단히 기쁘게 생각하는 바입니다. 미 지상 전투병력의 한국 주둔이 가장 확실한 형태의 미국의 대한방위공약이라고 믿는 우리 국민들은 각하의 현명하고 시의적절한 7월 20일자 정책발표를 충심으로 환영하였습니다. 본인은 각하의 이번 방한이 한·미 간의 전통적 우호관계를 재확인하고, 또 우리 양국 간의 동맹과 안보협력관계를 더욱 공고히 함에 있어서 크게 이바지하였다고 확신합니다."

박 대통령은 이어서 북한의 태도를 비난하면서 한국군 방위능력 강화를 위해 노력하겠다는 뜻도 밝혔다.

"한반도의 주변 정세에는 커다란 변화가 일어나고 있음에도 불구하고 이 땅의 평화와 통일문제에 관하여 북한 당국이 아직도 이렇다 할 태도의 변화를 보이지 않고 있음은 실로 개탄스러운 일입니다. 북한 당국은 3당국 회의를 개최하자는 우리들의 공동제의를 거부하였을 뿐만 아니라 오히려 한반도 긴장의 책임을 우리에게 전가시키려 획책하고 있습니다. 북한의 무장간첩선이 대한민국 영해인 남해안에 깊숙이 침투하여 한국 해안 경비정들과 총격전을 벌이다가 격침된 바 있습니다만, 북한 당국의 언행이 일치되지 않고 있다는 사실은 이번의 사건으로도 명백히 입증되었습니다. 이와 관련하여 본인은 대한민국 정부가 한국군의 방위 능력을 더욱 제고하기 위하여 가일층의 노력을 경주할 것임을 재확인하는 바입니다."

이것은 정상회담에서 한국정부가 더 많은 국방예산을 배정해야 한다는 카터의 요청을 수용할 것임을 재확인하는 데 그 뜻이 있었다.

카터 인권외교의 후폭풍

미국이 국제관계에서 추구하는 기본 목표는 다른 나라와 마찬가지로 '국가이익'이다. 미국은 국가이익을 추구함에 있어서 세계에서 가장 철저하고 냉혹한 대국이다. 미국은 모든 면에서 대서양 지역에서의 이익 못지않게 중요한 이익을 아시아태평양 지역에 갖고 있다. 미국은 최선의 정치적·경제적·군사적 이익을 보장하기 때문에 아시아 태평양 세력으로 존재하려고 한다.

인류의 과반수가 동아시아 주변 대륙에 살고 있다. 중국의 인구만도 10억에 육박하며, 세계 3위의 경제대국인 일본(1977년도 GNP 6천850억 달러)은 미국의 중요한 무역 상대국이다. 미국은 대외무역의 25퍼센트를 서태평양국가와 교역하고 있다. 과거 6년간의 총무역고는 유럽경제공동체(EEC)와의 그것을 능가하였다.

아시아는 또한 미국 내에서 공급이 부족한 전략적 원자재의 저장고이다. 망간, 티타늄, 지르코늄, 공급의 10분의 9 이상을 호주로부터 수입하고 있다. 동남아는 미국의 산업에 필요한 생고무, 주석 및 중석 등을 공급한다. 인도네시아는 석유와 천연가스를 제공한다. 이와 같은 원자재는 미국의 민간용 구입은 물론, 군사 및 우주 계획을 위해서도 중요하다.

특히 동북아시아에서 미국은 우리나라의 전략적 가치를 인정하고 있었다. 즉 한국은 중국의 위협으로부터 일본을 보호하고, 소련의 위협에 대해서도 균형자 역할을 수행할 수 있다. 뿐만 아니라 한국은 공업발전과 경제성장으로 1980년대에는 동아시아에서 제2의 경제대국이 된다. 또 중국을 제외하고는 최강의 군사력을 보유한 강력한 군사보루로서 아시아 지역에서 미군이 적의 위협에 대응할 수 있는 신축성을 보장하며, 태평양에서 미국의 전반적인 방어태세에도 기여한다는 것이다.

미국은 이러한 한국의 전략적 가치와 미국의 국가이익을 지키기 위해 한반도에서의 전쟁억지와 한국의 정치안정 및 경제발전에 지대한 관심을 가졌다. 그리고 이를 지원하는 것이 인권문제보다 우선한다는 것이 닉슨과 포드 행정부의 정책이었다. 1971년 7월 캔자스시에서 행한 즉흥연설에서 닉슨 대통령은 새로운 세계 질서는 미국, 소련, 중국, 일본 그리고 서유럽의 5대 세력을 중심으로 형성될 것이라는 신념을 피력했다.

중국을 방문한 닉슨은 저우언라이(周恩來) 총리에게 미국의 외교정책은 다른 나라의 국내 체제가 아니라 외교정책에 기반을 두고 있음을 분명히 했다. 그는 미국이 아시아에 영토적 계획이 없고, 중국이 미주대륙에 영토적 계획이 없다는 사실은 두 나라 협력관계의 기반이라고 강조했다. 그는 또 미국과 일본의 동맹은 미국이 서태평양의 주요 세력으로 남아 다른 세력과 힘의 균형을 이룰 수 있고, 일본이 군국주의적인 민족주의의 길을 추구하는 것을 막을 수 있기 때문에 중국에 이익이 된다는 점을 강조했다. 이와 함께 한국과 필리핀에 주둔한 미군도 중국의 인접 지역에서 세력 균형을 유지함으로써 중국의 안전에 기여한다고 주장했다. 닉슨은 미국의 대외원조정책의 목적을 다섯 가지로 요약했다.

"미국 원조는 여러 가지 목적을 가지고 있다. 첫째는 한국과 같이 미국이 군사 원조를 제공하는 나라들의 경제적 기초를 강화하는 데 사용돼야 한다. 둘째, 미국은 내부로부터의 위협에 직면하여 그들의 경제를 안정시키고 이를 통해 혁명주의자들에게 정부를 전복시킬 명분을 주지 않기 위해 외국 원조를 필요로 하는 국가들을 원조해야 한다. 셋째, 미국은 지진, 기근, 홍수와 같은 자연적인 재난의 희생자들에게 순수한 인도적인 원조를 제공해야 한다. 넷째, 미국은 세계의 3분의 2에 상당하는 저개발 국가들의 개발을 원조해야 한다. 다섯째, 원조는 특별한 외교적 성과를 달성하는 데 가장 유효하게 사용될 수 있다."

닉슨은 또한 미국의 경제원조 제공에는 세 가지 원칙이 따른다는 점을 강조했다.

"첫째, 비능률을 영구화할 뿐인 원조의 제공은 수원국(受援國)을 도와주는 것이 아니다. 미국은 수원국이 미국의 정치제도를 채택할 것을 강요해서는 안 된다. 그러나 미국의 원조가 성공 가능성이 큰 계획에 사용되어야 함을 강조함으로써 미국의 원조를 건전한 경제 정책에 연계시켜야 한다. 이 원칙을 확고히 지킴으로써 미국은 어떤 계획이 성공하고 어떤 계획이 실패하는지에 대해 다른 나라들이 어렵게 배운 교훈을 개발도상국가들이 쉽게 배울 수 있도록 도울 수 있다.

둘째, 미국은 더 많은 원조를 세계은행과 같은 다국적 기관을 통해 제공하라는 요구를 거부해야 한다. 이러한 기관들의 헌장에 의하면 그들은 정치적 이유로 국가들을 차별할 수 없게 되어 있다. 세계은행이 인접 국가들을 계속 침략하는 월맹에 50년 상환, 년 1퍼센트의 차관을 제공한다. 그럼에도 미국이 세계은행 예산의 3분의 1을 부담하는 것은 미국의 이익에 도움이 되지 않는다. 미국은 현실을 인정하고, 가용 원조자금을 우리의 외교정책 목표를 효과적으로 달성하는 데 사용할 수 있는 나라와의 쌍무적인 계획에 집중시켜야 한다.

셋째, 미국의 정책을 촉진시키고 세계의 평화와 안정을 조장하기 위해 원조를 사용해야 한다. 미국의 원조는 단순히 이를 필요로 하는 모든 나라에 주는 거지 동냥이 되어서는 안 된다. 미국의 중요한 이익이 걸린 쟁점과 관련하여 미국을 지지하지 않음으로써 미국에 등을 돌린 국가들은 그들이 원조를 요청할 때 미국이 그 사실을 무시하리라고 기대해서는 안 된다."

닉슨과 포드 행정부는 우리나라를 비롯한 개발도상국가들은 각기

고유한 역사와 전통을 갖고 있고, 근대화의 목표를 세우고 국가안보와 정치적 통합 그리고 경제개발계획을 추진하고 있는 현실을 중시하여 이들 국가들을 지원했다. 이러한 지원을 통해서 닉슨과 포드 행정부는 이들 국가들의 민주주의가 뿌리내리도록 하고 또 지역적 안정과 평화를 유지해 왔다. 닉슨과 포드 행정부의 인권문제에 대한 정책은 이른바 '조용한 외교'였다. 이것은 외국정부를 공개적으로 비난하거나 압력을 가하고 제재하는 방법이 아니라, 비공개적으로 조용하게 권고하고 설득해 나가는 방법을 뜻하는 것으로 인식되었다. 닉슨과 포드 행정부에서 특별보좌관과 국무장관을 지낸 키신저는 이른바 '조용한 외교'의 필요성을 이렇게 설명했다.

"미국은 미국의 가치를 비호하고 부정과 투쟁할 도덕적 의무를 갖고 있다. 자유를 대변하고, 억압적인 정부의 자유 침해를 폭로하는 것은 미국의 전통이다. 그러나 다른 나라에 도덕을 가르치는 것은 미국이 증진시키려고 하는 가치들을 오히려 손상시키는 때가 있다는 것을 미국은 알아야 한다. 민감한 쟁점들이 정부 간에 힘의 대결로 변질되면 국가의 위신과 자존심의 대결로 발전하게 되어 가장 가치 있는 목표들의 실현을 불가능하게 만든다."

닉슨과 포드 행정부는 인권에 대한 관심을 표명했으나 다른 여러 가지 이유로 아무런 행동을 하지 않는 것을 정당화했다. 한국과 이란에서는 안보라는 보다 중요한 이익이 걸려 있다는 것이 그 이유였다. 남아프리카공화국에서는 정부에 대한 제재가 가장 불행한 시민들을 벌하는 결과를 가져온다는 것이 그 이유였다. 소련에서는 유대인들의 방면 요구가 오히려 역효과를 가져온다는 것이 그 이유였다.

그러나 카터 행정부는 공산주의국가보다는 자유우방에 대해 제도개혁을 강요하기 위한 공개비난과 원조 중단 등의 압력과 위협을 통해 전반적인 인권상황을 개선하려는 이른바 '인권외교'를 능사로 삼고 있었다. 1979년 7월 1일 카터 대통령은 귀국 인사차 청와대를 예방한 자리에서 한국방위에 대한 미국 국민의 지지율이 15퍼센트~17퍼센트라고 지적하면서, 박 대통령에게 이러한 사실을 유념하고 인권문제를 해소해 줄 것을 거듭 요망했다. 그것은 한국 방위에 대한 미국 국민의 지지율이 낮은 이유가 인권문제 때문이니 미국의 공약과 원조를 보장받으려면 인권문제를 해결하라는 요구가 담긴 암묵적인 위협이나 다름없었다.

하지만 당시 미국에서 한국 방위에 대한 지지율이 저조했던 이유는 한국의 인권문제보다는 미국의 국내 문제에 있었다. 1975년 베트남에서 패퇴한 후 미국의 여론은 비단 한국뿐 아니라 아시아 지역에서의 또 다른 전쟁에 개입해서는 안 된다는 이른바 고립주의 경향을 강하게 반영하고 있었다. 한국 방위에 대한 미국 여론이 저조한 것도 이러한 경향의 결과였다.

대통령이 된 후 카터는 여론을 통치 기반으로 삼았다. 그는 자신이 국민 여론을 잘 대변하기만 하면 국민들은 자신을 따르리라는 신비주의에 가까운 믿음을 자랑했다. 한마디로 여론의 지시대로 통치한다는 것이다. 카터는 그의 외교정책에 있어서도 국민의 인기에 영합하고 여론의 흐름에 모든 정책의 초점을 맞추었다. 카터에게 중요한 것은 국내 정치에 있어서 자신의 위신과 인기였다. 따라서 카터는 동맹국과의 관계에 있어서 주변 정세나 동맹국이 처해 있는 특수한 현실에 대한 고려를 소홀히 했다. 그래서 그는 그의 인권정책이 동맹국의 국내 정치를 위기상황으로 몰고 갈 수 있다는 사실에 대해 신중한 배려 없이 인권 개선을 위해 비공개적으로 압력을 넣기보다는 공개적으로 압력을 가하는 길을 선택했다.

소련이 그들의 동맹국에 무기를 제공할 때, 카터는 미국의 동맹국들에게 인권에 관한 설교를 하고 있었다. 카터는 공산주의의 팽창을 막기 위해 무기를 필요로 하는 우방들에 무기 지원을 거부했다. 카터는 우방의 선거가 미국의 보스턴이나 시카고 같은 곳에서 종종 그랬던 정도로 공정하지 못하다는 이유로, 그 우방의 생존이 위협받고 있는 때에 원조를 거부하고 비난했다. 설사 우방의 정부가 억압적이고 또는 권위주의적이라고 하더라도, 그 대안으로서의 공산주의 체제는 서방세계를 위해서 뿐만 아니라 우방의 국민을 위해서 최악의 체제가 될 것이라는 사실을 카터는 깨닫지 못하고 있었다.

백인 독재가 자행되는 아프리카의 로디지아나 남아프리카연방, 특권층의 전횡이 극심한 중남미의 칠레, 브라질, 아르헨티나, 우루과이에 대해서 카터는 주유엔 미국대사 앤드류 영의 입을 통해 선동에 가까운 압력을 가하고, 원조 중단 같은 노골적인 수단을 행사했다. 쿠바의 인권 유린이 브라질보다 낫고, 정치범을 학살하는 공산체제가 권위주의 체제보다 낫다고 볼 수 없다는 사실을 모두가 인정하고 있음에도 불구하고, 카터는 쿠바와 월맹과 북한의 인권문제에 대해서는 한 마디 언급도 없었을 뿐 아니라 오히려 이들 공산 국가와의 관계개선을 추진하고 있었다.

소련은 이른바 국제체제의 탈식민화 경향에 편승하여 중동과 아프리카, 그리고 아시아에 뛰어들었다. 소련은 자국의 이익과 목표를 범세계적인 표현으로 정의하기 시작했고, 앙골라에서는 군사 개입을 통해 자국이 선택한 정권을 세웠다. 이처럼 소련의 위성권 밖에서 벌어지는 소련의 군사개입에 카터는 전혀 대처하지 못했다.

결국 카터는 이른바 인권외교를 공산권 국가에 초점을 맞추지 못하고 약소 우방에 집중시킴으로써 강대국인 미국과 약소국인 우방 간에 갈등과 충돌을 야기했다. 그러한 충돌은 결국 약소 우방에 재앙을 사서왔다. 그러한 약소 우방 중에 가장 큰 재앙을 당한 국가가 바로 지난 30여 년 동안 중동 지역에서 미국의 충실한 동맹국으로서, 반공보루로서 군사적 경제적으로 미국의 국가이익 증진에 크게 기여해 온 이란이었던 것이다.

베트남의 패망과 팔레비 이란 국왕의 몰락은 경제개발과 전쟁을 수행하는 개발도상국가에 서구 민주주의 가치와 제도의 모방을 강요할 경우, 민주주의와 개인의 자유와 인권은 실현될 수 없을 뿐 아니라 경제발전이나 국가안보도 불가능해진다는 교훈을 일깨워 주었다. 민주주의와 개인의 자유와 인권은 그 당위성을 소리 높여 외치거나 강대국이 그 힘으로 강요한다고 하루아침에 이루어질 수 있는 것은 아니다.

카터가 귀국 인사차 청와대를 예방한 자리에서까지 특정인의 인권문제를 가지고 미국의 여론 운운하며 위협하는 언동을 함에 따라 박 대통령의 마음도 굳어졌다. 박 대통령은 우방국가에 대한 강압적인 무리한 인권외교가 여러 가지 부작용을 낳고 있다는 비판이 미국 내에서 일어나자 카터가 한국에서는 성과를 거두고 있음을 인정받으려는 초조감과 공명심 때문에 과도한 요구를 한다고 판단했다. 그래서 카터의 거듭되는 요구를 더 이상 배려해서는 안 되겠다는 마음을 굳혔다. 이로써 인권문제에 대한 미국과의 대립과 갈등이 더욱 격화될 것으로 우려되었다. 이러한 우려는 8월에 들어서면서 현실화되기 시작했다. 일단의 기독교계 종교인들이 주동하여 선동한 한 민간회사의 파업이 그 발단이 되었다.

YH무역 여공들의 신민당사 농성

한국 방문을 마치고 귀국하기 전 카터 대통령은 우리나라에 정치 불안을 조성하는 의도적인 행보와 처신을 했다. 그는 정상회담 후 김영삼을 만나 한국의 인권문제와 민주발전 문제에 관해 의견을 나누고 김영삼에게 용기를 주는 격려의 말을 한 것으로 알려졌다. 김영삼과 연대하고 있는 반체제세력들, 특히 종교인들은 이러한 카터의 언동에 크게 고무되었다.

우리나라 야당은 해방 후부터 미국정부로부터 물심양면의 지원을 받아왔다. 우리 정부가 미국정부의 비판과 견제를 받을 때는 정부와의 대화나 타협을 거부하고 극한적인 대정부 투쟁을 전개하여 정권타도를 시도하는 경향을 보였다. 야당이 혁명적인 반정부 투쟁에 나서면 정부의 입장도 굳어질 수밖에 없고, 폭력투쟁을 제압하기 위해 공권력에 의한 법치적 대응을 하지 않을 수 없게 된다. 정부와 야당의 이러한 극한적인 대결은 온건중도 세력의 입지를 약화시킴으로써 정부와 야당의 투쟁은 만성화되고 때로는 파국으로 치닫게 된다.

카터 대통령은 이러한 우리나라의 특수한 정치 풍토를 고려하지 아니한 채 야당 내의 온건세력을 지원하기보다는 폭력으로 정권투쟁을 일삼는 급진세력을 비호하고 지원했다. 그것은 정부와 야당 간에 생존을 건 힘에 의한 대결과 투쟁을 격화시키는 결과를 가져왔다. 이러한 상황에서 야당과 재야 반정부집단의 혁명적인 반체제투쟁을 격화시키고, 한미관계를 파국으로 치닫게 만드는 중대한 사건이 발생했다.

1979년 8월 11일, YH무역회사의 여공들은 신민당사로 이동하여 집단 농성을 시작했다. 이 사건은 1966년부터 가발을 생산하여 수출하던 YH무역이라는 개인회사가 1976년 후반 세계경제의 침체와 국제적인 가발 수요 감퇴 등으로 경영이 어려워져서 폐업을 결정하자 여공들이 이에 반대하는 파업투쟁을 벌인 것이 발단이었다. 그러나 교회사회선교협의회와 도시산업선교회 등 종교인들과 신민당 총재로 선출된 김영삼이 연대하여 이 사건에 개입했다. 이로써 일개 개인회사의 노동쟁의가 정국을 뒤흔드는 중대한 정치문제로 변질되었다.

김영삼과 연대하여 반체제투쟁을 주도한 재야세력의 주류는 종교인들이었다. 문동환 교회사회선교협의회 부회장과 서경석 총무, 인명진 영등포 도시산업선교회 총무 등이 그들이다. 이들은 YH 노조투쟁을 적극 지원하기로 결정하고 문동환은 인명진에게 "이번 YH사태는 도시산업선교회의 임 목사가 책임지고 주도해 주시오"라고 당부하고, 서경석 등 젊은 실무진은 현장에서 상황을 파악하고 지원 방안을 구상하라고 지시했다. 이에 따라 YH무역 여공들과 접촉해오던 인명진과 서경석은 8월 8일 오후 YH무역의 농성장을 방문했다.

여기서 인명진은 식당에 여공 100여 명을 모아놓고 "전 한국모방 조합원들도 여러분과 똑같은 형편에서 명동성당을 찾아가 김수환 추기경에게 협조를 구하고 명동성당에서 농성을 하여 목적을 달성했다. 근로자들은 단결해야 한다. 노사교섭으로 다섯 가지를 해결하기보다는 투쟁을 해서 한 가지를 관철하는 것이 도시산업선교회의 노조운동 정신이다"라고 여공들을 격려하고 선동하였다.

한편 서경석은 8월 8일 YH 노조지부장 등과 회동하여 YH무역이 폐업공고를 하고 여공들을 해산시키기 전에 농성 장소를 옮겨 계속 투쟁해야 한다고 유도했다. 그는 정치문제로 부각시켜 사회문제화하는 것이 최선의 투쟁방법이므로 8월 9일 9시 30분까지 신민당 당사로 여공들을 집결시키기로 하고, 먼저 신민당 측과의 협의를 위해 문동환, 이문영, 고은을 김영삼 자택에 보내 장소 제공을 요청하도록 하기로 뜻을 모았다. 이러한 합의에 따라 8월 9일 오전 9시경 문동환, 이문영(기독교수협의회의장), 고은(자유실천문인협회장)이 김영삼 자택을 방문하여 도움을 요청했다.

김영삼은 당대변인에게 여공들이 당사에 들어가도록 조치해 주라고 지시했다. 이날 11시경 김영삼은 YH노조지부장 등 농성 여공 대표 5명을 총재실로 불러 "여러분들은 애국자다. 여러분들의 억울한 일을 내가 해결해 주겠다"고 이들을 격려 고무했다. 8월 10일 오전에 신민당 사회노동국장이라는 사람이 농성 여공들 앞에 나타나서 "우리 딸들이 이렇게 고생하는 것을 보니 가슴 아프다. 나는 너희들을 위해 죽겠다"고 하면서 갑자기 면도칼로 배를 그어 할복 자살극을 벌였다. 여공들은 이 사람을 국회의원으로 오인하고 국회 의원이 우리를 위해 죽는데 우리가 생명을 아낄 수 있겠느냐는 분위기가 격앙되면서 여공 김경숙이 "우리 모두 투신자살하자"고 선동하고 스스로 투신팀장임을 선언했다. 그리하여 투신 자살조를 편성하고 투신자살 연습을 하는 사태에까지 이르게 되었다.

이날 밤 11시 반경에 김영삼은 농성현장에서 "여러분의 신변보호를 위해서 신민당 국회의원 전원을 당사에 나오게 하고, 당사 출입구에 바리게이트를 설치해 놓았다"고 여공들을 자극하여 농성장의 분위기를 더욱 격앙시켰다. 11시 45분경 김영삼은 황낙주에게 당사 부근에서 경비하고 있는 경찰들을 모두 쫓아버리라고 지시했다. 황낙주는 30여 명의 청년당원들을 데리고 나가 경찰관들에게 욕설을 했고, 이를 말리는 경찰간부를 폭행했다.

8월 9일부터 8월 10일 자정까지 경찰은 10여 차례에 걸쳐 신민당 소속 국회의원에게 여공들을 설득해서 자진해산하도록 해줄 것을 요청했으나 번번이 거절당했다. 10일 밤 투신자살 연습을 하던 50여 명의 여공들은 급기야 당사 4층에 올라가 창문에서 유리창을 깨고 콜라병을 던지면서 집단 투신하겠다고 위협하는 긴박한 사태가 벌어졌다. 농성현장을 관리하고 있는 신민당의 당직자들은 여공들의 안전에 필요한 조치는 아무것도 하지 않고, 안전 조치를 취하려는 경찰의 접근을 차단하고 저지하였다.

그 결과 경찰은 농성현장의 상황을 알 길이 없었다. 이러한 상황에서 신민당 당직자들은 투신팀장인 김경숙이 투신자살극을 벌이면서 깨진 유리로 손을 째고 기절했다는 상황조차도 파악하지 못하게 함으로써 결국 김경숙이 투신자살하게 만들었다. 극도로 흥분한 여공들의 집단투신 가능성이 증대함에 따라 더 이상 농성사태를 그대로 방치할 수 없다고 판단한 경찰은 8월 11일 새벽 2시경 여공 구출 특별부대를 편성하여 신민당사에 진입하여 20여 분 만에 작전을 완료했다.

이날 미국 국무성 대변인 토마스 레스턴은 외교적 언어로는 부적절한 표현으로 우리 정부의 진압조치를 비난했다. 즉 "농성 중인 YH무역 여공들을 해산시키려고 한밤중에 경찰이 강제로 신민당사에 진입한 것은 지나치고 잔인한(brutal) 행동이었음이 의심할 여지없이 명백하다"는 것이다. 우리 정부는 이에 대해 부당한 내정간섭을 자제하라고 강력하게 항의했다. 그러나 미 측은 "우리의 논평은 내정간섭이 아니라 특별한 우방관계에 있는 한국에 대해 미국이 갖고 있는 관심의 발로다"라고 다시 받아쳤다. 미국정부가 이처럼 전례 없이 강경한 비외교적인 폭언으로 우리 정부를 공개비난을 하고 나온 것은 전통적인 외교관례로 볼 때 도저히 납득할 수 없는 비정상적인 처사였다. 미 국무성이 이렇게 나온 데에는 분명한 이유가 있을 것이라고 보는 관측이 있었다. 일부 외교전문가들 중에는 미 국무성의 난폭한 언동은 한미 간의 이른바 '불편한 관계'의 부산물이라고 보는 사람도 있었다. 그러나 그렇게 간단히 보아 넘길 수 없는 보이지 않는 측면이 있었다.

한미관계가 이른바 '불편한 관계'로 접어든 것은 한미 간에 발생한 몇 가지 중대한 정치적·군사적·외교적 현안에서 비롯되었다. 박동선이 미국 상하의원들에게 뇌물을 주었다는 '코리아게이트' 사건,

미정보기관의 청와대 도청사건, 카터 행정부의 한국의 인권비판과 주한미군 완전 철수 결정 등 공개적으로 문제되고 있던 현안들이 그것이다. 이 문제들은 6월 말의 한미 정상회담을 전후한 시기에 모두 해결됨으로써 불편한 관계는 해소된 것으로 보는 것이 일반적인 인식이었다. 그러나 한미 간에는 일반인에게는 공개되거나 알려져 있지 않은 중대한 현안이 남아 있었다. 그것은 한국의 핵개발 문제였다. 1975년부터 우리나라의 핵개발계획과 이를 한사코 저지하려는 미국의 압력과 위협이 한미 갈등을 심화시켰고, 한미 관계를 파국적인 긴장관계로 몰아넣고 있었다.

이러한 상황에서 YH무역 여공 사망 사건이 나자 미 국무성은 전례 없는 비외교적 폭언으로 한국정부를 공개비난하고 나선 것이다. 이것은 결코 일부 외교전문가들이 인식하고 있는 한미 간 불편한 관계의 부산물이 아니었다. 이것은 1976년 우리나라의 핵개발을 저지하기 위해 한국과의 모든 관계를 단절하겠다고 위협했던 미국이 급기야 '관계 단절'의 차원을 넘어서 핵개발 결정권자인 대통령의 신변에 위해를 가하는 특수공작을 진행시키고 있다는 의구심을 자아내는 중대한 사건이었다. YH무역 여공의 신민당당사 농성사태는 한 개인회사의 노동쟁의를 일부 지식인과 기독교계 종교인들이 야당과 연대하여 정부 전복을 노리는 반체제투쟁에 이용함으로써 정치문제로 변질된 사건이었다. 이것은 외국이 개입하거나 간섭할 수 없는 우리의 국내문제였다. 또 이 사건의 와중에 희생된 김경숙 여공은 경찰이 여공구출을 위해 신민당사에 진입하기 이전에 이미 추락사된 상태에 있었다.

주한 미 대사관으로부터 수시로 사태를 보고 받는 미 국무성이 이 사건의 진상을 몰랐을 리가 없었다. 그럼에도 불구하고 미 국무성은 우리 정부와 경찰의 행동만을 지목하여 '잔인하다'고 혹평했고, 내정에 간섭하지 말라는 우리 정부의 항의에 대해 '우리의 논평은 내정간섭이 아니라 '특별한 우방인 한국에 대한 관심의 발로'라고 강변했다. 이것은 분명히 약소국가에 대한 강대국의 대국주의적인 횡포였다. 이것은 박 대통령이 1976년처럼 또다시 핵개발계획을 포기하지 않는다면 미국으로서도 당시 계획했던 쿠데타를 다시 추진하겠다는 암묵적인 경고라고 보지 않을 수 없는 중대한 사태였다. 한국에서의 쿠데타 발생 문제는 이미 몇 년 전에 미국에서 거론된 일이 있었다.

1976년 10월에는 미국 CIA의 서울 주재책임자로 3년간 근무하고 귀국한 도널드 그랙이 텍사스 대학에서 행한 강연회에서 "한국의 정권이 현재와 같은 정치를 해나간다면 임기 중반쯤에 가서 쿠데타가 일어날 것이다"라는 발언을 함으로써 미국 정보기관이 모종의 공작을 하고 있는 것 아니냐는 의혹을 불러일으켰다. 그랙이 한국에서의 쿠데타 발생을 예단한 시기는 바로 미국이 한국정부가 핵개발계획을 취소하지 않는다면 "모든 부문에서 한미관계를 끊어 버리겠다"는 최후통첩을 하고 위협하던 시기와 일치한다. 그 후 우리 정부가 미국이 강요하는 대로 프랑스의 핵연료 재처리시설 도입계획을 취소하자 미국도 쿠데타 계획을 접어두었던 것으로 보였다.

그러나 1979년 초에 몇년 후면 핵무기개발이 완성된다는 이야기가 나돌자 미국은 박 대통령이 계속 핵개발을 추진하고 있다고 확신했다. 그래서 1976년에 계획했다가 접어둔 쿠데타 계획을 다시 획책할 가능성이 있다는 우려와 걱정이 우리나라 군부와 행정부의 일각에서 나오고 있었던 것이다.

김영삼, 박 정권 타도를 선언

1979년 9월 10일, 김영삼은 내외기자회견에서 박 정권 타도를 선언하고 군의 중립과 국민의 총궐기항쟁을 촉구했다. 지난 5월 30일의 전당대회를 앞두고 신민당 내에서는 4월부터 당권경쟁이 시작되었는데, 재선을 노리는 온건파의 이철승과 당권 회복을 노리는 강경파의 김영삼이 대결하고 있었다.

이철승은 유신체제에 대해 현실주의적인 온건노선을 취함으로써 유신체제 철폐 개헌투쟁을 주도하는 김영삼과는 달랐다. 정가에서는 이철승의 재선이 유력시된다는 소문이 돌고 있었다. 박 대통령은 신민당 전당대회 전날 청와대 출입기자들과 환담하는 자리에서 어느 기자가 신민당 총재선거가 어떻게 될 것으로 보느냐고 묻자 "선거결과야 뚜껑을 열어봐야 알지"라고 가볍게 받아넘겼다. 그러자 그 기자는 "정부와 여당에서는 이철승 씨가 재선되기를 바라고 있다던데 사실이냐"고 물었다. 박 대통령은 웃으면서 "그거야 당연한 일 아닌가"라고 반문했다. 정부와 여당이 중요한 국책사업을 차질 없이 추진하기 위해서는 정국안정이 필요하다고 생각하고 정국안정을 위해서는 정부의 긴급조치를 고의로 위반하면서 혁명적인 반체제투쟁을 하는 사람보다는 현실주의적이고 온건한 사람이 야당의 지도자가 되는 것을 기대하는 것은 온당한 일이 아니냐는 것이다.

대통령의 이 발언은 즉각 정치권으로 흘러들어갔다. 김영삼 계파에서 정부·여당이 이철승을 지원한다는 소문을 퍼뜨리자 전당대회 분위기는 순식간에 김영삼 지지로 돌변했다. 결국 재선이 확실시된다고 하던 이철승은 낙선되고 낙선이 분명하다던 김영삼이 당선되었다. 김영삼은 당선 인사에서 "이제 민주주의는 개화하기 시작했다. 이제 신민당과 재야의 큰 힘 사이에는 손톱만 한 틈도 없어졌다"고 말함으로써 신민당이 재야와 연합하여 반체제투쟁에 나서겠다는 결의를 표명했다.

김영삼체제가 출범한 다음 날 비당권파는 성명을 발표하고 김영삼이 재야세력과 공공연히 손을 잡는 것이 문제라고 지적했다. 그러면서 현실 참여 정당인 신민당의 총재가 현존체제를 전면 부정하는 재야와 같은 길을 가려 한다면 총재를 따를 수 없다고 선언했다. 김영삼이 총재가 된 후 정국이 다시 격동하기 시작하자 중앙정보부장 김재규는 이에 대한 책임을 지고 6월 초 사의를 표명했다. 박 대통령은 "이번 일은 당신 혼자 잘못한 일이 아니야. 그대로 있어"라고 만류하면서, 신색이 안 좋아 보이는데 건강에 유의하라고 위로했다.

8월 13일, 비당권파 지구당위원장 3명이 전당대회에 무자격대의원이 참석하여 부당한 영향을 끼쳤다는 이유를 들어 무효를 주장하면서 신민당 총재단의 직무정지가처분신청서를 서울민사지법원에 제출했다. 이에 따라 신민당의 당권경쟁은 법정으로 비화했고, 당권파와 비당권파의 내분은 새로운 국면으로 들어섰다. 9월 8일 서울민사지법 부장판사 조언(趙彦)은 총재단의 직무정지가처분신청을 '이유 있다'고 받아들이고 총재직무대행으로 정운갑 전당대회 의장을 선임했다. 이로써 김영삼은 신민당 총재로서의 법적 권한을 상실했다.

9월 10일, 김영삼은 내외기자회견에서 "정당의 지도기능은 민사소송의 대상이 되지 않는다. 나는 법원의 결정에 승복하지 않을 것이며, 박 정권 타도에 앞장서겠다"고 말했다. 뿐만 아니라 그는 "군은 특정 정권을 위해 존재하는 것이 아니다. 군은 본래의 임무에 충실해야 한다"고 군의 중립을 강조하고, 국민들에게는 총궐기하여 항쟁하지 못한다면 우리 모두가 역사의 죄인이 된다고 주장했다.

그는 자신의 혁명적 투쟁을 다음과 같이 합리화했다. 즉 야당과 반체제세력이 아무리 민주화 개헌을 요구하더라도 박 대통령은 개헌하지 않을 수 없도록 강요당하지 않으면 절대로 개헌하지 않을 것이다, 따라서 민주화개헌을 실현하려면 폭력투쟁을 전개하여 유신체제를 타도해야 한다, 야당과 반체제세력은 폭력 이외의 다른 모든 수단을 박탈당하였기 때문에 그것이 유일한 수단이며 또 최선의 수단이라는 것이다. 김영삼은 자신이 폭력투쟁에 나서면 정부는 반드시 가혹하게 탄압할 것이다, 그때 국민의 동정과 지지를 얻고 4·19혁명 때와 같은 민중봉기를 촉발시켜 정부를 붕괴시키는 극적 효과를 거둔다는 전략을 구사하고 있었다.

통치자가 정적을 처벌할 때는 이를 법적으로나 윤리적으로 정당화하고 국민이 납득할 수 있는 이유를 밝힌다. 그러나 통치자의 정적에 대한 법적 처벌은 그것이 정치적 탄압이라는 오해를 살 수 있는 여지가 많아 그 이유와 명분이 설득력을 얻기가 힘들다. 그래서 통치자와 야당당수와의 정면대결에서 통치자는 탄압자라는 오명을 뒤집어쓰기 쉽고, 야당당수는 민주주의의 수호자로 과대평가되는 경향이 있다. 이 점을 이용해서 야당당수는 통치자를 압제자로 보이게 하고 자신은 민주주의의 수호자라는 이미지를 부각시키기 위해 통치자의 제재와 억압을 유도하는 혁명적 투쟁방법을 동원해서 투쟁의 강도와 수위를 높여간다.

김영삼은 4·19혁명 이후에 이러한 투쟁수법을 몸에 익혀 실천해 온 혁명적인 정치투사였다. 김영삼은 유신체제 철폐를 위한 개헌투쟁에 이 수법을 답습하고 있었다. 특히 YH무역 여공들의 신민당 당사 내 집단농성사태를 수습한 경찰 진압활동을 문제 삼아 미국이 터무니없이 비외교적 폭언으로 우리 정부를 공격하고, 또 한국에서도 이란에서와 같은 군부 쿠데타를 추진하고 있다는 소문 등에 크게 고무된 김영삼은 폭력투쟁을 통해 민중봉기를 유발시켜 정부를 타도하려고 획책했다.

여의도광장에서 선보인 지대지미사일

1979년 10월 1일, 국군의 날 저녁에 쓴 일기에서 박 대통령은 지난 해 시험발사에 성공한 지대지미사일이 이날의 행사장인 여의도광장에 공개되어 국민들의 박수를 받은 사실을 밝혔다.

'국군의 날, 건군 30주년을 맞이하게 되다. 오전 10시 여의도 5·16광장에서 국군의 날 행사가 거행되었다. 우리 국군은 건군 초부터 공산 침략 도배들과 혈투를 거듭하면서 오늘의 막강한 대군으로 성장하였다. 1970년대에 들어오면서 우리는 자주국방을 위한 우리 스스로의 결의와 노력으로 이제 해가 거듭될수록 내실을 기해가고 있다. 오늘의 행사에 동반된 장비 중 거의 70, 80퍼센트 이상이 우리 국산장비라는 것을 확인할 수 있었다. 특히 지난해 9월 26일 시험발사에 성공한 다연발로켓, 중장거리유도탄이 처음으로 국민들 앞에 선을 보임으로써 시민들의 열렬한 박수와 환영을 받았다. 이제 외형적으로나 내용적으로나 우리 군이 엄청나게 성장했고 강해졌다는 것을 피부로 느낄 정도로 달라졌다. 사기가 문자 그대로 충천하다. 아마 우리 역사상 이처럼 막강한 국군을 가져본 것은 처음이리라. 장병들이여 더욱 분발하여 조국을 빛내도록 하자. 국군장병들에게 신의 가호가 있으라.'

대통령은 앞으로 수년 내에 우리의 중장거리미사일에 탑재될 우리의 핵탄두개발이 성사되면 우리의 자주국방 계획은 비로소 완성되게 된다는 확신을 간직하고 있었다. 이날의 일기는 박 대통령이 세상에 남긴 마지막 일기가 되고 말았다.

국회에서 제명된 김영삼 의원

10월 4일, 여당권 의원들은 국회에서 김영삼 의원을 제명했다.
9월 16일, 김영삼은 자택에서 〈뉴욕타임스〉의 스코트스토크스 기자와 회견을 가졌다. 이 회견에서 김영삼은 "카터 미 행정부에 소수독재의 박정희 대통령 정부에 대한 지지 종식을 요구하였으며", "미국은 근본적으로 독재체제이며 국민들로부터 점점 소외되고 있는 정부와 민주주의를 열망하는 국민 다수 중에 명백한 선택을 할 시기가 왔다"고 주장했다. 그는 6월 말에 있었던 카터 대통령의 방한에 대해 언급하면서 "카터는 한국에 와서 박 대통령의 위신을 높여 줌으로써 박 대통령에게 그 반대세력을 말살할 용기를 주었다. 우리는 그의 방한이 박 대통령의 억압정치를 강화시켜 줄 우려가 있다고 판단하여 그의 방한을 만류했었는데, 이 모든 우려가 현실이 되어 버렸다. 그의 방한을 생각할 때 나는 분노를 금할 수 없다"고 주장했다.

그는 또한 "주한 미 대사관에는 많은 직원이 있으나 그들의 접촉범위에는 놀랄 만한 한계가 있다. 대사관은 그들의 행동범위와 접촉을 확대할 능력이 없는 것 같다"고 주한 미국대사관을 비난했다. 김영삼은 이어서 "이란은 미국의 크나큰 외교적 불행이었다"고 논평하고 "그것은 작년에 팔레비 정부의 약점을 국무성에 경고하지 못한 테헤란 주재 미국대사관의 실책이었다"고 지적하면서 "서울의 미국대사관은 한국에서 이란과 같은 전철을 밟지 않기를 바란다"고 주장했다.

그는 또한 "내가 미국 관리들에게 미국은 공개적이고 직접적인 압력을 통해서만 박 대통령을 제어할 수 있다고 말할 때마다 그들은 한국의 국내정치 문제에 간여할 수 없다고 대답했다. 이것은 납득이 안 가는 논리다. 미국은 우리를 보호하기 위해서 3만 명의 지상군을 파견하고 있는데 그것은 국내문제에 대한 간여가 아니란 말인가"라고 반문했다. 김영삼은 대북정책에 대해서는 평소의 주장을 반복했다. "나는 북한에 대항할 수 있는 최상의 그리고 유일한 방법은 언론과 집회 및 자유선거를 통해 자신의 정부를 선택할 수 있는 자유를 확보하는 것이라고 아직도 확신한다"는 것이다. 김영삼은 8월 11일 경찰의 신민당사 난입, 총재권한정지가처분 소송 그리고 자기를 투옥시킴으로써 침묵시키려는 위협 등에 관해서도 언급하면서 "나를 구속해도 놀라지 않을 것이다. 이 정권은 이제 막바지에 도달했다"고 말했다.

〈뉴욕타임스〉 기자는 김영삼의 구속 문제에 대한 공화당 박준규 의장서리의 주장을 소개했다. 박준규는 9월 14일 공화당사에서 가진 기자회견에서 김영삼의 구속 가능성에 대한 질문을 나오자 "김 총재가 그것을 바라고 있다. 그는 강력한 비민주적 개입이 나오기를 바란다. 우리는 그러한 극단적인 수단을 쓰고 싶지 않다. 김 총재는 날이 갈수록 더 혁명적으로 되어가고 있다"고 대답했다는 것이다. 〈뉴욕타임스〉는 박준규 의장서리가 "한국의 정치는 매달 위기에 처해 있는 것처럼 보이지만, 우리는 잘 수습해 오고 있다. 박 대통령이 집권한 이래 수년간을 되돌아보면 현 위기는 심각한 위기에 속하지는 않는다"고 한 말을 인용하여 정부, 여당 측은 이번의 정치적 위기를 그렇게 심각하게 받아들이지 않으려 한다고 지적했다. 그리고 김영삼의 구속문제에 대해 이렇게 논평했다.

"한국정부는 딜레마에 빠져 있는 것 같다. 김 총재를 구속하면 김 총재를 국민의 영웅으로 만드는 결과를 가져와 오히려 역효과를 가져올 가능성이 크다. 그러나 수백 명의 반체제 인사가 구속되어 있는 현재의 긴급조치하에서 그를 구속하면 그의 정부에 대한 계속되는 공공연한 공격을 중지시킬 수 있다."

이 회견이 보도되고 이틀이 지난 9월 18일 미 국무성은 한국정부와 여당이 김영삼에 대해 강경한 대응을 할 것으로 예상하고, 대변인을 통해 서로 자제할 것을 촉구했다. 우리 정부에는 김영삼을 구속하지 말도록 권고했고, 김영삼에게는 충동적 발언으로 정부를 자극하지 말 것을 종용했다. 그러나 허사였다. 9월 19일 공화당과 유정회는 김영삼의 회견내용을 문제삼았고, 9월 22일에는 김영삼의 징계동의안을 국회에 제출했다. 10월 1일 여당이 김영삼의 제명 움직임을 보이자 신민당의 긴급의원총회는 소속의원 67명 중 64명이 참석한 가운데 야당을 말살하고 의회정치를 부인하는 폭거라고 비난하는 내용의 결의문을 발표했다. 10월 3일 민주공화당과 유신정우회는 합동조정회의에서 김영삼의 징계사유를 정리하여 이를 성명서를 통해 발표했다. 징계사유는 대략 다음과 같았다.

"첫째, 김영삼은 9월 16일자 〈뉴욕타임스〉와의 회견에서 미국정부에 대해 한국정부에 직접적이고 공개적인 압력을 가해 통제할 것을 요청함으로써 미국의 내정간섭을 요망하는 사대망동을 범했다. 이것은 구한말에 강대국 세력을 국내에 끌어들여 자신과 자파의 영달을 추구하던 친청파·친로파·친일파의 매주구영(賣主求榮)의 작태를 재연한 것이다.

둘째, 김영삼은 동 회견에서 주한미군의 존재를 한국에 대한 내정간섭인 양 주장했다. 주한미군은 북한의 남침 가능성에 대한 억지력으로서 한국의 국가안보에 기여하고 있기 때문에 북한만이 주한미군을 내정간섭이라고 규정하고 철군을 주장하고 있다. 따라서 김영삼의 발언은 북한 주장을 뒷받침함으로써 우리의 안보와 외교에 중대한 위해를 가져왔음이 분명하다.

셋째, 김영삼은 허언(虛言)과 조언(造言)으로 국민여론과 국제여론을 오도하였다. 국내의 사실을 과장 왜곡하여 외국에 전하는 허다한 사례는 제쳐두고라도 카터 대통령의 방한 때 우방 대통령의 의례적인 야당인사 면담을 정치적 의미가 함축되어 있는 것처럼 확대하고 자기가 카터 대통령과 단독면담을 가진 양 선전한 것도 그 한 가지 예다. 그는 그것이 얼마나 부끄러운 일인지도 자각하지 못하고 단독면담설을 만들어 낸 것이다. 그는 또한 자기가 카터 대통령의 방한을 환영했던 사실마저 부인했다가 주한 미 대사관으로부터 반박당하는 부끄러운 꼴을 보이기도 했다. 국회의원으로서의 품위를 손상한 이러한 작태를 우리는 규탄하지 않을 수 없다.

넷째, 김영삼은 지난 7월 19일 이른바 전주 발언에서 '현행 헌법은 지킬 필요가 없다'고 줄곧 헌법질서를 부정해 왔고, 9월 10일의 내외 기자회견에서는 '국민 총궐기, 항쟁'을 부르짖음으로써 그가 의회주의자가 아니라 폭력혁명의 신봉자임을 입증해 주었다. 따라서 우리는 합헌정부를 폭력에 의해 타도하려는 반의회주의자와 국사를 함께 다룰 수 없다는 것을 선언해 두고자 한다.

다섯째, 김영삼은 김일성 면담제의로 국론분열을 획책했다. 북한 공산주의자와의 대화와 협상은 대통령에게 위임되어야 한다는 것은 국제관례상으로나 법리차원에서나 전술차원에서 보더라도 당연한 일이다. 오직 북한 공산주의자들만이 우리의 협상체제를 와해시키려고 정당 및 사회단체와의 대화를 주장해왔다. 그런데 김영삼은 북한 측의 기도에 영합하듯 김일성 면담을 제의했고 북한은 이를 환영하고 '김영삼 씨는 용기를 잃지 말고 소신껏 싸우라'고 격려했다는 점에서 북한 기도에 말려들었던 것이다.

여섯째, 김영삼은 지난 6월 11일 외신기자클럽에서의 회견을 통해 신민당의 성격을 '해방정당'으로 규정하여 계급정당화를 획책했다. 해방정당이란 해방문학, 해방신학과 더불어 계급투쟁을 목표로 하는 개념임이 분명하다. 우리나라에는 해방될 계급 자체가 없을 뿐 아니라 계급정당이 있을 수도 없다. 반공에 빛나는 신민당을 해방정당으로 변질시키고자 한 행위는 마땅히 단절되어야 한다.

일곱째, 김영삼은 이른바 전주 발언을 통해 종교와 정치의 일치를 주장했다. 현대국가는 모두 정교분리의 원칙을 지키고 우리 헌법도 제헌 이래 이 원칙을 받아들이고 있다. 이것은 정교일체의 중세기 봉건국가에서 정치에 대한 종교의 과도한 지배와 간섭으로 국가질서가 문란해지고 종교전쟁까지 유발시켰던 폐해에서 벗어나기 위한 것이다. 우리는 헌법정신을 어겨가며 정교일치를 주장하는 김영삼 의원의 시대착오적인 복고적 사고를 용납할 수 없음을 밝혀두고자 한다."

민주공화당과 유신정우회의 합동조정회의는 김영삼의 이러한 모든 언동이 국회의원의 지위와 특권을 남용하여 자행된 것이라고 판단, 헌법 제81조와 동 98조 2항의 규정에 의거해서 김영삼 의원의 징계를 요구했다는 것이다. 10월 4일 신민당 의원들이 농성 중인 본회의장을 피해 국회의사당 1층의 146호실에서 공화당과 유정회 의원만으로 제명동의안을 처리했다. 김영삼은 기자들과 만나 "공화당 정권은 순교의 언덕, 절두산을 바라보는 이 국회의사당에서 나의 목을 잘랐다"고 말하고, "어떠한 탄압이 있어도 민주회복을 위한 투쟁은 중단할 수 없다"고 주장했다. 그는 정치적 생사의 벼랑 끝에서 결사항쟁에 나서겠다고 선언한 것이다.

김영삼이 결사항쟁에 나선 데에는 카터 행정부가 그의 반체제투쟁을 음양으로 적극 지원하고 있다는 사실이 결정적인 작용을 한 것이 사실이다. 그러나 김영삼에게는 미국 이외에 또 하나의 원군이 나타났다. 그것은 김영삼 제명에 대한 국민들의 반응이었다. 그 당시 많은 국민들은 김영삼의 제명이 법적, 절차상으로는 하자가 없는 것이라고 해도 정치도의상 있을 수 없는 일이다, 지나친 처사라는 의견을 피력했다. 특히 김영삼의 정치기반인 부산지역에서는 박 대통령이 야당총재의 정치생명을 끊어 버리려고 한다는 비판적 여론의 불길이 일어났다.

호의적인 여론동향에 힘을 얻은 김영삼은 더욱더 호전적으로 나왔다. 그는 긴급명령이 통치의 도구로 되어 버렸기 때문에 유신체제는 도덕적 정당성을 잃어버렸으며, 이러한 정치체제에 반대하는 것만이 진정한 의미에서의 국민의 의무가 되고 말았다고 주장하였다. 그는 정부는 더 이상 국민에 대하여 복종을 요구할 권리를 상실했다면서 박 대통령의 권위에 도전하고 그 정통성을 부정하였다.

여기에 김영삼을 구속하지 말라고 권고했던 미국은 제명이 확정되자 우리 정부에 대해 가장 극단적인 조치를 취하면서 가세했다. 10월 5일 미 국무성은 글라이스틴 대사를 본국으로 소환했다. 대사 소환은 주재국 정부에 대한 불신과 불만을 공개적으로 표명하고, 양국 간의 정상적인 관계를 일시적으로 또는 장기간 단절하겠다는 강력한 외교적 조치다. 주한 미국대사의 소환은 1958년 이승만 대통령 시대에 이른바 '24(12월 24일) 보안법파동'에 대한 불만과 불신의 표시로 다울링 대사를 소환한 이래 21년 만에 처음 있는 일이었다. 4·19혁명이 일어난 것은 다울링 대사 소환이 있은 지 1년 9개월 만이었다. 이승만 대통령은 미국의 강력한 영향력 행사로 하야했으며 그 전조가 바로 미 대사 소환이었던 것이다.

10월 13일에는 카터가 직접 김영삼의 제명을 공개 비난했다. 이날 66명의 신민당 소속 국회의원과 3명의 통일당 소속 국회의원들이 사퇴서를 제출했다. 미국정부가 대사를 소환하고 카터 대통령이 이례적으로 공개 비난하는 등 초강수의 조치를 취함으로써 한미관계는 6월 말의 정상회담 후 불과 몇 달도 안 되어 '돌이킬 수 없는 파국'을 향해 치달았다.

미 국무성과 카터의 '공개비난 성명'은 대통령과 우리 정부에 대한 불만과 경고의 표명인가, 아니면 그 이상의 다른 의도가 있는가? 미 국무성과 카터의 대통령과 우리 정부에 대한 압력과 위협은 하나의 위협으로 그치는 것인가 아니면 어떤 추가행동에 착수하겠다는 신호인가? 미국이 대통령과 한국정부에 대해 추가행동을 한다면 그것은 어떤 형태의 개입이 될 것인가? 미국이 개입한다면 미국이 자국의 국익에 역행하는 약소 우방에 개입할 때 상투적으로 구사하는 개입방법들 중에 어떤 것을 선택할 것인가? 1976년 대통령의 핵개발을 저지하기 위해 추진했던 쿠데타계획을 다시 추진하려는 것이 아닌가? 그 당시 우리 국내에서는 미국이 1976년보다는 쿠데타를 추진하기가 훨씬 쉽고 유리한 상황들이 조성되고 있었다.

그 하나는 야당의 김영삼과 종교인 등 재야 반체제세력의 유신헌법 폐지와 민주화투쟁이 격렬해지고 있어서 미국으로서는 한국의 민주주의 발전을 돕고자 한다는 것을 대의명분으로 내세우면서 한국 정치에 개입할 수 있는 길이 열려 있었다. 또 다른 하나는 박 대통령의 가장 가까운 측근이며 권력기관의 두 실세인 정보부장 김재규와 경호실장 차지철이 권력투쟁을 벌여서 미국이 이들의 분열을 이용하여 군부 쿠데타를 책동할 수 있는 틈새가 넓어지고 있었다. 특히 김재규와 차지철의 분열과 상쟁은 박 대통령의 생존에 대한 중대한 위협 요인이 될 정도로 심화되고 있었다.

김재규와 차지철의 갈등과 분열

고위 공직자의 영향력의 크기를 결정짓는 가장 중요한 변수는 대통령의 신뢰다. 행정부의 실제적인 권력구조는 공식적인 조직구조에 나타나 있는 것과는 상이하다. 실제적인 권력구조는 대통령의 신뢰의 흐름에 따라 결정된다. 대통령의 신뢰의 물결은 상하좌우로 불규칙적으로 굽이친다. 대통령에게 얻었던 신뢰는 하루아침에 물거품처럼 사라지기도 한다. 신뢰야말로 대통령과 좋은 관계를 유지하는 가장 중요한 요소이다. 일반적으로 공직자가 대통령의 신뢰를 획득하기 위해서는 자신이 담당하는 분야에 정통하다는 사실과, 대통령을 위하여 성심성의를 다한다는 사실을 대통령에게 확신시켜야 한다.

대통령은 정부의 각료나 측근 참모들을, 또 그들 상호간의 관계를 지배할 수 있는 커다란 영향력을 행사한다. 접근을 허용함으로써, 권한을 부여하거나 취소함으로써, 매일매일의 임무나 책임을 배정함으로써, 업적에 대해 사적·공적 신임을 부여하거나 철회함으로써, 국빈 만찬회에의 초대나 대통령을 수행하여 해외여행을 갈 기회를 주는 것처럼 직무 이외의 호의를 베푼다든지 하는 방법으로 그 영향력을 행사하여, 각료나 참모들과 그들 상호간의 관계를 지배한다. 따라서 대통령에게 접근할 수 있는 기회가 가장 잦고, 많은 권한을 부여받고, 사적으로나 공적으로 대통령의 신임을 가장 많이 받는 각료나 참모는 이른바 '실세'로 인정받는다.

그래서 어느 나라에서나 정부가 있는 수도에서 가장 커다란 관심사항은 누가 대통령과 얼마나 밀접한 관계를 맺고 있느냐 하는 것이다. 1979년 당시 서울에서 대통령의 가장 두터운 신임을 받는 공직자는 대통령 경호실장 차지철이었다. 그는 '대통령의 귀'를 독점하고 있는 막강한 실세였다. 당시 차지철은 행정부 각료, 국회의원, 군 장성, 대학교수 등 각 분야의 인사들이 박 대통령에게 접근할 수 있는 최상의 통로였다. 그래서 정부각료나 여당 정치인들은 대통령의 신뢰와 지원을 얻기 위한 경쟁에서 다른 사람보다 앞서기 위해 먼저 차지철의 방문을 두드렸다. 그 결과 차지철의 영향력은 비대해졌다.

차지철, 그는 누구인가? 1961년 5·16군사혁명에 참여한 후 국가재건최고회의 의장의 경호실에서 박종규 소령과 함께 의장 경호 업무를 맡고 있던 육군대위였다. 1963년 10월 민정이양 후에 박종규는 대통령 경호실 차장으로 부임하고 차지철은 6대 국회의원 선거에서 공화당의 전국구후보 24명 중 22번으로 국회의원이 되었다. 그는 7대, 8대, 9대 국회에서는 지역구의원으로서 외무위원장 한 번, 내무위원장 두 번을 역임하였고, 그 과정에서 정치적 위상이 크게 향상되고 영향력이 막강한 것으로 공인되기에 이르렀다.

차지철은 동료의원과 국회사무처 직원들을 대동하고 군부대를 자주 위문방문했다. 전방의 육군부대나 강화의 해병, 공군 작전사령부 등을 찾아가 '국회외무위원장 차지철'이라고 새긴 라디오를 선물했다. 내무위원장 시절에는 대통령의 하사금을 가지고 갔다. 이처럼 정계와 군부에 많은 영향력을 가진 차지철이 대통령 경호실장이 된 것이다. 1974년 8월 15일 대통령 영부인 육영수 여사의 피격사건 후에 박종규 경호실장이 물러난 자리에 두 사람이 물망에 올랐다. 한 사람은 당시 국세청장인 오정근이었다. 박종규가 추천했다. 박종규는 차지철이 저돌적이고 쉽게 흥분하는 성격을 갖고 있어서 국가원수의 신변을 책임지는 경호실장으로는 적합하지 않다고 생각해서 5·16혁명 주체의 한 사람인 오정근을 추천했다는 것이다. 차지철은 김정렴 청와대 비서실장이 추천했다. 김 실장은 차지철이 혁명주체로 충성심이 두터운데다 무술이 뛰어나며, 국회의원으로서 박사학위도 따내는 등 성실한 일면이 있어서 추천했다고 한다.

박 대통령은 차지철을 선택했다. 1960년대 중반까지도 박 대통령은 청와대 뜰에서 산책을 즐겼고, 이따금 아무런 경호 없이 저녁때 청와대 근처의 거리를 걸어다니곤 했다. 그러나 1968년 정초에 북한 김신조 일당의 청와대 습격사건 이후 대통령을 경호하는 경호군부대가 경호실장의 지휘를 받게 되었다. 차지철이 경호실장으로 취임할 당시 경호원들의 사기는 말이 아니었다. 영부인의 죽음에 대한 책임으로 자괴와 비탄에 빠져 있었다. 차지철은 경호실의 사기를 진작시키고 경호체제를 강화하는 작업에 착수했다.

먼저 경호실 편제를 강화했다. 차장 밑에 행정·작전차장보를 새로 만들어 육군준장으로 보임했고, 차장은 육군소장을 임명했다. 청와대 안과 외곽 경비를 담당하는 수도경비사령부의 30대대 및 33대대를 여단급으로 격상시켰고, 또 일단 유사시에는 수도경비사령부의 작전지휘권을 경호실장이 갖도록 법을 개정했다. 차지철은 주로 육사 출신의 소장, 준장을 차장과 차장보에 보임해 밑에 두었다가 근무를 마치고 원대복귀할 때에는 중장·소장으로 진급시키는 혜택을 주었다. 차장으로는 정병주, 문홍구, 전성각, 이재전 소장 등이 기용됐고, 행정·작전차장보로는 이광노, 전두환, 노태우, 김복동 준장 등이 차례로 발탁됐다. 차 실장은 이들을 경호실 간부로 데려오면서 "8·15저격사건 같은 북한의 테러로부터 국가원수를 보호하기 위해서는 경호실을 강화해야 하고, 경호실을 강화하기 위해서는 군 장성급이 경호실에 들어와야 한다"는 것을 강조하면서 이들의 사명감을 고취했다.

차 실장은 경호원들에 대한 사격 등 무술훈련을 대폭 강화했다. 나이 50이 다 된 사람이나 행정요원 할 것 없이 전원 유단자화, 전원 특등사수화의 구호 아래 유격훈련까지 받게 했다. 경호원들의 정신교육도 강화했다. 예배와 기도에 철저했던 차 실장은 원로목사들을 초빙해 경호실 요원들과 함께 예배를 보고 설교를 듣기도 했다. 예배는 매주 월요일 오후 5시에 있었는데 한경직, 박조준, 조용기, 강신명 목사 등 당대의 거물급 목사들과 김용기 장로 등이 초빙되어 왔었다.

그는 또 1주일에 한 번씩 경호실 직원 100여 명을 모아놓고 대학교수의 특강을 듣도록 했다. 대통령을 보위하기 위해서는 총만 잘 쏠 게 아니라 나라 안팎으로 세상 돌아가는 것을 알아야 한다는 것이다. 매주 토요일 오전에 있었던 특강에는 서울대의 최종기, 박봉식, 조순, 노재봉, 이홍구와 외대의 김덕 등이 나왔다. 차지철은 국회외무위원장 시절부터 국제관계 세미나를 갖는 등 이들 교수들과 꾸준히 친분을 맺어왔다. 그는 이들 교수들을 박 대통령에게 소개해 만찬을 주선하기도 했다. 박 대통령은 대학가의 유신체제 반대 데모에 대한 자신의 견해를 피력했고, 교수들도 유신체제의 문제점을 제기했다. 만찬 후에 박 대통령은 교수들과 기념촬영을 하면서 "이 사진 나가면 여러분들은 모두 어용교수로 몰리는 것 아니냐"는 농담을 해 웃음을 자아내기도 했다.

1978년 12월 22일, 박 대통령은 내각을 개편하면서 청와대비서실장에 김계원을 임명했다. 김계원은 육군참모총장과 정보부장을 역임했고 차지철에게는 군의 대선배였다. 차지철은 이 대선배를 깍듯이 모셨고, 김계원은 이러한 호의에 보답이라도 하듯이 차지철이 비서실의 고유권한을 침범해도 대범하게 문제삼지 않았다. 차지철은 대통령의 면담을 조정하는 의전비서실의 업무에 개입했다. 차지철은 경호실장이라는 특수한 지위를 이용하여 외부 인사들이 대통령과 접촉할 수 있는 면담기회를 차단하거나 대통령에게 보고할 정보를 독점하려 했다.

공직자 중 사전예고 없이 대통령을 만날 수 있는 사람은 비서실장, 경호실장, 정보부장 단 세 명뿐이다. 특히 정보부장은 어느 때든 의전비서실을 통하지 않고 집무실 앞 경호관이 확인만 하면 대통령과 면담할 수 있게 되어 있었다. 그러나 차지철은 김재규 중앙정보부장의 청와대 출입까지도 통제했다. 차지철은 김재규와 정보경쟁을 하면서부터 김재규의 대통령 접근을 차단하려고 한 것이다.

대통령이 정책결정을 하는 데 있어서 가장 중요한 것은 정확하고 객관적이며 신속한 정보다. 따라서 대통령은 여러 정보기관들을 선의의 경쟁체제에 묶어두고 세심하게 관리하고 철저하게 통제해야 한다. 만약 어느 하나의 정보기관 위세가 막강해지면, 그것은 대통령에게는 위험한 일이 된다. 왜냐하면 정보의 수집과 평가와 판단을 하나의 기관이 독점하면 '정보의 객관화'를 기대할 수 없게 될 뿐 아니라, 대통령의 정보획득권이 잠식되고 정책결정이 왜곡되는 결과가 생기기 때문이다. 따라서 대통령은 여러 정보기관들을 평등한 관계에서 서로 경쟁시킬 필요가 있다.

당시 박 대통령은 여러 정보기관으로부터 정보보고를 받고 있었다. 중앙정보부는 물론이고 군부와 경찰의 정보기관, 경호실의 정보처, 행정 각 부처의 정보기구 그리고 공공기관 외에 대통령 비서실에서 운영하는 사회 각 분야 인사들의 연구모임을 통해 다양한 정보를 입수하여 이를 정책수립에 활용했다. 국내외에서 중요한 사건이나 문제가 발생하면 몇몇 정보기관 책임자들에게 그에 관한 정확한 정보를 수집, 평가하여 보고하라고 지시하기도 한다. 이들은 보다 더 신속하고, 보다 더 정확하며, 보다 더 많은 정보를 수집하기 위해 노력과 경쟁을 한다. 이러한 경쟁은 대통령에게 두 가지의 보상을 준다. 그 하나는 정보의 획득이고 다른 하나는 정책선택권이다. 정보와 정책선택권을 가지면 대통령은 여유라는 또 하나의 재화를 갖게 된다. 서로 경쟁하는 정보기관의 책임자들은 대통령에게 정책결정의 필요성을 신속하게 알려주거나, 적어도 그러한 정책결정이 미구(未久)에 필요하다는 사실을 알게 해준다. 그러면 대통령은 유용한 정보와 여유를 가지고 자기 자신의 관점을 결정하고 사태에 대처할 적절한 대책을 강구할 수 있는 시간을 벌 수 있다.

그러나 차지철이 경호실의 정보기능을 강화하고 사설정보기구까지 설치하여 정보활동에 열을 올리면서부터 박 대통령이 김재규보다 차지철을 더 신임하자 정보부와 경호실의 평등한 경쟁관계는 무너졌다. 차지철은 자유당 때 육군헌병감을 지낸 이규광을 팀장으로 하는 사설정보팀을 운영해 중앙정보부와는 별도의 정보보고를 박 대통령에게 올렸다. 그는 이 사설조직을 통해 김재규가 올린 정보의 정확성 여부를 검증하여 정보부장의 보고가 부정확한 것이라고 깎아내렸다. 김재규와 정보부 요원들은 차지철의 이러한 행위는 정보부에 대한 도전이라고 분노했다.

1979년 2월 제10대 국회개원을 앞두고 차지철은 국회와 여당권의 요직개편문제에도 용훼하고 나섰다. 박 대통령은 국회의장에 백두진, 공화당의장에 박준규, 유정회 회장에 태완선을 지명했다. 차지철은 백두진 의원을 국회의장에 천거하였을 뿐 아니라, 공화당 당직자와 유신정우회 회직자, 그리고 국회상임위원장 임명에도 영향력을 행사했다. 그는 박준규 공화당의장이 당 요직 인사를 구상하고 있을 때 참고가 될 것 같아 '대통령의 뜻'을 전해드린다면서 당직자와 국회상임위원장의 명단 20여 명을 거명했다. 박준규는 차 실장이 불러준 명단대로 인사안을 만들어 청와대에 들어가 대통령에게 건의하였더니 박 대통령이 얼마 전 차 실장이 '당의 의견'이라고 보고해서 알고 있었다면서 그대로 승인했다. 차지철이 대통령에게는 '당의 의견'이라 보고하고 당에는 '대통령의 뜻'이라고 둘러대면서 자기 사람을 선임하도록 한 것이다.

차지철은 육군참모총장의 인선에도 개입했다. 국방장관이 차기 육군참모총장의 인선문제를 차지철에게 먼저 상의하자 국방장관이 보여 주는 복수추천 장성 중 자기 사람을 지목하고 그 한 사람만을 대통령에게 추천하라고 부탁했다. 국방장관은 그 길로 대통령 집무실로 올라가 차지철이 지명한 장성을 천거했다. 박 대통령은 묵묵부답, 아무런 반응을 보이지 않았다. 박 대통령은 각 행정부처 장관들이 인사안을 가져 왔을 때 의중 인물이 명단에 없으면 아무 말을 하지 않음으로써 장관의 인사안에 반대한다는 뜻을 표명했다.

배석한 김계원 비서실장이 왜 복수추천을 하지 않았느냐고 반문하자 국방장관은 그때서야 차지철에게 제시했던 당초의 복수추천안을 내놓았다. 박 대통령은 그 명단을 보고 차지철이 빼놓으라고 했던 바로 그 장군을 육군참모총장으로 승인했다. 그 장성은 정승화였다. 김재규와 차지철은 야당과 재야 반체제세력들의 개헌투쟁에 대해 정부와 여당권이 대응하는 방법을 놓고도 대립, 격돌했다. 일반적으로 체제개혁에 있어서는 집권층 내부에 언제나 강경파와 온건파의 대립이 있기 마련이다. 당시 차지철은 강경파로, 김재규는 온건파로 분류되었다.

차지철은 점심을 대접한다는 명목으로 정보부장을 경호실에 수시로 불러들여 김영삼과 야당의 반체제투쟁에 대한 정보부의 대응 자세를 비판했다. 즉 정보부에서는 김영삼과 반체제세력들에게 정부도 앞으로 점진적인 민주화개혁을 하려고 하니 반체제투쟁을 자제하라고 설득하고 있다고 하는데 그것은 위험하다, 왜냐하면 정부에서 먼저 민주화개혁 운운하면 김영삼과 반체제세력들은 그들이 개헌투쟁을 강화하면 강화할수록 더 많은 개혁을 쟁취할 수 있다는 기대를 갖게 될 것이다, 그렇게 되면 그들은 개헌투쟁을 자제하기는커녕 오히려 더 강화할 것이며, 결과적으로 민중혁명을 유발할 가능성이 있다는 것이다.

김재규는 차지철의 주장을 반박했다. 차지철이 국내정치에 깊이 개입하여 여당권의 의견을 묵살하고, 김영삼과 반체제세력이 빠져나갈 출구를 완전 봉쇄한 채 강경책을 밀어붙임으로써 그들이 필사적인 항쟁을 선택할 수밖에 없게 만들었다, 차지철의 강경책은 결과적으로 국민여론을 악화시켰고, 대통령에 대한 국민의 지지를 악화시켰다, 뿐만 아니라 그것은 정국의 안정을 위태롭게 하고 대중봉기나 민중혁명을 촉발시킬 가능성도 있다는 것이다. 단지 논리 전개는 달랐지만 민중혁명이 유발될 위험성이 있다는 결론은 두 사람이 같았다.

차지철은 자신의 정치적 위상을 강화하는 데 필요한 정치세력을 확보하기 위해서 다양한 전략을 펴나갔다. 그는 유능한 소장층 국회의원을 규합하여 원내외 활동을 지원해 줌으로써 추종세력을 확보했다. 뿐만 아니라 야당의 중도파 인사들을 포섭하여 야당에 대한 정치공작에 이용하였다. 차지철은 국회와 여야 정당에도 경호실 정보처 요원을 보내 여야의원들과 소통할 길을 열어놓고 있었다. 공화당과 유정회의 중진급 의원은 물론 공화당 의장이나 유정회 회장도 차지철이 "식사나 하고 싶다"고 하면 한걸음에 달려왔다. 야당의 중진들도 "이야기할 것이 있다"고 연락만 하면 곧바로 차지철의 안가로 찾아오거나, 남의 눈을 피해 청와대 경호실장 방을 다녀갔다.

김재규는 차지철의 이러한 일련의 행동을 용납할 수 없었다. 대통령의 경호업무를 수행한다는 구실을 내세워서 수도권 군 병력을 장악하고 정보부의 고유업무와 권한을 침해할 뿐 아니라, 경호업무와는 전혀 관련이 없는 군 인사문제와 정치문제에까지 간여하는 방자한 월권행위를 없앨 수 있는 조치가 필요하다고 생각했다. 김재규는 차지철이 "점심을 모시고 싶다"고 경호실장실로 불러서 정보부에는 미국 CIA의 첩자가 많다느니, 정보부의 정보보고는 경찰정보를 복사한 것이라느니 하면서 비판하고, 정보부가 야당과 반체제세력에 대해 너무 미온적이라고 공격할 때마다 참을 수 없는 분노와 수모를 느꼈다. 김재규는 돌아가는 길에 김계원 비서실장실에 들러서 "차지철, 이 자를 죽여버리겠다"는 격한 감정을 토로한 일이 한두 번이 아니었다. 경호실장 차지철과 중앙정보부장 김재규의 갈등과 권력 투쟁에 대해 걱정하는 사람은 많았다.

특히 군부와 경찰, 외무부 등의 정보관계 전문가들은 박 대통령의 최측근인 김재규와 차지철의 갈등과 분열은 외세가 개입할 수 있는 우리 내부의 가장 위험한 허점이라고 우려했다. 1979년 연초에 대통령이 핵개발을 곧 완료할 단계에 와 있다는 사실을 확인한 직후 CIA 요원들을 서울에 파견하여 핵개발 저지를 위해 모든 수단을 동원하는 미국으로서는 이러한 상황이야말로 개입할 절호의 기회라고 판단할 수 있었다. 그래서 미국의 국익에 역행하는 약소 우방국 통치자에 대해 상투적으로 구사해온 방법으로 개입할 가능성이 있다는 것이었다.

그러나 행정부나 여당이나 재야에는 이러한 위험성을 지적하고 두 사람의 화해와 협력을 종용하는 사람이 없었다. 개인적으로나 직책상으로 이들에게 설득력 있게 의견을 말하고, 충고할 위치에 있는 사람은 김계원 대통령 비서실장뿐이었으나 그는 그런 재능이나 용기나 사명감이 있는 사람이 아니었다.

법치적 대응이 한계에 이르다

1979년 10월 13일, 카터가 직접 김영삼 제명을 공개비난한 후 폭력적인 정권투쟁에 대해서는 법대로 다스린다는 법치적 대응의 한계가 드러났다. 아리스토텔레스는 《시학》에서 '역할의 역전(페리페테이아)'이라는 제목으로 한 문제의 해결에 성공한 사람이 다음 문제의 해결에 실패하고 마는 인간 운명의 무상함을 설파하고 있다. 하나의 위기에 처하여 뛰어난 지도력을 발휘할 수 있었던 지도자는 다음 단계에 보다 중대한 위기를 당했을 때, 과거의 성공이 낳은 과신 탓으로 실패의 고배를 마시게 된다는 것이다.

박 대통령은 1960년대 초반 민정이양 후 여러 차례 야당과 재야 반정부세력, 그리고 이른바 운동권 학생들이 연대한 폭력적인 정권투쟁에 직면했었다. 이에 대한 박 대통령의 대응원칙은 '법대로 다스린다'는 것이었다. 이 원칙은 헌법질서를 파괴하는 폭력행위를 자행하는 자에 대해서는 그 신분과 지위를 불문하고 헌법과 법률이 정하는 절차에 따라 엄중히 처벌함으로써 국법질서와 국가기강을 확립한다는 것이다. 박 대통령은 국법질서와 국가기강의 확립은 국가존립의 기반인 동시에 국가발전의 토대가 되는 것이라고 믿었다.

특히 1970년을 전후한 시기에 이 땅에 침투한 북한의 간첩들이 각종 파괴행위를 감행하고, 4·19와 같은 민중혁명의 기회를 노리는 불순세력이 현존하고 있는 상황에서 이들을 법대로 다스림으로써 국법질서와 국가기강을 확립한다는 것은 경제개발, 근대화를 이룩하여 부국강병의 꿈을 실현하는 데 있어서 필수적인 요건이라는 것이 박 대통령의 확고한 신념이었다. 그는 이러한 신념에 따라 야당과 반정부세력이 획책한 1964년의 한일회담 반대 폭력투쟁과 1969년 3선 개헌 반대투쟁을 헌법의 규정에 따라서 법대로 다스려 국법질서와 국가기강을 확립했다. 1974년에는 북한의 지령에 따라 남한에서 이른바 인민민주주의혁명을 획책하던 친북좌익분자들이 유신헌법 철폐 폭력투쟁에 편승하여 태업과 파업을 선동하고 파괴활동을 자행하는 데 대해 헌법에 규정된 대통령 긴급조치권을 발동하여 법대로 엄정하게 다스려나갔다.

박 대통령은 집정 18년 동안 수많은 정치적 위기에 직면했었고, 그때마다 자신의 결단으로 법과 원칙에 따라 위기를 극복하고 정치안정을 이룩했다. 그리고 그러한 안정의 바탕 위에서 자립경제와 자주국방 건설 등 부국강병을 위한 사업들을 성공적으로 추진해 왔다. 그렇지만 1960년대 초반이나 1970년대 초반과는 차원이 다른 새로운 국내외 상황이 전개되는 사태에 직면하여 법치적 대응원칙은 그 유효성의 한계를 보였다. 카터 미 행정부는 박 대통령에 대한 공개적인 비난을 계속하는 한편 김영삼이 선동하는 민중혁명의 불길에 기름을 붓고 있었다. 김재규와 차지철이 분열되어 권력투쟁을 하는 허점을 파고들어 핵개발을 계속 추진하는 박 대통령을 제거할 쿠데타를 책동하고 있었다. 한 마디로 국내의 반체제세력과 핵강대국 미국이 상호작용하고 상호협력하는 과정에서 한순간에 정부를 붕괴시킬 수 있는 거대한 파괴적인 힘이 형성되어 박 대통령을 향해 엄습해 오고 있었다. 그 같은 국면에서 법치적 대응원칙은 아무 소용이 없었다.

부·마사태와 10·26

1979년 10월 15일, 서울의 학생소요에 이어서 김영삼의 지지기반인 부산에서 학생시위가 발생했다. 이날 오후 부산대학교 도서관에 반독재투쟁궐기를 촉구하는 이른바 '민주선언문'이 살포되었다. 이것이 세칭 '부마(釜馬)사태'의 신호탄이 되었다. 이튿날 오전 10시, 도서관 앞에 모이기 시작한 부산대생들은 불과 20여 분 후 4천여 명으로 불어났다. 경찰의 저지망을 뚫고 삼삼오오 시내로 진출한 학생들은 광복동, 남포동 등 시내 중심가를 돌며 다음날 새벽 2시까지 데모를 벌였다. 17일에는 동아대생들이 3시경 시내로 들어와 데모를 시작했고, 오후 6시경 날이 어두워지자 충무동 극장가로 진출하여 최루탄을 발사하는 경찰과 대치했다.

이날 저녁, 청와대 영빈관에서는 공화당과 유정회 의원 전원이 초청되어 '10월유신' 기념만찬회가 있었다. 식사가 끝나자 여흥이 시작되었다. 현인, 김정구, 백설희 씨 등 원로가수들이 차례차례 나와 트로트 곡들을 불렀다. 이때 박 대통령에게 메모가 전달되었다. 부산대와 동아대 학생과 시민들이 합세하여 경남도청, 방송국, 세무서, 경찰서, 파출소 등을 잇달아 습격하고 파괴하는 등 폭동사태가

삽교천 방조제 배수 갑문이 최초로 열리는 순간 이 사진이 박 대통령의 마지막 공식 사진이 되었다(1979. 10. 26).

발생했다는 보고였다.

박 대통령의 옆 좌석에 앉아 있던 박준규 당의장서리가 대통령의 모습이 굳어지는 것을 보고 "이제 그만합시다"라고 제의하여 만찬은 끝났다. 밤 9시가 조금 지난 시각이었다. 박 대통령은 이날 자정, 즉 10월 18일 0시를 기해 부산지역에 계엄령을 선포했다. 그것은 1964년 6월 3일 한일회담 반대의 소요사태를 진압하기 위해 계엄령이 발동된 후 15년 만이었다. 박 대통령은 17일 밤 계엄령을 선포한 후 서재에 앉아 짤막한 일기를 썼다.

'7년 전을 회고하니 감회가 깊으나 지나간 7년간은 우리나라 역사에 기록될 중요한 시기이기도 하다. 일부 반체제 인사들은 현 체제에 대하여 집요하게 반발을 하지만 모든 것은 후세에 사가(史家)들이 공정히 평가하기를 바랄 뿐.'

1972년 10월유신 이후 7년 동안 경제학자들이 말하는 이른바 고도의 압축성장 과정에서 혼신의 힘을 다해 추진해 온 국가건설 사업들, 중화학공업 건설, 과학기술 교육확대, 새마을운동과 농촌근대화, 고속도로 건설, 4대강유역 개발 등 국토종합개발 계획, 산림녹화산업, 미사일과 핵개발 등 방위산업 육성 등을 돌이켜보면서 "앞으로 수십 년 동안 대한민국이 지속적으로 성장할 수 있는 발전의 토대를 마련한 지난 7년은 우리 역사에 있어서 중요한 시기로 기록될 것"이라는 확신을 피력한 것이었다. 그리고 "반체제 인사들이 유신체제에 대해 반발하고 있지만 모든 것은 후세의 역사가들이 공정하게 평가하기를 바란다"는 평소의 소신을 천명했던 것이다.

18일 날이 밝자, 2천여 명의 부산 시민들이 계엄령 반대를 외치며 데모를 했고, 마산에서는 마산대와 경남대 학생들이 데모 와중에 공화당사를 파괴했다. 20일 마산과 창원 일대에 위수령이 발동되었다. 이러한 상황에서 24일 신민당 원내총무 황낙주는 전 경호실장 박종규 의원을 만나 자신의 시국수습책을 박 대통령에게 건의해 줄 것을 부탁했다. 이날 저녁 박종규는 청와대로 들어가 황낙주가 말하는 시국수습방안을 보고했다. 김영삼을 신민당총재로 인정하고 대화의 길을 모색하자는 것이 그 골자였다. 박 대통령은 자신의 수습방안을 메모지에 적었다. 그 내용은 다음과 같은 것이었다.

첫째, 신민당은 앞으로 질서파괴나 폭력을 수반한 불법행위를 하지 않는다. 둘째, 이러한 약속을 하면 가처분을 백지화하고 신민당의 김영삼체제를 인정하고 대화하며, 의원직 사퇴서는 반려하고 국회를 정상화한다. 셋째, 긴급조치 9호를 해제하고 구속학생과 제적된 학생의 원상회복을 고려한다.

박 대통령은 이 메모를 박종규에게 내주면서 이것을 김영삼에게 제시하고 이야기를 해보라고 말했다. 25일 새벽 2시, 박 대통령은 박종규에게 전화를 걸어 "임자, 어제저녁 나한테 한 말 틀림없지,

내일 삽교천에 가는데 갔다 와서 내가 연락하지"라고 말했다.

26일 박종규는 김영삼을 만나려고 했으나 뜻을 이루지 못했다. 그는 이날 저녁 집에서 박 대통령과 김영삼의 전화를 기다리고 있었다. 그러나 이날 밤 전화를 받았을 때 그것은 그가 기다리던 전화가 아니었다. 청와대로 오라는 대통령 경호실 직원의 전화였다. 그 직원은 "각하 돌아오셨냐?"는 박종규의 질문에 "빨리 오세요, 와보시면 압니다"라고 대답했다. 박종규는 청와대로 차를 타고 가면서 생각했다. 대통령이 귀경하셨으면 직접 전화를 주셨을 터인데 왜 경호실 직원이 다급한 목소리로 전화를 했나? 그 순간 그는 불길한 기분이 들어 가만히 앉아 있을 수가 없었다고 한다. 박종규가 청와대에 도착하여 확인한 것은 중앙정보부장 김재규가 정보부의 궁정동 안가에서 대통령을 시해(弑害)했다는 사실이었다.

비상계엄을 선포에 관한 호외(1979. 10. 27)

권부 3인방의 마지막 행각

국가의 중대한 국내외 정책을 결정할 때는 이럴 수도 없고, 저럴 수도 없는 진퇴양난의 어려운 국면에 직면하는 경우가 적지 않다. 박 대통령은 이러한 경우에 여러 가지 정책대안들을 가능한 모든 각도에서 검토에 검토를 거듭했다. 측근참모와 관계부처 장관과 공무원, 학계와 언론계 인사를 초치하여 연속적으로 대화를 나누고 조언과 자문을 구하지만, 최종적으로는 자신의 직관적인 판단에 따라 문제의 핵심을 찌르는 명쾌한 결정을 내려 기민하고 단호하게 그 결정을 실행했다. 그러나 1979년 후반에 박 대통령은 중요한 인사 문제에 대한 결정을 미루었다.

통치자가 인재를 자주 바꾸면 충직한 참모를 거느리지 못한다. 따라서 인사의 변화는 될수록 피해야 한다. 통치자는 또한 훌륭한 도살자가 되어야 한다. 즉 유능한 인재는 장기간 등용하고 무능한 인

비상계엄이 선포된 가운데 중앙청에 탱크를 앞세운 계엄군이 주둔했다(1979. 10. 27).

재는 해임할 줄도 알아야 한다. 통치자가 참모나 정부 기관장을 해임하는 것은 가장 어려운 일 중의 하나이며 동시에 가장 중요한 일 중의 하나다. 측근참모나 정부 각료가 부패했거나 불충실한 경우는 차라리 해임의 결단을 내리기가 쉽다. 하지만 무능하기는 하지만 일에 헌신적일 경우에 해임하는 것은 참으로 어려운 일이다. 그런 때 통치자는 사사로운 인정에 구애받지 않고 독한 마음을 먹고 결단을 내려야 한다.

그러나 박 대통령은 그렇게 하지 않았다. 그해 5월 30일 신민당 전당대회에서 김영삼이 총재로 선출된 후 김재규는 정보부가 일을 잘못한 것이니 책임을 지고 물러나야 하겠다고 결심하고 6월 초에 사의를 표명했다. 간경화가 도져 조용한 시골에나 가서 요양했으면 한다면서 심려를 끼쳐드려 죄송하다고 말했다. 박 대통령은 사퇴를 만류했다. 박 대통령은 김재규가 업무를 능숙하게 처리하는 능력이 부족함을 살 알고 있었다. 건설부장관 때도 그랬고, 정보부장 때도

박정희 대통령 서거를 보도한 10월 28일자 〈조선일보〉 1면

그랬다. 그러나 김재규와의 오랜 친분과 그의 충성심, 그리고 병약해진 그에 대한 연민의 정으로 해임하지 못했다.

　대통령은 김재규에 대해서만 그렇게 한 것은 아니었다. 비서실장 김계원에게도 그랬고, 경호실장 차지철에게도 그랬다. 김계원은 주중(駐中) 대사로 있던 중 1978년 11월, 김재규 부장이 10대 국회의원 선거에 출마하라고 권유해서 귀국했는데, 박 대통령은 그를 불러 지역구 공천 대신 비서실장직을 맡으라는 전혀 뜻밖의 당부를 했다. 김계원은 당황해하면서 "정치도 모르고 경제는 문외한인데 어떻게 그 자리를 맡을 수 있겠습니까?"라고 고사했다. 박 대통령은 "정치는 여당에서 하고 경제는 정부의 경제팀이 잘하고 있으니 당신은 나하고 같이 다니기만 하면 된다"고 거듭 권유해서 그 자리를 맡겼다.

박 대통령은 민정이양 후 역대 비서실장으로 세 사람을 기용했다. 1964년부터 1969년 3선 개헌 때까지는 대미관계와 한일회담 등 국제관계와 정치문제에 수완이 있는 이후락이었다. 그 후부터 1978년까지는 중화학공업과 방위산업 육성, 그리고 농촌근대화와 수출증대 등 경제문제에 능통한 김정렴이었다. 김계원은 무슨 능력이 있어서라기보다는 말동무할 측근이 필요해서 기용된 것이다.

박 대통령은 또한 차지철이 경호책임자로서의 업무한계를 일탈하여 정보업무, 정치공작, 군부대지휘 등 월권행위를 하며, 과잉충성의 과오를 범하고 있는 것을 알았다. 그런데도 차지철에게 너무나 관대하게 대했다. 1963년 민정이양 후 홍종철이 잠시 경호실장을 하다가 문교부차관으로 나간 후 1974년 육영수 여사 피격사건 때까지는 박종규가, 그후 1979년 10월 26일까지는 차지철이 경호실장을 맡았다.

박종규가 경호실장 당시 경호실에 무슨 잡음이 생기거나 박종규에 대한 좋지 못한 정보가 보고되면 박 대통령은 박종규를 불러 크게 꾸짖고 한두 달 정도 집에서 근신하도록 조치했다. 박 대통령은 경호실장이라는 특수한 지위가 권력남용의 여지를 지니고 있다고 판단, 박종규에 대해서는 신뢰하는 만큼 엄격하게 대했다. 그러나 차지철에 대해서는 그렇게 하지 않았다.

대통령을 보호할 책임을 지고 있는 권력 심장부의 3인방, 이들은 모두 군부 출신이다. 이들 중앙정보부장과 경호실장은 권력투쟁을 하고 있고, 비서실장은 두 사람의 갈등을 완화시키는 조정자의 역할을 할 수 있을 만큼 지혜로운 사람이 못 된다는 것을 박 대통령도 잘 알고 있었다. 따라서 그는 서로 싸우는 정보부장과 경호실장 중 어느 한 사람이나, 또는 두 사람을 모두 '도살'할 필요가 있다고 생각했다. 그렇지만 박 대통령은 도살의 시기를 이번 정치적 위기를 수습한 이후로 미루었다.

지난날에는 정치적 위기가 있을 때마다 먼저 부분개각이나 전면개각 등 과감한 인적쇄신을 단행함으로써 국면전환의 계기를 마련하여 그 위기를 극복했다. 그것이 박 대통령의 인사정책에 있어서 하나의 원칙이었고 정석이었다. 이 원칙이 지켜지지 않았다. 결국 '도살'할 필요가 있다고 생각한 그 순간 즉시 도살하지 못한 측근 3인방, 이들 중 김재규는 대통령을 시해했고, 차지철은 자신의 월권 행위가 잘못된 일임을 깨닫지 못한 채 김재규에게 살해당하고 말았다. 그리고 이 비극의 현장에서 문기둥을 붙잡고 벌벌 떨던 육군대장 출신의 김계원은 대통령 시해의 방관자로 살아남았다.

박 대통령에게 있어서 김재규는 어떤 위인이었는가? 박 대통령은 군인 시절 김재규가 몇 차례 죽음의 고비에 직면했을 때 그를 구해준 생명의 은인이며, 김재규가 제대한 후에는 정부의 각료와 중앙정보부장으로 중용할 정도로 배려와 신임이 두터운 측근 중의 측근이었고, 개인적으로는 절친한 친구였다. 도대체 6월 1일부터 10월 26일에 이르는 5개월 사이에 무슨 일이 있었기에 김재규는 박 대통령의 가슴과 머리에 배은망덕의 흉탄을 쏘았는가? 왜 김재규는 갑자기 변심하고 천인공노할 만행을 자행했는가? 무엇이, 누가 김재규를 사탄의 길로 인도했는가? 10·26사태에 대해 미 국무성이 발표한 최초의 공식성명 속에 이러한 의문에 대한 한 가닥 해답의 실마리가 담겨 있었다.

미국의 상황판단은 '쿠데타 발생'

"우리는 한국에서 쿠데타가 발생한 것을 확인했다. 미국은 한국에 있어서의 사태진전에 관해 정보를 입수해 왔다. 미국은 이번 사태를 한국의 국내문제로 간주하고 있으며 모든 관계 당사국에 대하여 자제할 것을 요망한다. 미국정부는 이 같은 한국정세를 이용하려는 외부의 어떠한 시도에 대해서도 한국과의 조약상 의무에 따라 강력히 대응할 것임을 명백히 해둔다."

이것은 10·26 직후 미 국무성이 발표한 첫 공식성명이다. 10월 26일 밤 12시경 한미연합사령부 부사령관인 유병현 대장은 최규하 국무총리의 지시에 따라 글라이스틴 주한 미국대사에게 10·26사태를 통보했다. 박 대통령이 사고를 당해 임무를 수행할 수 없게 되었고, 최규하 총리가 대통령 권한대행이 되었다는 것이 그 내용이었다. 글라이스틴은 긴급안보전화로 카터 대통령의 안보담당보좌관인 브레진스키에게 "한국에서 모종의 사태가 발생했으며 박 대통령이 사망했음이 분명하다"고 보고했다. 이때가 한국 시간으로는 27일 새벽 2시 40분이었고, 미국 워싱턴의 현지시간으로는 10월 26일 낮 12시 40분이었다. 브레진스키는 카터에게 서울사태를 보고했고 카터는 즉각 긴급안보회의를 소집했다. 이 회의에서는 두 가지 조치가 결정되었다.

하나는, 미 국방성이 주한미군에 비상경계령을 내리는 것이다. 3만 9천 명의 주한미군에 내려진 비상경계령은 평상시 내려져 있던 데프콘(DEFCON) 3을 한 단계 올린 데프콘 4였다. 동시에 조기경보통제기(AWACS) 2대가 한국에 급파되고 항공모함 키티호크호 및 미7함대 기함이며 헬리콥터 항공모함인 블루리지호가 한국해역으로 이동하기 시작했다. 8만 1천 톤급 키티호크호는 당시 동지나 해상에서 작전 중이었고, 블루리지호는 일본 마이즈루항에 정박해 있어 신속한 이동이 가능했다.

또 하나는, 미 국무성이 성명을 발표하고 외교경로를 통해서 한국사태에 미국이 개입되지 않았음을 밝히는 동시에 외부의 새로운 개입으로 한국사태가 악화되지 않도록 소련과 중국을 설득한다는 것이다. 미 국무성은 공식성명에서 미국이 10·26사태에 개입하지 않았다는 점을 홍보하는 데 비상한 노력을 기울였다. 일본을 포함한 서방진영에 대해서뿐만 아니라 소련과 중국 등 공산국가에 대해서도 외교경로를 통해 한국사태에 개입하지 않았음을 통보했다. 또 미 국무성은 매일 계속된 기자실 브리핑에서 이 문제를 단골 주제로 삼아 미국이 절대로 10·26사태에 개입하지 않았음을 거듭 강조했다. 서울에서는 대사관 직원이 주요 신문사를 찾아다니며 미국 CIA의 개입설을 부인했다.

그러나 미국의 언론들은 국무성이 10·26사태를 쿠데타라고 밝히고 미국은 이에 개입하지 않았다는 것을 강조하자 미국이 한국에서 쿠데타와 같은 상황이 발생될 것이라고 예견하고 있지 않았느냐 하는 의문을 제기했다. 미 정부의 고위관리들이 마치 '올 것이 왔다'는 듯이 담담하고 침착한 태도로 상황에 대응하는 것을 봐도 그렇고, 특히 미국의 첫 반응으로 쿠데타 발생을 확인했다고 발표한 것을 봐도 쿠데타계획을 사전에 알고 있었던 것이 아니냐는 의혹을 표명했다.

서울에서도 10·26 직후 이 사건에 미국이 개입했다는 소문이 나돌기 시작했다. "김재규는 미국의 하수인이다", "박 대통령은 미국의 반대를 묵살하고 핵개발을 강행하다가 당한 것이다", "미8군의 고위장성들이 한국군 장성들에게 박정희 이후의 문제를 논의했다"

는 등 많은 소문이 번져 나갔다. 주한 미 대사관 측은 미국의 한국 쿠데타 개입과 관련해서 여러 가지 소문이 나돌자 크게 당황하여 그러한 소문이나 주장은 한·미 양국 사이를 이간질하려는 터무니없는 중상모함이라고 펄쩍 뛰면서 해명하고 다녔다. 국내에서도 가능성이 희박하다는 주장이 있었다.

즉 김재규가 범행 직후 신발도 신지 못하고 황급히 뛰쳐나와 정승화 육군참모총장과 정보부 간부와 함께 자동차로 궁정동을 빠져나오면서 중앙정보부로 가다가 육군본부로 가는 등 우왕좌왕, 황망한 행동을 한 것을 보면 그것이 글라이스틴 대사나 미 CIA의 사주와 지원을 보장받고 쿠데타를 치밀하게 계획해 놓은 사람의 행동이라고 보기는 어렵다는 것이다. 김계원은 김재규가 차지철에 대한 누적된 분노와 증오의 감정을 참지 못하고 충동적으로 일을 저질렀다고 주장했다. 김재규가 "각하, 이 버러지 같은 자식을 데리고 정치를 하니 올바로 되겠습니까?"라고 말하고 차지철을 향해 "자식, 너는 너무 건방져"라고 소리지르며 권총을 발사했으며, 그때 순간적으로 박 대통령까지 해치우지 않을 수 없다고 판단하고 총부리를 돌렸다는 것이다. 김종필도 좀 색다른 표현으로 김계원과 같은 맥락의 이야기를 했다. "김재규는 제 방귀소리에 놀라는 사람처럼 차지철을 죽이는 총소리에 놀라 엉겁결에 대통령을 살해했을 것이다."

과연 김재규는 아무 동기도 없이, 살의도 없이, 또 사전계획도 없이 '한 순간의 충동'에서 차지철을 살해하고 '엉겁결'에 대통령을 시해했을까? 차지철 살해에 관한 한 그렇지 않다는 것을 비서실장 김계원은 잘 알고 있었다. 김재규는 경호실에 불려 와서 수모를 당하고 돌아갈 때마다 김계원 방에 들러서 "이 자를 없애 버리겠다"는 말을 했다. 그래서 김계원은 두 사람의 관계가 더 이상 악화되어서는 안 되겠다고 생각하고 박 대통령에게 두 사람의 갈등이 심상지 않다는 사실을 보고했다. 그러나 박 대통령이 서로 잘해 보려고 그러는 것이니 걱정할 것 없다고 심각하게 받아들이지 않아 더 이상 진언을 하지 못했다. 김계원은 차지철에 대한 김재규의 분노와 응징의 감정이 위험수위에 있고, 또 차지철과 경호실에 대한 정보부 간부들의 적의도 고조되어 있다는 것을 걱정하였으나 속수무책이었다는 것이다.

김계원과 김종필의 주장에 의하면 김재규는 제3자가 사주하거나 유도하는 데 부화뇌동한 것이 아니라 스스로 충동적으로, 또는 엉겁결에 대통령을 시해한 것이라고 본다는 것이다. 김종필은 초대 정보부장을 지냈고, 김계원도 정보부장을 역임했다. 두 김 씨는 김재규의 사람됨을 잘 알고 있고 김계원과 김재규는 절친한 사이다. 김종필과 김계원은 무슨 근거로 김재규가 충동적 또는 엉겁결에 대통령을 시해했을 것이라고 생각하는지 납득이 가지 않는 이야기다.

육군참모총장을 별실에 대기시켜 놓았고, 정보부 행동대에게 안방에서 총소리가 나면 즉각 청와대 경호관들을 사살하라고 지시해 둔 김재규가 사전계획 없이 행동했다고 보는 것은 상식 밖의 이야기가 아닐 수 없다. 당시 우리 군부와 경찰 정보기관에서는 박 대통령을 제거하기 위해 미국이 쿠데타를 추진하고 있고, 정보부와 김재규가 여기에 관련된 확신을 갖고 있었다. 그러한 확신을 갖게 된 근거는 미 정부가 주한 미 대사를 본국으로 소환한 후에 포착된 새로운 사실들이었다.

즉 주한 미 대사관의 정무관계 직원, CIA 요원, 그리고 주한 미8군 요인들은 우리나라의 정계와 행정부 그리고 군부와 잦은 접촉을 하고 있었고, 특히 글라이스틴 대사와 부르스터 CIA 한국지부장, 위컴 미8군 사령관은 김재규를 중점적으로 만나 한국의 정치위기를 타개할 수 있는 방안에 관해서 협의하고 있었다는 것이다. 특히

소복차림의 근혜 양이 아버지 영전에 분향하고 있다(1979. 10. 28).

CIA의 한 요원이 중앙정보부의 한 고위간부에게 이른바 '집권자 교체론'이라는 것을 거론했다고 한다. 한국은 야당과 재야 반체제세력의 민주화 투쟁을 제어하기 위한 대응책에 있어서 차지철이 강경책을 밀고 나가든, 김재규가 온건책을 추진하든, 민중혁명이 유발될 위험한 상황에 직면해 있다. 이러한 파국을 막을 수 있는 최선의 길은 집권자를 교체하는 데 있다. 집권자의 교체는 집권자의 자진사퇴를 종용하든지 그것이 불가능한 일이면 '궁중혁명'으로 강제하야 시키는 방법이 있다는 것이다. 이것은 미국 정보부 요원이 쿠데타를 노골적으로 '교사(敎唆)'한 것은 아니라고 해도 적어도 암묵적으로 유도(誘導)하는 효과를 노린 고도의 책략적 발언이라고 보지 않을 수 없다. 왜냐하면 그 발언자가 교사 또는 유도할 의도가 없었다고 부인하더라도 그 발언을 직접 들은 정보부 간부나, 이러한 보고를 받은 김재규로서는 미국이 쿠데타를 주도하기 바란다고 생각할 수

조문객을 맞는 근혜 양과 지만 군

있고 믿을 수 있기 때문이라는 것이다.

김재규로서는 미국이 군부 쿠데타를 추진하면서 1979년 초 팔레비 국왕을 해외로 망명시킨 후에 국내외에서 나돌기 시작한 "다음 차례는 한국이다"라는 소문대로 한국에서도 군부 쿠데타를 추진하여 박 대통령을 제거하기로 하고, 쿠데타를 주도할 수 있는 적임자로 자신을 선택한 것이라고 생각할 수 있다. 군부의 지지를 받고 있고, 대통령에게 언제나 접근할 수 있으며, 차지철과 분열하여 상쟁하는 자신을 쿠데타의 주동자로 삼기 위해서 평소 주한 미 CIA 요원과 자주 접촉하는 우리 정보부의 고위 간부를 통해 접근해 온 것이라고 믿었을 가능성을 배제할 수 없다는 것이다.

우리나라의 군부와 경찰 정보기관에서는 미 CIA가 김재규의 쿠데타에 개입한 것은 틀림없으며, 개입의 강도에 있어서는 두 개의 가능성이 있다고 보고 있었다. 그 하나는, 주한 미국대사 글라이스틴

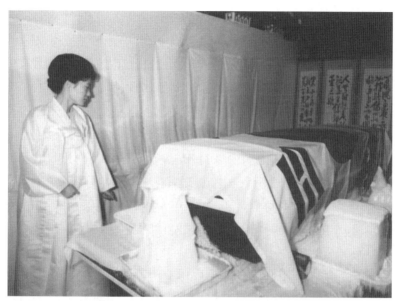
태극기로 덮힌 아버지의 관을 지켜보는 근혜 양

이 본국 정부의 지령이나 또는 자기의 재량에 따라 김재규에게 쿠데타를 '사주' 또는 '교사'하고 지원해 주었을 가능성이다. 제2차 세계대전 후 미국이 개발도상국가의 군사 쿠데타를 사주하거나 지원할 때는 적어도 수개월간 주도면밀한 계획을 세워 추진함으로써 반드시 성공을 거두었다. 그 대표적인 실례의 하나가 1963년 자유베트남의 고딘디엠 대통령 형제를 암살하고 군부가 집권하도록 군부 장성들을 사주하고 지원했다는 것이며, 또 다른 실례는 1979년 이란의 팔레비 국왕을 하야시키고 해외로 망명시킬 때도 이란 군부를 움직여 수개월 동안의 공작 끝에 성사시켰다는 것이다. 회교지도자 호메이니의 귀국으로 성사되지 못했으나 미국이 군부 쿠데타를 기획했다는 것이다.

또 하나는 글라이스틴이 미 CIA 한국지부장, 주한 미8군 사령부

장성과 함께 김재규가 쿠데타 결심을 할 수 있도록 암시적인 말로 '유도'하고, 김재규가 미국의 지원과 성공을 믿고 결행했을 가능성이 있다는 것이다. 다시 말하면 글라이스틴이 김재규에게 구체적으로 쿠데타를 일으켜 대통령을 제거하라고 사주나 교사를 하고 지원을 약속한 것은 아니고, 만일 김재규가 박 대통령을 제거하고 정권을 잡으면 미국으로서는 반대하지 않을 것이라는 암시를 함으로써 김재규의 결심을 유도했을 가능성이다. 김재규는 미국이 박 대통령을 제거할 '모종의 계획'을 가지고 있거나 또는 박 대통령이 제거되기를 바란다는 심증을 굳히고, '미국이 원하는 결과'를 가져올 행동을 자신이 감행할 경우 미국은 반드시 지지해 주리라고 믿고 시해했다는 것이다.

우리의 군부와 경찰 정보기관에서는 두 번째의 가능성이 가장 크다고 믿었다. 두 가지의 사실이 이러한 믿음을 뒷받침하고 있었다. 그 하나는 글라이스틴이 미 국무성에 보낸 전문보고다. 글라이스틴이 10·26사태에 관해 국무성에 보고한 전문들을 보면 미국이 10·26사태에 개입한 것이 아니냐는 의문을 갖게 하는 여러 가지 내용들이 발견된다. 먼저 10월 28일자 전문에서 글라이스틴은 10·26사태 발생을 이미 알고 있었음을 시사하는 기록을 남겼다.

"나는 본국에서 귀임한 날부터 박정희의 죽음에 이르는 며칠 간 한국정부 내의 여러 요인들로부터 대통령이 잘못된 결정을 하고 있으며, 듣기 좋은 말을 하는 참모들에게만 귀를 기울이고 있다는 비판을 많이 듣게 되었다. 그래서 이 사건 소식을 접하자 즉각적으로 군사 쿠데타라고 생각했다. 그러나 공모자의 흔적이 보이지 않아 이 판단을 바꾸게 되었다. 나는 대통령 주변에 있는 사람들이 김재규의 지도에 따라서 대통령을 제거하고 권력구조는 그대로 유지하면서 고분고분한 후계자를 선정하려는 계획을 세웠을 가능성이 더 높다

아버지에게 영원한 작별 인사를 하는 지만 군(1979. 11. 3)

고 본다. 김재규는 박 대통령의 강경책이 공화국을 위기에 빠뜨리고 있다고 판단한 여러 사람들 중의 한 사람일지도 모른다."

이 전문에서 글라이스틴이 군사 쿠데타의 주동자가 김재규이며, 대통령 주변에 있는 사람들이 김재규의 지도하에 박 대통령을 제거하고 현 체제 밑에서 자기들의 말을 잘 듣는 후계자를 선정할 계획을 세웠을 가능성이 있다고 말한 것은 김재규가 1979년 11월 8일 합동수사본부에서 밝힌 쿠데타 계획과 그 핵심 부분에 있어서 일치한다. 여기서 제기되는 중요한 의문은 글라이스틴은 어떻게 10·26 사건이 군사 쿠데타이며, 그 주동자가 김재규이고, 김재규와 군부가 내세울 후계자 문제까지 알고 있었는가 하는 점이다. 11월 19일 글라이스틴은 김재규에 대한 군사재판을 앞두고 또 다른 의문을 갖게 하는 전문을 국무성에 보냈다.

"김재규는 재판에서 나와 나의 전임자들이 자기에게 박 대통령

조화로 뒤덮힌 운구차량

을 공격하라고 부추겼다는 주장을 하고 나올 가능성이 있다. 우리는 그런 일을 하지 않았다. 그러나 우리가 박 대통령의 행동을 공개적으로 비판한 것 때문에 김재규는 우리의 비판을 오해하여 박정희의 최후가 다가오고 있다든지, 그가 사라지는 것에 대해 미국이 좋아하지 않을 이유가 없다든지 하는 식으로 생각했을 가능성은 있다."

글라이스틴의 이러한 주장은 몇 가지 의문을 남긴다. 첫째, 글라이스틴은 왜 김재규가 자신과 자신의 전임 대사가 김재규에게 대통령 공격을 부추겼다고 주장하리라고 예상했느냐는 것이다. 글라이스틴이 정말 김재규를 부추기는 일을 하지 않았다면 그런 주장을 할 것이라고 걱정할 필요가 어디 있는가? 글라이스틴은 김재규가 쿠데타에 실패한 후에 글라이스틴이 등을 돌려버린 데 앙심을 품고, 자신을 부추긴 사실을 폭로할지도 모른다고 지레짐작하여 이것을

국장 운구 행렬(1979. 11. 3)

부인한 게 아닌가?

둘째, 김재규가 박 대통령의 제거를 미국이 좋아하지 않을 이유가 없다고 생각하게 된 것이 단순히 김재규가 대통령에 대한 미국의 공개비판을 오해했기 때문이냐 하는 것이다. 김재규는 미국이 대통령의 제거 또는 하야나 망명을 강력히 희망하고 있다는 아무런 암시나 신호가 없었는데도, 미국의 박 대통령에 대한 공개비판을 미국이 박 대통령을 제거하려는 것으로 오해했을 뿐이라는 것인가? 그렇다면 김재규가 정부각료와 군부 요인들이 모인 육군본부 지하 벙커에서 "나의 뒤에는 미국이 있다"고 주장한 것은 무엇을 의미하는가? 이것도 김재규가 미국의 공개비판을 오해한 데서 나온 주장이라는 것인가?

글라이스틴이 김재규가 법정에서 미국이 부추겼다고 주장할까 봐 걱정했다는 사실과, 김재규가 자기 뒤에는 미국이 있다고 믿었다는 사실은 무엇을 말하는가? 그것은 글라이스틴이 김재규에게 미국의 지원을 믿게끔 어떤 암시를 주었거나 김재규를 유도하는 언질을 했고, 김재규는 이러한 암시와 언질을 미국이 자기를 부추기는 것이라고 확신했기 때문에 대통령 시해를 감행한 것 아닌가? 김재규가 이러한 확신을 갖게 되었다고 볼 수 있는 가장 확실한 근거는 바로 김재규가 박 대통령을 시해했다는 사실 그 자체에 있는 것으로 인식되었다.

김재규는 결코 목숨을 거는 위험한 일에 무턱대고 덤벼드는 무모한 위인이 아니며, 미국의 지원에 대한 확신 없이는 절대로 쿠데타를 감행하고 대통령을 시해할 사람이 아니라는 것이다. 다시 말하면 미국의 강력한 암묵적인 유도 행위가 김재규의 변심에 작용했고 그를 움직이게 했다는 것이다. 김재규는 박 대통령의 죽마고우로서 지난 40여 년 동안 어려운 고비에 직면했을 때마다 여러 차례 도움을

삼우제에 헌화하는 자녀들

받았고, 5·16혁명 후에는 군부와 행정부의 요직을 두루 거쳐 대통령 보호임무를 맡는 중앙정보부장으로 일하고 있었다. 그래서 그는 평소에 박 대통령을 믿고 의지했다.

다만 한 가지, 김재규는 경호실장 차지철이 경호업무 이외에 정치문제나 정보업무에도 간여하는 탈선행위를 하는 데 대해 분개했고, 박 대통령이 이를 방관하고 있는 데 대해 섭섭하게 여긴 것은 사실이었다. 김재규는 이러한 감정을 접고 공직생활을 끝내기로 결심했다. 그래서 사의를 표명했으나 박 대통령이 만류했다. 대통령은 김재규와의 오랜 친분과 그의 충성심, 그리고 병약해진 그에 대한 연민의 정 등을 생각해서 그렇게 위로했던 것이다. 이러한 우정과 신의의 인간관계에서 김재규가 박 대통령을 시해한다는 것은 절대로 있을 수 없는 일이었다. 그런 김재규가 불과 넉 달 후에 대통령을 시해한 것이다. 전 주한 미 대사 글라이스틴은 그 나름대로 이 의문에 대한 해답을 내놓았다.

박 대통령과 육 여사가 나란히 안장된 묘역 앞에 수많은 조문객이 밀려들었다.

글라이스틴 대사 증언

1977년부터 1978년까지 미 국무성의 동아시아·태평양 문제담당 부차관보를 지냈고, 1979년부터 1981년까지 주한 미국대사를 역임했던 글라이스틴(William Gleysteen Jr.)은 1986년 미 조지타운대학 외교문제연구소에서 발행한 《인권외교》라는 책자에 〈한국, 미국 관심의 특별한 대상〉이라는 제목의 논문을 기고했다. 이 논문에서 그는 카터 행정부의 한국에 대한 인권정책에 관해 그 자신이 직접 간여했던 경험을 토대로 소상하게 설명하고 있다.

글라이스틴은 이 논문의 본문에서 "쿠데타 계획은 철회되었으나 인권에 대한 모든 조치는 박 대통령의 죽음과 일련의 불행한 사태를 야기시켰다"고 주장했고, 이 논문의 결론에서도 "미국의 지나친 압력과 불만 표시는 박 대통령의 생존과 정통성에 영향을 미쳤으며, 우리의 조치와 발언들이 그의 죽음에 간접적인 압력을 가했을 것이

박 대통령 내외 묘역에 끊임없이 밀려드는 참배객들

다"라고 주장했다.

그러나 그는 '대통령의 죽음'을 야기시킨 것은 '인권에 대한 모든 조치'라고만 주장하였을 뿐, 1975년부터 미국이 박 대통령의 핵개발을 저지하기 위해 끊임없이 위협한 사실에 대해서는 연급을 하지 않았다. 그는 "한미관계의 다른 문제들로 인해 대통령의 생존에 대한 위협이 악화되어 갔다"고 주장함으로써 '다른 문제'가 박 대통령의 핵개발 문제를 지적한 것이라는 사실을 부정할 수 없게 되었다. 왜냐하면 1979년 6월 말의 한미 정상회담을 계기로 그동안 두 나라를 '불편한 관계'로 만들었던 정치적, 외교적, 군사적 현안들은 모두 해결되어 오직 핵개발 문제만이 남아 있었고, 그것 말고는 동맹국 국가원수의 생존에 대한 위협을 악화시킬 '다른 문제'가 있다고는 생각할 수 없는 상황이었기 때문이다.

글라이스틴은 "위험스러운 쿠데타 계획은 그것에 확실히 반대했을 고위 지도층에 전달되기 전에 철회되었다"고 주장했지만 쿠데타가 누구에 의해서 무슨 목적으로 계획되었으며, 또 그 계획이 누구에 의해서 무슨 이유로 철회되었는지에 대해서는 아무 말도 하지 않았다. 글라이스틴은 고위 지도층이 쿠데타 계획을 반대했을 것이 확실했다고 말했는데, 이 말은 카터 대통령이 쿠데타 계획을 알고 있었고 이것을 반대했다는 것을 의미하는 것이 아닌가? 그렇지 않고서야 어떻게 글라이스틴은 카터 대통령이 쿠데타 계획을 확실히 반대했을 것이라는 사실을 단언할 수 있는가?

미국이 약소국인 우방국가에서 그 집권자를 제거하기 위해서 군부 쿠데타를 추진할 때 당시의 미국 대통령은 그러한 계획을 알고 있었고 승인했던 것으로 알려져 왔다. 1963년 케네디 미 대통령은 주베트남 미국대사가 주도하는 군부 쿠데타를 승인했는데, 쿠데타군에 의해 고딘디엠 베트남 대통령 형제가 무참하게 사살되었다는 보고를 받고서 쿠데타를 승인한 일을 후회했다는 것이다. 이 사건 후 케네디 대통령은 암살되기 몇 달 전 그렇게 후회하는 전화내용을 남겼는데, 수십 년이 지난 1990년대 초반의 어느 날 ABC방송의 저녁 9시 뉴스 앵커 피터 제닝스(Peter Jennings)가 이것을 특종으로 보도했다.

1979년 초 이란에서 군부 쿠데타를 준비 중인 미국의 후이저 장군이 이란의 고급장교들은 팔레비 국왕으로부터 이탈하고 있으며, 이란군의 총사령관들은 군부가 정부를 지원하는 것은 적절하지 않다고 생각한다는 보고서를 본국에 보냈다. 카터 대통령은 그 보고서의 여백에 "후이저의 보고가 맞는 것 같다"고 썼다는 사실을 브레진스키 특별보좌관이 자서전에서 밝힌 바 있다.

글라이스틴은 카터 대통령이 다른 이해관계보다 인권에 많은 비중을 두고 국무성에 인권국을 신설한 사실을 밝히고, 인권국의 활동에 대해 설명했다. 즉 인권국은 한국의 인권문제에 접근하는 데 있어서 주한 미 대사관의 판단과 방법에 반대했고, 한국 관료에 대한 모든 미국의 주장에 인권문제를 삽입할 것을 요구했으며, 미국의 국가안보에 있어서 한국의 중요성을 부정하면서 한국에 대한 직접적인 간섭을 주장했다는 것이다. 글라이스틴의 이러한 주장은 두 가지 사실을 우회적으로 시인하는 것이라고 할 수 있다.

첫째, 주한 미 대사관의 판단과 방법에 반대하면서 직접적 간섭을 주장한 인권국이 미국이 계획했다가 철회한 쿠데타 계획의 설계자일 수도 있다는 것이다. 둘째, 인권국이 쿠데타 계획을 설계하고 추진하지 않았다면 적어도 다른 기관에서 쿠데타를 계획했다가 철회하였다는 사실에 대해서는 잘 알고 있었을 것이며, 인권국의 모든 활동에 대해서 각별한 관심을 가지고 지켜보는 카터 대통령에게 쿠데타의 계획과 철회에 관해 보고하지 않았을 리가 없다는 것이다.

따라서 카터 대통령도 모든 사실을 알고 있었다고 보는 것이 사리에 맞는 합리적인 인식이라고 할 수 있다.

글라이스틴은 이 논문에서 미국이 한국의 인권문제에 대해 특별한 관심을 갖는 근본이유는 미국의 안보 때문이며, 한국의 '나쁜 정부'는 미국이 한국을 지지할 수 없는 입장이 되게 할 수 있다는 우려를 낳기 때문이라고 주장했다.

"한국은 사회적, 경제적으로는 눈부신 발전을 하였으나, 세계적인 기준에서 볼 때 그 정치적 기록은 바람직한 상태에 이르렀다고 할 수 없다. 그러나 한국이 인권문제의 주요 대상국가라는 점에 대해서는 많은 논란이 있다. 우리가 특별한 관심을 갖는 가장 근본적인 이유는 확실히 적대적으로 분단된 나라와 관련된 우리의 안보 때문이며 한국에서의 '나쁜 정부'는 우리가 한국을 지지할 수 없는 입장이 되게 할 수 있다는 우려를 낳기 때문이다. 전후(戰後) 점령과 원조계획 시대의 유산으로 우리는 한국에 대해 충고하고 그들의 내정문제에 자유로이 간섭할 수 있었다."

글라이스틴은 이어서 이렇게 밝혔다.

"미국은 한국의 인권상황과 깊이 관련되어 있다. 한국의 인권운동가들은 끊임없는 미국의 간섭을 요구했으며, 반면에 한국정부는 미국의 강력한 대응의 실패를 억압적 조치에 대한 무관심으로 오해하게 되었다. 정치적으로는 권위주의적이지만 사회적, 경제적 또는 종교적 제한은 상당히 자유로운 사회에서 관심의 초점은 본래 정치적인 것에 집중된다. 여러 해 동안 미 국민들은 정치적 영역과 노동운동에서의 반대활동에 대한 탄압과 정치범의 구속과 가혹한 대우, 그리고 표현의 자유 제한을 우려해 왔다. 여러 상황에서 특히 정치적인 변화의 시기에 우리의 관심은 이러한 문제들을 넘어 '민주화'와 '개방'이라는 보다 광범위한 제도적 문제까지 포함하게 된다. 미국의 인권옹호자들은 이러한 광범위한 발전은 결국 한국정부의 인권문제를 다루는 방식을 결정하게 될 것이라는 데 한국의 인권옹호자들과 같은 입장에 있다. 미군의 주둔은 정치적 안정을 요하며 한국의 정치적 안정은 어떤 의미에서 보다 다원적인 정치체제로의 진보를 요한다는 확신 때문에 미 행정부 역시 대체로 이 견해에 따랐다."

글라이스틴은 이어서 카터 행정부 시절 한미관계를 긴장시킨 것은 한국에서의 인권탄압과 카터 대통령의 고의적인 행위였다는 사실을 지적했다.

첫째, 1977년 미 의회와 법무성의 이른바 '코리아게이트' 사건에 대한 철저한 조사, 둘째, 카터 대통령이 한국과의 협의 없이 명확한 설명도 없이 일방적으로 발표한 주한미군 철수 공약, 셋째, 한국에서 학생, 반체제인사, 김대중 등 야당 정치인들의 구속 등이 한미관계를 약화시켰다는 것이다.

글라이스틴은 이어서 카터 대통령은 인권에 많은 비중을 두고 자신의 개인적 관심을 강조하고 새로운 관료기구를 창설했다, 한국은 가혹한 인권침해국 명단에 올랐고 국무성 산하의 새로운 인권국과 국가안보회의 및 의회위원회의 유사기구는 권고수단과 상징적 제재의 가치를 과대평가하고 한국에 대해 직접적인 간섭을 주장했으며, 미국의 안보 문제에 있어서 한국의 중요성에 대해서도 이의를 제기했다고 말했다.

글라이스틴은 또 미국의 인권옹호 관리들은 주한미군 철수, 원조중단 등 그들이 주장하는 제재조치들이 한국의 국가안보, 정치안정, 경제발전 등 미국의 근본적인 국가적 이해관계에 가져올 위험을 인식하지 못하고 있고, 한국정부의 장점을 외면하고 인권유린이라는 관점에서만 평가하고 비판함으로써 공정성을 잃고 있다고 지적했다. 그는 한국의 근로자들과 농민들은 개인의 정치적 권리보다는 안보강화, 경제발전, 형평분배 같은 가치를 더 중요시하고 있고, 한국인들은 권위주의적 지배에 대해 미국인들보다 훨씬 더 관대하며 이것은 분단국가에서 다루기 힘든 국민에 대한 지배의 어려움과 전통에 기인하는 것이라는 점을 강조했다. 잇달아 글라이스틴은 이 같은 주장을 펼치기도 했다.

"이론상 카터 행정부는 한국의 인권을 개선하기 위한 아주 다양한 수단을 갖고 있었다. 예를 들면 안보조약, 많은 미군의 주둔, 외국무기 판매신용대부, 정부차관과 민간차관, 한국 수출품에 대한 시정, 고위층의 방문, 경찰장비의 공급, 국제 금융단체에서 한국문제에 대한 미국의 투표권, 공개 비난, 외교적 진정 등이 있었다. 미국의 인권집단과 한국의 야당이나 반체제 인사들은 미국이 광범위한 영향력을 행사할 수 없었던 데 크게 좌절했다.

하위관계자들 사이에서는 격렬한 논쟁이 진행되었음에도 불구하고 고위 지도층에서는 어떠한 주요한 제재조치도 시도하지 않았다. 미국의 안보와 경제적 이해에 대한 명백한 위험은 별문제로 하더라도 대통령은 이미 비장의 카드를 행사했으며 군대철수를 촉구하는 발언을 할 수 없었다. 왜냐하면 이것은 의회에서 논란이 되었으며 한국의 인권운동가들조차 반대하고 있음이 드러났기 때문이었다. 또한 한국민의 복지에 큰 부담을 주지 않고는 시장 접근이나 정부차관도 제한할 수 없었다. 상징적 조치에 대한 실패의 경험으로 미국은 전통적인 압력수단에 호소했다. 즉 이전의 행정부보다도 한국에 대한 외교적 진정과 공개비난을 훨씬 많이 행하였다. 미국은 '코리아게이트'로 한국을 궁지에 몰아넣고 미 지상군의 단계적인 철수를 추진하고 있었을 때 인권개선에 대해 박 대통령에게 지나친 부담을 주었다. 그런 부적당한 시기에 중요한 것은 아무것도 성취될 수 없었다는 것은 놀라운 일이 아니다."

글라이스틴은 쿠데타 계획은 철회되었으나, 인권에 대한 모든 조치가 박 대통령의 죽음과 일련의 불행한 사태를 야기시켰다는 점을 강조했다.

"미국의 인권관료기구의 관계자들이 인권을 목적으로 한 강압적인 수단 사용의 위험을 이해하게 되었다 하더라도, 제안된 조처의 결과가 즉각 나타나지는 않는다. 가장 위험한 것은 정기적으로 한국의 지도자들에 대한 개인적인 비난이나 다른 방식으로 그들의 행위에 만족하지 않는다고 표명한 것이다. 이 아이디어의 제안자들은 미국의 공식논평이 신중한 주의를 요하며 빈번히 한국에 잘못 해석되었다는 것을 인식하지 못했다. 그래서 만일 우리가 한국 지도자의 정통성 문제를 제기하려고 했다는 암시를 주었더라면 결과는 한층 심각했을 것이다. 즉 그를 제거하려는 사람을 고무했을 것이다. 쿠데타를 일으키고 그 영향하에 있던 관리들에게는 극히 위험스러운 것이었던 이 계획은 열렬한 인권운동가들을 동요시키지는 않았다. 비록 다행히도 그러한 위험스런 제안은 그것에 확실히 반대했을 고위 지도층에 전달되기 전에 철회되었지만, 인권에 대한 모든 조치는 뜻하지 않게 박 대통령의 죽음과 일련의 불행한 사태를 야기시켰다."

글라이스틴은 이어서 가장 어리석었던 조치는 공식 대변인에 의한 계속적인 공개비난이었으며, 그것은 한국의 인권개선에 실패했을 뿐 아니라 비공식 외교적 노력의 효율성을 떨어뜨렸고 한국의 어떤 대통령이라도 이러한 시기에 우리의 공개비난에 협조적인 조치를 취하지 않았을 것이라고 주장했다. 그는 또한 미국의 인권정책은 한국의 야당과 반체제 인사들을 고무하고 용기를 주었으며, 그들은 정치적 열세를 보완하기 위해서 한국의 국내문제에 대한 노골적인 간섭을 요청했고 미국의 공개비난이 심하면 심할수록 이를 더욱 환영했다는 사실을 강조했다.

글라이스틴은 미국은 박 대통령이 항상 두려워하고 있었다는 각본[쿠데타 또는 암살계획]을 세우는 데 도왔다는 사실을 시인했다.

"논란의 여지가 있긴 하지만 우리 역시 박 대통령이 항상 두려워하고 있었다는 시나리오를 세우는 데 도왔다. 부분적인 이유이긴 하지만 야당 정치지도자들과 노동운동가, 종교적 반체제 인사, 그리고 학생들은 카터 행정부 아래서 새로운 미국의 지지시대가 밝았다고 확신했으며, 그들이 미국의 지지를 받을 것이라는 가정 아래 보다 대결적인 전술을 구사했다. 사태는 대결적인 상황과 다른 급변하는 요소들에 의해 부추겨져서 통제력을 잃고 비극적으로 악순환되었다."

글라이스틴은 결론으로 다음과 같은 소회를 피력했다. 첫째, 동맹국이라 해도 인권개선에 영향을 미칠 수 있는 미국의 힘은 제한돼 있으며 동맹국의 지도자가 자유화가 자신의 생존에 위협이 된다고 믿는 상황에서는 어떠한 형태의 압력조치도 적용될 수 없다. 둘째, 카터 대통령은 미국의 정책으로 곤경에 빠진 정권에 대해서는 인권 분야의 완화조치를 기대할 수 없다는 것을 인식하지 못했다. 셋째, 지나친 미국의 압력과 불만 표시는 대통령의 생존과 '정통성'에 영향을 미쳤으며 미국정부의 조치와 발언들이 박 대통령의 죽음에 간접적인 압력을 가했을 것이다. 넷째, 한국에서는 폭력 사태에 의한 권위주의 지도자의 제거는 다른 권위주의자에 의해 교체되기 쉽다.

빗나간 미국의 기대와 전망

10월 27일, 카터 대통령은 우리 정부에 조전을 보냈다. 그는 이 조전에서 박 대통령의 서거소식에 충격을 받았고 깊은 조의를 표명한다고 말하고, 박 대통령은 미국의 굳건한 친구요, 확고한 맹우이며, 한국의 경제발전에 기여한 역할은 길이 기억될 것이라고 추모의 뜻을 밝혔다. 그리고 대한방위공약을 미국은 계속 확고히 이행할 것을 보장한다고 확약했다. 31일 미 하원에서는 더윈스키(Edward Derwinski) 의원이 "자유세계는 가장 유능한 지도자를 잃었다. 한국은 박 대통령의 지도력 아래 경제기적으로 지칭될 성장을 이룩했다. 그리고 그의 지도력 아래 한국은 미국의 확고한 우방이 되었다"는 요지의 추도연설을 했다. 또 리치(James Leach) 의원은 한국의 민주발전을 기대한다고 말했다. 즉 한국은 국제경제에서 차지하는 그 비중이나, 미국 등 주요 산업국가와의 관계에 상응하는 민주적 제도를 확립하게 되기를 기대한다는 것이다.

11월 3일 미국의 조문사절로 밴스(Vance) 국무장관 내외와 홀브룩(Holbrooke) 차관보, 그리고 미 의회 중진의원 등 20명이 한국에 왔다. 밴스 장관은 서울을 떠나며 이른바 '이한(離韓)성명'이란 것을 발표했는데, 그것은 10·26 이후의 한국 상황에 대한 미국의 입장을 잘 반영하고 있었다. 이 성명에서 그는 "한국의 국군이 현재의 민간정부를 지지하고 있으며, 그 어떤 외세의 개입에 대해서도 그들의 조국을 방위할 것이라는 점을 본인에게 확신시켜 주었다"고 한국 군부에 대한 신뢰감을 무엇보다도 먼저 표명했다. 그는 이어서 "이 슬픈 일을 당한 한국을 떠나면서 최규하 대통령 권한대행과 박동진 외무장관과의 회담을 통해 안도감을 갖게 되었다"고 말하고 "어려운 시기에도 한국민이 보여 준 평온과 단결에 감명받았다"고 부연했다.

미국 관리들은 대통령의 시해사건에 대해서 놀라거나 곤혹감을 느끼지 않았을 뿐 아니라 박 대통령의 사망이 그 한 사람의 희생으로 그칠 뿐 한국정부에는 큰 영향을 미치지는 않는다고 생각했고,

사건 직후의 충격이 가라앉자 사태의 밝은 측면을 기대하고 있었다. 즉 미국은 한국의 국가 안보, 정치적·사회적 안정 그리고 경제발전 이라는 세 가지 국가적 사업이 중단 없이 지속적으로 추진되기를 바라고 있었다. 특히 미국은 한국의 정치가 한국의 경제발전과 사회 발전에 상응하여 발전하기를 강력 희망하고 있었다. 밴스의 성명은 바로 한국에 대한 미국의 이러한 희망과 기대가 담긴 것이었다. 그 것은 곧 미국의 국가이익에도 부합한다는 것이다.

미국의 언론들도 미 정부의 입장과 비슷한 반응을 보였다. 대부분 의 언론들은 박 대통령이 한국의 경제발전을 위해 큰 업적을 남겼 다고 높이 평가했다. 그러나 일부 주요 신문들은 한국의 민주화에 대해 많은 기대를 하고 있었다. 〈뉴욕타임스〉는 10월 27일자 사설 에서 한국의 정치적 변혁은 불가피하게 되었다고 지적하고 "어떤 사정이 있었든 간에 박 대통령의 서거는 한국의 민주화를 위한 호 기(好機)가 됐다"고 주장했다. 〈워싱턴포스트(WP)〉는 11월 2일자 사설에서 미국정부는 박 대통령 서거 후 한국에서 안정과 정치발전 을 추구하고 있다고 지적하고, "미국정부는 금번 사태를 한국의 인 권과 민주주의 발전을 위한 최대의 기회로 삼아야 한다"고 주장했 다. 또 시사주간지인 〈타임〉과 〈뉴스위크〉도 "한국의 다음 정권은 박 대통령보다 유연한 정권이 될 것이다"라고 전망했다.

그러나 10·26 사태 후 그동안 야당과 재야 반체제세력을 지원해 온 카터 행정부가 얻은 것은 그들이 주장해 온 '민주화'가 아니었 다. 그들이 처음에 얻은 것은 박 대통령이 운명 직전까지 그토록 걱 정해 온 혁명적 소요사태였고, 그 다음에 얻은 것은 군부 쿠데타였 다. 박 대통령은 '선 경제건설 후 민주발전'의 우선순위에 따라 경 제건설에 정진하면서 산업화에 이어서 민주화가 이루어지는 과정에 서 자칫 유발되기 쉬운 혁명적 소요사태에 대해 항상 경계하고 있었다.

 산업화가 민주화의 필요조건이라는 데는 대부분의 이론이나 경험이 이를 뒷받침하고 있다. 그러나 산업화가 민주화의 충분조건이냐고 할 때 반드시 그렇지는 않다는 것이다. 즉 산업화가 민주화를 위해서 필요하지만, 그렇다고 산업화가 이룩되면 민주화가 자동적으로 이루어지는 것은 아니며, 이것 또한 경험적인 사실이 입증하고 있다는 것이다. 실제로 민주화는 어느 기간 동안은 산업화와 전혀 무관한 경우가 있었다. 산업화에서 민주화로 가는 과정의 중도에서 혁명적 소요가 유발되거나 전쟁의 위험이 있는 곳에서는 경제발전이 촉진시킬 것으로 예상되는 것보다 훨씬 낮은 수준의 민주화만이 가능하게 되거나, 또는 권위주의 체제나 전체주의 체제로 일탈했던 경험이 있었다.

 러시아 제국은 산업화 후 1905년 신헌법을 제정하여 서구식 의회제도를 도입했지만 의회가 극단적인 진보세력과 극단적인 보수세력의 난투장으로 변질되자 의회를 해산하고 선거법을 개정하여 급진세력의 의회진출을 봉쇄하고 이른바 반동정치를 강행하다가 결국 공산주의혁명으로 인해 민주화는 그만큼 지연되고 20세기 말까지 전체주의 독재국가로 남아 있었다. 독일과 일본도 20세기 초에 급속한 경제발전을 성취하여 산업사회를 건설하였으나 민주화 과정에서 독일은 '나치' 전체주의 사회로 전락했고, 일본은 군국주의 독재의 길을 걷기도 했다.

 20세기 후반에 산업화의 토대 위에서 민주화를 추진하려 했던 개발도상국가에 있어서도 그 변화가 반드시 평화적으로 이루어지는 것만은 아니었고, 폭력적인 과정을 수반하는 경우가 적지 않았다. 산업화와 민주화 과정에 따르는 폭력은 다양하지만 가장 대표적인 것은 바로 혁명이다. 급진적이고 혁명적인 민주화운동은 여러 나라에서 정치불안과 사회혼란, 그리고 경제파탄을 가져왔다. 이에 대응하여 군부가 쿠데타를 일으킴으로써 민중혁명과 군사 쿠데타의 악순환이 되풀이되었다.

박 대통령은 과거 서구사회가 산업화와 민주화 과정에서 겪었던 정치적 격동의 경험과 우리가 겪은 4·19와 5·16혁명 등 헌정사의 쓰라린 체험을 거울삼아 우리나라가 산업화에서 민주화로 발전하는 과정에는 절대로 민중혁명과 군부 쿠데타가 되풀이되는 일이 있어서는 안 된다고 생각했다. 이것은 박 대통령이 5·16혁명 직후부터 항상 경계해온 사태였다. 하지만 10·26사태 후 카터 행정부의 기대는 빗나갔고 박 대통령이 걱정해 온 사태가 현실화되고 말았다. 1979년 8월 YH무역사태 후 국내의 반체제집단과 카터 행정부의 박 대통령에 대한 공격이 절정에 이르고 있을 때조차도 박 대통령이 우려하고 있었던 것은 자신의 생명을 노리는 세력들의 계획이 성사될 경우 약소국 대한민국이 직면하게 될 시련과 고난이었다.

대통령의 이러한 우려가 불행하게도 10·26사태 이후 현실화된 것이다. 박 대통령이 운명한 후 불과 몇 달도 안 되어 민중혁명과 군부 쿠데타의 재앙이 또다시 이 나라에 되풀이되었다. 결국 하나의 국가가 한 사람의 위대한 통치자의 지도력에 의해서 발전하고 비약하는 것은 그의 생애와 함께 끝나는 것이며, 그의 후임자들에 의해 국가가 계속 발전하는 일은 흔하지 않다는 인류 역사의 경험이 다시 한 번 이 나라에서 실증된 것이다.

카터 행정부에 이어 등장한 레이건 행정부는 준전시하에서 경제개발을 추진하고 있는 한국에서 10·26사태 이후 폭발한 소요사태가 한국과 미국의 안전과 평화에 끼친 영향에 너무나 놀란 나머지 군부의 집권을 재빨리 승인하고, 일본과 더불어 군사정부를 지원하는 데 모든 노력을 아끼지 않았다. 한국이 제2의 베트남이나 또는 제2

의 이란이 된다면 일본의 안전이 위협받게 되고 동북아시아에서의 미국의 국가이익이 중대한 도전을 받게 된다고 판단하고, 그러한 사태를 방지하는 것이 최우선의 과제라고 생각했기 때문이다.

레이건은 카터와는 달리 한국과 같이 공산주의자들과 대결하면서 경제발전을 추구하는 국가에 있어서 가장 중요한 것은 인권보다는 정치안정이라는 것을 깨닫고 군사정부를 승인하고 지원했다. 그러나 우리나라의 핵개발을 저지해야 한다는 정책에 있어서는 민주당의 카터 행정부나 공화당의 레이건 행정부나 전혀 차이가 없었다. 오히려 레이건 행정부가 더 철저하게 우리의 핵개발을 봉쇄했다. 레이건 정부는 전두환의 집권을 승인하고 지원하면서 대덕단지와 국방과학연구소 등에서 핵개발에 종사하고 있는 모든 관련 연구팀을 해체하라고 요구했고, 전두환 정부는 이 요구대로 모든 핵개발 계획을 파기했다.

결국 박 대통령의 서거로 핵무기개발 계획은 그 완성단계에서 유산되고 미완성의 모험으로 종결되고 말았다. 부국강병의 꿈을 실현하여 약소국의 한을 풀어보려고 우리 민족의 자주·자립·자위의 정신과 주체의식을 행동화했던 박 대통령의 그 웅대한 계획과 그 끈기 있는 도전이 성공의 결실을 거두지 못하고 좌절된 것이다.

전두환 정권이 우리의 핵무기개발을 사실상 포기한 지 10년이 지난 1991년 11월 8일, 노태우 정권은 드디어 우리나라의 핵주권의 공식 포기를 발표했다. 이른바 '한반도 비핵화 선언'이 그것이었다. 이 선언의 2항은 "대한민국은 핵연료 재처리시설 및 핵농축시설을 보유하지 않는다"는 내용을 담고 있다.

노태우 정부는 이것이 북한으로 하여금 국제핵사찰을 받도록 하기 위한 조치라고 말했다. 그러나 이 비핵화 선언은 미국이 북한에 대해 핵개발 포기를 종용한다는 명분으로 우리 정부에 집요하게 강요한 핵기술개발 포기 요구를 무능한 노태우 정권이 받아들인 것이다. 우리의 '비핵화' 선언으로 미국은 북한에 핵사찰을 수용토록 압력을 넣을 명분을 얻은 동시에 우리나라의 핵무기개발 가능성을 원천적으로 봉쇄하는 데 성공한 것이다. 1967년 일본은 핵의 제조, 보유, 반입금지라는 이른바 '비핵 3원칙'을 선언하고 그에 대한 보상으로 우라늄 농축시설과 핵연료 재처리시설, 그리고 다량의 플루토늄을 보유할 수 있게 되었다.

그러나 노태우 정부는 아무런 보상이나 대가도 없이 우리나라의 핵주권만 포기한 것이다. 노태우 정부의 '한반도 비핵화 선언'은 군사적, 정치적, 경제적으로 국가이익을 크게 손상시키는 결과를 가져왔다. 우리는 자주국방의 핵심인 핵무기를 개발할 수 없게 되어 우리의 국방을 미국의 '핵우산'에 계속 의존할 수밖에 없게 되었으며, 따라서 미국에 대한 '군사적 종속 상태'에서 벗어날 수 없게 되었다.

비핵화 선언은 또한 우리나라의 원자력발전소의 연료를 미국에 의존하게 만듦으로써 매년 막대한 비용을 지불하게 되어 경제적 손실이 컸다. 우리가 핵연료 재처리시설과 우라늄 농축시설을 보유하지 못하게 되었으므로 앞으로 원자력발전 연료인 '농축우라늄'을 미국에서 구입해야 하며, 원자력발전소에서 계속 나오는 '사용 후 핵연료'는 미국에서 미국이 요구하는 비싼 사용료를 지불하고 재처리해 올 수밖에 없게 되었다. 뿐만 아니라 미국이 핵연료의 재처리와 농축우라늄판매를 거부하거나 중단할 경우 우리는 원자력발전소를 가동할 수 없는 중대한 위험에 빠질 수 있게 됨으로써 미국은 그것을 우리에 대한 압력수단으로 사용할 수 있게 되었다.

한 마디로 전두환과 노태우는 우리의 국방과 경제와 과학기술 등 중요 분야가 미국의 지배하에 놓이게 만들고 말았다. 이것은 미국의 압력과 위협에 겁을 먹고, 전두환 정권과 노태우 정권이 양보해서는 안 될 것을 양보했고 포기해서는 안 될 것을 포기했기 때문에 자초한 결과였다. 그로 인해 2006년 12월 북한이 핵실험에 성공하고 핵 보유 국가가 되었음을 선언했을 때, 우리나라는 북한의 핵무기를 배경으로 한 '폭력 외교' 앞에 무방비 상태로 노출되었다. 그리하여 김대중 정권과 노무현 정권은 북한이 서울을 불바다로 만들겠다고 위협할 때마다 전쟁을 피해야 한다면서 김정일 정권에게 쌀을 퍼주고 달러를 헌납했다. 북한은 우리가 제공한 그 귀중한 식량과 달러로 정권의 명맥을 유지하고 핵개발을 촉진해 왔으며, 그 핵무기로 이 나라의 평화와 안보를 위협하고 있는 것이다.

한미 원자력협정은 폐기되어야 한다

미국정부는 한미 원자력협정의 연장을 요구하며, 미 의회는 한미 원자력협정 연기 결의안이라는 것을 만들어 이를 지원하고 있다. 1972년 우리나라가 미국과 원자력협정을 체결할 당시에 우리는 원자력발전소 1기를 건설 중에 있었으나 현재는 23기의 원자력발전소를 보유하고 있다. 해마다 이들 원자력발전소에서 약 7천 톤에 달하는 사용 후 핵연료가 나온다. 기장 고리, 경주 월성, 울진 한울, 영광 한빛 등 네 개의 원자력발전소가 가진 사용 후 핵연료의 저장능력은 1만 8천 톤인데, 금년 6월 말 현재 벌써 그 72퍼센트인 1만 3천 톤이 다 차버린 상태이기 때문에 저장능력은 2, 3년 후면 소진된다.

그 결과 2, 3년 후에는 기장 고리, 경주 월성, 영광 한빛, 울진 한울 원자력발전소순으로 사용 후 핵연료의 포화상태에 직면한다. 만일 포화상태에 있는 사용 후 핵연료를 원자로에서 꺼내 재처리하지 못하거나 저장할 시설이 없으면, 사용 후 핵연료가 원자로에 그대로 남아서 포화상태를 이루고 있게 되므로 그 원자력발전소는 더 이상 가동할 수 없게 된다. 쉽게 말해서 더 이상 전기를 생산할 수 없는 구조물이 되고 만다는 이야기다.

우리의 원자력발전소가 가동을 할 수 없는 사태를 막을 수 있는 방법은 두 가지가 있다. 사용 후 핵연료의 포화상태를 불가피하게 만드는 두 가지의 원인을 해소하는 것이다. 첫째는, 사용 후 핵연료를 원자로에서 꺼내서 재처리시설에서 재처리하여 플루토늄(Pu239)을 생산하여 핵연료로 사용하는 것이다. 이 경우 재처리된 사용 후 핵연료의 거의 대부분이 핵연료로 다시 사용됨으로써 폐기(매장)해야 할 분량은 매우 적다. 따라서 핵연료도 생산되고 저장문제도 해결되는 이중의 효과를 거둘 수 있게 된다.

둘째는, 지하에든 지상에든 사용 후 핵연료의 저장시설을 계속해서 더 많이 건설하는 것이다. 그러나 오늘날 지하에 사용 후 핵연료 영구처분 시설부지를 확정하고 건설 중인 핀란드와 스웨덴을 제외하고는 프랑스, 미국 등 선진국들도 영구처분 시설부지를 확보하지 못하여 사용 후 핵연료 저장시설 건설에 진전을 보지 못하고 있다. 부지확보 문제에 있어서는 우리나라도 마찬가지다. 기존 원자력발전소의 지상에 폐연료봉을 용기에 담아 보관하는 중간저장시설을 건설해야 한다는 의견도 있으나, 이것도 지역주민들의 반대가 심하면 부지를 구할 수 없는 문제가 있다.

따라서 우리나라의 원자력발전소가 사용 후 핵연료 포화상태로 인해 가동할 수 없는 사태를 막을 수 있는 최선의 방법은 사용 후 핵연료를 재처리하는 것이다. 그러나 미국은 1972년 우리가 프랑스와 재처리시설 도입을 추진할 때부터 반대했다. 정부는 1975년 9월 2일 한국, 프랑스, 국제원자력기구(IAEA) 3자 간의 안전조치협정에 서명했다. 이 협정의 목적은 우리 정부가 프랑스로부터 도입하는 협정상의 품목을 핵무기나 기타 핵폭발장치 제조 등 군사적 목적에 사용하지 않으며 이를 확인하기 위하여 국제원자력기구의 안전조치를 적용하는 데 있었다.

미국은 국제원자력기구의 안전조치보다 미국의 안전조치가 우선되어야 한다고 강변함에 따라 우리 정부는 추가적인 안정보장을 위해서 우리가 도입할 재처리시설에서 이루어지는 모든 재처리공정을 미국에 개방할 용의가 있음을 밝혔다. 그리고 우리가 도입하려는 재처리시설은 작은 규모의 실험용인데 미국이 이것을 우려하는 것은 이해하기 어렵다, 일본·서독·브라질 등은 벌써 재처리시설을 가지고 있다, 문제는 미국이 우리 정부의 안전조치를 위한 노력과 진의를 이해하지 못하고 있는 데 있다는 점을 강조했다.

그래서 오늘날 우리는 사용 후 핵연료 처리 문제를 '재처리'가 아닌 '재활용'의 기술로 해결하려고 노력하고 있다. 재활용 기술의 핵심은 파이로 프로세싱(Pyro-Processing)과 고속로(高速爐)다. 파이로 프로세싱은 사용 후 핵연료에서 산소를 떼어내서 금속상태로 만드는 것인데 이것을 환원과정이라고 한다. 이 금속상태의 사용 후 핵연료에 전기를 흘리면 한쪽 전극에서는 우라늄이 나오고 다른 쪽 전극에서는 플루토늄과 아메리슘 등이 섞인 금속덩어리가 나온다.

이 금속덩어리를 연료로 사용하는 원자로가 바로 고속로다. 이 고속로는 기존 원자력발전소에서 사용하는 물보다 중성자 에너지 흡수율이 낮은 나트륨이나 납, 비스무스 등 액체금속을 냉각제로 사용하는데, 이때 고에너지 중성자가 훨씬 더 자유롭게 움직임으로써 금속덩어리에 섞여 있는 플루토늄을 핵분열 시킨다는 것이다. 다시 말하면 원자력발전소에서 핵연료로도 사용할 수 있고 또 플루토늄을 만들 수도 있다는 것이다.

우리는 2025년까지 파이로 프로세싱 기술을 개발하고 고속로를

2028년부터 가동한다는 계획을 세워놓고 있다. 우리의 원자력연구원에서는 정부지원으로 나트륨고속로를 개발 중이고, 서울대학교에서는 납, 비스무스 고속로를 연구하고 있다. 따라서 우리의 재활용 기술이 실제로 실용화되기까지는 적어도 15년 이상 기다려야 한다. 그런데 미국은 금년 4월에 한미 원자력협정 개정 협상과정에서 우리가 파이로 프로세싱으로 사용 후 핵연료에서 산소를 떼어내서 금속상태로 만드는 환원공정까지는 허용할 의사가 있다는 주장을 한 것으로 알려졌다. 즉 고속로에서 핵분열이 가능한 플루토늄을 만드는 공정은 허용할 수 없다는 이야기다.

한 마디로 미국은 우리나라가 우리의 원자력발전소에서 사용할 핵에너지인 플루토늄을 사용 후 핵연료의 재처리로 생산하는 것을 막는 데 그치지 않고 그것을 15년 후에 재활용의 기술로 생산하는 것조차도 막겠다는 것이다. 그 근거로 미국은 한미 원자력협정을 내세우고 있다. 즉 기존 한미 원자력협정은 사용 후 핵연료를 재처리하여 플루토늄을 생산할 수 없게 하고 있을 뿐 아니라 사용 후 핵연료를 변형시키는 모든 행위를 할 수 없도록 금지하고 있는데, 사용 후 핵연료의 재활용 기술은 사용 후 핵연료를 변형시키는 행위에 해당되므로 금지된다는 것이다.

지금 미국, 프랑스, 일본 등은 사용 후 핵연료에 질산을 처리하여 순수한 플루토늄($Pu239$)을 생산하고 있다. 그들은 이것으로 핵무기를 만들 수 있다. 우리나라는 그렇게 할 수 없다. 미국이 1972년 한·미 원자력협정을 체결한 후부터 우리나라는 절대로 핵무기를 개발해서는 안 된다면서 내세웠던 주장을 되풀이하면서 우리의 손발을 묶어놓고 있기 때문이다. 당시 미국이 내세웠던 이유는 두 가지였다. 그 하나는, 미국은 주한미군이 보유하고 있는 전술핵무기로 한국의 안보를 보장하고 있으니 굳이 핵무기를 개발할 필요가 없다는 것이다. 다른 하나는, 한국이 핵무기를 보유하게 되면 북한의 핵 개발과 일본의 재무장을 자극하게 되어 동북아의 평화와 안전이 위태롭게 된다는 것이다.

미국의 이러한 주장은 그 당시에 있어서도 수긍할 수 없는 것이었다. 베트남전 이후 미국이 전술핵무기로 우리의 안보를 보장하리라는 것은 믿을 수 없는 공약이 되었고, 북한도 이미 핵무기를 개발하고 있었기 때문이다. 그러나 오늘날에는 그러한 주장마저도 설득력도, 타당성도 없는 것이 되고 말았다. 우리가 핵무기를 개발하여 자극하지 않았는데도 북한은 이미 핵무기를 보유하고 있고, 또 일본은 1980년 미국이 사용 후 핵연료 재처리시설과 우라늄농축시설을 보유하도록 허용한 이후 지금까지 방대한 양의 플루토늄(Pu239)을 보유하고 있고, 언제든지 핵무기를 제조·보유할 수 있는 잠재적인 핵강대국으로 인정되고 있다.

북한이 핵무기를 보유하고 있고 일본이 잠재적인 핵강대국이 되어 있음에도 불구하고, 극동지역의 평화와 안전이 위태롭게 되었다는 말은 없다. 평화와 안전이 위태롭게 된 것은 바로 우리 대한민국뿐이다. 북한은 핵무기보유를 자랑하며 시도 때도 없이 '서울 불바다' 운운하는 이른바 핵공갈을 일삼고 있다. 게다가 최근에는 일본이 과거의 군국주의 시대로 회귀하면서 재무장을 획책함으로써 극동지역의 안전과 평화를 위협한다. 한반도의 상황이 이토록 급변하였음에도 불구하고 미국은 41년 전의 한미 원자력협정 연장을 강요하면서 지금은 그 타당성을 완전히 상실한 주장을 되풀이하고 있다. 1972년 11월 24일 체결된 이 협정의 공식 명칭은 '한미 간 원자력의 민간이용에 관한 협력협정'이다. 이 협정이 체결된 후 거의 반세기에 가까운 세월이 지나갔다. 그동안 세상은 너무나 많이 변했다.

그동안 우리나라는 한미 원자력협정 때문에 우라늄농축시설과 사용 후 핵연료 재처리시설을 보유할 수 없게 됨으로써 경제적으로 엄청난 손실을 보고 있다. 경제적 손실보다도 더 중대한 문제는 우리나라가 41년이 넘는 오랜 기간 동안 이 협정의 족쇄에서 벗어나지 못하고 있다는 사실이다. 오늘날 41년 전에 맺은 협정의 연장을 주장하는 미 행정부의 관료들이나 정치인이나 언론인은, 1976년 건국 200주년 기념식 전야에 미국의 역사학자 아더 슐레신저(Arthur Schlesinger)가 미국인들에게 울린 다음과 같은 경종을 생각해 봐야 할 것이다.

"미국이 200번째의 생일에 접근하고 있는 지금이야말로 미국인들은 신이 미합중국은 죄 많은 세상을 구원하도록 임명했다는 유치한 환상을 버릴 때이다. 역사가 랑케(Ranke)는 언젠가 모든 새시대들은 신에 가깝다고 말한 적이 있다. 랑케는 독일인으로서 동의하지 않았을지도 모르지만, 모든 국가들도 또한 신에 가깝다는 것이 동일하게 진실이다. 선택된 국민은 없다. 어떠한 나라도, 미국이든 아니면 다른 나라든 신성하거나 독특하지 않다. 모든 다른 나라들처럼 미국도 진정한 이익과 허구적 이익을 갖고 있다. 즉 관대하고 이기적인 관심, 명예롭고 비열한 동기들을 갖고 있다. 우리도 역시 역사의 거미줄망의 일부이다."

이제 미국은 기존 한미 원자력협정의 연장을 주장하는 것이 진정한 미국의 이익과 관대한 관심 그리고 명예로운 동기에 따라 행동하는 것인지, 아니면 허구적인 이익과 이기적인 관심과 비열한 동기에 따라 행동하는 것인지를 스스로 자문해 보고 판단해야 할 때가 왔음을 명심해야 할 것이다. 박근혜 정부가 들어선 후 국내에서는 우리도 북한의 핵무기에 대응하기 위해 핵개발을 해야 한다는 주장도 있고, 핵개발을 해서는 안 된다는 주장도 있다. 그러나 핵을 개발하든 안 하든 그것과는 관계없이 전두환 정부와 노태우 정부가 미국의 압력과 위협에 굴복하여 포기한 '핵주권'은 반드시 원상회복하여 우리가 보유하고 있어야 한다는 데 대해서는 절대 다수의 국민들이, 특히 젊은 세대들이 공명하고 있다.

2013년 5월 6일, 박근혜 대통령이 미국을 방문했을 때 한미 언론들은 박 대통령이 미국의 여러 지도자들과 만나서 대화할 때마다 앞으로 한미 원자력협정은 두 나라의 이익에 부합하는 방향에서 발전적으로 개정되기를 바란다는 희망을 표명하고 협조를 호소했다는 기사를 보도했다. 오바마 대통령과 가진 정상회담에서도 그랬고, 미 상하양원 합동회의에서 행한 연설에서도 그랬으며, 또 상하양원의 지도자들과 가진 환담에서도 그랬다는 것이다. 이런 박 대통령의 호소에 대한 미국의 응답은 너무나 뜻밖의 것이었다. 미 행정부 관료들이나 정치인들이 한 목소리로 기존의 한미 원자력협정을 그대로 계속 연장하자고 주장한 것이다. 미국의 그러한 완미하고 강압적인 태도는 시대착오적인 강대국의 횡포라는 비난을 살망정, 한미 양국의 우호와 협력관계에는 아무런 도움이 안 된다는 인식이 새삼 아쉬운 시기다.

포드 행정부의 국무장관을 지낸 키신저(Henry Kissinger)는 1977년 10월 3일 〈워싱턴포스트〉에 「미국의 외교정책 도전을 다시 생각한다」는 제목의 논고를 발표했다. 그는 이 논고에서 베트남전에서의 패색이 짙어진 1960년대 후반에 "미국의 시대는 끝났다"고 단정하고, 미국도 이제는 다른 국가와 마찬가지로 인내와 상상력과 민감성을 가지고 외교정책을 수행하는 방법을 배워야 한다고 다음과 같이 카터 행정부에 충고한 바 있다.

"미국이 베트남전에서 패전할 가능성이 커지기 시작한 1960년대 후반은 이른바 '미국의 시대'에 종언을 고했다. 미국이 세계의 어느 나라보다도 압도적으로 강력했던 시대, 미국이 세계의 모는 문제에 전적으로 미국의 자원을 가지고 미국 혼자서 대처해나갔던 시대, 미국의 제의가 심각한 논쟁 없이 승인되었던 시대, 뉴딜정책과 같은 미국의 국내적 경험은 자동적으로 외국의 경제개발과 정치발전의 청사진이라고 믿었던 시대, 어떤 문제도 이번만은 해결될 수 있고 그렇게 되면 미국의 국제 노력은 끝난다고 생각할 수 있었던 시대, 이러한 시대가 이제 지나가고 만 것이다.

베트남전은 미국인에게 많은 것을 깨우쳐 주었다. 미국의 힘은 막강하지만 한계가 있다는 것, 미국의 영향력은 결정적인 것이기는 하지만 그것은 미국이 국가목표의 우선순위와 세계를 올바로 이해하고 있을 때에만 유효할 수 있다는 것을 베트남전은 미국인에게 가르치고 있다. 근 2세기 동안 미국은 유리한 지정학적 조건과 풍부한 자원 덕택으로 전쟁의 위험이 더 이상 방관할 수 없는 지경에 이를 때까지 기다렸다가 참전할 수 있는 사치스러운 여유를 가지고 있었고, 언제나 대량의 군사력을 동원함으로써 때늦은 참전을 보상하는 기회를 가졌다.

그리고 다른 나라들은 그들의 생존과 가치를 보전하기 위해서 항상 피할 수 없는 결정을 내려야 하는 고통을 끊임없이 겪어야 했으나 미국은 그러한 고통을 당하지 않았다. 다른 나라들과는 달리, 미국은 이상과 현실을 조화시키고 제한된 수단과 제한된 목적에 적응해야 하는 곤경을 피할 수 있었다.

오늘의 세계는 한 세대 전의 세계가 아니다. 지정학적 여건은 더 이상 안전을 보장하지 않는다. 미국이 독점하고 있던 핵무기는 이제는 다른 나라들의 핵무기와 균형을 이루고 있다. 미국도 이제는 다른 나라와 마찬가지로 공격받기 쉽다. 핵무기는 세계의 모든 지역에 있는 모든 국민들에게 '생존에 대한 위협'을 가하고 있다. 세계경제는 상호의존적인 것이 되었다. 미국의 번영은 우리의 국가목표와 반드시 양립하지 않는 목적을 추구하는 다른 나라들의 천연자원과 물가와 투자에 관한 결정에 볼모로 잡혀 있다.

국제관계의 구조도 근본적으로 변하였다. 1945년 유엔회원국은 51개 국가였으나 지금은 150여 개 국가로 늘어났고, 그중 많은 나라들이 이념적으로 미국에 적대적이다. 두 차례의 세계대전이 지난 2세기 동안의 서구 지향적인 세계질서를 파괴한 것과 마찬가지로 전후의 냉전시대의 양극체제는 해체되었으며, 그 자리를 메꾸기 위해 새로운 형태의 세계질서가 형성되어야 한다. 미국 역사상 처음으로 미국은 세계를 지배할 수도 없고 세계에서 도피할 수 없다. 이제 미국은 선택이 아니라 현실에 의해서 세계문제에 책임지게 되었다. 미국은 이제 다른 나라들과 마찬가지로 인내와 상상력과 민감성을 가지고 외교정책을 수행하는 것을 배워야 한다.”

이제 한·미 원자력협정의 연장을 주장하는 미 행정부의 관료들이나 미 의회의 의원들은 지난 40여 년 동안 미국도 변했고, 한국도 변했으며, 세계도 변했다는 엄연한 현실을 직시하고 기존의 한·미 원자력협정의 처리에 있어 인내심과 상상력과 민감성을 발휘하여 새로운 대안을 제시해야 할 것이다. 왜냐하면 우리 국민 절대다수가 우리의 핵주권 원상회복을 요구하고 있는 상황에서 기존 한미 원자력협정연기를 계속 주장한다면, 그것은 한·미 양국의 정면대결을 불가피하게 만들 것이기 때문이다.

미국은 새로운 대안을 제시하기 전에 오늘날 우리 국민들의 의혹과 불신을 사고 있는 몇 가지 문제에 대해 진정성 있는 해명을 해야 할 것이다. 첫째, 북한의 핵개발은 막지 못하고 우리나라의 원자력발전과 핵개발을 막고 있는 이른바 ‘런던클럽’의 세계 7개 원자력국가들의 비밀서약이라는 것은 도대체 누구를 위한 것이며, 미국이 이 서약의 실행을 주도하면서 우리나라의 핵주권을 옥죄이는 이유가 어디에 있는가 하는 문제다. 둘째, 미국은 일본과 유럽의 동맹국들에게는 원자력발전과 핵개발에 있어서는 거의 제한 없이 많은 것을 용인하고 있으면서 같은 동맹국인 우리나라에 대해서는 손발을 다 묶어놓고 차별대우를 하고 있는 이유가 어디에 있느냐 하는 문제다.

미국은 적어도 이 두 문제에 대해서는 한 점 의혹의 여지가 없도록 극명한 해명을 내놓아야 한다. 만일 미국이 그러한 해명을 하지 않거나 또는 해명이라는 것이 진실을 호도하는 것이라면, 그것은 미국으로서는 기존 한미 원자력협정의 연기 주장을 철회할 생각이 없다는 것을 뜻하는 것으로밖에는 달리 이해할 여지가 없는 것이다. 이러한 상황에서 우리나라가 선택할 수 있는 행동의 범위는 넓지 않다. 그것은 필경 두 가지로 귀결될 수밖에 없다.

첫째는 미국에 대해 다시 한 번 생각의 방향을 바꾸어 보라고 권유하는 것이다. 40여 년 해묵은 기존 한·미 원자력협정을 한미 양국의 이익을 증진할 수 있는 방향으로 개정했으면 하는 한국정부의 입장을 존중해 주는 것이 바람직한 일이 아니겠느냐고 말이다. 둘째는, 미국이 우리의 거듭된 권고를 거부할 경우 우리는 독자적으로 핵주권을 원상회복하여 이를 보유한다는 것을 국내외에 선언하는 것이다. 그러나 그것은 결코 우리가 당장 핵무기를 개발하자는 것은 아니다. 그것은 다만 우리의 핵주권을 제약하고 있는 한·미 간 원자력협정의 구속을 더 이상 받지 않겠다는 것을 뜻한다. 다시 말하면 만기가 지난 한미 원자력협정을 그대로 연장하려는 미국의 주장을 용인하지 않겠다는 것이다. 그것은 필경 기존협정의 폐기를 의미하는 것이다.

우리 정부와 정치인과 국민들도 우리의 핵주권 문제에 대해 미국이 동맹국인 우리나라에 대해 당연히 해야 할 도리를 해야 한다는 것을 요구하고 관철해야 한다. 일부 사대주의자들은 우리가 그러한 요구로 강대국인 미국을 몰아세우면 갈등이 생기고 우호관계가 악화될 것이며, 그렇게 되면 우리에게 이로울 것이 없지 않느냐면서 미국이 하자는 대로 협정을 연기하는 것이 좋겠다는 주장을 할 것이다. 우리나라가 지난 40여 년 동안 한미 원자력협정의 굴레에서 벗어나지 못하고 있는 것은 바로 역대 정권들이 강대국에 대한 사대주의적이고 굴종적인 자세를 견지해 왔기 때문이다.

이제 공은 미국으로 넘어갔다. 한미 원자력협정의 연장을 계속 고집함으로써 갈등과 균열을 지속시킬 것이냐, 아니면 협정의 개정에 협력함으로써 우호와 협력의 유대관계를 새롭게 강화하는 계기를 조성할 것이냐 하는 것은 오로지 미 행정부의 관료들과 정치인, 언론인들의 판단과 결정에 달려 있다. 우리는 그들의 신속하고 올바른 판단과 결정을 기대한다.

제7장 박정희 대통령은 왜 핵무기개발에 목숨걸었나

핵무기는 북괴 남침을 막을 수 있는 최선의 전쟁억지력이다

대통령은 1976년 미국의 압력으로 프랑스의 핵연료 재처리시설 도입을 포기한 직후 핵연료개발공단을 설립하고 재처리의 핵심시설을 도입해서 재처리공장을 우리 손으로 직접 만들도록 했으며, 82년경에는 드디어 우리나라도 핵무기를 보유할 수 있게끔 그 개발이 성공적으로 완성단계로 접어들고 있었다. 그래서 대통령은 우리가 1982년에 핵개발을 완성하게 되면 우리는 북한과의 핵개발 경쟁에 있어서 북한보다 10여년 정도 앞서나갈 수 있다고 전망하고 있었으며, 그 때 우리는 자주국방력을 갖게 된다고 확신하고 있었다. 즉, 북괴가 중공이나 소련의 지원 없이 단독남침을 감행해 왔을 때 우리도 미국 등 우방의 지원 없이 우리 단독으로 북괴 침략을 억지할 수 있는 자주국방력을 보유하게 된다는 것이다. 자립경제 건설과 함께 자주국방 건설은 대통령이 지난 십수 년 동안 혼신의 힘을 다하여 추진해 온 부국강병정책의 2대 지주(支柱)였다. 그것은 한 마디로 가난하고 힘이 없는 이 나라를 잘살고 힘이 있는 나라로 만들어 우리의 후손들에게 물려주자는 것이었다. 대통령은 이것을 자신의 소박한 소망이며, 꿈이라고 생각해 왔고, 일 년 열두 달, 자나 깨나 오직 이 소망, 이 꿈을 실현하기 위해 자신의 모든 것을 바쳐왔다. 그리하여 82년 무렵이 되면 자립경제 건설과 자주국방 건설은 완성될 수 있다고 확신하고 있었다. 대통령은 1972년에 우리 정부가 프랑스에서 '사용 후 핵연료'의 재처리 시설의 도입을 추진할 때 이미 미국이 이 사실을 알게 되면 이것이 핵개발을 위한 1단계 사업이라고 보고 이를 강력히 반대할 것이라고 예상하고 있었다. 그럼에도 불구하고 우리는 앞으로 필요할 때에는 언제나 핵개발을 할 수 있는 능력을 갖추어 놓고 있어야 한다고 생각했다. 그 이유는 경제적인 것과 정치적인 것 등 여러 가지가 있었다. 그러나 가장 긴급하고 또 가장 중요한 이유는 군사적인 것이었다. 즉, 주한미군 철수와 동시에 그동안 전쟁억지력의 기능을 수행해 온 미군의 핵무기가 철수하는 데 대비해서 우리는 우리 자체의 전쟁억지력을 보유하고 있어야 하며 이를 위해서는 핵개발이 불가피하다는 것이다. 북한의 6·25남침 이전이나 휴전이 성립된 후에도 우리나라는 북한의 또 다른 침략에 대항할 수 있는 우리 자체의 전쟁 억지능력이 없었다. 그래서 미국은 북한의 기습공격을 억지할 수 있을 뿐 아니라 지체 없이 효과적인 반격을 가하는 데 충분하다고 판단되는 미군병력과 전술핵무기를 휴전선 인근에 배치해 두고 있었다. 그 후 주한미군의 전술 핵무기는 북괴의 전쟁 도발에 대한 억지력의 역할을 수행해 왔다. 군사 전략으로서 억지의 본질은 침략적인 군사행동을 준비하고 있는 적에 대하여 그들의 침략을 감행하면 치명적인 보복을 하겠다고 위협하여 적으로 하여금 침략적인 군사 행동을 하지 못하도록 하는 데 있다. 치명적인 보복은 적에게 '막대한 피해를 입히는 것'을 의미하는 것이 아니라 그 수준을 넘어서 적이 '받아들일 수 없을 정도의 손실'을 입히는 것을 뜻하는 것이다. 대통령은 이러한 보복능력에서 있어서 가장 효과적인 것이 핵무기라고 보고 있었다. 즉, 현대전에 있어서 가공할 파괴력으로 적에게 '받아들일 수 없을 정도의 손실'을 입힐 수 있는 현대무기는 핵무기뿐이라는 것이다. 핵무기에 의한 보복능력이 없는 경우 적의 기습공격에서 파괴되지 않고 남은 지상군이나 공군력이나 미사일이나 다른 재래식 무기만으로는 적에게 치명적인 피해를 입힐 수 없을 뿐 아니라 군사적 균형이 무너져 국가존망의 위기에 직면하게 된다. 이러한 국가위기를 사전에 예방하려면 적이 육지와 바다와 하늘로 기습 공격을 감행하는 데 사용하고 있는 항만과 교량, 철도, 비행장, 미사일 기지와 특정한 군사지역 등 전략적 목표를 파괴하여 적의 공격력을 무력화시키고 '그들의 존립자체'를 위협할 수 있는 대량 보복능력을 보유하고 있어야 한다. 그러한 보복수단으로는 핵무기밖에 없으며, 다른 무기는 그 대안이 될 수 없다는 것이다. 그동안 무력적화통일을 공언하면서 전쟁준비에 광분해 온 북괴의 기습남침을 억지해 온 것은 휴전 이후 비무장지대 인근에 배치되어 있던 주한미군과 그 핵무기였다. 북괴가 기회 있을 때마다 주한미군의 철수를 주장해 온 것은 주한미군과 그 핵무기가 철수하면 우리의 전쟁억지력이 없어지고, 그렇게 되면 북괴는 미군의 핵 보복에 대해 걱정할 필요 없이 마음놓고 기습공격을 감행하여 단숨에 무력적화통일을 할 수 있다고 생각하고 있기 때문이고, 대통령은 북괴의 이러한 속셈을 잘 알고 있었기 때문에 주한미군의 계속적인 주둔을 요망해 왔다. 그런데 1971년 미국은 북괴가 그토록 원하는 주한미군의 철수를 일방적으로 단행했다. 그것은 비록 2개 사단 중 1개 사단병력의 철수였지만 나머지 주한미군도 언제 또 철수할지 모른다는 불안을 증대시켰고, 미국의 한국 방위의지에 대한 불신을 증폭시킨 중대한 사건이었다. 1969년 8월 한·미 정상회담 때 닉슨 대통령은 대통령에게 이른바 '닉슨 독트린'을 설명하고, 주월 미군의 일부 철수계획을 알리면서 월남에 한국군이 계속 남아있는 동안에는 주한미군을 철수하지 않을 것이라고 말하고, 만약 앞으로 주한미군을 철수하게 되면 사전에 한국정부와 충분히 협의한 후에 결정하겠다고 다짐했다. 그러나 한미 정상회담 후 일 년도 안 되어 미국은 이 약속을 지키지 않았다. 1970년 3월 26일 포터 주한미국대사는 청와대로 대통령을 예방하고 주한미군 2만 명을 감축하기로 한 미국 정부의 결정을 통보했다. 그리고 8월에 방한한 애그뉴 부통령은 대통령에게 미국의 철군 배경을 설명하고 "앞으로 더 이상의 주한미군 철수는 없다"고 강조하였다. 그러나 그는 대만으로 가는 비행기 속에서 미국기자들에게 "주한미군은 앞으로 5년 내에 완전히 철수한다"고 공언하였다. 우리에게는 신의를 저버린 충격적인 언동이었다. 이때 대통령은 불원 간 미국은 주한미군을 모두 철수시킬 것이라고 판단했고, 따라서 우리의 국방을 더 이상 미국에 의존할 수 없게 되었고 또 의존해서도 안

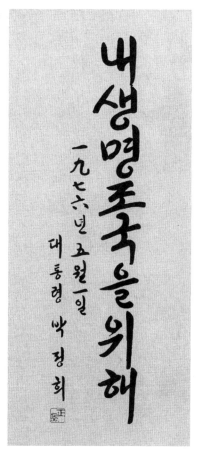

되겠다는 결심을 굳혔다. 결국, 닉슨이 71년에 주한미군 제7사단을 철수시킴으로써 미국은 자국의 필요에 따라 언제든지 미군을 철수시킬 것이라는 것이 분명하게 드러났고, 우리의 국방을 주한미군에만 의존할 수 있는 가능성은 희박해졌다. 주한미군의 철수는 미국이 보유하고 있는 핵무기의 철수를 수반하게 되므로 미국의 핵우산이 한국에서 없어지게 되는 것을 뜻하고, 미국 핵무기의 철수는 바로

전쟁억지력의 소멸을 뜻하는 것이며, 전쟁억지력의 소멸은 북괴의 침략에 대해 우리나라가 무방비 상태에 놓이게 되는 것을 의미했다. 대통령은 우리의 국가 안보를 미국에만 의탁하고 있다는 것은 치명적인 전략적 과오가 될 수 있고, 최악의 경우에는 우리나라가 자유월남의 비극적인 전철을 밟게 될 위험성마저 있다고 보고 하루속히 자주국방력을 확보해 둘 필요가 있다고 생각했다. 70년대 초 남북한의 군사력 차이는 크지 않았다. 문제는 북한이 6·25남침 때처럼 기습공격을 한다면 현대무기의 엄청난 파괴력을 고려할 때 우리 국군의 병력과 장비는 전쟁 초기에 상당한 피해를 입게 되어 북한군을 저지하거나 보복할 능력을 상실하게 된다는 데 있었다. 따라서 우리로서는 북괴의 기습남침에 대비해서 북괴군과 북한의 군비공장과 군사기지에 치명상을 입힐 수 있는 자주국방력을 갖추어 독자적인 전쟁억지력을 보유하는 것이 우리의 국가적 생존을 위해서 불가결한 것이었다. 따라서 대통령은 빠른 시일 내에 자주국방을 실현해야 되겠다고 생각했고, 자주국방의 궁극적인 해결책은 핵무기개발에 있다고 믿고 있었다. 그 파괴력에 있어서 재래식 무기와는 비교할 수 없을 정도로 월등하고 북한이 기습공격을 감행해 올 경우 북한의 존립 자체에 치명적인 손상을 입힐 수 있는 핵무기로 우리 국군을 무장할 때 우리의 자주국방 건설은 완성되는 것이라고 믿고 있었다. 대통령이 핵개발을 해야 한다고 생각한 것은 최선의 전쟁억지력을 확보하고 있음으로서 북한의 또 다른 남침을 억지하려는 데 그 목적이 있었다.

우리가 북괴보다 먼저 핵개발을 완료해야 한다

대통령은 북한의 또 다른 기습남침을 억지하기 위해서는 우리가 북한보다 먼저 핵개발을 완료해 놓고 있는 것이 중요하다고 생각하고 있었다. 대통령은 북한이 우리나라보다 먼저 핵무기를 보유하게 되면다면 그들의 계획과 그들의 정책을 우리에게 강요하는 수단으로 핵무기를 활용할 것이라고 보고 있었다. 토마스 셸링(Thomas C. Schelling)은 〈무기와 영향력(Arms and Influence)〉이라는 논문에서 우세한 군사력을 확보하고 있는 국가는 군사적으로 약세인 적대국가에 대하여 직접적으로 폭력을 행사하지 않는다 하더라도 우세한 군사력을 배경으로 정치적 양보를 강요하는 이른바 '폭력외교'를 구사하는 경향이 있다고 간파한 바 있는데, 북한은 이러한 '폭력외교'로 우리를 위협하고 협박할 것이 틀림없다는 것이다. 따라서 북한이 우리보다 먼저 핵무기를 보유할 경우 우리가 직면하게 될 핵의 공포와 정치적 협박이나 강요로부터 자유로울 수 있는 고지를 선점하기 위해서, 다시 말해서 북한의 '폭력외교'를 저지하기 위해서는 우리가 북한보다 먼저 핵무기를 우리 기술과 우리의 재원으로 만들어 보유하고 있을 필요가 있다는 것이다. 원자력을 평화적으로 이용하는 기술은 우리가 북한보다 훨씬 앞서있지만 낙후된 시설, 공정으로나마 원자탄을 만들어 내는 데 있어서는 북한이 우리보다 유리한 입장에 있었다. 우리는 수출 주도형의 경제 체제를 유지하고 있었기 때문에 미국 등 서구의 기존 핵보유 국가들이 경제적 외교적 압력을 가할 때 이를 극복하기 힘든 처지에 있었다. 호주도 이 같은 이유 때문에 핵개발을 포기했다. 그러나 북한은 폐쇄적인 자력갱생의 경제체제를 유지하고 있는 공산독재국가이기 때문에 자본주의국가들의 압력에 큰 영향을 받지 않고 핵무기개발을 추진할 수 있었다. 게다가 북한은 핵확산금지조약에 가입하지 않고 있었으므로 핵개발에 대한 국제적 감시가 전혀 미치지 않고 있었다. 대통령이 국내외의 여러 정보망을 통해 북한의 핵개발 움직임에 관해 파악한 자료에 의하면 70년대 초반에 북한의 핵개발 계획은 상당히 진적되어 있었다. 1970년대에 북한은 핵물리학자들을 소련의 두브나핵연구소에 파견하고, 중공에 핵미사일 전문가를 파견하여 연구하도록 하였다. 1974년 북한은 '경원하'라는 핵 공학자를 유치하였는데, 경 씨는 미국의 로스알라모스연구소에서 직접 핵폭탄 제조에 참여했고, 캐나다에서 대학교수로 재직하다 많은 기밀자료를 갖고 북한에 들어가 북한의 초대원자력연구소장 이승기 박사와 함께 북한의 핵개발에 큰 기여를 한 것으로 알려져 있었다. 북한은 또한 자체기술로 30만 메가와트급의 제2시험용 원자로를 만든다는 계획을 세우고 있었다. 이 정도 규모의 시험용 원자로는 사용 용도에 따라서는 플루토늄 생산을 가속화할 수 있는 기능을 갖고 있었다. 일반 상업발전용 원자로는 우라늄을 한 번 장착하면 3년 정도를 서서히 태우는데, 시험용원자로는 설계에 따라 이를 급속히 태울 수 있기 때문에 30만 메카와트짜리면 1년에 핵폭탄 1, 2개를 만들 만큼의 플루토늄239를 충분히 생산할 수 있다는 것이다. 북한은 영변에 원자력발전소를 건설할 계획이라고 하는데 이것은 발전소가 아니라 '사용 후 핵연료'의 재처리공장일 가능성이 큰 것으로 관측되고 있었다. 북한이 재처리공장을 가동할 수 있게 되면 , 연간 약50kg의 '플루토늄239'가 생산되고, 이 정도 양이면 원자폭탄 7개 정도를 제조할 수 있었다. 북한의 과학원 산하에 있는 원자력연구소, 핵물리연구소, 핵전자연구소, 방사화학연구에서는 극비리에 원폭제조기술 개발에 총력을 기울이고 있었기 때문에 북한은 1990년대 초반에는 핵무기를 생산하여 보유할 수 있는 능력이 있는 것으로 관측되었다. 북한은 개량형 스커드미사일 외에 사정거리 9백 km의 전술탄도미사일을 개발하고 있었으며, 이것이 90년대 초반에 완성되면 핵탄두 운반수단까지 보유하게 될 것으로 예상되고 있었다.

제8장 대통령의 후임자 4인방의 반국가적 망동

대한민국 핵주권을 포기한 전두환과 노태우

1979년 10월 26일, 우리나라의 핵개발 저지를 위해서 대통령에게 온갖 압박과 생명의 위협을 가해 오던 핵강대국 미국의 보이지 않는 거대한 손의 작용에 의해서 대통령은 비명에 운명했다. 그러나 미국의 대국주의적인 폭거는 이것으로 끝나지 않았다. 미국은 80년 유혈 쿠데타로 정권을 장악한 전두환과 노태우에게 집권의 정통성을 인정하는 대가로 우리나라의 핵개발을 근원적으로 봉쇄하는 특단의 조치를 강요했고, 전두환과 노태우는 우리나라의 핵 주권을 완전히 포기하고 말았다.

이른바 신군부 세력의 군부 하극상 난동

79년 10월 26일, 박대통령 서거 후에 육군참모총장 정승화는 보안사령관이며, 대통령시해사건을 조사하는 합동수사본부장인 전두환(全斗煥) 육군소장을 동해 경비사령관으로 전보시키려 했다. 전두환을 중심으로 한 이른바 '하나회' 신군부는 전두환의 전보는 그들이 몰락이라고 보고 있었다.

12월 12일 오후 7시, 전두환은 허삼수, 우경윤 등 두 대령을 지휘관으로 하는 80여 명의 군병력을 육군참모총장 공관으로 보내 정승화 총장을 연행해 오도록 했다. 그날 밤 총장 공관에서는 총격전이 벌어지고 유혈사태가 빚어졌다. 정 총장은 보안사로 연행되어 물고문을 당했다. 이것이 세칭 12·12 신군부의 쿠데타였다. 전두환은 하룻밤 사이에 계엄사령관을 구속하고, 국방장관을 바꿔 버렸으니 12월 13일부터 이 나라의 최강자는 전두환 소장이라고 인식되고 있었다.

12·12사태 이틀 후인 12월 14일 글라이스틴 주한미대사는 전두환을 초청하여 헌정질서회복을 요망했다. 전두환은 최규하 대통령을 지지한다고 말하고, 12·12사태는 박정희 대통령 암살 사건을 수사하는 과정에서 파생된 우발적인 사건이었고 자신은 개인적인 야심이 없다고 주장했다. 글라이스틴은 전두환을 혹평했다. 추진력은 강한 사람이나 잔인하고 거짓말을 서슴없이 한다는 것이다. 같은 날 한미연합사령관 존 A. 위컴은 전두환을 사령관실로 불러서 첫 대면을 한 후 '전두환은 결코 신뢰할 수 있는 인물이 아니다'라고 말하고 전두환이 자기에게 했다는 말을 다음과 같이 밝혔다.

"전두환은 부정부패를 일소한 뒤 병영으로 복귀할 것이며 우리를 밀어주면 언젠가는 우리에 대해 자랑스럽게 생각할 날이 올 것이다. 전두환은 정치에는 관심이 없으며 자신의 소망은 육군참모총장이 끝이라고 했다. 전두환은 일단 고지를 차지했고, 권력의 맛을 보았으며, 권력을 쓰는 방법도 알았다. 내게는 결코 신뢰할 수 있는 인물로 비치지 않았다. 오직 행동만이, 말로는 미국의 신임을 얻을 수 없다는 점을 전두환은 잘 인식하고 있었다."

전두환은 80년 5월 17일, 광주에서 일어난 민주화운동이 폭력사태로 이어지자 군부대를 투입하여 이를 진압하려 하였고 이 과정에서 많은 희생자가 발생하는 비극적 사태가 빚어졌다. 그 후 전두환이 이른바 '국보위'라는 것을 설치하자 미국은 전두환 등 신군부가 전면적인 정권장악을 기도한다고 보고 이를 견제하기 위한 몇 가지 압력을 가했다.

즉, 제2차 한미정책협의회 개최를 연기했고 미국경제사절단의 한국파견을 무기연기시켰으며, 인천 항만시설을 위한 아시아개발은행 차관과 국제금융공사차관에 대한 표결도 연기시켰다.

그런데 전두환에 대한 위컴사령관의 입장과 태도가 돌변했다. 위컴은 8월 7일 미8군 사령부의 집무실에서 서울주재 미국기자들을 불러 회견하는 자리에서 "전두환 국보위상임위원장이 한국의 새로운 지도자가 될 경우 미국은 그를 지지할 것이라고 말하고, 금년 1월 전장군에 반대하는 한국군 장교 수명이 찾아와 미국이 자기들을 지지해 주면 전두환을 제거하겠다는 제의를 해왔으며 그들의 계획을 저지시켰다고 밝히고 전두환을 제거하는 것은 전쟁을 불러 일으킬지도 모르는 불안정 요인이 될 수 있다고 주장했다.

불과 몇달 전에 전두환에 대해 비판적이었던 위컴이 전두환을 두둔하고 나선 것이다. 왜 그랬는가? 무슨 일이 있었는가? 그것은 위컴과 전두환 사이에 엄청난 거래가 있었기 때문이다. 위컴은 미국 정부가 1974년부터 온갖 수단과 방법을 동원하여 저지하려 하였던 박정희 대통령의 핵개발프로젝트와 관련 있는 연구소와 연구원과 각종 시설들을 완전히 제거하라는 요구를 했고, 전두환은 이 요구를 들어주지 않을 경우 자기에게 어떠한 위해가 가해질 것인가 하는 것을 잘 알고 있었기 때문에 그 자리에서 그렇게 하기로 약속한 것이다.

실제로 전두환은 국방과학연구소의 고위 실무진 30여 명을 해고했다. 그 중에는 국방과학연구소의 심문택 박사와 1977년과 1978년 사이에 우리나라 최초의 유도탄 K-2 개발을 주도했던 최현호 박사도 포함되어 있었다.

위컴이 기자회견을 했던 8월 7일 미국의 카터 행정부는 "미스터 전(全)이 한국의 차기 대통령이 되기에 충분한 국민의 지지를 받고 있다"는 결론을 내렸다는 것이다.

그 후 1981년 1월 20일 전두환은 대통령으로 취임했다. 결국 전두환은 박정희 대통령이 목숨걸고 추진해 온 핵무기와 유도탄개발계획을 포기하고 그 대가로 자신의 대통령직에 대한 미국의 승인을 얻은 것이다. 전두환의 대통령 취임식날 다음날인 1981년 1월 21일 미국은 전두환의 방미가 이루어질 것이라고 발표했다. 전두환은 카터의 후임인 레이건 대통령이 취임 직후 맞이한 첫 번째 국빈이었다.

1981년 전두환 정권은 핵무기개발을 포기하는 조치들을 취했다. 1981년 1월 핵연료개발공단을 원자력연구소와 통합하며 에너지연구소로 이름을 바꾸었고 핵연료개발연구를 금지시켰다. 1970년대에 박정희 대통령의 보호와 지원 속에 방위산업발전에 불철주야 헌신해 온 유능한 과학기술 두뇌들이 대학이나 개인기업으로, 또는 전공과는 관계없는 직장에 취직하거나 실업자가 되어 뿔뿔이 해산되고 말았다.

국방과학연구소의 경우 3천여 명에 이르던 인력 중 1천여 명이 연구소를 떠나고 특히 미사일개발에 관여했던 과학자들은 모두 쫓겨났다. '백곰'이 미제 나이키 허큘리스 미사일에 페인트를 칠한 가짜라는 황당무계한 누명을 씌워 내몰았다. 실제로는 미국이 신군부의 집권을 승인해 주는 대가로 미사일개발 포기를 강요하였고 전두환 정권은 정권안보를 위해서 미국의 압력에 굴복하였던 것이다. 만일 1980년 초에 미사일개발이 중단되지 않고 계속되었더라면 우리나라의 무궁화 위성발사는 미국이나 다른 외국에 비싼 외화를 주고 부탁할 필요가 없게 되었을 것이며, 북한의 노동미사일 개발을 걱정할 필요가 없을 것이다.

결국 전두환 정권이 미국의 압력에 굴복하여 핵개발과 미사일개발에 헌신해 온 과학자와 기술자들을 모두 숙청한 결과 우리나라의 국방과학기술과 방위산업의 성장과 발전은 적어도 수십 년 이상 늦어지고 말았다.

전두환 정권이 우리의 핵무기개발을 '사실상 포기'한지 10년이 지난 1991년 11월 8일 노태우는 우리나라의 '핵주권의 공식포기'를 발표했다. 이른바 '한반도 비핵화선언'이 그것이었다. 이 선언의 2항은 "대한민국은 핵연료 재처리시설 및 핵농축시설을 보유하지 않는다"는 내용을 달고 있다. 이 비핵화 선언은 미국이 북한에 핵개발 포기를 종용한다는 명분으로 우리 정부에 집요하게 강요한 핵기술개발 포기요구를 무능한 노태우 정권이 받아들인 것이다. 1967년 일본은 핵의 제조·보유·반입 금지라는 이른바 '비핵3원칙'을 선언하고, 그에 대한 보상으로 우라늄 농축시설과 핵연료 재처리시설, 그리고 다량의 플루토늄을 보유할 수 있게 되었다. 그러나 노태우 정권은 아무런 보상이나 대가도 없이 우리나라의 핵 주권만 포기하고 만 것이다. 결국, '비핵화 선언'은 우리나라의 원자력 발전소의 연료를 미국에 의존하게 만듦으로써 경제적으로 매년 막대한 부담을 안게 되었다. 왜냐하면 우리는 핵연료 재처리시설과 우라늄 농축시설을 보유하지 못하게 되어 버렸기 때문에 앞으로 우리는 원자력발전 연료인 '농축 우라늄'을 미국에서 구입해야 하며, 또 원자력발전소에서 계속 나오는 '사용 후 핵연료'는 미국에서 미국이 요구하는 비싼 사용료를 지불하고 재처리할 수밖에 없게 되었다. 이것은 미국의 압력과 위협에 겁을 먹고 전두환 정권과 노태우 정권이 양보해서는 안 될 것을 양보했고, 포기해서는 안 될 것을 포기했기 때문에 우리 스스로 자초한 결과였다. 그렇지 않아도 미국은 72년에 우리나라와 체결한 한·미 원자력협력협정을 근거로 우리나라가 핵연료 재처리시설의 도입이나 건설을 하지 못하도록 원천적으로 막아 버린 것이다. 그리하여 우리나라는 그로부터 수십 년이 지난 21세기에 있어서도 비핵화 선언과 한미 원자력협력협정의 굴레에서 벗어나지 못함으로써 경제적으로 막대한 손실을 보고 있으며, 정치적, 군사적으로 미국의 지배적인 영향하에 놓이게 되었다. 그 결과 우리나라는 자주국방의 핵심인 핵무기를 개발할 수 없게 됨으로써 우리의 국방을 미국의 '핵우산'에 계속 의존할 수밖에 없게 되었고, 이에 따라 미국에 대한 '군사적 종속상태'에서 벗어날 수 없게 되었다. 그러나 이보다 더 중대한 문제는 핵주권의 완전 포기로 그 후 우리가 핵개발 문제에 있어서 북한과 경쟁을 할 수 없도록 우리의 손발을 우리 스스로 묶어 버리고 만 데 있었다. 그리하여 2006년 12월 북한이 핵실험에 성공하고 핵보유국가가 되었음을 선언했을 때 우리나라는 북한의 핵무기를 배경으로 한 '폭력외교' 앞에 무방비 상태로 노출되게 되었다. 북한은 지금도 서울을 불바다로 만들어 버리겠다는 위협을 되풀이하고 있다. 이것은 바로 전두환과 노태우가 우리나라의 핵 주권을 포기한 결과다. 즉, 북한은 무력적화통일을 위해 전쟁을 도발하더라도 남한은 자기들에게 치명상을 입힐 수 있는 핵 보복 능력이 없다고 믿기 때문에 마음놓고 핵 공갈과 협박을 하고 있는 것이다. 우리가 핵무기를 보유하고 북한이 전쟁을 도발하면 즉각 북한의 모든 군사시설과 무기를 파괴하겠다고 공언한다면 북한은 절대로 전쟁 도발을 하지 못할 것이며, 핵무기를 과시하며 우리에게 협박하고 위협하는 일을 하지 못할 것이다. 그러나 우리는 핵 주권의 완전 포기로 핵 보복 능력을 보유할 수 없게 됨으로써 대한민국과 우리 국민의 생존과 안전은 북한의 핵 위협에 노출되어 있는 것이다.

전두환과 노태우의 6·29선언

1986년 4월, 전두환은 유럽순방에서 돌아온 직후 우리나라의 현실에서는 의원내각제가 적합하다고 생각한다는 소견을 피력했다.

우리나라처럼 여·야 정당이 이념적으로, 정치적으로 분열되어 극한투쟁과 정쟁이 그칠 날이 없는 없는 곳에서는 의원내각제는 국정의 불안정과 비능률과 무능화를 가져오기 때문에, 국가건설과 국가안보에 중대한 차질과 위험을 유발하는 제도라는 것이 널리 공인되어 있다.

그런데도 전두환이 의원내각제가 적합하다고 주장 이유는 무엇인가? 의원내각제를 하면 민정당이 계속 집권할 수 있고 민정당이 계속 집권하게 되면 전두환 자신도 어떤 형태로든 권력의 보호와 특권을 계속 누릴 수 있게 된다고 계산한 것이다.

자기들의 집권차례가 왔다고 생각하고 있는 야당이 전두환의 속셈을 모를리가 없었다. 전두환이 임기가 끝난 후에도 수상이나 막후 실세로 계속 권력의 혜택을 누리겠다는 것이 전두환이 노리는 의원내각제 개헌의 숨은 목적이라는 것이다. 의원내각제에 대한 야당의 반대가 거세게 일어나자, 전두환은 통일주체국민회의에서 대통령을 선출하는 기존 제도를 그대로 유지하기로 결심하고 6월 10일의 민정당 전당대회에서 노태우를 대통령 후보로 지명했다.

그러나 이 소식이 알려지자 전국 30여개 도시에서 대규모 폭력시위가 발생했다. 그것은 1960년 4·19 학생시위 이후 가장 격렬한 시위였고 삽시간에 전국으로 확산되었으며, 시위대와 경찰 간에는 마치 시가전 같은 전투상황이 벌어졌고 이틀 동안에 7백여 명이 부상하고 수만 명이 체포되었다.

6월 18일 부산일대에 과격한 시위가 발생하자 전두환은 이날 밤 부산 일원에 위임수령을 발동했다. 그리고 다음날 오후까지 수요 노시와 대학에 군 병력을 배치했다. 전두환은 비상사태를 선포하여 정당을 해산하고 군사법정을 설치하여 시위학생과 반정부인사들을 처벌하겠다고 공언했다.

주한 미국대사와 주한 미군사령관은 미국정부의 훈령에 따라 전두환을 방문하여 무력사용을 하지 말라고 강력히 경고했다. 계엄령 선포는 한미동맹을 저해하는 행위가 될 것이며, 1980년의 광주사태와 같은 불행한 일의 재발을 자초하는 결과를 가져올지도 모른다는 것이다. 전두환은 이 날 오후 늦게 계엄령을 선포하지 않겠다는 뜻을 주한미국대사에게 통보했다.

이 사실이 알려지자 6월 20일 전국에서 100만 명이 참가하는 대규모 시위가 일어났고, 일반시민, 상인, 근로자, 가정주부까지 시위에 합세하여 정부를 공격했다. 전두환은 경악했다. 6월 29일 전두환은 노태우로 하여금 야당의 요구대로 대통령 직선제 등을 포함한 이른바 '민주화 헌법'을 만들겠다는 선언을 하도록 했다. 이것이 바로 세칭 노태우의 6·29선언이다.

전두환과 노태우는 김대중, 김영삼, 김종필 등 세칭 3김 세력의 압력과 협박에 굴복하여 이들 주장대로 이른바 '민주화 헌법'을 만들었다. 그것은 한 마디로 정치인에 의한. 정치인을 위한, 정치인의 헌법으로서 이 나라의 국방과 경제 등 모든 분야에서 정당과 정치인들이 활개치고 개입하고 간섭하는 정치만능과 정치인 전횡의 시대를 열어놓았다. 특히 이 민주화 헌법은 대통령에 대한 국회의 탄핵소추권을 인정하면서 대통령의 국회에 대한 해산권을 인정하지 않음으로써 대통령이 국회의 탄핵에 대응할 수 있는 수단을 박탈하고 있다. 그 결과 국회의 만능화가 제도적으로 고착됨으로써 정당과 정치인들이 이른바 '만능국회'를 중심으로 그들의 개인적 이익과 당파적 이익 그리고 국정을 농단했다. 민주화 헌법은 대통령의 임기를

5년 단임제로 하고 대통령과 국회의원 선거를 1년의 시차를 두고 따로 실시하도록 함으로써 여당이 국회에서 안정다수의석을 확보하지 못해 이른바 '여소야대' 현상이 생길 경우 대통령은 아무 일도 할 수 없게 되어 국정이 마비되는 사태가 생길 여지를 만들어 놓았다. 민주화 헌법은 또한 대통령선거, 국회의원선거, 지방의회선거, 기초단체장선거 등 해마다 선거를 하게 만듦으로써 선거로 인한 부패와 혼란, 지역분열과 국론분열 등 선거망국의 폐해가 창궐하게 되는 여건을 조성했다. 이러한 여러 가지 문제점을 시정하기 위해 개헌을 통한 정치제도 개혁의 필요성이 전문가들에 의해 제기되기도 했다. 그러나 만능국회를 중심으로 무소불위의 절대적인 특권을 누리고 있는 정당과 정치인들은 개헌을 반대했다. 그리하여 그 후 만능국회의 전횡 때문에 대통령의 국정수행이 불가능하게 되는 사태가 빈발함에 따라 민주화 헌법은 헌정질서의 혼란과 불안을 야기하는 제도적 요인이 되었다. 이러한 혼란과 불안은 북괴와의 정치적, 외교적 대결에 있어서 취약점으로 작용했다.

대한민국을 종북좌파 수중으로 넘긴 김대중과 노무현

김대중과 노무현은 남한 내의 종북좌파 집단의 수장(首長)이었다. 이 두 사람은 북한 공산주의자들의 이른바 민족사관을 추종하고 대한민국 50년 역사를 부정했다.

원래 어느 시대 어느 국가에 있어서나 정치적 세력판도의 변화는 동일한 역사적 사건이나 정치지도자에 대한 평가에 있어서 강한 당파성을 띠게 만들며, 이 경우 과거의 평가와는 정 반대의 평가가 이루어진다. 지나간 시대에 부당한 것으로 평가되었던 역사적 사건이 정당화되고, 비난받던 인물이 찬양받게 되며, 반대로 과거에 정당한 것으로 평가되었던 역사적 사건은 부당한 것으로 낙인찍히고, 찬양

받던 인물이 매도되는 현상이 생긴다. 새로 집권한 정치세력이 그들의 현재의 문제를 해결하고 현재의 필요와 욕구를 충족시키는 데 도움이 될 수 있는 방향으로 과거의 역사적 사건이나 정치 지도자에 대해 그들의 관점과 기준으로 평가하기 때문이다. 새 집권세력은 무엇이 역사적 진실인가 하는 문제에 대한 해답을 무엇이 자기들에게 유리하고 유용한 것인가에 대한 해답에서 구한다. 다시 말해서 자기들의 현재의 필요를 충족시키는 데 유리하거나 유용한 것만이 역사적 진실이고 불리한 것은 역사적 진실이 아니라고 부정한다. 이 것은 당파적인 주관주의의 소산이다. 그 결과 과거에 실제로 일어났던 역사적 사건이나 정치지도자의 진실된 모습은 당파적 주관주의의 황량한 벌판에 매몰되어 사라져 버리고 새 집권세력의 공리주의적인 창작품만이 남게 된다. 따라서 새 집권세력은 자기들의 어떤 정치적 목적을 달성하기 위해서 본심을 숨기고 있는 사람들이다. 김대중과 노무현은 바로 이러한 유형의 집권자들이었다.

김대중은 대중선동과 위장과 기만의 달인이다. 그는 대통령이 된 후 남한 내의 종북 좌파집단의 수장이라는 자기의 정체를 은폐하기 위해 집권 초에 보수적인 우파인사를 정부 요직에 기용하고는 정부기관의 요소요소에 친북 좌파세력을 부식시켰다.

김대중은 김정일을 찾아가서 김일성이 '남한적화통일'의 비책으로 주장해 온 '남북연방제' 추진에 합의했다. 이른바 남북연방제는 1960년 8월 14일 김일성이 통일방안으로 제의한 것이었다. 즉 외국 간섭 없는 남북한 총선거를 실시하되 그 전 단계의 조치로서 남북한연방제를 하자는 것이었다. 그는 주한미군 즉각 철수, 남북군대 10만 감축, 남북경제위원회구성, 과학, 문화, 예술, 체육 분야 교류를 주장하면서 이 문제를 협의하기 위해서 남북대표가 평양, 서울이나 판문점에서 만나서 회담하자고 제의했다. 한 마디로 '미제'를 몰아내고 '민족자결'에 의한 '평화통일'을 협의하기 위해서 '남북협상'을 하자는 것이었다. 김대중은 이러한 연방제통일방안을 71년 4·27 대통령 선거 때에도 선거공약으로 내걸었고, 이번에 김정일을 만나서 합의한 것이다. 이러한 연방제 통일방안은 말할 것도 없이 북한 공산주의자들에게 "전쟁 없는 남한공산화"의 길을 열어주는 결과를 가져오게 되는 것이었다. 김대중은 또한 4·27대통령선거 유세에서 북괴는 앞으로 10년 동안 전쟁을 도발하지 않을 것이니까 걱정할 필요가 없다고 공언하고, 그렇기 때문에 향토예비군이라는 것은 필요가 없고, 학생들의 군사훈련도 필요가 없다, 따라서 폐지하겠다, 국군도 감축하겠다, 남북교류를 시작해서 평화통일을 해보겠다, 우리나라의 국가안보를 4대 열강에다 맡겨서 보장받겠다는 등 우리의 국가안보근간을 파괴하고 북괴의 주장에 동조·호응하는 위험하고 무책임한 주장을 했다.

김대중이 그 당시 가장 필요한 일이라고 판단한 것은 북한 김정일의 지령에 따라 대한민국 전복을 획책하다 처벌된 북한의 간첩 등 종북 좌파세력을 구제하는 것이었다. 이러한 필요성을 충족시키기 위해서 김대중은 북괴가 남파한 간첩 등 종북 좌파집단의 범법자들을 '민주화투쟁의 공로자'라고 허위사실을 날조하고 이들의 범법사실은 완전히 '조작된 사실'이라고 강변했다. 국사법으로 처벌되었던 자들은 하루아침에 '민주화의 영웅'이 되어 상당한 포상금도 받고 공직에 채용되었다. 김정일 세상에서나 있을 수 있는 일이 김대중 정권의 세상에서 일어난 것이다.

대한민국 50년 역사에 있어서 중요한 역사적 사실들과 국가지도자들에 대한 허위날조와 왜곡은 노무현 정권시대에 극단에 이르렀다. 노무현은 북한 공산주의자들의 역사인식을 그대로 대변하여 대한민국 50년은 민족 반역의 역사라고 규정하고, 해방 후의 국가지도자들은 친미 또는 친일의 반민족적 기회주의자들이라고 비난했다. 그는 주한미군철수라는 김정일의 필요성을 충족시키기 위해 반미운동을 선동하고 한미동맹을 약화시켰다.

김대중과 노무현은 북한의 김정일 정권을 비호하고, 지원하며, 대변했다. 김대중은 종북 좌파집단의 수장(首長)이라는 그의 정체를 은폐하는 교활함을 보였으나 노무현은 그 정체를 대놓고 과시하는 만용을 부렸다. 그리고 김대중 정권의 비호와 보호 아래 은밀하게 정부의 주요기관에 침투해 있던 종북 좌파집단은 노무현 정부 시절에는 정권의 핵으로 공식 등장하여 대한민국의 민족사적 정통성을 부정하고 반미정책과 용공종북정책을 추진했다. 그리하여 김대중과 노무현이 집권한 10년 동안은 대한민국의 존재가 완전히 망실(亡失)된 상태에 고착되어 있었다.

김대중과 노무현이 집권한 그 '잃어버린 10년' 동안 대한민국은 많은 것을 잃었고, 북한 공산주의자들은 많은 것을 얻었다. 김대중은 '김정일을 만나는 대가'로 5억 달러를 선불하고서 이것은 형이 아우 집에 가면서 도와준 선물이라고 형제애로 포장했다. 그는 그 막대한 달러가 김정일이 핵무기를 개발하는 데 그토록 목마르게 필요로 하는 자금이라는 것을 몰랐을 리가 없다. 김정일은 결국 핵무기를 얻었고, 우리는 북한의 이른바 핵 공갈에 대한 보복수단을 잃었다. 김대중은 또한 남북관계를 개선한다는 명분을 앞세워 김정일이 요구하는 대로 달러와 현물 퍼주기를 되풀이함으로써 김정일은 그 정치적 생명을 부지하는 데 불가결한 필수품을 얻었고, 우리는 그 만한 액수의 국군복지와 군사훈련 비용을 잃었다.

노무현은 김대중이 집권기간 동안에 정부요로에 부식시켜 놓은 종북 좌파집단 핵심세력의 조종에 따라 움직인 허수아비로서 그들이 써준 각본대로 반미정책을 남발했다. 노무현은 자주독립 운운하며 한미동맹을 무력화시키고, 전시 작전권을 회수했다. 김정일은 단독남침의 기회를 얻었고, 우리는 전쟁억지력을 잃었다. 노무현은 또한 북한 해군의 기습공격에 대해 대응하지 말라고 우리 해군의 손발을 묶어 버렸다. 김정일은 전승의 영광을 얻었고 우리는 해군장병 6명의 귀중한 생명을 잃었다.

김대중과 노무현은 대한민국의 정통성을 부정하는 망국적인 행위를 합리화하기 위해 언필칭 평화주의자임을 자처했다. 그러나 그들은 평화를 위해서는 어떠한 대가도 지불해야 한다는 위험하고 무책임한 사이비 평화주의자였다. 김대중과 노무현, 그리고 그 추종세력들이 주장한 평화주의의 논리는 아주 분명하고 명쾌했다. 즉, 한반도의 평화를 위해서는 북한의 김정일이 전쟁을 도발하지 않을 수 없는 궁지로 그를 몰아넣어서는 안 된다, 김정일이 그러한 궁지에 빠지지 않게 하기 위해서는 김정일에게 따뜻한 햇빛을 쏘여줘야 한다, 따뜻한 햇빛은 김정일이 요구하거나 필요하다는 현금(달러)과 물자를 퍼주는 것이다. 이것을 반대하거나 저지하려는 사람은 북한과 전쟁을 하자는 사람들이라는 것이다. 따라서 그들이 내세운 평화주의라는 것은 진정한 의미의 평화가 아니라 북한 공산주의 집단에게 그들의 요구를 모두 들어줌으로써 김정일에게 '전쟁 없는 승리'를 안겨주게 될 음모를 은폐하려는 위장전술이었고 기만술책이었다. 김정일은 드디어 핵무기를 개발하고, 이 핵무기를 가지고 우리나라에 정치적, 경제적 양보를 강요하는 이른바 '폭력외교'를 구사했다. 저들의 요구대로 하지 않으면 '서울을 불바다'로 만들겠다는 협박·공갈이 그 실례의 하나였다. 만일, 노무현이 북괴의 남침에 대한 억지력이 되고 있는 주한미군의 전시작전권을 회수함으로써 우리의 전쟁억지력이 크게 약화된 상황에서 김정일이 대량 살상무기를 과시하면서 서울을 불바다로 만들겠다고 위협하고, 살아남고 싶으면 순순히 항복하라고 협박할 때 우리는 어떻게 할 것인가? 우리에게는 두 가지 선택의 길이 있을 뿐이다. 그 하나는, 전국민이 몰살당하고 전국토가 파괴되는 전쟁을 피하기위해서 김정일의 모든 요구를 그대로 받아들이는 것이다. 다른 하나는 모든 국민이 죽기살기로 김정일 집단과 사생결단을 하는 것이다. 우리 국민이 이 두 가지 선택의 길 중에서 어느 길을 선택하게 될 것인가? 그것은 앞으로 10년 또 20년 동안 대한민국의 집권자가 어떤 사람이 되느냐 하는 데 달려있다. 만약 앞으로 10년, 또는 20년 동안 종북 좌파집단의 수장들이 계속 집권한다면 우리는 항복의 길을 택할 수밖에 없을 것이다. 우리가 어떻게 김정일에게 항복하는 일이 일어날 수 있겠느냐고 생각하는 사람이 없지 않을 것이다. 누가 10년 전만 해도 종북 좌파세력이 대한민국의 심장부를 장악하고 북한 노동당의 지시를 실시간대로 받아서 행동하는 정당이 대한민국 헌법하에서 활개 칠 수 있다고 생각했는가? 상상할 수도 없고, 또 상상해 본 일도 없는 일들이 이 땅에서 벌어지지 않았는가? 50여년 이상 성장 발전해 온 대한민국의 반공보루가 우리의 눈앞에서 힘없이 무너져 내리지 않았는가? 그것도 10년이라는 짧은 기간에 말이다. 따라서 앞으로 10년 또는 20년 동안 종북 좌파세력이 집권하게 되면 대한민국은 우리 국민들이 설마설마하고 아니야, 아니야 하면서 믿으려 하지 않는 사이에 슬며시 공산화의 길로 접어들게 될 것이다.

1972년 10월유신 이후 정치제도 전반에 대한 개혁을 단행할 당시 대통령은 여러 가지 목적을 염두에 두고 있었다. 그 중의 하나가 종북 좌파세력이 민주주의 선거의 허점을 이용하여 대한민국의 정부를 장악하는 것을 막는 것이었다. 그 당시 종북 좌파세력은 이른바 '민주화'라는 간판 뒤에 숨어서 북한이 책동하는 인민민주주의 혁명을 획책하고 있었다. 대통령은 이들의 음모를 간파하고, 이들을 법에 따라 엄하게 처벌했다. 이들은 대통령이 인권을 유린하고 민주주의를 파괴하는 독재자라고 비난하면서 재야세력과 야합하여 반체제 투쟁을 전개했다. 그러나 대통령은 이에 미동도 하지 않았다. 북한 공산주의를 찬양하고 저들의 주구노릇을 하고 있는 종북 좌파집단은 절대로 대한민국에 발을 붙이게 해서는 안 된다는 것이다. 대통령 자신이 눈을 감기 전에는 그런 일은 있을 수 없다는 것이다. 그러나 대통령이 저 세상으로 떠난 지 불과 십수 년 지난 후 대통령이 그토록 독재자라는 욕을 먹으며 저지했던 종북 좌파정치인이 대한민국 정부를 장악하고 북한 공산주의자들과 연방제의 단계를 거처 공산화통일의 음모를 진행시키고 있었던 것이다.

김대중과 노무현의 종북 좌파집단이 대한민국을 공산화의 길로 몰고 가고 있는데 놀란 우리 국민들은 뒤늦게나마 그 위험을 깨닫고 저들의 세력을 권력의 자리에서 몰아냈다. 10년 동안 우(右)에서 좌(左)로 기울어져 있던 권력의 시계추를 우(右)방향으로 돌려놓은 것이다. 종북 좌파집단은 한 가지 귀중한 교훈을 남겼다. 즉 민주주의의 선거제도는 훌륭한 지도자를 선출하는 방법이지만, 국민들이 잘못 생각하고 잘못 선택하면 북한 공산주의 정권을 대변할 뿐 아니라 그들과 소위 '합작'하려는 사람조차도 대통령이나 국회의원으로 선출될 수 있다는 것을 보여 줌으로써 우리 국민들에게 민주주의 선거의 폐단이 어떤 것인가를 일깨워 주었다. 이제 종북 좌파세력과 북한 공산주의자들이 남북연방제 운운하면서 대한민국을 서서히 질식사시키려던 저들의 음모와 이른바 인민민주주의 혁명책동은 실패로 끝났다. 그러나 김씨 왕조가 북한을 지배하고 있고, 그들의 지령에 따라 움직이는 종북 좌파집단이 대한민국에 남아서 암약하고 있는 한 그들이 대한민국의 존립을 위태롭게 할 위험성은 항상 존재한다고 봐야 한다. 따라서 우리는 각종 제도와 법령을 정비, 강화하여 우리 사회의 각 분야에 족생(簇生)하고 있는 종북 좌파집단의 뿌리를 완전히 뽑아내 버림으로써 그 흔적조차 찾아볼 수 없는 안정된 민주사회, 번영된 복지사회를 건설해야 한다. 이것이 바로 대한민국의 존엄을 영원히 보전하는 길이며, 민족의 영생을 보장하는 길이다.

심융택(沈瀜澤)

고려대학교 법과대학 졸업. 고려대학교 대학원(법학석사). 미국 덴버대학 대학원 수학. 대통령 공보비서관(1963~71). 대통령 정무비서관(1972~79) 역임. 제10대 국회의원. 월간『한국인』편집인 및 발행인 역임. 저서『자립에의 의지─박정희 대통령 어록』

崛起

박정희 경제강국 굴기18년

10 핵개발 프로젝트

심융택 지음

1판 1쇄 발행/2015. 8. 31

발행인 고정일/발행처 동서문화사

창업 1956. 12. 12. 등록 16-3799

서울 중구 다산로12길 6(신당동, 4층)

☎ 546-0331~6 (FAX) 545-0331

www.dongsuhbook.com

*

사업자등록번호 211-87-75330

ISBN 978-89-497-1368-7 04350

ISBN 978-89-497-1358-8 (총10권)